国家社会科学基金项目（批准号：06BJL072）最终成果
首都经济贸易大学"科研基地建设-科技创新平台-都市圈研究中心"
（PXM2013-013205-000121）资助出版

西部优势产业
和特色经济发展

| 安树伟　等◎著 |

科学出版社

北京

内容简介

本书采用区域经济学、产业经济学等学科理论与方法对西部优势产业和特色经济发展进行了详细分析，阐述了西部地区发展优势产业和特色经济的背景、条件和意义，明确了特色优势产业的内涵、特征，确定了西部地区特色优势产业，分析了西部各省（自治区）优势产业和特色经济竞争力，阐明了西部地区产业结构调整、国内外产业转移对西部特色优势产业发展的影响，提出着力发展现代产业体系、搞好特色优势产业的地区布局，在此基础上提出了发展西部优势产业和特色经济的对策建议。

本书可供区域经济学、产业经济学领域的研究学者、高等院校大学生及研究生作为教学科研参考，也可供政府部门工作人员参考。

图书在版编目(CIP)数据

西部优势产业和特色经济发展/安树伟等著．—北京：科学出版社，2014.6
ISBN 978-7-03-041080-1

Ⅰ.①西… Ⅱ.①安… Ⅲ.①西部经济-优势产业-经济发展-研究 ②西部经济-特色产业-经济发展-研究 Ⅳ.①F127

中国版本图书馆CIP数据核字（2014）第127690号

责任编辑：杨婵娟 卜 新／责任校对：鲁 素
责任印制：徐晓晨／封面设计：铭轩堂

科学出版社 出版
北京东黄城根北街16号
邮政编码：100717
http://www.sciencep.com

北京凌奇印刷有限责任公司 印刷
科学出版社发行 各地新华书店经销

*

2014年7月第 一 版 开本：720×1000 1/16
2020年5月第二次印刷 印张：25 3/4
字数：490 000

定价：128.00元
（如有印装质量问题，我社负责调换）

目录

第一章 导 论 /001
第一节 西部优势产业和特色经济发展研究广受关注 /002
第二节 本书的基本思路和方法 /003
第三节 西部优势产业和特色经济发展——促进西部大开发的政策关注点 /004
一、国家西部大开发的政策需要进一步调整 /004
二、西部大开发必须有特色优势产业的支撑 /004
三、西部优势产业和特色经济的发展必须实现三个结合 /005
四、大力发展西部地区现代产业体系 /005
五、构建多极增长的空间格局,推动西部大开发的深入进行 /006
六、必须有相应的市场机制、科技投入和政府职能作保障 /006
参考文献 /006

第二章 西部大开发政策效应评价 /008
第一节 西部地区发展成效与存在问题 /009
一、西部地区发展成效显著 /009
二、西部大开发面临的突出问题 /012
第二节 货币政策和财政政策效应评价 /015
一、指标选取及模型建立 /016
二、数据来源 /017
三、实证分析结果 /017
四、对结果的解释 /018
第三节 对外开放政策效应评价 /019
一、指标选取及模型建立 /020
二、数据来源 /021
三、实证分析结果 /021
四、对结果的解释 /022

第四节　科技政策效应评价　　　　　　　　　　　　　　　/023
　　一、指标选取及模型建立　　　　　　　　　　　　　　/023
　　二、数据来源　　　　　　　　　　　　　　　　　　　/024
　　三、实证分析结果　　　　　　　　　　　　　　　　　/024
　　四、对结果的解释　　　　　　　　　　　　　　　　　/026
第五节　教育政策效应评价　　　　　　　　　　　　　　　/027
　　一、指标选取及模型建立　　　　　　　　　　　　　　/027
　　二、数据来源　　　　　　　　　　　　　　　　　　　/027
　　三、实证分析结果　　　　　　　　　　　　　　　　　/028
　　四、对结果的解释　　　　　　　　　　　　　　　　　/028
第六节　产业政策效应评价　　　　　　　　　　　　　　　/029
第七节　西部大开发政策需进一步调整　　　　　　　　　　/030
　　一、金融中介与财政转移支付作用依然有限　　　　　　/030
　　二、对外开放政策未能获得预期效果　　　　　　　　　/031
　　三、科技成果较少，且科技成果的市场化程度较低　　　/031
　　四、教育经费和师资力量不足，降低了教育政策的实施效果　/032
　　五、产业政策依然存在不足　　　　　　　　　　　　　/032
参考文献　　　　　　　　　　　　　　　　　　　　　　　/033

第三章　西部大开发以来西部地区经济格局的变动　　　/034

第一节　各省（自治区、直辖市）经济发展总体状况　　　　/034
　　一、经济持续快速增长　　　　　　　　　　　　　　　/034
　　二、产业结构持续向高度化演进　　　　　　　　　　　/036
第二节　省级行政区间经济增长差距变动分析　　　　　　　/036
　　一、西部12省（自治区、直辖市）人均实际GDP的总体差异　/037
　　二、西南、西北地区经济格局差异　　　　　　　　　　/038
　　三、高收入区域和低收入区域经济增长差异　　　　　　/039
　　四、高收入区域与低收入区域经济发展稳态分析　　　　/040
参考文献　　　　　　　　　　　　　　　　　　　　　　　/042

第四章　西部大开发以来西部工业空间格局的演变　　　/044

第一节　西部工业地位分析　　　　　　　　　　　　　　　/044
　　一、西部工业及工业各行业在全国的地位　　　　　　　/044
　　二、工业及工业各行业在西部经济中的地位　　　　　　/047

第二节　西部工业空间结构演变轨迹及特征　　/049
　　一、演变轨迹　　/049
　　二、演变特征　　/072
第三节　西部工业空间结构演变的影响因素　　/078
　　一、样本选取及数据来源　　/078
　　二、模型的估计结果及分析　　/079
第四节　西部工业空间组织与引导　　/082
　　一、重点省（自治区、直辖市）发展导向　　/083
　　二、发展潜力较大的省（自治区）发展导向　　/084
　　三、发展缓慢的省（自治区）发展导向　　/085
　　参考文献　　/087

第五章　西部地区发展优势产业和特色经济的条件和意义　　/088
第一节　优势　　/088
　　一、资源优势　　/088
　　二、要素成本优势　　/090
　　三、科技优势　　/091
　　四、产业优势　　/091
第二节　劣势　　/094
　　一、交通和区位因素　　/094
　　二、环境问题突出　　/095
　　三、基础设施薄弱　　/095
　　四、人口科学文化素质较低　　/096
　　五、中小企业融资困难　　/096
第三节　机遇　　/097
　　一、西部大开发战略的深入推进　　/097
　　二、主体功能区建设的推进　　/098
　　三、市场机制的逐步完善　　/098
　　四、东部产业向中西部地区转移步伐加快　　/098
　　五、三大重点经济区的带动作用逐步显现　　/099
　　六、具备旅游业发展的资源基础　　/100
第四节　挑战　　/100
　　一、主体功能区建设的复杂性　　/100
　　二、区域协调发展政策对西部开发有所淡化　　/101

三、区域科技创新体系不够完善　　/101
　　四、自然资源在区域经济发展中作用有所下降　　/103
第五节　加快西部优势产业和特色经济发展的重要意义　　/104
　　一、有利于为西部大开发提供产业支撑　　/104
　　二、有利于西部产业集群发展　　/105
　　三、有利于产业结构的优化和升级　　/105
　　四、有利于提高区域竞争力　　/106
　　五、有利于推进城乡、区域统筹协调发展　　/106
参考文献　　/106

第六章　西部地区优势产业和特色经济的选择　　/108

第一节　优势产业的含义、特征与选择　　/108
　　一、优势产业的含义　　/108
　　二、优势产业的特征　　/109
　　三、优势产业选择的原则　　/110
第二节　特色产业、特色经济和特色优势产业　　/112
　　一、特色产业　　/112
　　二、特色经济　　/114
　　三、特色优势产业　　/114
第三节　西部地区特色优势产业的选择　　/115
　　一、定量分析　　/115
　　二、定性分析　　/118
　　三、西部各省（自治区、直辖市）特色优势产业的确定　　/118
　　四、西部地区特色优势产业的确定　　/119
参考文献　　/122

第七章　西部地区优势产业和特色经济发展的竞争力　　/123

第一节　优势产业和特色经济竞争力总体分析　　/123
　　一、生产要素　　/123
　　二、需求条件　　/125
　　三、相关产业和支持产业　　/126
　　四、企业战略、结构与竞争　　/126
　　五、机遇和政府作用　　/127

第二节　各省（自治区、直辖市）优势产业和特色经济竞争力分析　/128
　　一、广西　/129
　　二、贵州　/131
　　三、内蒙古　/133
　　四、宁夏　/136
　　五、青海　/138
　　六、陕西　/139
　　七、四川　/142
　　八、西藏　/144
　　九、新疆　/146
　　十、重庆　/147
　　十一、甘肃　/149
　　十二、云南　/150
　参考文献　/152

第八章　西部地区产业结构调整与特色优势产业发展　/154

第一节　产业结构现状及存在的问题　/154
　　一、第一产业比重偏高，劳动生产率偏低　/155
　　二、第二产业发展滞后，轻重工业比例不协调　/155
　　三、第三产业层次偏低，"虚高度化"特征明显　/156
　　四、产业趋同现象严重　/158
　　五、"二重"的二元经济结构　/158

第二节　影响产业结构调整的因素　/160
　　一、区域发展战略　/160
　　二、市场化进程　/162
　　三、科技进步　/163

第三节　产业结构调整的方向　/165
　　一、加快推进工业化　/165
　　二、促进产业结构高度化　/166
　　三、实现产业结构合理化　/167

第四节　产业结构调整的重点　/167
　　一、大力发展特色优势产业　/167
　　二、加快发展生产性服务业　/169

第五节　加快产业结构调整与特色优势产业发展的对策　　/174
 一、继续完善基础设施建设　　/174
 二、提高产业配套能力　　/176
 三、加快生产性服务业的发展　　/177
 四、增强科技支撑能力　　/178
 五、加强人才队伍建设　　/180
 六、扩大对内对外开放　　/181
 七、建立健全产业发展的保障机制　　/182
参考文献　　/184

第九章　国内外产业转移与西部特色优势产业发展　　/186

第一节　承接国内外产业转移的重要意义　　/186
 一、有利于西部地区产业结构的优化升级　　/186
 二、有利于区域竞争力的提升　　/186
 三、有利于减缓就业压力　　/187
 四、有利于区域协调发展的顺利推进　　/187
 五、有利于主体功能区建设的推进　　/187

第二节　国内外产业转移的趋势及特点　　/188
 一、国际产业转移的趋势及特点　　/188
 二、国内产业转移的趋势及特点　　/193

第三节　承接国内外产业转移的特点、问题及障碍　　/195
 一、承接产业转移的特点　　/195
 二、承接产业转移的问题　　/199
 三、承接产业转移的障碍　　/202

第四节　承接国内外产业转移的思路和原则　　/204
 一、总体思路　　/204
 二、基本原则　　/204

第五节　承接国内外产业转移的重点行业和重点地区　　/206
 一、重点行业　　/206
 二、重点地区　　/209

第六节　承接国内外产业转移的模式选择及实现机制　　/211
 一、模式选择　　/211
 二、实现机制　　/212

第七节　承接国内外产业转移的对策　　/214

一、进一步改善区域投资环境，营造诚信和谐的发展环境　　/214
　　二、积极引导外资企业向重点行业和领域投资　　/215
　　三、推进产业集群化发展，不断增强区域产业配套能力　　/215
　　四、积极参与国内外区域经济合作　　/216
　　五、加强人力资本的开发和引进　　/217
　　六、充分发挥各级各类开发区的作用　　/217
　参考文献　　/217

第十章　西部地区衰退产业退出与特色优势产业培育　　/219

第一节　区域衰退产业识别　　/219
　　一、衰退产业的特征　　/219
　　二、区域衰退产业识别模型的构建　　/220
第二节　区域衰退产业退出战略及其影响力判别　　/224
　　一、区域衰退产业退出战略　　/224
　　二、区域衰退产业退出的影响判别　　/226
第三节　区域衰退产业退出壁垒　　/227
　　一、区域衰退产业退出的一般壁垒　　/227
　　二、西部地区衰退产业退出壁垒的特殊性　　/229
第四节　区域衰退产业退出与特色优势产业培育的基本原则、思路和对策
　　　　　　/230
　　一、基本原则　　/230
　　二、总体思路　　/231
　　三、对策　　/232
第五节　案例研究：甘肃省衰退产业退出与特色优势产业培育　　/236
　　一、当前的发展基础和发展阶段　　/236
　　二、衰退产业的识别　　/237
　　三、特色优势产业的确定　　/238
　　四、衰退产业的退出战略选择　　/241
　　五、衰退产业的退出战略及优势产业培育思路　　/243
　参考文献　　/244

第十一章　发展西部地区现代产业体系　　/246

第一节　发展现代产业体系的必要性　　/246
第二节　提升传统特色优势产业　　/247

        一、特色农牧业及其加工业 /247
        二、重要矿产资源开发及加工 /250
        三、能源开发及高载能产业 /257
        四、重大装备制造业 /274
    第三节　培育发展战略性新兴产业 /279
        一、高新技术产业 /280
        二、新能源产业 /285
    第四节　加快发展现代服务业 /290
        一、西部拥有高品位的旅游资源 /290
        二、西部旅游产业加快发展的条件基本具备 /292
        三、旅游产业已经成为西部地区的支柱行业 /292
        四、旅游产业的发展方向和重点 /293
        五、加快旅游产业发展的对策 /296
    参考文献 /297

第十二章　西部优势产业和特色经济的地区布局 /300

    第一节　特色优势产业布局的现状与问题 /300
        一、现状 /300
        二、存在的问题 /304
    第二节　特色优势产业地区布局的总体框架 /307
        一、总体思路 /307
        二、布局原则 /307
        三、逐步形成两大各具特色的产业区 /310
    第三节　重点经济区范围的确定、发展方向和特色优势产业 /311
        一、重点经济区的确定 /311
        二、成渝经济区 /313
        三、关中—天水经济区 /321
        四、广西北部湾经济区 /332
        五、呼包银经济区 /341
        六、新疆天山北坡经济区 /350
        七、兰西格经济区 /354
    第四节　省会经济区范围的确定、发展方向和特色优势产业 /364
        一、省会城市及其周边地区范围确定的一般依据 /364
        二、贵阳经济区 /364

  三、昆明经济区 /367
  四、拉萨经济区 /370
 参考文献 /372

第十三章 加快西部地区优势产业和特色经济发展的对策 /375

 第一节 尽快制定西部地区优势产业和特色经济发展规划 /375
 第二节 引导资源地区可持续发展，建设国家重要的战略资源接续区 /375
  一、对资源实行保护性开发 /376
  二、大力发展循环经济 /376
  三、加强资源环境保护，控制污染物的排放 /377
  四、发展具有西部特色的新型工业化模式 /377
 第三节 重点建设三个层次的重点经济区 /378
  一、进一步推进国家级重点经济区的对内对外开放 /379
  二、加快西部三大重点经济区的发展步伐 /379
  三、设立西部特色优势产业投资基金 /380
 第四节 切实推进东西共建产业园区 /381
  一、鼓励东部产业梯度转移，建立东西部"双赢"机制 /381
  二、进一步完善西部地区的投资环境 /381
  三、提高产业配套能力 /382
  四、促进生产要素向产业园区集中 /382
  五、建立健全中小企业信用担保体系，为园区企业发展融入流动资金 /383
 第五节 加大国家对西部特色产业的支持力度 /383
  一、鼓励国内外民间资本进入西部发展优势产业和特色经济 /383
  二、建立西部开发专项资金 /384
 第六节 对老工业基地和资源型城市给予特殊的政策支持 /384
  一、促使西部老工业基地落后生产力尽快退出 /384
  二、支持资源型城市发展接续产业 /385
  三、对国防工业采取"分类指导"的政策 /387
 第七节 妥善解决资源开发与当地人民群众脱贫致富的矛盾 /388
  一、正确认识矿产资源在发展地方经济中的作用 /388
  二、提高矿产资源补偿费标准 /389
  三、在矿产资源开发中要照顾当地居民利益 /389
  四、妥善解决水电开发中的各种矛盾和问题 /389
 第八节 切实转变政府职能，推动优势产业和特色经济发展 /390

一、按照建立社会主义市场经济体制的要求，加快体制创新 /390
　　二、加快转变政府职能 /391
　　三、深化科技体制改革，促进技术创新 /391
　第九节　支持西部战略性新兴产业的发展 /392
　　一、提高自主创新能力，促进产业全面升级 /392
　　二、发挥财税金融等对战略性新兴产业发展的扶持和引导作用 /392
　　三、扶持西部地区的高新科技企业发展 /393
　第十节　加强西部矿产资源调查评价与勘查 /394
　　一、建立地质勘探工作新体制 /394
　　二、建立多元化的矿业投资机制，实行勘查开发一体化 /396
　　三、建设一批资源型经济开发区 /396
　　四、加强矿山生态环境的保护与治理 /396
　参考文献 /397

附录　工业行业分类表 /398

后记 /399

第一章 导 论

西部大开发战略实施以来，在国家资金和政策的有力支持下，西部地区基础设施和生态环境建设稳步推进，投资环境也在逐步完善。与此同时，国内市场发生很大变化，加快西部加工业发展重新提上日程，应当发挥西部地区的比较优势，调整产业结构，着力发展优势产业和特色经济，以增强西部地区的自我发展能力。

《中华人民共和国国民经济和社会发展第十一个五年规划纲要》指出："西部地区要加快改革开放步伐，通过国家支持、自身努力和区域合作，增强自我发展能力。……支持资源优势转化为产业优势，大力发展特色产业，加强清洁能源、优势矿产资源开发及加工，支持发展先进制造业、高技术产业及其他有优势的产业。"2006年5月，国务院西部地区开发领导小组办公室（以下简称国务院西部办）等印发的《关于促进西部地区特色优势产业发展的意见》指出："通过'十一五'乃至更长一段时间的努力，西部地区能源及化工、重要矿产开发及加工、特色农牧业及加工、重大装备制造、高技术产业和旅游产业6类特色优势产业得到较快发展。""十一五"以来，国家在发展方向上给予指导，政策上给予优惠，项目上给予支持。西部各地立足于比较优势，将这些产业做强做优，使之在市场竞争中不断发展壮大，优势产业和特色经济发展势头良好，形成了优质棉、牛奶、苹果等一批特色农产品生产及加工基地，并在运用现代经营方式和服务技术改善旅游等传统服务业的同时，积极发展现代服务业和航空航天、新能源、生物工程等高技术产业。此外，西部地区在严格环保标准的前提下，积极承接东部地区产业转移，为东部沿海的产业升级提供了机会，促进了全国的产业结构调整。

2010年6月，中共中央、国务院《关于深入实施西部大开发战略的若干意见》指出："发展特色优势产业是增强西部地区发展内生动力的主要途径。要深入实施以市场为导向的优势资源转化战略，坚持走新型工业化道路，建设国家重要战略资源接续区，努力形成传统优势产业、战略性新兴产业和现代服务业协调发展的新格局。"《中华人民共和国国民经济和社会发展第十二个五年规划纲要》指出："发挥资源优势，实施以市场为导向的优势资源转化战略，在资源富集地区布局一批资源开发及深加工项目，建设国家重要能源、战略资源接续地和产业集聚区，发展特色农业、旅游等优势产业。"因此，深入分析西部地区发展优势产业和特色经济的重点领域和地区布局，具有重要的应用价值。

第一节　西部优势产业和特色经济发展研究广受关注

　　1999年中央提出西部大开发战略的五个重点是基础设施建设、生态环境改善、结构调整和特色经济发展、科技教育先行、改革开放。当时，西部各地为了尽快提高经济增长速度、增加地方财力、扩大就业，希望国家有关部门支持他们搞一些加工业项目。中央考虑到西部加工业的发展应当以企业为主体，上一些有市场、有效益的项目，政府在产业发展中主要是创造良好的环境，不宜把有限的资金直接投向可由市场调节的竞争性行业。加之，当时国内出现了通货紧缩趋势，大部分商品供大于求，过多地上加工业项目，容易加大市场供求矛盾，影响项目经济效益，进而影响西部大开发的成效。当时国家强调西部大开发起点要高，绝不搞重复建设，先把主要投资放在基础设施和生态环境建设上，对加工业的发展采取了审慎的态度（曾培炎，2010）。因此，2000年以来关于西部开发的大量研究成果也集中于西部开发的宏观分析及其上述两个重点问题（陆大道等，2001；徐国弟和陈玉莲，2002；王洛林，2002；韦苇，2005）。但是西部地区优势产业和特色经济发展还是受到不少专家学者的关注，研究集中于如下三个方面。

　　(1) 特色产业判断的标准问题。例如，《西部特色经济的产业识别与评判标准探讨》（王元京，2001）、《特色产业选择初探》（彭建文等，2001）、《论特色产业的选择》（胥留德，2002）等，从不同角度提出了西部地区优势产业和特色经济选择的标准，值得本书研究借鉴，不足之处是对于优势产业和特色经济异同及联系涉及较少。

　　(2) 从总体上论述西部地区特色经济的发展问题。例如，《西部特色经济开发》（王文长等，2001）从三次产业的角度论述了西部特色经济的发展，提出了西部各省级行政区应重点发展的特色经济；国家发展计划委员会发展规划司综合处（2002）提出，西部地区要重点支持发展有特色和优势的旅游、纺织、高新技术、能源、原材料和国防机电工业等，推进水电、石油天然气、有色金属、钾盐、磷矿、农牧业、中草药等优势资源合理开发和深度加工，加快资源优势向经济优势的转化；《西部开发与特色经济规划》（张丽君和李澜，2002）提出产业结构优化是西部发展特色经济的切入点，创新则是西部发展特色经济的关键；《西部特色经济问题研究》（白永秀，2005）从西部特色经济发展的市场化入手，对西部特色产业发展中的企业、特色产品、工业化、城市化等进行了研究；《如何发展西部地区的特色产业——西部五省区调研报告》（孔祥智等，2003）则分析了西北地区特色产业发展中存在的问题，提出了加快西部特色产业发展的建议。此外，还有《西部大开发："十一五"政策方向展望》（高新才，2005）等成果。这些成果不足之处是：没有在全国乃至全世界区域分工体系中对西部发展优势产业和特色经济进行研究；谈比较优势的多，谈竞争优势的少；由于调研不够深入，缺乏有针对性和可操作性的对策。

（3）西部各省（自治区、直辖市）特色经济的发展问题。例如，《西部开发中的云南特色经济》（李峻峰，2001）、《宁夏优势特色产业课题研究》（宁夏回族自治区发展计划委员会课题组，2000）、《四川省区域特色产业发展研究》（四川省经济发展研究院，2002）、《在西部大开发中发展新疆区域特色经济》（张文全，2003）等。这些成果也值得借鉴，其不足之处是研究视野局限于各省级行政区范围之内。

此外，安树伟教授参与完成的国务院西部办委托项目《西部地区经济结构调整与特色优势产业发展研究》（2005）、国家发展和改革委员会规划司委托课题《"十一五"时期西部地区重点产业比较优势和布局研究》（2005），发表的论文《要大力推进西部特色产业发展》（2004）、《西部开发要转向以发展特色优势产业为主》（2004）、《勾画西部特色优势产业发展的蓝图》（2005）等均是关于西部地区发展优势产业和特色经济最新的研究成果。不足之处是由于调研不足，在许多方面研究有待深化；系统性也不强。因此，从本书设计的角度，对西部地区发展优势产业和特色经济进行系统研究在国内具有创新性。

第二节　本书的基本思路和方法

本书遵循"政策评价—发展条件—竞争力分析—重点领域—地区布局—制度保障和政策支持"的思路，在深入典型区域、代表性企业和有关部门进行大量调查研究的基础上，运用区域经济学、产业经济学等学科的理论和方法，在对西部大开发政策实施效果进行评价和未来政策取向进行分析的基础上，深入分析了西部发展优势产业和特色经济的条件和意义，提出了西部发展现代产业体系的重点所在及优势产业和特色经济的地区布局，最终得出具有较强针对性和可操作性的对策建议。

本书采用规范论证与实证推理、定性与定量分析、历史考证与现状研究、综合概括与个案分析、理论与政策分析、国内实地调查与国外经验借鉴等相结合的方法，在占有大量资料的基础上进行了多角度的论证。本书特别重视实地调查，大多数作者先后赴陕南秦巴山区、陕北资源富集地区、兰（州）西（宁）格（尔木）地区、内蒙古、成渝经济区、贵州万山特区等进行了广泛深入的调研。在初稿完成之后，征求了有关专家的意见。

第三节　西部优势产业和特色经济发展——促进西部大开发的政策关注点

一、国家西部大开发的政策需要进一步调整

2000年以来，西部地区发展成效显著，但西部地区内部差距在逐渐拉大，因此，国家在逐步缩小东中西三大地区之间差距的同时，还面临着西部地区内部各省（自治区、直辖市）之间发展差距进一步拉大的事实。西部地区工业各行业集中度进一步提高，产业布局由原料地指向型向市场和交通指向型转变，工业的空间集聚趋势更加明显。

西部大开发的货币政策与财政政策、对外开放政策、科技政策、教育政策与产业政策均发挥了巨大作用，其中，科技政策对西部大开发的贡献最大。但是，各项政策又存在一定的局限。金融中介与财政转移支付对西部大开发的作用依然有限；对外开放政策未能获得预期效果；科技成果较少，且科技成果的市场化程度较低；教育经费的不足和师资力量的紧缺降低了教育政策的实施效果；产业政策比较笼统和片面，不利于西部地区经济的持续、稳定增长。因此，要继续完善货币政策及财政政策，加大改革开放力度，实施以科技发展引导经济增长的政策，加大对教育的投入，吸引和用好人才，加快优势产业和特色经济发展的步伐。

二、西部大开发必须有特色优势产业的支撑

西部开发下一阶段的主要任务，就是要把比较优势转化为竞争优势，加快优势产业和特色经济的发展，通过制定科学的规划和投资引导政策，鼓励国内外民间资本参与西部特色优势产业发展，从而加快西部工业化进程，提升产业国际竞争力，增强地区自我发展能力。

当前西部应重点发展六大特色优势产业，即以特色轻纺工业、食品工业、烟草工业为主的特色农业及农产品深加工业，以采掘工业、电力工业、有色冶

金、黑色冶金、建材、石化和化学工业为主的能源资源的开发及高载能产业，重要矿产资源开发及加工业，以交通运输制造、机械工业、电子工业为主的装备制造业，以新材料、航空航天、中医药等为主的高新技术产业，旅游产业。这六大产业是西部既具有比较优势，又具有竞争优势的特色优势产业。

三、西部优势产业和特色经济的发展必须实现三个结合

一是必须与经济结构的调整相结合。西部地区正在进行新一轮经济结构调整，而产业结构调整是经济结构调整的重要内容，产业结构调整就是要不断优化产业结构。产业结构优化过程就是通过政府有关产业政策调整，影响产业结构变化的供给结构和需求结构，实现资源优化配置，来推进产业结构的合理化和高度化。西部产业结构调整的一个重要方面就是特色优势产业的发展。

二是必须与承接国内外产业转移相结合。发达国家和地区的制造业加速向发展中国家和地区转移，中国东部的传统产业也积极要求转移出去，这一切为西部地区承接国内外产业转移、发展现代制造业与现代服务业提供了难得的历史机遇。紧紧抓住新一轮生产要素全球性优化重组和国内外产业转移的历史机遇，发挥综合优势，以改善区域软、硬环境和第三环境为中心，大力推进经济体制改革和市场化进程，以提高行政效率为手段，以提高区域综合竞争力为目标，以高载能产业、劳动密集型产业、旅游产业、装备制造业及高新技术产业为重点，把招商引资、承接国内外产业转移与西部经济结构调整和市场体制改革相结合，注重跨国公司研究总部的引入，运用先进技术、现代化的管理理念和专门人才不断开拓投资领域，创新招商引资方式，提高招商引资的质量和规模，不断增强自我发展能力，全面推进西部优势产业和特色经济的发展。

三是必须与衰退产业的退出相结合。任何一个产业都要经历培育、成长、成熟与衰退的过程。对于西部优势产业和特色经济的发展而言：一方面是特色优势产业的培育、成长；另一方面是衰退产业的退出，要设法使衰退产业占有的资源能够尽快转移到优势产业和特色经济的培育、成长上来。

四、大力发展西部地区现代产业体系

未来十年，要以培育特色优势产业为龙头，大力发展农牧业、现代工业和服务业，深入实施以市场为导向的优势资源转化战略，推进自主创新，形成传统优势产业、战略性新兴产业和现代服务业协调发展的现代产业体系。一是以特色农牧业及其加工业、重要矿产资源开发及加工、能源开发及高载能产业、

重大装备制造业为重点，提升传统特色优势产业；二是培育发展高新技术、新材料、新能源等战略性新兴产业；三是加快发展以旅游业为代表的现代服务业，把西部地区从20世纪中国旅游业的战略后备基地转变为我国知名的旅游胜地。

五、构建多极增长的空间格局，推动西部大开发的深入进行

西部优势产业和特色经济的发展，必须坚持"分类指导、区别对待"的原则，要适当集中力量，突出重点领域和重点区域，使其逐步走上专业化、特色化和集群化的道路，要谨防各地搞低水平重复建设。在产业空间布局上，要充分发挥地区优势，加强专业化分工，鼓励各地特色产业朝专业化、集群化方向发展，不断延长产业链条，发展产业链经济，提高产业配套能力。要依托主要交通干线和中心城市，以高新技术产业开发区、经济技术开发区和工业园区为重点，实行重点开发，逐步在西部地区建成西北、西南两大特色产业区，成渝、关中—天水、广西北部湾三大国家重点经济区，呼包银、新疆天山北坡、兰（州）西（宁）格（尔木）三大西部重点经济区，贵阳、昆明、拉萨三大省会经济区，以及一批具有规模效应和市场竞争力的特色产业带、工业走廊和产业基地，由此带动整个西部地区经济社会的持续快速发展。

六、必须有相应的市场机制、科技投入和政府职能作保障

具体而言，就是要尽快制定西部地区优势产业和特色经济发展规划；引导资源地区可持续发展，建设国家重要的战略资源接续区；重点建设三大国家重点经济区、三大西部重点经济区和三大省会经济区；切实推进东西共建产业园区；加大国家对西部优势产业和特色经济的支持力度；对老工业基地和资源型城市给予特殊的政策支持；妥善解决资源开发与当地人民群众脱贫致富的矛盾；依靠体制创新和技术创新，推动优势产业和特色经济发展；支持西部战略性新兴产业的发展；加强西部矿产资源调查评价与勘查。

参考文献

安树伟.2004.西部开发要转向以发展特色优势产业为主.经济要参，(72).
安树伟.2005.勾画西部特色优势产业发展的蓝图.西部论丛，(12)：20-22.
白永秀.2005.西部特色经济问题研究.北京：经济科学出版社.
高新才.2005.西部大开发："十一五"政策方向展望.西部论丛，(6)：26-29.
国家发展计划委员会发展规划司综合处.2002.从发展特色经济和优势产业入手加快西部发展.

宏观经济管理,(6):17-21.
李峻峰.2001.西部开发中的云南特色经济.民族团结,(11):46-47.
孔祥智,胡迎春,张键.2003.如何发展西部地区的特色产业——西部五省区调研报告.理论研究,(3):2-5.
陆大道,刘毅,樊杰,等.2001.2000中国区域发展报告——西部开发的基础、政策与态势分析.北京:商务印书馆.
宁夏回族自治区发展计划委员会课题组.2000.宁夏优势特色产业课题研究.市场经济研究,(6):15-17.
彭建文,王忠诚,齐正军.2001.特色产业选择初探.经济体制改革,(3):94-96.
四川省经济发展研究院.2002.四川省区域特色产业发展研究.软科学,(4):68-72.
王洛林.2002.未来50年:中国西部大开发战略.北京:北京出版社.
王文长,李曦辉,李俊峰.2001.西部特色经济开发.北京:民族出版社.
王元京.2001.西部特色经济的产业识别与评判标准探讨.经济学家,(2):19-25.
韦苇.2005.西部蓝皮书:中国西部经济发展报告(2005).北京:社会科学文献出版社.
魏后凯,安树伟.2004-12-31.要大力推进西部特色产业发展.中国经济时报,3.
魏后凯,刘楷,安树伟.2005.西部地区经济结构调整和特色优势产业发展研究.国务院西部地区开发领导小组办公室经济社会组委托课题研究报告.
胥留德.2002.论特色产业的选择.经济问题探索,(11):15-18.
徐国弟,陈玉莲.2002.西部大开发战略的理论基础和实施对策.北京:中国计划出版社.
曾培炎.2010.西部大开发决策回顾.北京:中共党史出版社、新华出版社:318.
张丽君,李澜.2002.西部开发与特色经济规划.大连:东北财经大学出版社.
张文全.2003.在西部大开发中发展新疆区域特色经济.新疆社会科学,(2):35-39.

第二章 西部大开发政策效应评价

实施西部大开发战略,加快西部地区发展,是我国现代化战略的重要组成部分,是党中央高瞻远瞩、总揽全局、面向 21 世纪做出的重大决策。为了保证西部大开发战略的顺利实施,国家制定并实施了若干政策措施。这些政策包括货币政策与财政政策、对外开放政策、科技与教育政策和产业政策。国家试图通过这些政策,拓宽筹集资金的渠道,为西部地区提供更多的经济发展资金,扩大西部地区的产品销售市场,加快科技创新的步伐,以技术和教育促进经济的快速发展和良性循环,逐步缩小各地区之间的发展差距,实现区域经济协调发展。

西部大开发战略实施以后,我国一些学者对其实施效果进行了评价。张蕾和周洪(2003)对当前实施的退耕还林、天然林资源保护、防沙治沙等林业政策的执行效果进行了评价。赵恒(2006)运用定量分析法,测量了西部大开发税收优惠政策的实施效果,认为西部大开发税收优惠政策对经济增长和企业资产利润率提高具有显著正效用。魏后凯和孙承平(2004)运用区域 GDP 总量、GDP 增长率、人均 GDP 差异等指标,评价了我国西部大开发战略实施效果,指出西部地区经济增长速度有所加快,固定资产投资持续高速增长,但由于实施时间较短,加上政府投资主要集中在基础设施和生态建设方面,西部工业化推进速度缓慢,外商投资和民间资本持观望态度,东西发展差距依然在扩大。崔蕾(2007)选取了西部地区规模以上工业企业的一些会计指标,运用因子分析法,从微观层面评价了西部大开发的绩效,发现西部地区的营运能力低于全国平均水平,技术能力远远落后于全国平均水平,科技投入除陕西和四川外,其他地区均低于全国平均水平。

以上研究都未能全面评价西部大开发货币及财政政策、对外开放政策、科技与教育政策和产业政策的效应。本章旨在运用定量分析方法,检验西部大开发政策对西部地区经济增长的具体效应,并针对研究结论,提出完善西部大开发政策的若干建议。

第一节 西部地区发展成效与存在问题

一、西部地区发展成效显著

西部大开发十多年来，中央政府在规划指导、政策扶持、资金投入、项目安排、人才交流等方面不断加大对西部地区的支持力度。西部地区特色优势产业获得快速发展，综合经济实力大幅提升，自我发展能力显著增强；重点地区开发开放进程明显加快，区域发展协调性进一步增强；生态环境得到明显改善，基础设施不断完善；经济社会发展取得重大成就，人民生活水平显著提高。

（一）地区经济呈高速增长态势，综合经济实力大幅提升

2000~2012年，西部GDP现值从1.66万亿元增加到11.39万亿元，名义GDP年均增长率达到17.4%（图2-1）[①]。增长速度连续十多年逐年加快。自1999年的7.3%提高到2007年的14.5%；2008年受全球性经济危机的影响，增速有所回落，但仍高达12.4%，分别比全国和东部地区平均水平高0.5个百分点和1.1个百分点；2009年以来持续增快，2009年为13.5%，分别高于全国和东部地区1.9个百分点和2.8个百分点；2010年为21.6%，分别高于全国和东部地区3.8个百分点和3.6个百分点；2011年为23.1%，分别高于全国和东部地区5.2个百分点和6.2个百分点；2012年为14.4%，分别高于全国和东部地区4.2个百分点和5.4个百分点。从西部各省（自治区、直辖市）的情况看，内蒙古、新疆、陕西、广西等经济增长速度已居全国前列。其中，2002~2011年内蒙古连续九年增速居全国第一，创造了"内蒙古现象"；四川经济总量于2007年突破1万亿元，2012年达到23 849.8亿元，居全国第八位。[②]

2000~2012年，西部地区全社会固定资产投资年均增长33.0%[③]，比全国高10.5个百分点，比东部地区高8.8个百分点。农业、交通、水利等基础领域

[①] 如无特殊说明，本书的数据均来自相关年份的《中国统计年鉴》和《中国区域经济统计年鉴》，2012年数据根据《中国统计摘要（2013）》整理。

[②] 2012年西部地区GDP突破1万亿元的有内蒙古（15 988.3亿元）、广西（13 031.0亿元）、重庆（11 459.0亿元）、四川（23 849.8亿元）、云南（10 309.8亿元）和陕西（14 451.2亿元），共6省（自治区、直辖市）。

[③] 2012年西部地区全社会固定资产投资达到88 748.8亿元。

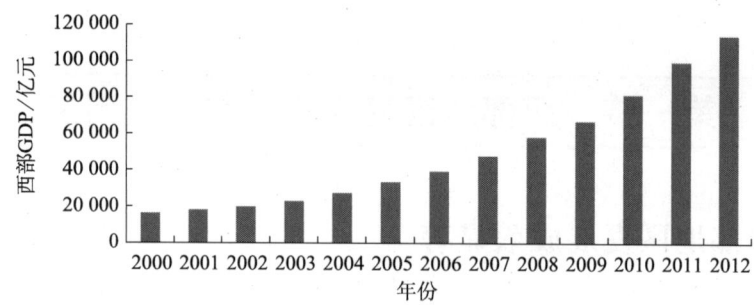

图 2-1 2000~2012 年西部 GDP

资料来源：2000~2011 年数据根据《中国统计年鉴》(2001~2012) 整理；2012 年数据整理自：国家统计局.2013.中国统计摘要 (2013).北京：中国统计出版社

的投资比重不断提升，由 1999 年的 20.4% 提高到 2010 年的 35.6%。

产业结构进一步优化，工业化进程加速推进。1999~2012 年，西部地区第一产业增加值比重和就业比重都在不断下降，增加值比重从 23.8% 下降到 12.6%，下降 11.2 个百分点，第二产业增加值比重提高 10.8 个百分点，均大大高于全国和东部地区提升的幅度；1999~2011 年，西部地区工业增加值占 GDP 的比重由 32.9% 增加到 43.0%，增长 10.1 个百分点，而同期东部地区仅增加 7.0 个百分点，这表明西部地区工业化正在加速推进。

西部地区地方财政收入亦得到改善。2000~2011 年，地方财政收入从 1127 亿元增加到 10 819 亿元，年均增长 22.8%。

（二）生态环境得到较明显改善，基础设施不断完善

西部开发十多年来，西部地区生态环境得到明显改善。退耕还林、退牧还草、天然林保护、京津风沙源治理、三峡库区国土整治及水污染治理、三江源保护等重点生态工程得到实施，环境综合治理初见成效，一批循环经济试点积极推进。2002 年退耕还林 82 万 hm^2，占全国退耕还林总面积的 57.5%。[①] 2004 年完成退耕还林任务 66.7 万 hm^2，荒山荒地造林任务 333.3 万 hm^2，集中治理 25°以上陡坡耕地和严重沙化耕地，特别是江河两岸、湖泊水库周围的陡坡耕地。2007 年，西部 12 省（自治区、直辖市）（含新疆生产建设兵团）共完成 59.18 万 hm^2 退耕还林任务，占退耕工程总造林面积的 52.6%。广西、云南等省级行政区还在更新造林和低产林改造中加大了速丰林的营造。2011 年西部地区的森林覆盖率为 18.2%，"十一五"期间西部地区森林覆盖率年均增长 2.63%，高于

---

① 1998~2002 年，西部地区 12 省（自治区、直辖市）共退耕还林 249 万 hm^2，占全国退耕还林总面积的 74.6%。

全国水平0.48个百分点。

基础设施建设取得重大突破,青藏铁路、西气东输、西电东送等标志性工程相继建成投入运营,重大水利、能源、通信设施建设全面推进。2000~2011年,西部地区新增公路通车里程106.8万km,其中,高速公路2.16万km;新增铁路营业里程超过1.4万km;2008年民用机场达到79个,占全国机场总数的49.4%。

(三) 特色优势产业快速发展,投入产出效益稳步提升

西部大开发战略的实施为西部地区经济发展提供了前所未有的机遇。能源及化学工业、优势矿产资源开采及加工业、特色农牧产品加工业、装备制造业、高技术产业、旅游产业发展势头良好,涌现一批具有较强竞争力的名优品牌和企业集团。在这些行业的带动下,西部地区工业投入产出效益得到了明显提高。1999年,西部地区工业各项经济效益指标大都低于全国平均水平,但到2010年,各项指标均超过了全国和东部地区的水平。其中,规模以上工业企业平均总资产贡献率已达到13.6%,超过东部地区1.0个百分点;工业成本费用利润率达到11.5%,超过全国平均水平3.2个百分点,超过东部地区平均水平4.5个百分点[①]。

(四) 社会发展水平显著提高,居民生活水平明显改善

经过十多年的开发,西部地区经济社会发展水平显著提高,教育、医疗、文化、就业和社会保障事业全面发展,综合发展能力不断增强,人民生活水平得到明显改善。1999~2011年,西部地区人均GDP由4283元提高到27 731元,占全国比重由59.8%提高到78.8%。城乡居民人均收入获得了较快增长。1999~2011年,西部农民人均纯收入由1662元提高到5247元,增长2.16倍;城镇居民人均可支配收入则由5431元提高到18 159元,增长2.34倍。其中,2005~2010年,西部地区农民人均纯收入年均增长率达到13.2%,超过东部地区1.7个百分点。2010年,我国西部地区农村贫困人口为1751万人,较2009年减少621万人,下降26.2%,贫困人口占全国农村贫困人口的比重为65.1%,较2009年下降0.8个百分点;贫困发生率为6.1%,较2009年下降2.2个百分点(国家统计局住户调查办公室,2011)。

农村基础设施建设明显加强,农民生产生活条件逐步改善。1999~2004年,

---

① 总资产贡献率及成本费用利润率数据是全国和西部各省(自治区、直辖市)数据的算术平均值。

累计安排投资 71 亿元，解决了西部 3200 万人的饮水问题。国家投入大量财政资金，对居住在生态环境脆弱、不具备基本生存条件地区的 102 万贫困人口实行了生态移民，并为农村 96 万人建设了户用沼气池，解决了 969 个无电乡通电问题，6.8 万个行政村通了广播电视。农村公路和高速公路发展迅速。2008 年年底，四川、云南、内蒙古、陕西、贵州和新疆农村公路里程均超过了 10 万 km。

（五）与东部相对差距趋于缩小

改革开放以来，我国东西部发展差距的变化经历了一个先扩大后缩小的过程，尤其在近年来，我国区域经济发展格局发生了重大转变，开始由不平衡增长逐步转变为相对均衡增长。2003 年以来，尽管东西部地区间人均 GDP 绝对差距仍在扩大，但其相对差距已呈现逐步缩小的态势。2003 年，西部地区人均 GDP 比东部地区低 63.0%，2005 年低 60.7%，2007 年低 58.9%，2008 年低 56.9%，2009 年低 57.0%，2010 年低 51.5%，2011 年低 48.0%。与此同时，2007 年后，东西部地区间城乡居民收入的相对差距也开始趋于缩小。

（六）改革开放深入推进，对外开放水平显著提高

西部大开发以来，在发展开放型经济方面已取得初步成效，对外开放水平得到较明显提高。2012 年，西部地区货物进出口总额达到 2363.8 亿美元，占全国的 6.1%，比 1999 年提高 2.3 个百分点，比 2005 年提高 3.0 个百分点；西部地区出口额达到 1487.4 亿美元，占全国的比重达到 7.3%，分别比 1999 年和 2004 年提高 3.5 个百分点和 4.0 个百分点。新疆、甘肃进出口总额年均增速超过了 30%，内蒙古、广西、贵州、四川等省（自治区）进出口增长速度均超过全国平均水平。1999~2011 年，西部地区实际利用外商直接投资由 17.7 亿美元增加到 224.5 亿美元，年均增长 23.6%。改革开放深入推进，国有企业改革取得积极进展，非公有制经济加快发展。十余年来，已有近 20 万家东部企业到西部地区投资创业，投资总额超过 2.2 万亿元。

二、西部大开发面临的突出问题

（一）基础设施依然薄弱，投资环境有待改善

西部地区尤其是农村地区、贫困地区、偏远山区和边境地区，交通、通信、医疗卫生、文化、自来水、垃圾处理等基础设施仍然十分薄弱，尤其是信息化

基础设施与东部的差距有扩大的趋势。例如，西部地区长途自动交换机容量、本地电话局用交换机容量、移动电话交换机容量、长途光缆线路的密度、每千人互联网宽带接入端口等都远远低于东部和全国平均水平；2011年西部地区铁路营业里程密度为52.9km/万 km²，公路里程密度为2363.2km/万 km²，高速公路里程密度为36.9km/万 km²，分别为全国平均水平的54.5%、55.2%和41.7%，与东部及东北地区的差距更大。

目前，西部地区国有经济比重高，市场化程度仍然较低（图2-2），要素市场尤其是资本市场发育不完善，使得西部地区资金对政策的依赖性大，间接融资比重高，农村金融市场落后，外向型经济发展水平还比较低。政府规模庞大，行政办事效率低，审批环节烦琐，服务意识较差，等等。

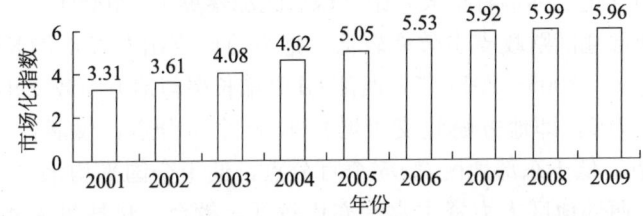

图2-2　2001~2009年西部地区市场化指数

注：西部地区的市场化指数为西部各省（自治区、直辖市）的算术平均值（樊纲和王小鲁，2007；樊纲等，2010，2012）

（二）产业层次低，配套不完善

西部地区采掘和原料工业所占比重大，产业链条短，加工深度和综合利用程度低。2007年，西部地区高技术产业增加值仅占规模以上工业增加值的5.6%，比东部地区低7.8个百分点。同时，西部生产者服务业发展滞后，物流成本较高，产业配套不完善。西部地区的物流效率明显低于东部地区，单位货运量产生的GDP和第二产业增加值只有东部地区的50%左右。此外，西部中小企业融资难，企业税负较重，经营环境偏紧。西部企业特别是中小型内资企业融资困难，可获得银行贷款比例大大低于东部地区，不得不通过非银行机构来获取企业发展所需资金。西部地区高税行业多，增值税比重高，所得税比重低，中央通过增值税从西部拿走的税赋较多，而通过所得税等税种分成留在西部的税赋较少，加上国家对西部的税收优惠主要是企业所得税，导致西部地区税收负担较重。

（三）对中央支持政策依赖性强，自我发展能力有待提高

中央的政策倾斜对西部地区经济发展起着非常积极的作用，然而巨大的投资力

度，也增强了西部地区对中央政策的依赖性。在西部地区固定资产投资资金来源中，国家预算内资金、国内贷款比重明显高于全国平均水平，而利用外资、自筹和其他资金比重低于全国平均水平；西部地区间接融资比例很大，对国家预算内资金依赖性很强。因此，各地区都试图争取更大的中央政策扶持力度，地方财力薄弱，公共服务能力低，不能充分发挥市场机制的作用，自我发展能力有待继续提高。

西部地区的地方财政实力、人均可支配财力和公共服务能力均远低于东部地区。2011年西部地区平均每个省（自治区、直辖市）地方财政收入901.6亿元，仅相当于东部地区的31.4%；西部地区人均地方财政本级收入为2987元，仅相当于全国平均水平的76.6%、东部地区的53.1%。西部地方政府尤其是县乡政府公共服务能力明显不足，地区公共服务水平较低，离中央要求的实现基本公共服务均等化目标仍有很大差距（魏后凯和蔡翼飞，2009）。

同时，西部地区财政支出效率较低，地方财政支出对经济增长的带动作用远小于东部地区。2005～2011年，西部GDP增长率与地方财政支出增长率之比仅有0.71∶1.00，即地方财政支出增长1.00个百分点，仅能带动GDP增长0.71个百分点，低于东部地区0.05个百分点，低于全国平均水平0.02个百分点。相应地，西部地区人力资本水平亦比较低，教育、科技投入相对不足，而且西部内部区域差异很大。

（四）城市化滞后，城乡二元结构明显

西部大开发以来，西部地区的工业化进程明显加快，与东部地区的差距在逐渐缩小。但是城市化水平却比较低，发展滞后，而且近年来与东部地区的差距不断扩大。2012年，西部地区城市化水平仅有44.7%，比全国平均水平低7.9个百分点，比东部地区低17.2个百分点。2000～2012年，西部地区与东部地区间城市化水平差距由7.2个百分点扩大到17.2个百分点。同时，西部地区城乡居民收入差距大，二元结构明显，中心城市的带动作用不强。2012年，西部12个省（自治区、直辖市）中有8个省（自治区、直辖市）城镇居民人均可支配收入与农村居民人均纯收入之比超过3.10∶1[①]。其中，贵州3.93∶1，云南3.89∶1，甘肃3.81∶1，陕西3.60∶1，广西3.54∶1。

（五）多极增长格局尚未形成，地区内部发展不平衡加剧

"十一五"时期，西部着力培育成渝、关中—天水和广西北部湾经济区。成

---

① 2012年全国城镇居民人均可支配收入与农村居民人均纯收入之比为3.10∶1。

渝经济区对西南地区的发展有较强的带动作用；广西北部湾经济区正处于蓄积力量阶段，极化效应大于扩散效应，加速周边资源向核心地区集中；关中—天水经济区内部整合进程缓慢，目前更难担当带动西北地区发展的重任。在东西相对差距缩小的背景下，西部地区内部省级行政区间差距却在急剧扩大，内蒙古、四川、重庆等发展迅速，贵州、西藏、青海等发展则相对缓慢（吉新峰和安树伟，2010）。

（六）资源开发效率低下，环境保护任务依然严峻

西部地区拥有丰富的资源，矿产、水能、草场、林业、旅游等独具优势。受资源禀赋、产业基础和发展阶段的影响，近年来西部地区重化工业和原料工业规模迅速扩张，但开发效率低下。2011年，按算术平均值计算，西部11个省（自治区、直辖市）（不含西藏）每万元GDP[①]能耗为1.39t标准煤，分别比全国、东部、中部、东北高37.6%、98.6%、40.4%、36.3%。2011年，西部地区废水排放总量128.93亿t，废气中SO_2排放总量808.98万t，氮氧化物排放总量678.57万t，烟（粉）尘排放总量387.61万t，一般工业固体废物产生量10.65亿t，分别占全国的19.6%、36.5%、28.2%、30.3%、33.0%。同期，西部GDP仅占全国的19.2%，工业增加值仅占18.6%。资源的不合理利用使西部地区环境保护任务日益严峻，未来应设法促进西部地区资源开发向高效率、低排放的模式转变。

第二节 货币政策和财政政策效应评价

西部大开发政策强调要加大金融信贷支持。银行根据商业信贷的自主原则，加大对西部地区基础产业建设的信贷投入，重点支持铁路、主干线公路、电力、石油、天然气等大中型能源项目建设；加快国债配套贷款项目的评估审贷，根据建设进度保证贷款及早到位；对投资大、建设期长的基础设施项目，根据项目建设周期和还贷能力，适当延长贷款期限；国家开发银行新增贷款逐年提高用于西部地区的比重；扩大以基础设施项目收费权或收益权为质押发放贷款的范围；增加对西部地区农业、生态环境保护建设、优势产业、小城镇建设、企业技术改造、高新技术企业和中小企业发展的信贷支持；在西部地区积极发放

---

① 以2010年不变价为基础计算所得。

助学贷款及学生公寓贷款;农村电网改造贷款和优势产业贷款中金额较大的重点项目,由中国农业银行总行专项安排和各商业银行总行直贷解决;有步骤地推动股份制银行到西部设立分支机构。

同时,中央加大财政转移支付力度。随着中央财力的增加,逐步加大对西部地区一般性转移支付的规模;在农业、社会保障、教育、科技、卫生、计划生育、文化、环保等专项补助资金分配方面,向西部地区倾斜;中央财政扶贫资金的安排,重点用于西部贫困地区;对国家批准实施的退耕还林还草、天然林保护、防沙治沙工程所需的粮食、种苗补助资金及现金补助,主要由中央财政支付。对因实施退耕还林还草、天然林保护等工程而受影响的地方财政收入,由中央财政适当给予补助。

一、指标选取及模型建立

目前我国货币政策的中间目标为 M_1、M_2、现金和贷款规模等一组指标。其中,贷款规模一直是中央银行调控和监测的重点(戴根有,2000),且银行信贷依然是当前企业融资的主要形式(刘明和宋翠玲,2004a)。所以,文中选取各省级行政区贷款总额作为货币政策的中间变量,以财政支出作为财政政策的中间变量,以 GDP 作为衡量经济增长的指标,来检验货币政策对区域经济的影响程度。建立以下模型:

$$y_{it} = \beta_0 + \beta_1 \text{LOAN}_{it} + \beta_2 \text{FE}_{it} + \varepsilon_t, t=1,2,3,\cdots,n \quad (2\text{-}1)$$

$$y_{w_{it}} = \beta_{w_0} + \beta_{w_1} \text{LOAN}_{w_{it}} + \beta_{w_2} \text{FE}_{w_{it}} + \varepsilon_t, t=1,2,3,\cdots,n \quad (2\text{-}2)$$

$$y_{m_{it}} = \beta_{m_0} + \beta_{m_1} \text{LOAN}_{m_{it}} + \beta_{m_2} \text{FE}_{m_{it}} + \varepsilon_t, t=1,2,3,\cdots,n \quad (2\text{-}3)$$

$$y_{e_{it}} = \beta_{e_0} + \beta_{e_1} \text{LOAN}_{e_{it}} + \beta_{e_2} \text{FE}_{e_{it}} + \varepsilon_t, t=1,2,3,\cdots,n \quad (2\text{-}4)$$

在式(2-1)中,y_{it} 表示西部大开发前西部第 i 个省级行政区第 t 年经济增长状况,用 GDP 总量(单位:亿元)来衡量;LOAN_{it} 表示西部大开发前西部各省级行政区第 t 年第 i 个省级行政区贷款总额(单位:亿元),FE_{it} 表示西部大开发前西部各省级行政区第 t 年第 i 个省级行政区财政支出(单位:亿元)。在式(2-2)~式(2-4)中,$y_{w_{it}}$、$y_{m_{it}}$ 和 $y_{e_{it}}$ 分别表示西部大开发期间第 t 年第 i 个省级行政区我国西部、中部和东部各省级行政区经济增长状况,用 GDP 指标(单位:亿元)来衡量,$\text{LOAN}_{w_{it}}$、$\text{LOAN}_{m_{it}}$ 和 $\text{LOAN}_{e_{it}}$ 分别表示西部大开发期间第 t 年第 i 个省级行政区我国西部、中部和东部各省级行政区贷款总额(单位:亿元),$\text{FE}_{w_{it}}$、$\text{FE}_{m_{it}}$ 和 $\text{FE}_{e_{it}}$ 分别表示西部大开发期间第 t 年第 i 个省级行政区我国西部、中部和东部各省级行政区财政支出(单位:亿元)。β_1、β_{w_1}、β_{m_1} 和 β_{e_1} 均为非随机量,其含义就是在其他变量不变的情况下,贷款总额改变一个单位,将会引起各省级行政区经济增长变化的系数;β_2、β_{w_2}、β_{m_2} 和 β_{e_2} 均为非随机量,其含义就是在其他变量不变的情况下,财政支出改变一个单位,将会引起各省级行政区经济增长变化的系数。t 为时期序号,$t=1,2,3,\cdots,n$;β_0、β_{w_0}、β_{m_0} 和 β_{e_0} 均为截距项,β_1、β_{w_1}、β_{m_1}、β_{e_1}、β_2、β_{w_2}、β_{m_2} 和 β_{e_2} 均为待估计的参数;ε_t 为误差项,$E(\varepsilon_t)=0$,且 $E(\varepsilon_i\varepsilon_j)=0, i \neq j$;$E(\varepsilon_t^2)=\sigma^2$,为常数。w、m 和 e 分别表示西部、中部和东部。

二、数据来源

这里选择包括重庆、西藏在内的 31 个省(自治区、直辖市)作为研究样本。有关的数据均来自《中国统计年鉴》(1998~2011)、《中国金融统计:1949—2005》、国家统计局和陕西经济信息网。

三、实证分析结果

运用 SPSS 软件回归之后的结论如表 2-1 所示。

表 2-1 各区域货币政策、财政政策与经济增长的回归结果

变量	系数	标准差	t 统计值	P 概率值	调整后的 R^2	Durbin-Watson
β_0	−156.882	8.711	−1.801*	0.089		
β_1	1.021	0.118	8.659***	0.000	0.948	1.699
β_2	0.000 01	0.000	2.965***	0.348		
β_{w_0}	−118.269	120.723	2.790**	0.018		
β_{w_1}	0.583	0.140	3.877***	0.000	0.818	1.265
β_{w_2}	0.346	0.046	2.807**	0.009		
β_{m_0}	−329.627	563.814	−2.108**	0.047		
β_{m_1}	0.592	0.045	3.127***	0.000	0.813	1.351
β_{m_2}	0.315	0.246	1.421*	0.270		
β_{e_0}	−912.812	177.221	2.644***	0.003		
β_{e_1}	0.105	0.121	2.722***	0.005	0.851	1.154
β_{e_2}	0.097	0.091	6.837***	0.000		

* 在 10% 水平显著
** 在 5% 水平显著
*** 在 1% 水平显著

(1) $\beta_1=1.021$,$\beta_2=0.000\ 01$。其含义是实施西部大开发政策前,当西部地区的贷款总额增长一个百分点时,将会引起经济增长 1.021 个百分点;当财政支出增长一个百分点时,将会使经济增长 0.000 01 个百分点。可见,扩张性的货币政策和扩张性的财政政策都可以促进区域经济的增长,且货币政策的促进作用明显大于财政政策。

(2) $\beta_{w_1} = 0.583$,$\beta_{w_2} = 0.346$。其含义是实施西部大开发政策后,当西部地区贷款总额增长一个百分点时,将会引起经济增长 0.583 个百分点;当财政支出增长一个百分点时,将会使经济增长 0.346 个百分点。因此,实施西部大开发政策以来,货币政策、财政政策与经济增长之间依然呈正相关性;但是,具体的相关系数发生了变化。西部大开发以来,货币政策对经济增长的促进作用降低 0.438 个百分点,而财政政策对经济增长的贡献程度由 0.000 01 上升为 0.346。

(3) $\beta_{m_1} = 0.592$,$\beta_{m_2} = 0.315$。其含义是实施西部大开发政策后,当中部地区贷款总额增长一个百分点时,将会引起经济增长 0.592 个百分点;当财政支出增长一个百分点时,将会使经济增长 0.315 个百分点。

(4) $\beta_{e_1} = 0.105$,$\beta_{e_2} = 0.097$。其含义是实施西部大开发政策后,当东部地区贷款总额增长一个百分点时,将会引起经济增长 0.105 个百分点;当财政支出增长一个百分点时,将会使经济增长 0.097 个百分点。

四、对结果的解释

(一) 扩张性的货币政策对经济增长有显著的推动作用

扩张性的货币政策可以为西部地区提供更多的货币供给量,从而增加西部地区的总需求,而总需求的增加,尤其是投资需求的增加,可以促进经济总量的增长,因为中国的经济增长是投资拉动型的(安立仁,2003)。西部大开发以来,西部地区的货币政策与其经济增长之间的关系具有以下两个特征。

第一,对经济增长的拉动作用减弱。二者之间的相关系数由 1.021 下降到 0.583,降低了 0.438。究其原因,主要有以下两方面:一是在西部地区尤其是西北地区,由于基础货币投放渠道受阻,经济基础差,投资收益率低等,西部地区货币政策的效率较低(刘明和宋翠玲,2004b)。二是财政政策的挤出效应。财政支出的增加必然会导致利率的上升,从而产生挤出效应,导致贷款总额的减少,最终会削弱货币政策对经济增长的促进作用。

第二,在东部、中部、西部三大区域中,西部地区货币政策对经济增长的贡献力度介于中部、东部地区之间。具体而言,西部地区货币政策对经济增长的贡献力度大于东部地区,比东部地区高出 0.478 个百分点;但低于中部地区,比中部地区低 0.009 个百分点。主要原因有:一是在边际效用递减规律的作用下,东部地区货币政策对经济增长的边际贡献力度逐渐减小;二是与中部地区相比,西部地区区域金融的发展比较落后,对经济增长的推动作用有限。

(二) 扩张性的财政政策对经济增长推动作用日益增强

西部大开发以来，中央逐步加大对西部地区一般性转移支付的规模，在农业、社会保障、教育、科技、卫生、计划生育、文化、环保等专项补助资金的分配方面，向西部地区倾斜。积极的财政政策对西部地区的经济增长做出了积极的贡献。与此同时，西部地区的财政政策对经济增长的驱动作用显著增强。二者之间的相关系数由 0.00001 上升到 0.346，财政政策对经济增长的贡献力度大幅度提高。西部大开发以来，积极的财政政策不仅减少了农民和企业的负担，而且促进了科技创新的步伐，加大了基础设施建设的投资力度，改善了投资环境，从而拓展了西部地区筹集资金的渠道，最终促进了西部地区经济总量的增长。

(三) 与财政政策相比较，货币政策对经济增长的贡献更大

西部大开发期间，货币政策与经济增长的相关系数为 0.583，而财政政策与经济增长的相关系数仅为 0.346，二者之间的差距为 0.237。货币政策与财政政策都是国家宏观经济政策。宏观经济政策具有政策时延性。具体表现为内在时延与外在时延。内在时延指从经济中产生来引起经济不稳定的因素到决策机构制定出适当的经济政策并执行之间的时间间隔，外在时延是指从政策实施到政策产生作用、达到预期目标之间的时间间隔。货币政策与财政政策的政策时延不同。财政政策的内在时延较长，但其外在时延较短；而货币政策的内在时延较短，外在时延较长。由于财政政策从决策、批准到实施需要的时间较长，所以其对经济的调节作用，需要较长的时间才能见效，对经济增长的贡献力度小于货币政策。因此，西部地区在采取综合的宏观经济政策促进经济增长时，应加大对货币政策的使用力度。

第三节 对外开放政策效应评价

扩大对外开放是西部大开发的一项重要政策，主要包括四方面：一是进一步扩大外商投资领域。鼓励外商投资于西部地区的农业、水利、生态、交通、能源、市政、环保、矿产、旅游等基础设施建设和资源开发，建立技术研究开发中心，并扩大西部地区服务贸易领域对外开放。二是进一步拓宽利用外资渠

道。在西部地区进行以 BOT① 方式利用外资的试点。三是大力发展对外经济贸易。进一步扩大西部地区生产企业对外贸易经营自主权，鼓励企业发展优势产品出口、对外工程承包和劳务合作、到境外特别是周边国家投资办厂，放宽人员出入境限制。四是推进地区协作与对口支援。在防止重复建设和禁止转移落后技术与导致环境污染的前提下，在投资、财政、税收、信贷、经贸、工商、劳动、统计等方面积极采取有力措施，支持东部、中部地区企业到西部地区以投资设厂、参股入股、收购兼并、技术转让等多种方式进行合作。

一、指标选取及模型建立

这里选取各省级行政区外商投资总额和进出口贸易总额作为衡量对外开放政策的中间变量，以 GDP 作为衡量经济增长的指标，来研究对外开放政策对区域经济的影响程度。建立以下模型：

$$y_{it} = \beta_0 + \beta_1 \text{FINVEST}_{it} + \beta_2 \text{FTRADE}_{it} + \varepsilon_t, t = 1,2,3,\cdots,n \qquad (2\text{-}5)$$

$$y_{w_{it}} = \beta_{w_0} + \beta_{w_1} \text{FINVEST}_{w_{it}} + \beta_{w_2} \text{FTRADE}_{w_{it}} + \varepsilon_t, t = 1,2,3,\cdots,n \qquad (2\text{-}6)$$

$$y_{m_{it}} = \beta_{m_0} + \beta_{m_1} \text{FINVEST}_{m_{it}} + \beta_{m_2} \text{FTRADE}_{m_{it}} + \varepsilon_t, t = 1,2,3,\cdots,n \qquad (2\text{-}7)$$

$$y_{e_{it}} = \beta_{e_0} + \beta_{e_1} \text{FINVEST}_{e_{it}} + \beta_{e_2} \text{FTRADE}_{e_{it}} + \varepsilon_t, t = 1,2,3,\cdots,n \qquad (2\text{-}8)$$

在式（2-5）中，y_{it} 表示西部大开发前西部各省级行政区第 t 年第 i 个省级行政区年经济增长状况，用 GDP 指标（单位：亿元）来衡量，FINVEST_{it} 表示西部大开发前西部各省级行政区第 t 年第 i 个省级行政区外商投资总额（单位：万美元），FINVEST_{it} 表示西部大开发前西部各省级行政区第 t 年第 i 个省级行政区进出口贸易总额（单位：亿美元）。在式（2-6）～式（2-8）中，$y_{w_{it}}$、$y_{m_{it}}$ 和 $y_{e_{it}}$ 分别表示西部大开发期间第 t 年我国西部、中部和东部各省级行政区经济增长状况，用 GDP 指标（单位：亿元）来衡量，$\text{FINVEST}_{w_{it}}$、$\text{FINVEST}_{m_{it}}$ 和 $\text{FINVEST}_{e_{it}}$ 分别表示西部大开发期间第 t 年我国西部、中部和东部各省级行政区外商投资总额（单位：万美元），$\text{FTRADE}_{w_{it}}$、$\text{FTRADE}_{m_{it}}$ 和 $\text{FTRADE}_{e_{it}}$ 分别表示西部大开发期间第 t 年我国西部、中部和东部各省级行政区进出口贸易总额（单位：亿美元）。β_1、β_{w_1}、β_{m_1} 和 β_{e_1} 均为非随机量，其含义就是当其他变量不变的情况下，外商投资总额改变一个单位，将会引起各省级行政区经济增长变化的系数，β_2、β_{w_2}、β_{m_2} 和 β_{e_2} 均为非随机量，其含义就是当其他变量不变的情况下，进出口贸易总额改变一个单位，将会引起各省级行政区经济增长变化的系数。t 为时期序号，$t = 1,2,3,\cdots,n$；β_0、β_{w_0}、β_{m_0} 和 β_{e_0} 均为截距项，β_1、β_{w_1}、β_{m_1}、β_{e_1}、

---

① BOT 是私人资本参与基础设施建设，向社会提供公共服务的一种特殊的投资方式，包括建设（build）、经营（operate）、转让（transfer）三个过程：建设—经营—转让。

β_2、β_{w_2}、β_{m_2} 和 β_{e_2} 均为待估计的参数;ε_t 为误差项,$E(\varepsilon_t)=0$,且 $E(\varepsilon_i\varepsilon_j)=0$,$i \neq j$;$E(\varepsilon_t^2)=\sigma^2$,为常数。

二、数据来源

这里选择包括重庆、西藏在内的 31 个省(自治区、直辖市)作为研究样本。有关的数据均来自《中国统计年鉴》(1998~2011)、国家统计局和各省级行政区统计公报。

三、实证分析结果

运用 SPSS 软件回归之后的结论如表 2-2 所示。

表 2-2 各区域外商投资、进出口与经济增长的回归结果

变量	系数	标准差	t 统计值	P 概率值	调整后的 R^2	Durbin-Watson
β_0	180.658	0.001	−1.087	0.292		
β_1	0.012	0.007	2.735***	0.101	0.876	1.778
β_2	0.008	0.001	5.557***	0.000		
β_{w_0}	1439.743	340.513	4.228***	0.000		
β_{w_1}	0.186	0.151	4.586***	0.000	0.858	1.682
β_{w_2}	0.006	0.000	9.398***	0.000		
β_{m_0}	165.321	231.435	3.897***	0.000		
β_{m_1}	0.010	0.003	3.674***	0.000	0.814	1.411
β_{m_2}	0.005	0.001	5.216***	0.000		
β_{e_0}	67.060	174.155	4.676***	0.000		
β_{e_1}	0.007	0.001	8.705***	0.000	0.969	1.866
β_{e_2}	0.002	0.002	3.973***	0.000		

*** 在 1% 水平显著

根据表 2-2 的数据可以得到以下结论。

(1)$\beta_1 = 0.012$,$\beta_2 = 0.008$。其含义是实施西部大开发政策之前,当西部地区的外商投资增长一个百分点时,将会引起经济增长 0.012 个百分点;当进出口总额增长一个百分点时,将会使经济增长 0.008 个百分点。可见,外商投资和进出口都可以促进区域经济的增长,且外商投资对经济增长的促进作用大于进出口贸易总额。

(2)$\beta_{w_1} = 0.186$,$\beta_{w_2} = 0.006$。其含义是实施西部大开发政策后,当西部地区外商投资增长一个百分点时,将会引起经济增长 0.186 个百分点;当进出口增长一个百分点时,将会使经济增长 0.006 个百分点。因此,实施西部大开发政策以来,外商投资、进出口与经济增长之间依然呈正相关;但是,具体的

相关程度发生了变化。西部大开发以来,外商投资对经济增长的促进作用增加了 0.174 个百分点,而进出口对经济增长的贡献程度由 0.008 降低到 0.006。

(3) $\beta_{m_1} = 0.010$,$\beta_{m_2} = 0.005$。其含义是实施西部大开发政策后,在中部地区,当外商投资增长一个百分点时,将会引起经济增长 0.010 个百分点;当进出口增长一个百分点时,将会使经济增长 0.005 个百分点。

(4) $\beta_{e_1} = 0.007$,$\beta_{e_2} = 0.002$。其含义是实施西部大开发政策后,当东部地区外商投资增长一个百分点时,将会引起经济增长 0.007 个百分点;当进出口贸易总额增长一个百分点时,将会使经济增长 0.002 个百分点。

四、对结果的解释

(一) 外商投资对经济增长有显著的推动作用

西部大开发之前,西部地区特别是西部欠发达地区的货币政策传导机制扭曲,导致货币政策低效运行;资本市场发展程度较低,企业不能从资本市场上获得足够的资金;而地方政府也无力给予企业财力支持。因此,西部地区企业面临严重的资金约束。西部大开发对外开放政策的实施,解决了企业资金不足的难题,不仅保证了企业的正常运行,而且也促进了西部经济的增长。西部大开发以来,西部地区的外商投资与其经济增长之间的关系具有以下特征。

第一,对经济增长的拉动作用增强。二者之间的相关系数由 0.012 提高到 0.186,上升了 0.174 个百分点。西部大开发以来,随着中央与地方制定一系列积极吸引外资的政策措施,西部投资环境不断改善,吸引外资的能力在逐渐增强。2005 年,西部地区实际利用外资金额为 19.41 亿美元,占全国的比重比 2004 年上升了 0.34 个百分点。与此同时,西部地区外商投资的结构得到改善。虽然外商投资依然以制造业行业为主,但是,2005 年外资已经进入西部的电力、燃气及水的生产及供应业,农、林、牧、渔业,房地产业,科学研究和技术服务业,金融业等领域。这些新的变化为西部地区的经济增长做出了积极的贡献。

第二,在东部、中部、西部三大区域中,西部地区外商投资与经济增长之间的相关系数最高,为 0.186,分别比东部和中部地区高 0.179 个百分点和 0.176 个百分点。主要原因是:①西部大开发以来,西部地区的投资环境逐渐得到改善;②西部地区制定了一系列吸引外资的优惠政策,如税收优惠政策等;③外商投资的边际效益递减规律的作用,使东部、中部外商投资对其经济增长的贡献力度较小。

（二）进出口贸易对经济增长推动作用逐渐减弱

二者的相关系数由 0.008 降低到 0.006。导致这种现象的原因是西部地区的出口产品主要是初级产品，其技术含量和产品附加值太低。加之国有企业的改革，如国棉厂经营机制的转换，短期内影响了西部地区的出口量和出口额。

与进出口贸易总额相比较，外商投资对西部地区经济增长的贡献更大。西部大开发期间，外商投资与经济增长的相关系数为 0.186，而进出口贸易总额与经济增长的相关系数仅为 0.006，二者之间的差距为 0.180。外商投资有助于解除西部地区经济发展过程中的资金不足的瓶颈，有助于企业规模的扩大、生产设备的更新和技术研究与发展的顺利进行。

第四节 科技政策效应评价

随着科学技术突飞猛进的发展，科技创新已经成为区域经济发展的主要推动力。Oakey（1984）、Badinger 和 Tondl（2002）等运用实证分析，检验了科技创新与区域经济之间的关系，结果显示，科技创新可以促进区域经济的增长。西部大开发政策中强调了"科技"的先导作用，指出要加大各类科技计划经费向西部地区的倾斜支持力度，逐步提高科技资金用于西部地区的数额；围绕西部开发的重点任务，加强科技能力建设，组织对关键共性技术的攻关，加快重大技术成果的推广应用和产业化步伐；支持军转民技术产业化的发展；支持西部地区科研机构、高校加强有特色的应用研究和基础研究；深化科技体制改革，加快从事应用研究的科研机构向企业转化，加强产学研联合，推动科技与经济的紧密结合；允许并提高西部地区企业在销售额中提取开发经费的比例；加大科技型中小企业创新基金对西部地区具备条件项目的支持力度；对科技人员在西部地区兴办科技型企业，简化工商登记，提高股权、期权和知识产权入股比例的上限。

一、指标选取及模型建立

这里选取各省级行政区专利申请授权量、发明专利申请授权量、市场成交合同额、科技人员总数和科技投入经费作为科技创新政策的中间变量，以区域 GDP 总量作为衡量经济增长的指标，来分析科技创新政策对区域经济的影响程度。建立以下模型：

$$y_w = \beta_{w_0} + \beta_{w_1} F_{w_1} + \beta_{w_2} F_{w_2} + \beta_{w_3} F_{w_3} + \beta_{w_4} F_{w_4} + \beta_{w_5} F_{w_5} + \varepsilon_t, t = 1,2,3,\cdots,n \quad (2-9)$$

$$y_m = \beta_{m_0} + \beta_{m_1} F_{m_1} + \beta_{m_2} F_{m_2} + \beta_{m_3} F_{m_3} + \beta_{m_4} F_{m_4} + \beta_{m_5} F_{m_5} + \varepsilon_t, t = 1,2,3,\cdots,n \quad (2-10)$$

$$y_e = \beta_{e_0} + \beta_{e_1} F_{e_1} + \beta_{e_2} F_{e_2} + \beta_{e_3} F_{e_3} + \beta_{e_4} F_{e_4} + \beta_{e_5} F_{e_5} + \varepsilon_t, t = 1,2,3,\cdots,n \quad (2-11)$$

在式（2-9）～式（2-11）中，y 表示西部大开发期间我国各省级行政区经济增长状况，用 GDP 总量（单位：亿元）来衡量，F_1 表示专利申请授权量（单位：项），F_2 示各省级行政区发明专利申请授权量（单位：项），F_3 表示市场成交合同额（单位：亿元），F_4 表示科技人员总数（单位：万人），F_5 表示科技投入经费（单位：亿元）。β_1、β_2、β_3、β_4 和 β_5 均为非随机变量，其含义就是在其他变量不变的情况下，专利申请授权量、发明专利申请授权量、市场成交合同额、科技人员总数和科技投入经费分别改变一个单位，将会引起各省级行政区经济增长变化的系数。t 为时期序号，$t=1,2,3,\cdots,n$；β_0 为截距项，β_1、β_2、β_3、β_4 和 β_5 均为待估计的参数；ε_t 为误差项，$E(\varepsilon_t)=0$，且 $E(\varepsilon_i\varepsilon_j)=0$，$i \neq j$；$E(\varepsilon_t^2)=\sigma^2$，为常数。

二、数据来源

这里选择包括重庆、西藏在内的 31 个省（自治区、直辖市）作为研究样本。有关的数据均来自《中国统计年鉴》（2001～2011）、《中国科技统计年鉴（2011）》、国家统计局和科技部网站。

三、实证分析结果

运用 SPSS 软件回归之后的结论如表 2-3 所示。

表 2-3　西部大开发期间区域科技创新与经济增长的回归结果

变量	系数	标准差	t 统计值	P 概率值	调整后的 R^2	Durbin-Watson
β_{w_0}	1709.787	196.127	8.718***	0.000		
β_{w_1}	0.427	0.242	3.167***	0.003		
β_{w_2}	0.233	0.205	2.283**	0.025	0.840	1.233
β_{w_3}	24.303	0.005	2.126**	0.038		
β_{w_4}	29.771	0.177	4.020***	0.000		
β_{w_5}	−5.918	4.841	−8.091***	0.000		

续表

变量	系数	标准差	t统计值	P概率值	调整后的R^2	Durbin-Watson
β_{m_0}	1772.973	454.761	6.977***	0.000		
β_{m_1}	1.865	0.206	4.494***	0.000		
β_{m_2}	2.716	0.399	1.795*	0.079	0.822	1.188
β_{m_3}	−2.530	20.496	−0.530	0.338		
β_{m_4}	26.746	18.179	4.471***	0.000		
β_{m_5}	1.362	10.496	2.489**	0.027		
β_{e_0}	1463.249	147.993	7.222***	0.000		
β_{e_1}	0.237	0.036	3.492***	0.001		
β_{e_2}	0.308	0.085	1.649*	0.127	0.934	1.684
β_{e_3}	20.624	2.751	7.497***	0.000		
β_{e_4}	28.076	9.577	3.020***	0.012		
β_{e_5}	8.918	4.841	8.091***	0.000		

* 在10%水平显著
** 在5%水平显著
*** 在1%水平显著

根据表2-3的数据可以发现：

(1) $\beta_{w_1}=0.427$，$\beta_{w_2}=0.233$，$\beta_{w_3}=24.303$，$\beta_{w_4}=29.771$。其含义是西部地区在实施西部大开发政策期间，当专利申请授权量增长一个百分点时，将会引起经济增长0.427个百分点；当发明专利申请授权量增长一个百分点时，经济将会增长0.233个百分点；当市场成交合同额增加一个百分点时，经济将会上升24.303个百分点；当科技人员总数增加一个百分点时，将会促使经济增长29.771个百分点。可见，专利申请授权量、发明专利申请授权量、市场成交合同额和科技人员总数的增加均会有效促进经济增长。$\beta_{w_5}=-5.918$，表明科技投入经费每增加1%，将会导致经济总量降低5.918个百分点。

(2) $\beta_{m_1}=1.865$，$\beta_{m_2}=2.716$，$\beta_{m_4}=26.746$，$\beta_{m_5}=1.362$。其含义是中部地区在西部大开发期间，当专利授权量增长一个百分点时，将会引起经济增长1.865个百分点；当发明专利授权量增长一个百分点时，将会使经济增长2.716个百分点；当科技人员总数增加一个百分点时，经济将会增长26.746个百分点；当科技投入经费增长一个百分点时，将会促进经济增长1.362个百分点。$\beta_{m_3}=-2.530$，但是没有通过t检验，说明中部地区的市场成交合同额与经济增长之间不存在相关性。

(3) $\beta_{e_1}=0.237$，$\beta_{e_2}=0.308$，$\beta_{e_3}=20.624$，$\beta_{e_4}=28.076$，$\beta_{e_5}=8.918$。其含义是实施西部大开发政策后，当东部地区专利授权量、发明专利授权量、市场成交合同额、科技人员总数和科技投入经费分别增长一个百分点时，引起经济增长的幅度分别为0.237%、0.308%、20.624%、28.076%和8.918%。

四、对结果的解释

(一) 科技人员总数的增加可以大幅度促进经济增长

西部地区科技人员与经济增长的相关系数高于东部、中部地区,表明西部大开发政策中吸引科技人才的政策是正确的。西部地区对科技人员兴办科技型企业,简化工商登记,提高股权、期权和知识产权入股比例的上限。而科技投入经费与经济增长之间负相关。主要原因是西部地区,尤其是陕西省,有较多的中央直属单位,在统计科技投入经费时,将这些单位的经费纳入西部地区,但是科技成果划归到中央,其研究成果未对所在地区的经济增长做出任何贡献。另外,西部地区对科技投入经费的监管力度较低,导致其使用效率低。

(二) 科技成果的增加均可以促进其经济增长

专利申请授权量、发明专利申请授权量和科技人员总数均与经济增长正相关。主要原因是实施西部大开发战略以来,西部地区非常重视科技发展的作用,加大科技创新的步伐,以创新促进劳动生产技术的改进和生产效率的提高,从而增加经济产出。例如,西部地区以水资源合理开发利用和沙(草)产业科技开发为中心,开展了一批重点关键技术攻关和科技示范工程,为西部特别是西北地区的生态环境、基础设施建设提供了有效的科技支撑。在东中西三大地区中,西部地区的科技成果对经济增长的促进作用最显著。

(三) 科技成果的市场化有助于推动经济增长

回归结果表明,西部地区科技成果的市场化与经济增长之间的相关系数高达 24.303,对经济增长的促进作用显而易见。相关系数远远高于中部、东部地区。长期以来,我国科研与产出相脱节,严重扭曲了科研与产出之间的关系。西部大开发以来,西部地区已经意识到这种扭曲后果的严重性,并采取有力的措施,加快重大技术成果的推广应用和产业化步伐,以先进的科技成果促进经济的快速增长。

第五节 教育政策效应评价

西部大开发以来，中央及地方政府大幅度增加教育投入；继续实施贫困地区义务教育工程，加大国家对西部地区义务教育的支持力度，增加资金投入，努力加快实现九年义务教育；对西部地区高等学校建设予以支持，扩大东部、中部地区高校在西部地区的招生规模；加大实施东部地区学校对口支援西部贫困地区学校工程及西部地区大中城市学校对口支援农村贫困地区学校工程的力度；建设西部地区远程教育体系；加强对农村基层干部和农民的科学文化知识教育培训。

一、指标选取及模型建立

这里选取各省级行政区教育经费作为代表教育政策的变量，以 GDP 作为衡量经济增长的指标，来检验教育政策对区域经济的影响程度。建立以下模型：

$$y_{it} = \beta_0 + \beta_1 E_{it} + \varepsilon_t, t = 1,2,3,\cdots,n \qquad (2\text{-}12)$$

$$y_{w_{it}} = \beta_{w_0} + \beta_{w_1} E_{w_{it}} + \varepsilon_t, t = 1,2,3,\cdots,n \qquad (2\text{-}13)$$

$$y_{m_{it}} = \beta_{m_0} + \beta_{m_1} E_{m_{it}} + \varepsilon_t, t = 1,2,3,\cdots,n \qquad (2\text{-}14)$$

$$y_{e_{it}} = \beta_{e_0} + \beta_{e_1} E_{e_{it}} + \varepsilon_t, t = 1,2,3,\cdots,n \qquad (2\text{-}15)$$

在式（2-12）中，y_{it} 表示西部大开发前西部各省级行政区第 t 年第 i 个省级行政区经济增长状况，用 GDP（单位：亿元）来衡量，E_{it} 表示西部大开发前第 t 年第 i 个省级行政区教育经费投入（单位：万元）。在式（2-13）～式（2-15）中，y_{it} 表示西部大开发以来各省级行政区第 t 年第 i 个省级行政区经济增长状况，用 GDP（单位：亿元）来衡量，E_{it} 表示西部大开发以来第 t 年第 i 个省级行政区的教育经费投入（单位：万元）。β_1 为非随机变量，其含义就是当其他变量不变的情况下，教育经费每改变一个单位，将会引起各省级行政区经济增长变化的系数。t 为时期序号，$t=1,2,3,\cdots,n$；β_0 为截距项，β_1 为待估计的参数；ε_t 为误差项，$E(\varepsilon_t)=0$，且 $E(\varepsilon_i\varepsilon_j)=0$，$i\neq j$，$E(\varepsilon_t^2)=\sigma^2$，为常数。

二、数据来源

这里选择包括重庆、西藏在内的 31 个省（自治区、直辖市）作为研究样本。有关的数据均来自《中国统计年鉴》(2001~2011)。

三、实证分析结果

运用 SPSS 软件回归之后的结论如表 2-4 所示。

表 2-4 西部大开发前后教育经费与经济增长的回归结果

变量	系数	标准差	t 统计值	P 概率值	调整后的 R^2	Durbin-Watson
β_0	−133.772	96.006	−1.393*	0.180	0.931	1.656
β_1	0.003	0.000	16.090***	0.000		
β_{w_0}	−45.807	215.285	−0.213	0.832	0.881	1.657
β_{w_1}	0.940	0.000	24.853***	0.000		
β_{m_0}	−1302.675	526.412	−2.475***	0.018	0.918	1.477
β_{m_1}	0.959	0.000	21.484***	0.000		
β_{e_0}	−1515.996	755.618	−2.006*	0.049	0.910	1.390
β_{e_1}	0.955	0.000	26.466***	0.000		

* 在 10% 水平显著
*** 在 1% 水平显著

根据表 2-4 的数据,可以得到以下结论。

(1) $\beta_1 = 0.003$。其含义是西部大开发之前,西部地区的教育经费投入每增长一个百分点,将会使经济增长 0.003 个百分点。教育经费投入与经济增长成正比。

(2) $\beta_{w_1} = 0.940$。其含义是西部地区在实施西部大开发政策期间,当教育经费投入增长一个百分点时,将会引起经济增长 0.940 个百分点。同时,教育经费即教育政策对经济增长的贡献度显著增强,由 0.003 上升到 0.940,提高了 0.937 个百分点。

(3) $\beta_{m_1} = 0.959$,$\beta_{e_1} = 0.955$。其含义是中部和东部地区在西部大开发期间,当教育经费投入增长一个百分点时,分别将会引起经济增长 0.959 和 0.955 个百分点。

四、对结果的解释

实证研究结论表明,实施西部大开发以来,教育经费投入的增加可以显著促进经济增长,且对经济增长的贡献力度高达 0.940。但是西部地区教育经费投入对经济增长的促进作用依然低于中部、东部地区,比中部、东部地区分别低 0.019 和 0.015 个百分点。导致这种现象的主要原因是西部教育和人才开发依然存在若干问题:一是基础教育的"基础地位"未能得到充分的体现。在一些边远山区、牧区和贫困地区，目前还远未实现"两基"目标，"普九"依然任重道远。二是中等职业教育的发展速度过慢。中等职业教育可以为西部地区企业培养必需的适用技术人才，但是，目前不合理的用人机制导致社会公众对中等职业教育产生错误的认识。同时，回归结果表明，西部大开发以后，西部地区的教育经费投入对经济增长的促进程度略微降低，主要原因是随着市场经济改革的深入，人才的跨区域流动也愈来愈便利。在东部地区优越的生活环境、较高的工资待遇的吸引下，西部地区高等院校所培养的很多人才选择到东部就业，对西部地区的经济增长带来一定的负面影响。

第六节 产业政策效应评价

我国已制定一些产业政策，保证西部大开发的实施，如2000年底国务院发布的《关于实施西部大开发若干政策措施的通知》指出："巩固农业基础地位，调整工业结构，发展特色旅游业其中的产业政策对西部地区产业发展起了一定的积极作用。"2006年，国务院西部办等印发的《关于促进西部地区特色优势产业发展的意见》指出："通过'十一五'乃至更长一段时间的努力，西部地区能源及化工、重要矿产开发及加工、特色农牧业及加工、重大装备制造、高技术产业和旅游产业6类特色优势产业得到较快发展。"

西部大开发以来，西部地区的第一产业的地位逐步下降，第二产业和第三产业的地位虽有小幅度的波动，但总体而言基本持平。2000~2012年，西部地区第一产业占GDP的比重由21.2%降低为12.6%。第二产业所占比重一直处于波动之中，2000~2001年，由42.7%下降到40.7%；2001~2004年，上升到44.3%；之后，又有所下降，但到2011年这一比重又上升到50.9%。第三产业也是处于波动状态，2000年仅为36.1%，2005年达到最高（39.5%），2008年下降到36.3%，2009年上升到38.8%，2011年又下降为36.4%，2012年又上升到36.5%（图2-3）。

实施西部大开发战略以来，西部地区特色优势产业发展取得了以下成效：一是增长势头良好，经济效益提高。二是航天、能源和发电设备等部分产业在全国的地位有所提高，高技术产业、装备制造业、农产品加工业等保持良好发展势头，旅游业发展开始走上快车道。三是发展后劲增强，形成了石油天然气、水电、煤电等一批优势资源开发基地。四是东西互动已成为西部地区特色优势产业发展的重要推动力。西部地区与东中部地区区域合作发展势头良好，西安"中国东西部合作与投资贸易洽谈会"、成都"中国西部国际博览会"、重庆"高新技术交易会"等取得积极成效。东部地区累计已有3万多家企业在西部地区

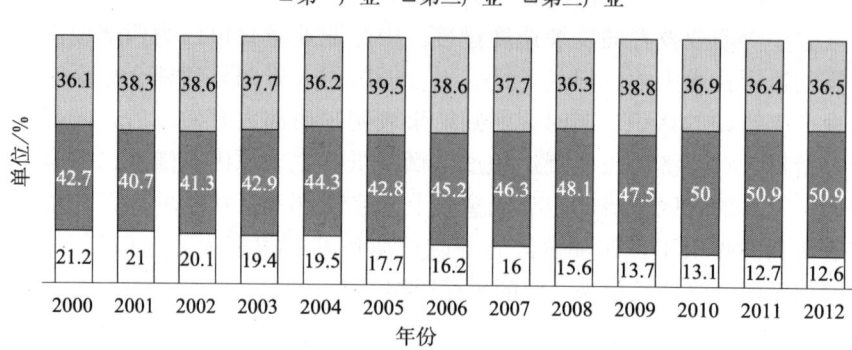

图 2-3　2000~2012年西部地区产业结构变动状况

资料来源：2000~2011年数据根据《中国统计年鉴》(2001~2012)整理；2012年数据整理自：国家统计局.2013.中国统计摘要(2013).北京：中国统计出版社

投资创业，投资总规模超过6000亿元，形成了一批对当地经济具有较强带动作用的龙头骨干企业。五是在科技创新方面加快了西部地区高新技术的发展步伐。2001年，西部地区高技术产业规模以上企业产值1006.34亿元，占全国的比重为8.2%。高技术产品进出口额为27.39亿美元，占全国的2.48%。其中，高技术产品出口额为5.02亿美元，占全国的比重不足0.01%。2007年，西部地区高技术产业规模以上企业产值2684.72亿元，高技术产品进出口额80.16亿美元。其中，高技术产品出口额为28.62亿美元。占全国的比重分别为5.3%、1.26%和0.83%。高新技术的提高，不仅促进了西部地区的经济增长，而且也改变了西部地区出口产品结构，加大了高技术产品的出口总量。

第七节　西部大开发政策需进一步调整

以上实证研究表明，西部大开发的货币政策与财政政策、对外开放政策、科技政策、教育政策与产业政策都为西部大开发做出不同程度的积极贡献。其中，科技政策对西部大开发的贡献最大。但是，这些政策存在一定的缺陷，需进一步调整。

一、金融中介与财政转移支付作用依然有限

西部地区单一的融资渠道导致融资总量较小。西部地区融资渠道非常有限，直接融资渠道机制不健全、不完善，信托、租赁等非银行金融业发展还很落后。

融资渠道的有限使西部地区融资总量较小,信贷业务多半集中在国有商业银行。1999年年末,西部地区金融机构各项贷款余额为13 535亿元,占全国金融机构贷款余额的15.4%,人均存款不足全国平均水平的65%。2009年,西部地区金融机构各项贷款余额为71 187亿元,占全国金融机构贷款余额的14.0%;信贷业务主要集中于中国银行、中国工商银行、中国建设银行和中国农业银行;资本市场发展滞后,企业仍然以间接融资为主。极其有限的融资总量使金融中介对西部大开发的支持作用不明显,从而削弱了货币政策对西部大开发的贡献力度。

财政政策的缺陷主要表现为:①财政税收优惠政策难以落实。为了顺利实施西部大开发战略,促进西部地区经济快速增长,国务院颁布了一系列税收优惠政策。但是,这些政策基本上和东部地区的优惠政策完全相同,根本没有考虑东部、西部地区的异质性。由于西部地区的基础设施较落后,政府效率较低,市场化程度较低等,其政策效应并不显著。②转移支付并没有真正缩小区域发展差距。我国现行的转移支付以税收返还方式为主。而这种方式的分配办法以1993年税收返还额为基数,其结果是导致税收基数大的东部地区获得的税收返还多,税收基数小的西部地区获得的税收返还较少,减弱了转移支付对缩小区域发展差距的作用。③转移支付政策的内容不明确。该政策只是规定了支持哪些行业的发展,但没有详细说明对各个行业的具体支持力度,导致其具有一定的短期性和临时性。由于财政政策具有这些不足,其政策效应不明显。

二、对外开放政策未能获得预期效果

西部大开发以来,西部地区的外商投资额逐年增长。但是,由于西部地区外商投资环境较差,其对外资的吸引能力远远低于东部地区。2011年,西部地区实际利用外资总额224.5亿美元,仅占全国各地合计的7.8%。

西部地区外商投资的结构仍然不合理。实施西部大开发战略以来,西部地区外商投资的结构逐渐优化,但外商投资依然主要集中在制造业,而且没有进入金融业,卫生、社会保障和社会福利业。这种现象导致外商投资对西部地区经济增长的贡献度较小。

西部大开发以来,进出口对其经济增长的贡献力度逐渐增强。但是,由于西部地区企业的生产依然处于价值链的低端,其产品主要为初级产品,技术含量和附加价值较低,致使其对出口企业的利润增长和西部地区经济增长的贡献很小。

三、科技成果较少,且科技成果的市场化程度较低

西部大开发期间,西部地区的科技成果逐年递增,但是占全国比例依然偏

低。2011年，西部地区的专利申请授权量为76 200项，仅占全国的8.6%。西部地区科技成果的市场化程度较低。2011年，西部地区技术市场成交额为482.82亿元，占全国的10.1%，比2009年提高2.3个百分点。原因主要有：西部地区的产权保护制度不完善；市场制度不健全，不能保护交易者的合法权益；企业和科研机构之间缺乏有效的沟通；我国各区域之间，尤其是东部、西部地区的科技交流较少。科技产出较少和科技成果的市场化程度较低，导致我国西部大开发科技政策的效应较低。

四、教育经费和师资力量不足，降低了教育政策的实施效果

西部大开发以来，国家财政给西部地区投入了大量资金，以改变西部地区教育落后的状况。但是，近几年来，国家对西部地区财政支持呈现出逐年递减的趋势；加之西部地区地方财政收入有限，难以给予该区域教育资金支持。而西部大开发是一个长期的工程，尤其是教育，需要一个持续、稳定的资金来源。

由于教育经费不足，工资调节机制不完善，自然条件较差等，西部地区吸引优秀教师等人才的能力较差。西部大开发期间，西部地区教师的工资水平较低，且结构不合理。其工资水平明显低于东部地区。工资由基本工资和课时费两部分构成，不同职称之间的工资差异很小。这种不合理的工资水平和工资结构，不仅不利于西部地区吸引高级教师，而且对西部地区的教师难以形成有效的激励，具体表现为，西部地区一些教师工作积极性较差，不求进取，缺乏责任心。

教育经费的不足和师资力量的紧缺严重影响着西部地区的教育质量，制约着西部地区人力资本质量的提高。

五、产业政策依然存在不足

目前的产业政策不够完善和具体。西部大开发期间国家所制定的西部地区产业政策比较笼统和片面，缺乏一个完整的战略性的产业政策体系，不利于西部地区经济的持续、稳定增长。

西部地区产业结构的矛盾依然没有解决。一是农业基础比较薄弱，工业化程度依然较低。尽管西部地区农业在GDP中所占的比重较大，但农业发展的基础却十分薄弱。二是采掘、原料工业所占比重大，产业链条较短，产品加工层次低。三是基础设施落后，产业配套条件差，难以形成集聚产生规模经济效应，难以满足工业发展的需要。四是企业规模小，产业组织分散，技术设备陈旧落

后，技术和管理水平低，低水平重复建设严重。五是产品结构不能适应市场需求变化，中低档产品过剩积压，高新技术产品短缺。六是支柱产业的作用与地位不突出，竞争优势不明显。

高新技术产业的发展程度依然较低。目前，虽然西部地区高新技术不断提高，但在全国的地位逐渐降低。2001~2007 年，西部地区高技术产业规模以上企业产值由 1006.34 亿元增加到 2684.72 亿元，占全国的比重由 8.2% 降低到 5.3%。

参考文献

安立仁. 2003. 资本驱动的中国经济增长：1952~2002. 人文杂志，(6)：44-54.
崔蕾. 2007. 基于会计视角对西部大开发的绩效评价. 集团经济研究，(30)：358-359.
戴根有. 2000. 关于我国货币政策的理论和实践问题. 金融研究，(9)：23-35.
樊纲，王小鲁，朱恒鹏. 2007. 中国市场化指数——各省区市场化相对进程 2006 年报告. 北京：经济科学出版社.
樊纲，王小鲁，朱恒鹏. 2010. 中国市场化指数——各地区市场化相对进程 2009 年报告. 北京：经济科学出版社.
樊纲，王小鲁，朱恒鹏. 2012. 中国市场化指数——各地区市场化相对进程 2011 年报告. 北京：经济科学出版社.
国家统计局住户调查办公室. 2011-03-11. 2010 年我国农村贫困人口 2688 万. http：//www.stats.gov.cn/tjfx/fxbg/t20110310_402710030.htm.
吉新峰，安树伟. 2010. 西部大开发以来我国西部地区经济格局变动研究. 西南大学学报（社会科学版），(1)：121-126.
江其务. 2000. 经济转型时期的货币与金融. 西安：陕西人民出版社.
刘明，宋翠玲. 2004a. 对欠发达地区货币传导扭曲的实证分析. 山西财经大学学报，(1)：100-104.
刘明，宋翠玲. 2004b. 对区域货币效率的 Granger 检验与自回归分析. 西安邮电学院学报，9(4)：54-57.
魏后凯，蔡翼飞. 2009. 西部大开发的成效与展望. 中国发展观察，(10)：32-34.
魏后凯，孙承平. 2004. 我国西部大开发战略实施效果评价. 开发研究，(3)：21-25.
温来成. 2005. 西部大开发与财政制度安排. 北京：中国财政经济出版社.
张蕾，周洪. 2003. 西部开发实施的林业政策评价. 西北林学院学报，18(1)：59-62.
赵恒. 2006. 西部大开发税收优惠政策实施效果评价. 税务研究，(12)：78-91.
Badinger H, Tondl G. 2002. Trade, human capital and innovation: the engines of European regional growth in the 1990s. IEF Working Paper.
Oakey R P. 1984. Innovation and regional growth in small high technology firms: evidence from Britain and the USA. Regional Studies, 18 (3): 237-251.

第三章 西部大开发以来西部地区经济格局的变动

自 1999 年西部大开发战略实施以来，我国西部 12 省（自治区、直辖市）内部经济格局的变化情况如何？研究西部区域经济差异，是评价西部大开发政策的重要方面，也是西部大开发政策调整的前提和依据。近年来，伴随着经济高速发展过程中的中国区域差距问题一直是学者们关注的热点问题，大量的文献涉及西部大开发以来中国区域差距变动问题，如刘明夏等（2004）、贺灿飞和梁进社（2004）、罗守贵和高汝熹（2005）、覃成林和王荣斌（2007）、贾俊雪和郭庆旺（2007）、刘树成和张晓晶（2007）、何一峰（2008）、姚树洁等（2008）采用不同的方法对这一问题进行了深入的研究。这些研究主要从全国的层面来研究区域差异及其变动，缺乏针对西部地区内部区域经济差异问题专门的研究。

第一节 各省（自治区、直辖市）经济发展总体状况

西部大开发以来，西部各省（自治区、直辖市）在经济总量规模、经济增长速度、产业结构等方面均取得了较大的发展与改善。

一、经济持续快速增长

图 3-1、图 3-2 分别描绘 1999～2011 年西部 12 省（自治区、直辖市）历年实际 GDP、人均实际 GDP 的变化情况。① 从中可以看出，西部大开发以来，各省（自治区、直辖市）不论是实际 GDP，还是人均实际 GDP，都保持持续增长。

---

① 根据《新中国六十年统计资料汇编》（国家统计局国民经济综合统计司，2010.）及历年《中国统计年鉴》相关数据计算。1999、2008 年人均实际 GDP 根据人均 GDP 指数折算为 1978 年价格数据，2009～2011 年人均实际 GDP 利用实际 GDP 总量除以年均总人口（即以上年底数与本年底数之和除以 2）得到。本章如无特殊说明，人均实际 GDP 均为 1978 年价格数据。

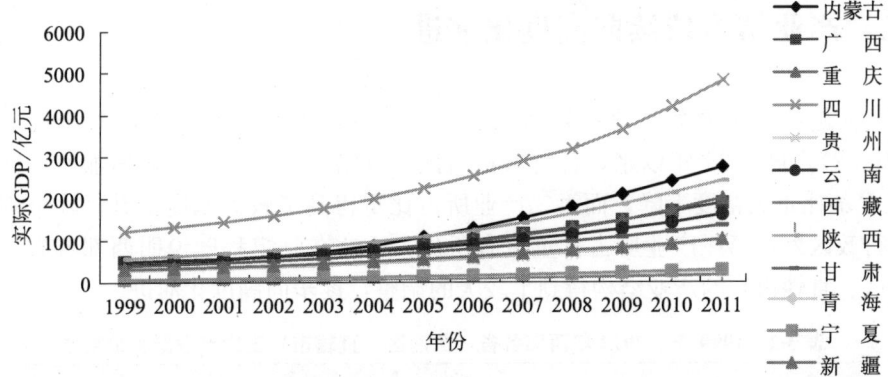

图 3-1　1999～2011 年西部 12 省（自治区、直辖市）实际 GDP

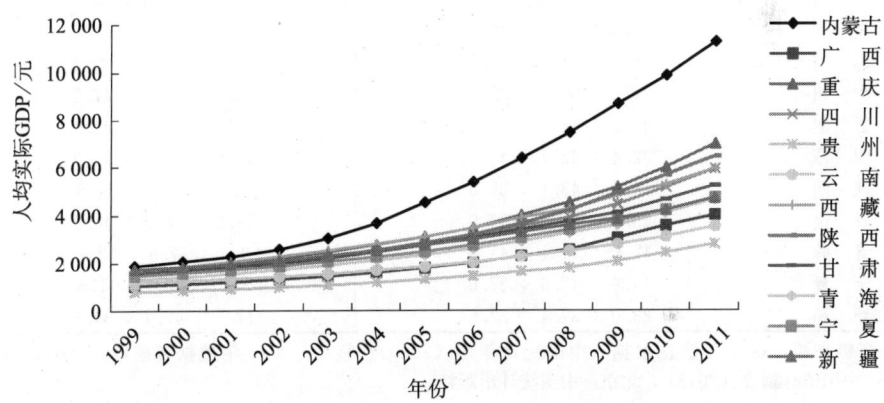

图 3-2　1999～2011 年西部 12 省（自治区、直辖市）人均实际 GDP

除个别地区外，1999～2011 年西部各省（自治区、直辖市）实际 GDP 和人均实际 GDP 的年均增长率大体保持在两位数。人均实际 GDP 年均增长率低于 10.0% 的有云南和新疆，分别为 9.55% 和 8.71%（表 3-1）。这表明，西部大开发以来各省（自治区、直辖市）经济大体得到了较快发展。

表 3-1　1999～2011 年西部各省（自治区、直辖市）实际 GDP 和人均实际 GDP 年均增长率

地区	实际 GDP 年均增长率/%	人均实际 GDP 年均增长率/%	地区	实际 GDP 年均增长率/%	人均实际 GDP 年均增长率/%
内蒙古	16.48	16.12	西藏	12.24	10.99
广西	11.97	11.88	陕西	12.79	12.75
重庆	12.73	12.68	甘肃	10.99	10.74
四川	12.13	12.03	青海	12.09	11.21
贵州	11.14	11.10	宁夏	11.69	10.27
云南	10.45	9.55	新疆	10.30	8.71

二、产业结构持续向高度化演进

实施西部大开发以来,各省(自治区、直辖市)产业结构调整步伐加快(表3-2)。自1999年以来,各省(自治区、直辖市)的第一产业增加值占区域GDP的比重大幅度下降,而第二产业所占比重得到了较大幅度上升。除个别省级行政区外,第三产业所占比重也有所加大,这在一定程度说明西部各省(自治区、直辖市)的产业结构得到了较大的调整,逐步向高度化演进。

表3-2 1999年、2012年西部各省(自治区、直辖市)三次产业结构的变动

地区	第一产业:第二产业:第三产业	
	1999年	2012年
内蒙古	27.0:40.6:32.3	9.1:56.5:34.4
广西	28.4:35.6:36.0	16.7:48.6:34.7
重庆	19.2:40.8:39.9	8.2:53.9:37.9
四川	25.4:41.9:32.7	13.8:52.8:33.4
贵州	29.3:38.2:32.4	13.1:39.0:47.9
云南	22.2:44.5:33.3	16.0:42.9:41.1
西藏	32.4:22.7:44.9	11.6:34.7:53.7
陕西	18.0:43.1:38.9	9.5:55.9:34.6
甘肃	20.5:45.5:34.0	13.8:46.0:40.2
青海	17.0:41.1:41.9	9.4:57.9:32.7
宁夏	19.9:42.5:37.6	8.6:49.8:41.6
新疆	23.0:39.4:37.6	17.7:47.7:34.6

资料来源:1999年数据根据《中国统计年鉴(2000)》整理;2012年数据整理自:国家统计局. 2013. 中国统计摘要(2013). 北京:中国统计出版社

第二节 省级行政区间经济增长差距变动分析

从动态的角度看,区域经济差异主要表现为各地区经济增长速度的差异,即一些地区经济增长较快,而一些地区则增长缓慢,或者处于不断衰退之中;从静态的角度看,区域经济差异则主要表现为各地区经济发展水平、产业结构、居民收入、就业和工资的差异,它是历史时期区域经济发展累积的结果(魏后凯,2006)。下面主要从各地区经济发展水平的角度来探讨西部大开发以来西部区域经济格局的变动。

对于西部地区区域经济趋同与差异问题,下文主要使用统计指标分析的方法。统计指标分析的基本思想就是利用各种度量差异的统计指标直接度量区域

经济差异（贾俊雪和郭庆旺，2007）。目前，国内外文献中对于地区差异定量描述和衡量的方法很多，下文分别测算了人均实际 GDP 标准差、变异系数、基尼系数、σ 系数及人均实际 GDP 增长率（各省级行政区人均实际 GDP 增长率）标准差[①]对西部地区区域内部的差异进行分析，以互相验证。

一、西部 12 省（自治区、直辖市）人均实际 GDP 的总体差异

1999～2010 年，西部地区人均实际 GDP 标准差、变异系数、基尼系数、σ 系数均呈明显上升趋势（表 3-3）。表明 1999 年以来，从人均实际 GDP 的角度来看，各省（自治区、直辖市）之间的经济发展水平差异基本呈不断扩大趋势。以可比价格计算，1999～2010 年，人均实际 GDP 标准差从 300.7 上升到 1808.1；变异系数则从 0.2084 上升到 0.3725；基尼系数从 0.1149 上升到 0.1882；σ 系数从 0.2384 改变为 0.3444。从人均实际 GDP 增长率标准差来看，整体呈现出先上升后下降的趋势、1999～2005 年处于上升趋势，2005～2006 年呈下降趋势，2007～2008 年标准差又有所上升，2008 年以后又开始下降。

表 3-3　西部地区人均实际 GDP 标准差、变异系数、基尼系数、σ 系数及人均实际 GDP 增长率标准差

年份	标准差	变异系数	基尼系数	σ 系数	人均实际 GDP 增长率标准差
1999	300.7	0.2084	0.1149	0.2384	
2000	335.2	0.2144	0.1176	0.2456	1.0
2001	376.5	0.2214	0.1221	0.2535	1.5
2002	428.6	0.2294	0.1269	0.2615	1.5
2003	511.8	0.2458	0.1355	0.2765	2.1
2004	622.0	0.2659	0.1445	0.2907	2.5
2005	781.9	0.2974	0.1568	0.3092	3.5
2006	943.5	0.3190	0.1654	0.3214	2.0
2007	1138.8	0.3387	0.1741	0.3321	2.0
2008	1353.5	0.3595	0.1822	0.3449	2.4
2009	1591.2	0.3726	0.1881	0.3482	2.3
2010	1808.1	0.3725	0.1882	0.3444	1.8

---

① 以 Y_i 代表 i 地区人均 GDP，$\overline{Y}$ 代表各地区人均 GDP 的平均值，$\ln Y$ 代表人均 GDP 的对数值，N 代表地区个数，S 代表标准差 $\left(S=\sqrt{\left[\sum_i (Y_i-\overline{Y})^2\right]/N}\right)$，则变异系数（以 V 代表）、基尼系数（以 G 代表）、σ 系数（以 σ 代表）的计算公式分别为：$V=\dfrac{S}{\overline{Y}}$，$G=\dfrac{2}{N}(X_1+2X_2+3X_3+\cdots NX_N)-1-\dfrac{1}{N}$，$\sigma=\sqrt{\left[\sum (\ln Y_i-\ln \overline{Y})^2\right]/N}$。其中，$X_1\leqslant X_2\leqslant X_3\leqslant\cdots\leqslant X_N$，$X_i=Y_i/\sum_{i=1}^N Y_i$。

二、西南、西北地区经济格局差异

从前面分析可以看出，西部地区各省（自治区、直辖市）之间的经济发展水平差异呈不断扩大趋势。那么，地理位置相似的省级行政区之间经济发展水平态势如何？下文将整个西部地区划分为西南地区与西北地区①，并分别计算了1999~2010年这两个地区内部各省级行政区的人均实际GDP标准差、变异系数、基尼系数、σ系数及经济增长率标准差（表3-4、表3-5）。

表3-4 西南五省（自治区、直辖市）人均实际GDP的变异系数、基尼系数、σ系数及经济增长率标准差

年份	标准差	变异系数	基尼系数	σ系数	经济增长率标准差
1999	316.5	0.2559	0.1437	0.2696	
2000	355.5	0.2660	0.1487	0.2793	0.4
2001	395.4	0.2743	0.1529	0.2858	0.8
2002	446.4	0.2829	0.1573	0.2944	0.7
2003	512.3	0.2947	0.1631	0.3049	1.0
2004	587.4	0.3027	0.1672	0.3130	0.5
2005	662.3	0.3075	0.1684	0.3168	1.4
2006	750.7	0.3113	0.1700	0.3216	0.7
2007	881.6	0.3206	0.1747	0.3303	1.2
2008	1007.4	0.3292	0.1803	0.3383	1.4
2009	1136.0	0.3241	0.1796	0.3345	1.4
2010	1324.9	0.3270	0.1814	0.3348	1.7

表3-5 西北六省（自治区）人均实际GDP的变异系数、基尼系数、σ系数及经济增长率标准差

年份	标准差	变异系数	基尼系数	σ系数	经济增长率标准差
1999	185.8	0.1182	0.0654	0.1178	
2000	208.0	0.1219	0.0670	0.1213	0.8
2001	228.3	0.1228	0.0666	0.1205	0.9
2002	269.7	0.1321	0.0691	0.1266	1.6
2003	360.0	0.1569	0.0790	0.1468	2.3
2004	503.8	0.1941	0.0931	0.1761	3.4
2005	729.1	0.2473	0.1137	0.2160	4.6
2006	938.7	0.2820	0.1275	0.2410	2.7
2007	1186.5	0.3136	0.1413	0.2643	2.5
2008	1451.9	0.3399	0.1530	0.2839	2.8
2009	1775.2	0.3683	0.1682	0.3080	2.8
2010	2037.8	0.3738	0.1709	0.3135	1.7

① 西南地区包括重庆、四川、广西、贵州、云南，西北地区包括内蒙古、青海、陕西、甘肃、宁夏、新疆。由于西藏地理位置特殊，未将其包括在内。

与西部地区整体态势一样，西南、西北人均实际 GDP 标准差、变异系数、基尼系数、σ 系数均基本呈明显上升趋势。表明 1999 年以来，西南与西北地区内部各省级行政区之间的经济发展水平差异也呈不断扩大趋势。从两个地区内部各省级行政区的实际 GDP 增长率标准差来看，西南地区自 2006 年以来有所上升；西北地区以 2005 年为界，基本呈现出先增长后下降的趋势。

三、高收入区域和低收入区域经济增长差异

为了进一步研究最初经济发展水平相似的省级行政区之间的经济发展态势，下文将西部 12 省（自治区、直辖市）依据相应年份人均实际 GDP 划分为两种类型。① 1999 年，西部高收入区域成员有 8 个省（自治区、直辖市），分别是内蒙古、重庆、四川、西藏、陕西、甘肃、宁夏、新疆；低收入区域成员有 4 个省（自治区），分别是广西、贵州、云南、青海。分别计算 1999～2010 年两种类型区域内部各省级行政区的人均实际 GDP 标准差、变异系数、基尼系数、σ 系数及经济增长率标准差（表 3-6、表 3-7）。

表 3-6　西部地区高收入区域人均实际 GDP 的变异系数、基尼系数、σ 系数及经济增长率标准差

年份	标准差	变异系数	基尼系数	σ 系数	经济增长率标准差
1999	131.2	0.0807	0.0445	0.0794	
2000	143.1	0.0809	0.0434	0.0790	0.9
2001	167.9	0.0870	0.0471	0.0848	1.2
2002	210.9	0.0993	0.0533	0.0958	1.5
2003	283.8	0.1192	0.0609	0.1122	2.1
2004	403.4	0.1501	0.0721	0.1370	3.0
2005	595.6	0.1962	0.0887	0.1719	4.0
2006	772.4	0.2255	0.1008	0.1933	2.3
2007	978.9	0.2506	0.1132	0.2126	2.2
2008	1210.7	0.2762	0.1246	0.2316	2.8
2009	1477.6	0.2973	0.1375	0.2507	2.6
2010	1705.6	0.3030	0.1431	0.2582	2.0

---

① 其标准是，低收入省级行政区的人均实际 GDP 低于西部地区平均水平，高收入省级行政区的人均实际 GDP 高于西部地区平均水平。

表 3-7　西部地区低收入区域人均实际 GDP 的变异系数、基尼系数、σ 系数及经济增长率标准差

年份	标准差	变异系数	基尼系数	σ 系数	经济增长率标准差
1999	190.5	0.1769	0.0973	0.1887	
2000	204.5	0.1776	0.0979	0.1890	0.5
2001	229.6	0.1850	0.1023	0.1944	1.8
2002	261.4	0.1928	0.1061	0.2022	1.3
2003	293.5	0.1980	0.1084	0.2059	1.1
2004	329.0	0.2003	0.1094	0.2082	0.4
2005	365.7	0.2013	0.1080	0.2081	1.6
2006	408.3	0.2018	0.1076	0.2094	0.8
2007	448.8	0.1972	0.1052	0.2051	1.2
2008	517.1	0.2046	0.1098	0.2129	1.2
2009	549.0	0.1910	0.1053	0.2019	1.4
2010	614.9	0.1862	0.1038	0.1942	1.2

与西部地区整体及西南、西北两个地区经济发展整体态势大致相同，低收入、高收入两种类型区域内部各省级行政区人均实际 GDP 标准差、变异系数、基尼系数、σ 系数大体呈明显上升趋势。其中，低收入区域 2008 年以来变异系数、基尼系数、σ 系数略有下降。表明 1999 年以来，高收入类型区域内部各省（自治区、直辖市）之间的经济发展水平差异呈不断扩大趋势，低收入类型区域内部各省（自治区）之间的经济发展水平差异的扩大趋势 2008 年以后有所改观。从两个集团内部各省级行政区的实际 GDP 增长率标准差来看，高收入区域呈现出先增长后下降的趋势，低收入区域则呈波动状态。

四、高收入区域与低收入区域经济发展稳态分析

参照文献（覃成林和唐永，2007），借用马尔可夫链方法考察单个省级行政区的经济发展行为变化。下文先将连续的反映区域经济增长的数据（人均实际 GDP）离散化为 k 种类型，然后计算相应类型的概率分布及其年际变化，以此近似反映区域经济发展演变的全过程。如果将第 t 年人均实际 GDP 类型的概率分布表示为一个 $1 \times k$ 状态概率向量 $\boldsymbol{a}_t$，记为 $\boldsymbol{a}(t) = (a_1(t), a_2(t), \cdots, a_n(t))$，那么不同年份的人均实际 GDP 类型的转移可以用 $k \times k$ 的马尔可夫转移概率矩阵表示。

根据前面的分类，即将西部地区 12 省（自治区、直辖市）分为两种类型——高收入区域和低收入区域，就可以构建 $k = 2$ 的马尔可夫转移概率矩阵

（表 3-8）。

表 3-8　马尔可夫转移概率矩阵（$k=2$）

$ti/ti+1$	1	2
1	m_{11}	m_{12}
2	m_{21}	m_{22}

m_{ij}（如表3-8中的m_{11}、m_{12}、m_{21}、m_{22}）表示第t年属于类型i的省级行政区在下一年转移到类型j的转移概率。具体采用下列公式计算：$m_{ij}=\dfrac{n_{ij}}{n_i}$。式中，$n_{ij}$表示在整个研究时段内，第$t$年属于类型$i$的省级行政区在第$t+1$年属于类型$j$的省级行政区数量之和，$n_i$是所有年份中属于类型$i$的省级行政区数量之和。如果某个省级行政区的人均实际GDP在初始年份属类型i，在下一年份仍保持不变，则定义该省级行政区类型转移为"平稳"；如果某个省级行政区人均实际GDP提高，则定义该省级行政区类型转移为"向上转移"；反之，为"向下转移"。通过上述分析，可以观察研究时段内西部地区发生的省级行政区类型转移情况（表3-9）。

表 3-9　1999～2010年西部地区经济增长类型的马尔可夫矩阵

$ti/ti+1$	N	低收入区域	高收入区域
低收入区域	51	1.000	0.000
高收入区域	81	0.037	0.963

从表3-9中可以看出，主对角线上的元素值很高。这表明西部地区经济发展次序的年际变化不大。那些初期属于低收入的省级行政区，在随后年份向上转移的概率为0，而滞留在原先状态的可能性高达100%；那些初期属于高收入类型的省级行政区，在随后年份属于该类型的概率为96.3%，而向下转移的可能性则为3.7%。

从整个研究期间来看，西部地区已经形成了向高水平和低水平演进的两个集团，且成员组成的稳定性很高，地区间的经济差距明显变大。1999～2012年，低收入区域的成员由4个增加到7个，而高收入区域的成员则由8个变为5个。其中，甘肃、四川、宁夏由高收入区域向下转移到低收入区域。根据历年人均实际GDP对各省（自治区、直辖市）由高到低进行排序（表3-10）。

由表3-10可以看出，西部大开发以来，内蒙古人均实际GDP一直名列前茅，而宁夏、青海、云南、广西、贵州则大体排在后五位。这表明，西部经济发展过程中存在着强者恒强、弱者恒弱的"马太效应"。1999年和2012年，位居榜首的内蒙古的人均名义GDP是位列末位的贵州的2.30倍和3.24倍。

表 3-10　按 1999～2012 年人均实际 GDP 对西部各省（自治区、直辖市）的排序

名次＼年份	1999	2000	2001	2002	2003	2004	2005	2006	2007	2008	2009	2010	2011	2012
1	内蒙古	内蒙古	内蒙古	内蒙古	内蒙古	内蒙古	内蒙古	内蒙古	内蒙古	内蒙古	内蒙古	内蒙古	内蒙古	内蒙古
2	新疆	西藏	西藏	西藏	西藏	西藏	重庆	重庆	重庆	重庆	重庆	重庆	重庆	重庆
3	西藏	新疆	重庆	重庆	重庆	重庆	西藏	西藏	西藏	西藏	陕西	陕西	陕西	陕西
4	重庆	重庆	新疆	新疆	新疆	新疆	陕西	陕西	陕西	陕西	西藏	西藏	西藏	宁夏
5	甘肃	陕西	陕西	陕西	陕西	陕西	新疆	四川	四川	四川	四川	四川	四川	新疆
6	陕西	甘肃	甘肃	甘肃	甘肃	甘肃	甘肃	甘肃	甘肃	甘肃	甘肃	甘肃	甘肃	青海
7	四川	四川	四川	四川	四川	四川	四川	新疆	新疆	新疆	新疆	新疆	宁夏	四川
8	宁夏	宁夏	宁夏	宁夏	宁夏	宁夏	宁夏	宁夏	宁夏	宁夏	宁夏	宁夏	新疆	广西
9	青海	青海	青海	青海	青海	青海	青海	青海	青海	青海	青海	青海	青海	西藏
10	云南	云南	云南	云南	云南	云南	云南	广西	广西	广西	广西	广西	广西	云南
11	广西	广西	广西	广西	广西	广西	广西	云南	云南	云南	云南	云南	云南	甘肃
12	贵州	贵州	贵州	贵州	贵州	贵州	贵州	贵州	贵州	贵州	贵州	贵州	贵州	贵州

以上研究表明，西部大开发战略实施以来，地区内部差距逐渐拉大，这不但表现在西部 12 省（自治区、直辖市）的总体差异，而且表现在地理位置相近的西南地区内部各省（自治区、直辖市）之间、西北地区各省（自治区、直辖市）之间，以及收入水平相当的高收入省级行政区之间、低收入省级行政区之间，并且西部地区存在向高水平和低水平演进的两个区域集团，且稳定性很高。持续的省级行政区间经济发展水平差异的扩大，可能会影响到西部大开发政策实施的整体效果，应该引起足够的重视。

近年来，我国东中西三大地区间的差距在不断扩大。国家在逐步缩小三大地区间差距的同时，还面临着西部地区内部各省级行政区之间发展差距进一步拉大的事实。对于西部地区来说，逐步缩小地区间差距无疑是一项长期而艰巨的任务。

参考文献

国家统计局国民经济综合统计司．2010．新中国六十年统计资料汇编．北京：中国统计出版社．

何一峰．2008．转型经济下的中国经济趋同研究——基于非线性时变因子模型的实证分析．经济研究，(7)：39-51．

贺灿飞，梁进社．2004．中国区域经济差异的时空变化：市场化、全球化和城市化．管理世界，(8)：8-17．

贾俊雪，郭庆旺．2007．中国区域经济趋同与差异分析．中国人民大学学报，(5)：61-68．

刘明夏，魏英琪，李国平．2004．收敛还是发散？——中国区域经济发展争论的文献综述．经济研究，(7)：70-81．

刘树成，张晓晶. 2007. 中国经济持续高增长的特点和地区间经济差异的缩小. 经济研究，(10)：17-31.

罗守贵，高汝熹. 2005. 改革开放以来中国经济发展及居民收入区域差异变动研究——三种区域基尼系数的实证及对比. 管理世界，(11)：45-49.

覃成林，唐永. 2007. 河南区域经济增长俱乐部趋同研究. 地理研究，26（3）：548-555.

覃成林，王荣斌. 2007. 中国区域经济增长 σ 趋同分析. 华中师范大学学报（人文社会科学版），(3)：57-62.

魏后凯. 2006. 现代区域经济学. 北京：经济管理出版社.

姚树洁，Chun Kwok Lei，冯根福. 2008. 中国大陆、香港和澳门地区的收入收敛性. 经济研究，(10)：80-92.

第四章　西部大开发以来西部工业空间格局的演变

西部大开发前半期，虽然西部12省（自治区、直辖市）地区生产总值与工业增加值在总量上不断提高，但相对于全国而言，所占的比重是持续下降的。2000～2004年，西部地区生产总值占全国的比重由17.13%下降到16.90%，工业增加值占全国的比重由13.62%下降到12.96%。这表明与全国相比，西部地区工业总量相对规模下降。同时，西部地区工业化进程推进缓慢。从工业产值份额看，1985年西部各省级行政区（不含广西和内蒙古）规模以上工业总产值占全国的12.76%，1989年占12.04%，2000年占9.41%，2003年占8.63%。在工业内部，煤炭、石油、天然气、电力等能源工业生产能力在不断向西部地区转移，而制造业则进一步向东部地区集中。西部地区制造业由于竞争力较弱，增长速度较慢，其在全国所占份额不断下降。西部地区优势产业和特色经济发展的一个重要方面就是特色优势工业的发展，2008年以来西部地区工业化进程才明显加快。这里按13个门类[①]来分析西部大开发以来西部地区工业空间演变轨迹及特征，提出西部地区工业的空间组织与导向。

第一节　西部工业地位分析

一、西部工业及工业各行业在全国的地位

在西部大开发政策的推动下，西部地区的工业实现了持续快速增长，工业增加值占全国的比重总体呈上升趋势。2000年，西部工业增加值5357.57亿元，

---

① 根据《中国工业经济统计年鉴（2012）》，工业包括医药制造业、电子电器制造业、食品及副食品加工业、能源工业、机械制造业、纺织及服装制造业、非金属矿采选业及矿物制品业、黑色金属采选冶及压延加工业、金属制品业、有色金属采选冶及压延加工业、化工及石化工业、交通运输设备制造业和烟草及纸制品工业13个门类共27个大类（见附录）。

占全国工业增加值的 13.9%；2005 年达到 11 936.76 亿元，占全国工业增加值的比重上升到 14.0%。"十一五"以来，西部工业发展加速，迈上新台阶，2010 年西部工业增加值达到 34 348.74 亿元，与 2000 年相比增长了 5.4 倍，占全国工业增加值的比重提高到 17.8%（图 4-1）。①

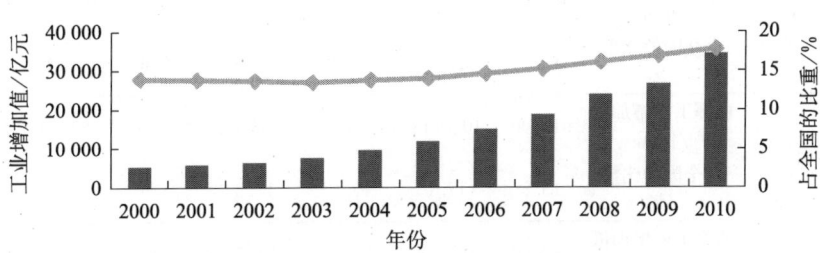

图 4-1　2000~2010 年西部工业增加值及占全国的比重

资料来源：根据历年《中国统计年鉴》的数据计算。其中，全国工业增加值是笔者对全国 31 个省（自治区、直辖市）数据的加总。按当年价格计算

2000 年以来，西部地区及全国工业各行业增加值的绝对数都在不断上升。西部地区的有色金属采选冶及压延加工业和烟草及纸制品工业在全国占有较重要地位，其工业增加值占全国的比重一直保持在 20% 以上，但总体而言呈下降趋势；食品及副食品加工业、能源工业和机械制造业的工业增加值在全国的比重呈上升趋势，其中能源行业上升幅度最大，2000~2007 年，由 15.5% 上升到 20.4%；电子电器制造业、纺织及服装制造业、非金属矿采选业及矿物制品业、黑色金属采选冶及压延加工和金属制品业的工业增加值占全国的比重呈下降趋势，其中电子电器制造业、纺织及服装制造业和金属制品业占全国的比重不大，到 2007 年均不到 5%；2000~2007 年，医药制造业、化工及石化工业和交通运输设备制造业的增加值占全国比重变化不大（表 4-1）。

表 4-1　2000~2007 年西部工业各行业增加值及占全国的比重

行业	增加值及比重	2000 年	2001 年	2002 年	2003 年	2005 年	2006 年	2007 年
医药制造业	西部工业增加值/亿元	115.07	135.15	157.96	177.97	240.61	271.81	344.05
	占全国的比重/%	18.2	18.5	18.3	17.2	17.3	17.0	17.6

---

① 2011 年西部工业增加值达到 43 116.80 亿元，占全国工业增加值的比重提高到 18.6%；2012 年西部工业增加值 47 811.90 亿元，占全国工业增加值的比重为 19.1%。

续表

行业	增加值及比重	2000年	2001年	2002年	2003年	2005年	2006年	2007年
电子电器制造业	西部工业增加值/亿元	141.07	139.66	166.18	168.10	184.22	227.56	347.68
	占全国的比重/%	6.9	6.1	5.8	4.2	3.1	3.2	4.5
食品及副食品加工业	西部工业增加值/亿元	309.26	346.55	419.58	499.98	813.10	1024.50	1334.49
	占全国的比重/%	16.5	16.8	17.1	16.9	17.6	18.1	18.6
能源工业	西部工业增加值/亿元	913.00	1088.13	1259.33	1495.44	2602.12	3229.95	4023.35
	占全国的比重/%	15.5	17.1	17.3	17.5	18.6	19.4	20.4
机械制造业	西部工业增加值/亿元	183.66	199.08	254.42	321.76	495.61	669.53	917.36
	占全国的比重/%	6.9	6.6	7.0	6.9	6.6	7.1	7.5
纺织及服装制造业	西部工业增加值/亿元	96.12	92.04	99.51	111.01	173.00	216.27	284.58
	占全国的比重/%	7.6	6.5	6.1	5.7	4.1	4.2	4.6
非金属矿采选业及矿物制品业	西部工业增加值/亿元	159.89	167.46	198.41	237.37	353.49	447.48	580.49
	占全国的比重/%	14.2	13.6	14.0	13.4	12.6	12.6	12.6
黑色金属采选冶及压延加工业	西部工业增加值/亿元	215.46	256.82	297.30	417.77	750.15	893.87	1201.75
	占全国的比重/%	15.8	15.8	15.2	13.9	13.3	13.3	14.1
金属制品业	西部工业增加值/亿元	33.69	40.82	45.98	42.75	58.00	80.46	115.09
	占全国的比重/%	5.5	5.6	5.3	4.3	3.8	4.1	4.5
有色金属采选冶及压延加工业	西部工业增加值/亿元	213.23	228.88	243.51	304.90	547.76	943.10	1278.57
	占全国的比重/%	32.7	30.8	30.3	27.9	25.5	27.5	27.4
化工及石化工业	西部工业增加值/亿元	208.37	219.48	252.58	297.76	518.61	618.32	824.83
	占全国的比重/%	12.2	11.9	11.5	10.7	11.7	11.7	11.8
交通运输设备制造业	西部工业增加值/亿元	176.06	205.04	270.17	344.78	448.08	594.97	819.56
	占全国的比重/%	13.3	12.4	12.0	11.8	12.9	13.7	13.7

续表

行业		2000年	2001年	2002年	2003年	2005年	2006年	2007年
烟草及纸制品工业	西部工业增加值/亿元	473.67	503.34	581.32	644.28	698.73	745.84	857.21
	占全国的比重/%	35.1	31.7	29.1	28.2	24.0	22.4	21.5

资料来源：根据相关年份《中国工业经济统计年鉴》整理。其中，《中国工业经济统计年鉴》（2004、2008、2009、2010）未统计工业各行业增加值，所有工业增加值数据根据《中国统计年鉴（2011）》中的各地区历年工业品出厂价格指数统一换算成2000年价格数据

二、工业及工业各行业在西部经济中的地位

工业在西部地区国民经济中已占据较大比重，2000年以来，工业增加值在GDP中所占的份额始终保持在30%以上，是拉动西部地区经济增长的主要力量。2000年以来，工业增加值一直处于上升状态，到2011年，西部地区实现工业增加值43 116.80亿元，占地区生产总值的43.0%（图4-2）。①

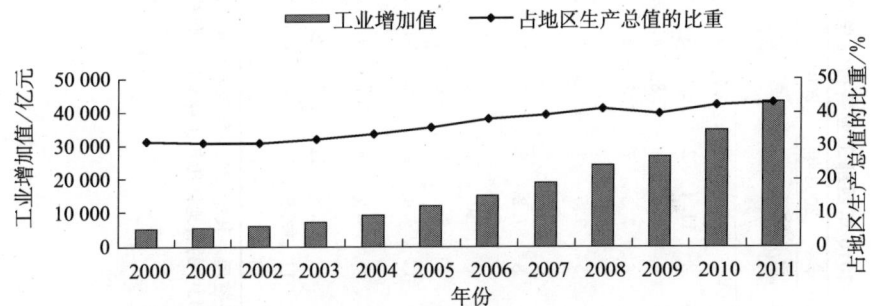

图4-2 2000～2011年西部工业增加值及占地区生产总值的比重
资料来源：根据《中国统计年鉴》（2001～2012）的数据计算。按当年价格计算

工业是带动和促进其他部门快速发展的产业，是农业现代化的基础及第三产业发展的前提。2000年以来，西部工业各行业总产值持续上升，能源工业在西部工业中所占份额始终保持在20%以上，处于工业的前列，占西部工业总产值的比重稳居首位。食品及副食品加工业总产值所占比重保持在10%以上，在西部的地位基本保持不变，仅次于能源工业。烟草及纸制品工业、化工及石化工业、电子电器制造业、纺织及服装制造业、医药制造业所占比重总体呈下降趋势。2000～2010年，烟草及纸制品工业由8.5%下降到3.5%，在各行业中的位次由第3位下降到第9位；2000年化工及石化工业总产值占西部工业总产值的

---

① 2012年，西部工业增加值为47 811.9亿元，占地区生产总值的42.0%。

表 4-2 2000~2010 年西部工业各行业总产值占西部工业总产值的比重

行业	2000年 比重/%	排序	2001年 比重/%	排序	2002年 比重/%	排序	2003年 比重/%	排序	2004年 比重/%	排序	2005年 比重/%	排序	2006年 比重/%	排序	2007年 比重/%	排序	2008年 比重/%	排序	2009年 比重/%	排序	2010年 比重/%	排序
能源工业	22.9	1	24.1	1	23	1	22.9	1	26.7	1	27.4	1	27.1	1	25.9	1	26.5	1	25.2	1	25.5	1
食品及副食品加工业	10.7	2	10.7	2	11.5	2	11.4	2	10.4	3	10.8	3	10.6	3	10.8	3	11.1	3	11.9	2	11.7	2
烟草及纸制品工业	8.5	3	8.4	5	8.4	4	7.3	6	5.8	8	5.1	8	4.4	9	3.8	9	3.7	9	3.8	9	3.5	9
化工及石化工业	8.2	4	7.4	7	7.6	6	7.3	7	7.3	7	7.7	7	7.1	7	7.1	7	7.3	7	7.0	7	6.9	7
黑色金属采选冶及压延加工业	8.1	5	8.4	4	8.3	5	9.5	4	11.5	2	11.4	2	10.6	2	10.7	2	11.5	2	10.4	3	9.7	3
有色金属采选冶及压延加工业	8	6	7.5	6	7.1	8	7.2	8	7.6	6	8.3	6	10.8	5	11.4	4	9.3	4	8.0	6	8.4	6
交通运输设备制造业	7.8	7	8.6	3	9.1	3	10	3	9.2	4	8.4	4	8.5	5	8.8	5	8.3	6	9.3	5	9.3	5
机械制造业	7.2	8	7.1	8	7.6	7	8.1	5	7.6	5	7.6	5	8	6	8.3	6	8.8	5	9.4	4	9.5	4
电子电器制造业	5.2	9	4.9	10	5.1	10	4.4	10	3.2	10	2.9	10	2.8	10	2.9	10	2.7	10	2.9	10	3.0	10
非金属矿物制品业	5.1	10	5	9	5.2	9	4.9	9	4.7	9	4.4	9	4.4	8	4.4	8	4.9	8	5.9	8	6.4	8
纺织及服装制造业	3.6	11	3.2	12	3.1	12	2.8	12	2.5	12	2.5	12	2.5	11	2.5	11	2.3	11	2.4	11	2.4	11
医药制造业	3.3	12	3.5	11	3.5	11	3.2	11	2.6	11	2.7	11	2.4	12	2.3	12	2.2	12	2.3	12	2.2	12
金属制品业	1.3	13	1.3	13	1.3	13	1	13	1	13	0.9	13	0.9	13	1.1	13	1.4	13	1.6	13	1.6	13

资料来源:根据相关年份《中国工业经济统计年鉴》整理。其中,2004 年数据根据《中国经济普查年鉴(2004)》整理,2008 年数据根据《中国经济普查年鉴(2008)》整理。所有产值数据根据《中国统计年鉴(2011)》中的各地区历年工业品出厂价格指数统一换算成 2000 年价格数据。

8.2%，2001年下降到7.4%，在各行业中的位次由第4位下降到第7位，之后基本保持稳定；2000~2010年，电子电器制造业所占比重由5.2%下降到3.0%、纺织及服装制造业由3.6%下降到2.4%、医药制造业由3.3%下降到2.2%，但它们在西部工业各行业中的地位基本没变。黑色金属采选冶及压延加工业、有色金属采选冶及压延加工业、交通运输设备制造业和机械制造业所占比重总体呈上升趋势，在西部工业各行业中的地位也呈上升趋势。非金属矿采选业及矿物制品业在西部工业中所占份额呈现波动，但其在西部工业中的地位略有上升。金属制品业工业总产值所占比重甚小、变化不大，处于西部地区工业的劣势地位没有改变（表4-2）。

第二节 西部工业空间结构演变轨迹及特征

一、演变轨迹

（一）能源工业

2010年，西部地区能源工业总产值15 483.55亿元，是2000年的7.40倍。从能源工业总产值来看，除2007年西藏有所下降外，其余省（自治区、直辖市）都有不同程度的增长，其中内蒙古增长最多，10年间增长了14.34倍；新疆增长稍慢些，增长了1.42倍。从能源工业增加值看，2000年以来，除西藏外，西部各省（自治区、直辖市）能源工业都得到了快速发展，规模迅速扩大。其中，四川增长最快，2007年比2000年增长8.84倍；内蒙古仅次于四川，增长了6.63倍；2000年陕西工业增加值在西部各省（自治区、直辖市）中居第2位，2007年居首位；而新疆由2000年的第1位下降到2007年的第4位(表4-3)。

表4-3 西部各省（自治区、直辖市）能源工业规模比较

地区	总产值/亿元				增加值/亿元		
	2000年	2005年	2007年	2010年	2000年	2005年	2007年
内蒙古	200.78	761.50	1 380.62	3 079.37	96.08	395.28	733.21
广 西	90.63	295.89	427.19	738.25	49.69	104.95	149.29
重 庆	70.13	245.12	381.92	787.02	38.58	93.38	172.42
四 川	227.89	891.14	1 477.46	2 654.52	65.45	373.91	643.89
贵 州	105.45	432.38	632.35	1 101.84	39.70	158.86	231.27

续表

地区	总产值/亿元				增加值/亿元		
	2000年	2005年	2007年	2010年	2000年	2005年	2007年
云南	101.11	339.22	524.12	957.84	62.00	136.97	195.67
西藏	2.36	4.21	4.10	6.08	1.57	2.75	2.47
陕西	329.03	1 124.73	1 692.45	2 894.29	156.68	525.13	879.03
甘肃	271.23	656.26	839.83	1 100.93	73.63	166.12	197.79
青海	84.84	173.06	199.99	354.68	34.93	78.84	98.70
宁夏	72.53	218.17	293.66	511.00	27.75	81.90	127.81
新疆	536.84	975.36	1 170.81	1 297.72	266.94	484.03	591.80
西部	2 092.82	6 117.03	9 024.51	15 483.55	913.00	2 602.12	4 023.35

资料来源：根据相关年份《中国工业经济统计年鉴》数据整理，由于《中国工业经济统计年鉴（2011）》未统计2010年工业各行业增加值，故在此未列出。所有数据根据《中国统计年鉴（2011）》中的各地区历年工业品出厂价格指数统一换算成2000年价格数据

在西部12省（自治区、直辖市）中，2000年能源工业增加值占西部比重最大的为新疆，达到29.2%，最小的为西藏，仅为0.2%，相差极为悬殊。比重最大的前4省（自治区）依次为新疆、陕西、内蒙古和甘肃，集中了西部能源工业增加值的65.0%。比重最小的4省（自治区、直辖市）依次为西藏、宁夏、青海和重庆，其能源工业增加值仅占西部的11.3%。从2000年以来西部各省（自治区、直辖市）能源工业增加值占西部的比重变化趋势看，内蒙古、四川、贵州和陕西所占比重总体呈上升趋势，而广西、云南、甘肃和新疆所占比重总体呈下降趋势，其余4省（自治区、直辖市）的比重变化不大。到2007年，能源工业增加值比重最大的为陕西，达到21.8%；四川增长幅度最大，增加了8.84个百分点。比重最大的前4省（自治区）依次为陕西、内蒙古、四川和新疆，集中了西部能源工业增加值的70.8%。而新疆能源工业增加值所占比重减少到14.7%。比重最小的4省（自治区）为西藏、青海、宁夏和广西，其能源工业增加值仅占西部的9.4%。总体而言，西部大开发以来西部地区的能源工业由新疆、陕西、内蒙古、甘肃向陕西、内蒙古、四川和新疆集中（图4-3）。

（二）食品及副食品加工业

2010年，西部地区食品及副食品工业总产值7102.13亿元，是2000年的7.26倍。从总产值看，各省（自治区、直辖市）都有不同程度的增长。其中，内蒙古增长最多，10年间增长了12.61倍；新疆增长最少，增长了1.95倍。从增加值看，2000年以来西部各省（自治区、直辖市）食品及副食品加工业快速发展，增长最快的依然是内蒙古，2007年比2000年增长7.11倍；2000年、2005年、2007年，四川食品及副食品加工业增加值在西部各省（自治区、直辖市）中一直保持首位（表4-4）。

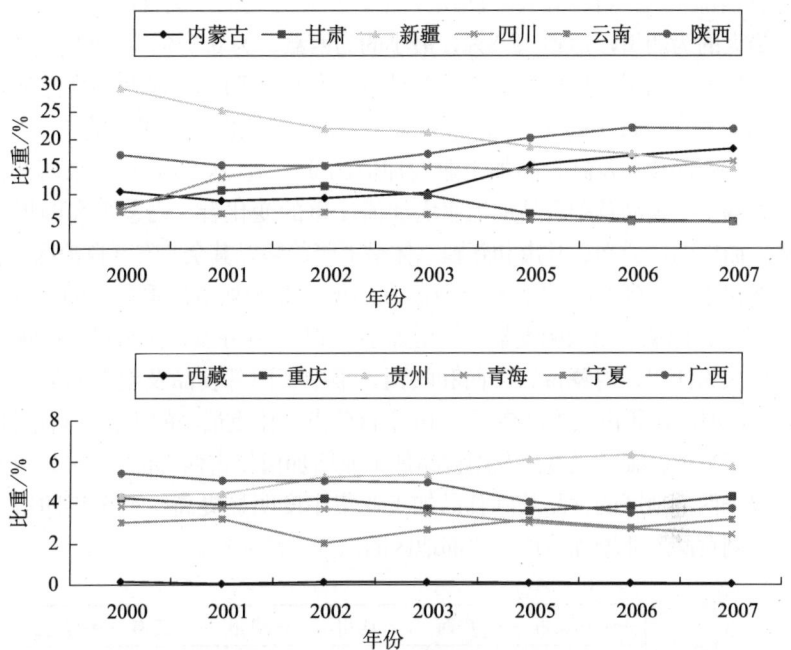

图4-3 2000~2007年西部各省(自治区、直辖市)能源工业增加值比重

资料来源：根据相关年份《中国工业经济统计年鉴》数据整理，由于相关年份《中国工业经济统计年鉴》未统计2004年、2008年、2009年、2010年工业各行业增加值，故在此未列出；所有基础数据根据《中国统计年鉴(2011)》中的各地区历年工业品出厂价格指数统一换算成2000年价格数据

表4-4 西部各省(自治区、直辖市)食品及副食品加工业规模比较

地 区	总产值/亿元				增加值/亿元		
	2000年	2005年	2007年	2010年	2000年	2005年	2007年
内蒙古	93.76	444.41	693.03	1276.14	30.68	152.62	248.96
广 西	193.71	344.18	531.92	922.59	54.08	111.74	177.87
重 庆	44.87	134.27	210.18	499.14	12.40	33.87	72.15
四 川	319.91	894.32	1472.11	2850.37	113.71	318.02	540.61
贵 州	42.18	90.64	133.16	246.93	18.27	43.41	69.90
云 南	70.54	116.00	183.46	311.44	19.12	32.16	54.29
西 藏	1.89	3.31	4.97	8.81	1.04	2.04	2.56
陕 西	84.00	166.31	267.92	503.53	21.48	49.08	84.13
甘 肃	44.40	77.53	97.56	181.20	15.75	32.52	32.49
青 海	7.07	8.31	11.22	39.38	2.44	2.89	4.84
宁 夏	13.18	36.90	50.47	76.70	4.21	11.21	16.27
新 疆	62.91	86.14	117.94	185.89	16.08	23.53	30.41
西 部	978.42	2402.32	3773.94	7102.13	309.26	813.10	1334.49

资料来源：根据相关年份《中国工业经济统计年鉴》数据整理，由于《中国工业经济统计年鉴(2011)》未统计2010年工业各行业增加值，故在此未列出。所有数据根据《中国统计年鉴(2011)》中的各地区历年工业品出厂价格指数统一换算成2000年价格数据

在西部12省（自治区、直辖市）中，2000年食品及副食品加工业增加值占西部比重最大的为四川，达到36.8%，最小的为西藏，为0.3%。比重最大的前4省（自治区）依次为四川、广西、内蒙古和陕西，集中了西部食品及副食品加工业增加值的71.1%。比重最小的4省（自治区、直辖市）依次为西藏、青海、宁夏和重庆，合计仅占西部食品及副食品加工业增加值的6.5%。从2000年以来西部各省（自治区、直辖市）食品及副食品加工业增加值比重的变化看，内蒙古和四川总体呈上升趋势，而广西、云南、甘肃和新疆总体呈下降趋势，其余6省（自治区、直辖市）的比重变化不大。到2007年，食品及副食品加工业增加值比重最大的依然是四川，达到40.5%；内蒙古增长幅度最大，增加了8.74个百分点。比重最大的前4省（自治区）依次为四川、内蒙古、广西和陕西，集中了西部食品及副食品加工业增加值的78.8%，但广西所占比重减少了4.16个百分点。比重最小的4省（自治区）为西藏、青海、宁夏和新疆，其食品及副食品加工业增加值仅占西部的4.1%。可见，西部大开发以来西部地区的食品及副食品加工业集中度明显提高，2007年四川和内蒙古的食品及副食品工业增加值占了西部地区的六成（图4-4）。

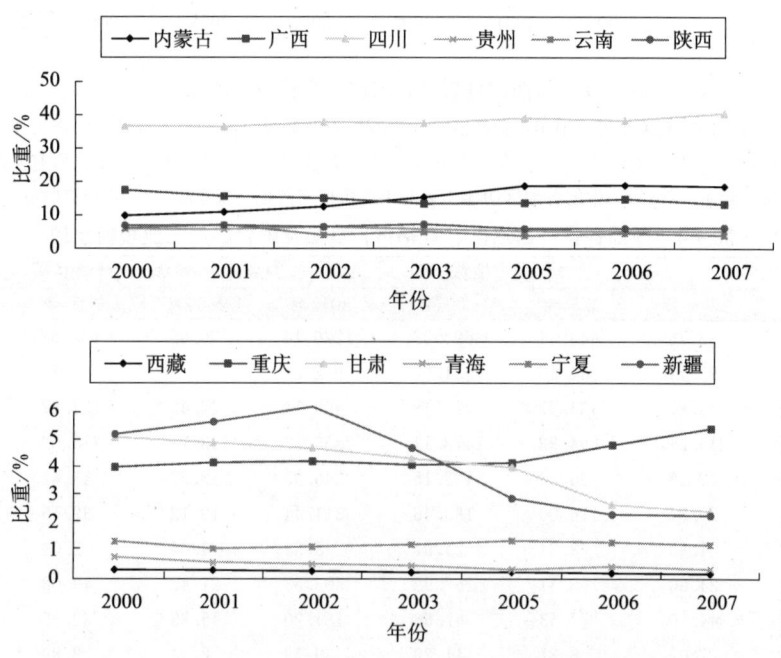

图4-4　2000~2007年西部各省（自治区、直辖市）食品及副食品加工业增加值比重

资料来源：根据相关年份《中国工业经济统计年鉴》数据整理，由于相关年份《中国工业经济统计年鉴》未统计2004年、2008年、2009年、2010年工业各行业增加值，故在此未列出；所有基础数据根据《中国统计年鉴（2011）》中的各地区历年工业品出厂价格指数统一换算成2000年价格数据

(三) 烟草及纸制品工业

西部大开发以来，除西藏和青海外，西部各省（自治区、直辖市）的烟草及纸制品工业总产值和增加值的绝对数额都有不同程度的增长。2010 年，西部地区烟草及纸制品工业总产值 2130.22 亿元，与 2000 年相比只增加了 1.76 倍。从烟草及纸制品工业总产值看，内蒙古增长最多，10 年间增长了 5.69 倍；而贵州增长不足 1 倍。从烟草及纸制品工业增加值看，2000 年以来，除西藏和青海外，西部各省（自治区、直辖市）烟草及纸制品工业快速发展。其中，内蒙古增长最快，2007 年比 2000 年增长 3.98 倍；2000 年云南烟草及纸制品工业增加值 299.32 亿元，在西部各省（自治区、直辖市）中遥遥领先，2007 年增长到 474.45 亿元，与 2000 年相比只增加了 58.5%，但其在西部的地位依然稳居首位（表 4-5）。

表 4-5 西部各省（自治区、直辖市）烟草及纸制品工业规模比较

地区	总产值/亿元				增加值/亿元		
	2000 年	2005 年	2007 年	2010 年	2000 年	2005 年	2007 年
内蒙古	14.26	34.97	49.63	95.35	5.70	18.52	28.39
广 西	51.27	89.46	115.73	183.64	20.77	43.30	57.68
重 庆	38.04	65.11	87.49	210.46	21.89	33.34	48.69
四 川	100.32	155.08	188.67	440.32	48.34	74.26	86.05
贵 州	93.67	98.96	110.10	156.91	40.06	62.07	77.81
云 南	392.87	553.85	629.30	823.01	299.32	399.39	474.45
西 藏	0.00	0.00	0.00	0.00	0.00	0.00	0.00
陕 西	48.92	66.43	84.37	116.26	22.50	37.46	47.81
甘 肃	15.09	31.54	33.97	52.73	8.54	18.40	22.05
青 海	0.38	0.19	0.05	0.00	0.07	0.06	0.02
宁 夏	9.10	17.60	19.56	32.09	3.40	5.56	6.24
新 疆	8.13	14.76	16.59	19.46	3.08	6.37	8.02
西 部	772.05	1127.97	1335.45	2130.22	473.67	698.73	857.21

资料来源：根据相关年份《中国工业经济统计年鉴》数据整理，由于《中国工业经济统计年鉴（2011）》未统计 2010 年工业各行业增加值，故在此未列出。所有数据根据《中国统计年鉴（2011）》中的各地区历年工业品出厂价格指数统一换算成 2000 年价格数据

2000 年以来，云南烟草及纸制品工业增加值一直占据了西部的半壁江山，而西藏和青海的烟草及纸制品工业增加值微乎其微，到 2007 年近于消失。2000 年，西部地区烟草及纸制品工业增加值比重最大的 4 省依次为云南、四川、贵州和陕西，分别为 63.2%、10.2%、8.5% 和 4.8%，集中了西部烟草及纸制品工业增加值的 86.6%。从 2000 年以来西部各省（自治区、直辖市）烟草及纸制品工业增加值占西部比重的变化看，内蒙古、广西和重庆有所增长，而云南 2007 年比 2000 年下降 7.84 个百分点，其余省（自治区、直辖市）的比重变化

不大。到2007年，烟草及纸制品工业增加值比重最大的4省（自治区）为云南、四川、贵州和广西，分别为55.4%、10.0%、9.1%和6.7%，合计占西部的81.2%。总体而言，西部大开发以来西部地区的烟草及纸制品工业一直集中在云南、四川和贵州（图4-5）。

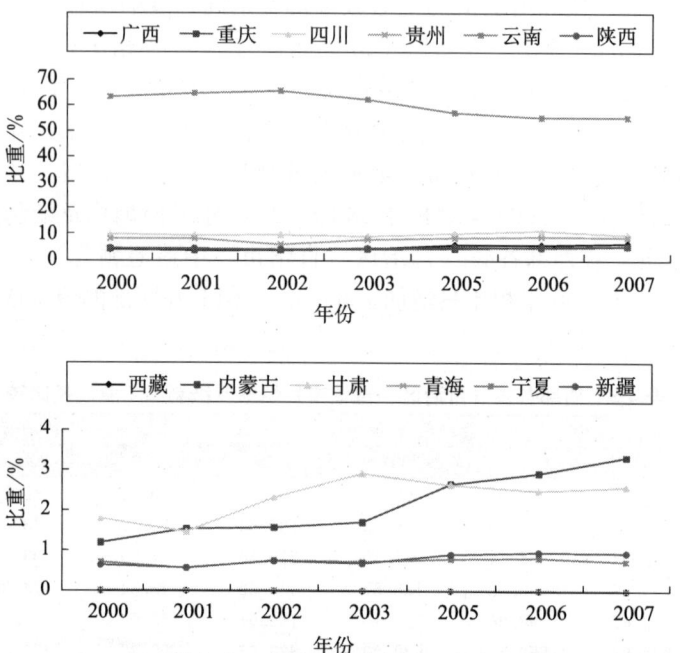

图4-5 2000～2007年西部各省（自治区、直辖市）烟草及纸制品工业增加值比重
资料来源：根据相关年份《中国工业经济统计年鉴》数据整理，由于相关年份《中国工业经济统计年鉴》未统计2004年、2008年、2009年、2010年工业各行业增加值，故在此未列出；所有基础数据根据《中国统计年鉴（2011）》中的各地区历年工业品出厂价格指数统一换算成2000年价格数据

（四）化工及石化工业

2010年，西部地区化工及石化工业总产值4167.56亿元，是2000年的4.56倍。从总产值看，2000年以来，除西藏和甘肃个别年份有所下降外，其他省（自治区、直辖市）各个年份都有不同程度的增长。其中，内蒙古增长最多，2010年比2000年增长了11.88倍；而甘肃增长不足1倍。从增加值看，2000年以来，除西藏外，西部各省（自治区、直辖市）均快速发展，青海增长最快，2007年比2000年增长了6.44倍；内蒙古次之，增长了5.64倍。2000年四川化工及石化工业增加值在西部各省（自治区、直辖市）中排名第1位，到2007年增长了4.68倍，达到273.54亿元，依然保持第1位的优势地位（表4-6）。

表 4-6 西部各省（自治区、直辖市）化工及石化工业规模比较

地 区	总产值/亿元				增加值/亿元		
	2000年	2005年	2007年	2010年	2000年	2005年	2007年
内蒙古	42.48	135.62	271.46	547.25	16.08	52.28	106.76
广 西	82.37	153.79	222.99	347.80	22.46	44.02	70.92
重 庆	87.80	167.15	226.93	480.04	31.73	53.07	84.82
四 川	175.43	541.43	769.81	1350.10	48.19	175.58	273.54
贵 州	57.60	162.92	184.20	226.28	16.17	47.28	51.59
云 南	95.38	231.26	296.78	438.03	24.87	61.02	72.80
西 藏	0.16	0.17	0.32	0.53	0.07	0.06	0.16
陕 西	55.47	110.16	157.22	217.24	13.78	32.46	52.78
甘 肃	78.51	81.13	103.57	156.55	15.78	5.39	21.64
青 海	12.29	37.53	70.11	107.51	4.84	16.83	36.00
宁 夏	41.68	60.39	83.82	110.54	8.41	17.19	25.31
新 疆	19.82	47.03	92.42	185.68	5.99	13.42	28.50
西 部	748.99	1728.57	2479.63	4167.56	208.37	518.61	824.83

资料来源：根据相关年份《中国工业经济统计年鉴》数据整理，由于《中国工业经济统计年鉴（2011）》未统计2010年工业各行业增加值，故在此未列出。所有数据根据《中国统计年鉴（2011）》中的各地区历年工业品出厂价格指数统一换算成2000年价格数据

在西部12省（自治区、直辖市）中，2000年化工及石化工业增加值占西部比重最大的为四川，达到23.1%，最小的为西藏，为0.03%，相差极为悬殊。所占比重最大的4省（自治区、直辖市）依次为四川、重庆、云南和广西，集中了西部化工及石化工业增加值的61.1%。比重最小的4省（自治区）依次为西藏、青海、新疆和宁夏，合计仅占西部的9.3%。从2000年以来西部各省（自治区、直辖市）化工及石化工业增加值占西部比重的变化看，内蒙古和四川总体呈上升趋势，而广西、重庆、云南和甘肃总体呈下降趋势，其余省（自治区）变化不大。到2007年，化工及石化工业增加值占西部比重最大的依然是四川，增长了10.04个百分点，达到33.2%；内蒙古增长了5.23个百分点，所占比重为12.9%，仅次于四川。比重最大的4省（自治区、直辖市）为四川、内蒙古、重庆和云南，集中了西部化工及石化工业增加值的65.2%，但重庆所占比重减少了4.94个百分点。比重最小的4省（自治区）为西藏、甘肃、宁夏和新疆，合计所占比重为9.2%。西部大开发以来，西部地区的化工及石化工业向四川和内蒙古集中，其所占比重由2000年的30.8%增加到2007年的46.1%（图4-6）。

（五）黑色金属采选冶及压延加工业

2010年，西部地区黑色金属采选冶及压延加工业总产值5927.12亿元，是2000年的7.96倍。从总产值看，除西藏和宁夏个别年份略有下降外，其

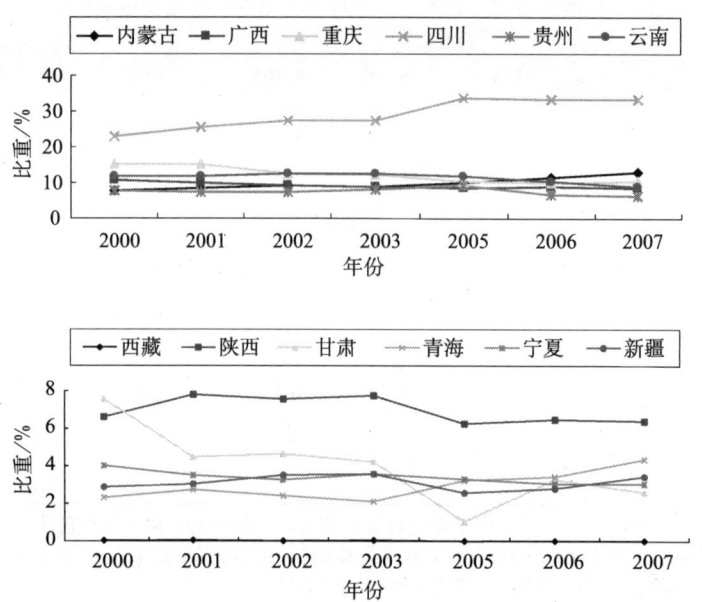

图 4-6　2000~2007年西部各省（自治区、直辖市）化工及石化工业增加值比重

资料来源：根据相关年份《中国工业经济统计年鉴》数据整理，由于相关年份《中国工业经济统计年鉴》未统计2004年、2008年、2009年、2010年工业各行业增加值，故在此未列出；所有基础数据根据《中国统计年鉴（2011）》中的各地区历年工业品出厂价格指数统一换算成2000年价格数据

余省（自治区、直辖市）各个年份都有不同程度的增长。其中，广西和陕西增长最多，2010年比2000年分别增长14.99倍和14.74倍，西藏增长最慢，不足1倍。从增加值看，2000年以来，除西藏外，西部各省（自治区、直辖市）黑色金属采选冶及压延加工业快速发展，增长最快的是广西，2007年比2000年增长9.92倍；陕西次之，增长7.55倍；2000年四川黑色金属采选冶及压延加工业增加值在西部各省（自治区、直辖市）中居第1位，2007年下降到第2位；内蒙古由2000年的第2位上升到2007年的第1位（表4-7）。

表 4-7　西部各省（自治区、直辖市）黑色金属采选冶及压延加工业规模比较

地区	总产值/亿元				增加值/亿元		
	2000年	2005年	2007年	2010年	2000年	2005年	2007年
内蒙古	142.87	522.10	739.56	1126.57	44.87	212.18	334.08
广西	46.72	260.74	451.09	746.91	11.88	69.42	129.70
重庆	57.43	148.50	214.63	444.31	14.86	33.16	68.42
四川	237.62	678.47	974.21	1515.37	68.33	224.65	332.34
贵州	58.75	157.17	220.73	280.08	16.91	34.51	56.51
云南	56.89	278.18	407.72	679.58	19.86	56.53	83.52

续表

地区	总产值/亿元				增加值/亿元		
	2000年	2005年	2007年	2010年	2000年	2005年	2007年
西 藏	1.34	1.35	2.81	2.07	0.67	1.11	2.19
陕 西	18.51	124.44	168.77	291.42	4.77	27.90	40.78
甘 肃	55.61	188.29	259.04	370.40	15.84	51.44	79.51
青 海	21.67	40.25	72.81	104.73	6.07	11.72	25.47
宁 夏	10.63	26.18	60.60	76.73	2.38	5.98	15.37
新 疆	36.53	110.45	152.96	288.95	9.02	21.57	33.86
西 部	744.57	2536.13	3724.93	5927.12	215.46	750.15	1201.75

资料来源：根据相关年份《中国工业经济统计年鉴》数据整理，由于《中国工业经济统计年鉴（2011）》未统计2010年工业各行业增加值，故在此未列出。所有数据根据《中国统计年鉴（2011）》中的各地区历年工业品出厂价格指数统一换算成2000年价格数据

在西部12省（自治区、直辖市）中，2000年黑色金属采选冶及压延加工业增加值占西部比重最大的为四川，达到31.7%，最小的西藏为0.3%。比重最大的4省（自治区）依次为四川、内蒙古、云南和贵州，集中了西部黑色金属采选冶及压延加工业增加值的69.6%。比重最小的4省（自治区）依次为西藏、宁夏、陕西和青海，其黑色金属采选冶及压延加工业增加值仅占西部的6.4%。从2000年以来西部各省（自治区、直辖市）黑色金属采选冶及压延加工业增加值占西部的比重变化看，内蒙古和广西呈上升趋势，而四川、贵州和云南总体呈下降趋势，其余省（自治区、直辖市）变化不大。到2007年，黑色金属采选冶及压延加工业增加值比重最大的为内蒙古，达到27.8%；四川下降了4.06个百分点为27.7%。比重最大的4省（自治区）依次为内蒙古、四川、广西和云南，集中了西部黑色金属采选冶及压延加工业增加值的73.2%。比重最小的4省（自治区）为西藏、宁夏、青海和新疆，4省（自治区）合计所占比重为6.4%。总体上，西部大开发以来，西部地区的黑色金属采选冶及压延加工业向内蒙古、四川和广西集中（图4-7）。

（六）有色金属采选冶及压延加工业

2010年，西部地区有色金属采选冶及压延加工业总产值5131.69亿元，与2000年相比增长了6.05倍。其中，内蒙古增长最多，2010年比2000年增长24.10倍，在西部各省（自治区、直辖市）中的地位由第8位上升为第1位；而甘肃2010年比2000年仅增长2.69倍，由2000年的第1位下降到2010年的第4位。从增加值看，2000年以来，除西藏外，西部各省（自治区、直辖市）有色金属采选冶及压延加工业快速发展，增长最快的依然是内蒙古，2007年比2000年增长16.84倍，在西部各省（自治区、直辖市）中的地位由2000年的第7位上升到2007年的第1位；而2000年广西工业增加值在西部各省（自治区、直辖

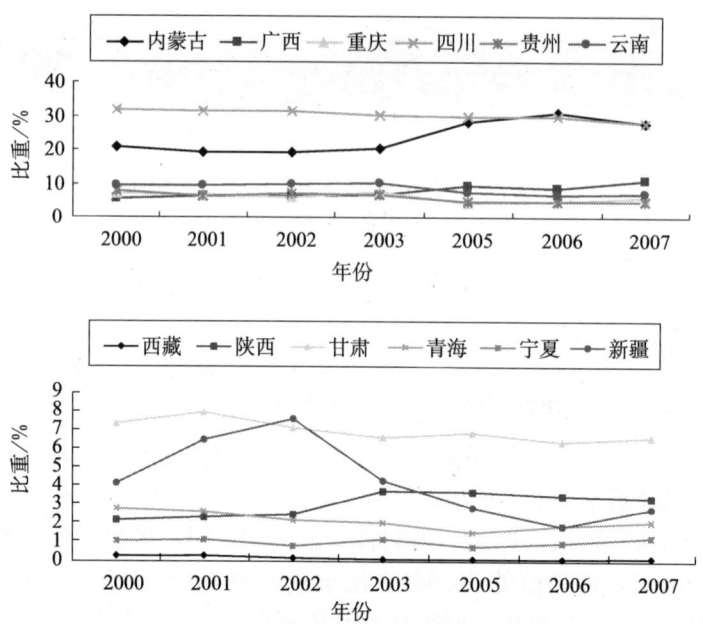

图 4-7 2000~2007 年西部各省（自治区、直辖市）黑色金属采选冶及压延加工业增加值比重

资料来源：根据相关年份《中国工业经济统计年鉴》数据整理，由于相关年份《中国工业经济统计年鉴》未统计 2004 年、2008 年、2009 年、2010 年工业各行业增加值，故在此未列出；所有基础数据根据《中国统计年鉴（2011）》中的各地区历年工业品出厂价格指数统一换算成 2000 年价格数据

市）中居第 1 位，到 2007 年仅增长 1.52 倍，其地位下降到第 6 位（表 4-8）。

表 4-8 西部各省（自治区、直辖市）有色金属采选冶及压延加工业规模比较

地 区	总产值/亿元				增加值/亿元		
	2000 年	2005 年	2007 年	2010 年	2000 年	2005 年	2007 年
内蒙古	45.59	191.42	613.02	1144.09	13.35	62.32	238.11
广 西	127.02	171.25	330.82	510.60	47.58	62.51	119.72
重 庆	31.25	130.11	295.28	359.78	4.88	22.27	79.15
四 川	57.16	199.55	487.86	592.92	15.50	60.09	162.81
贵 州	57.75	114.91	173.38	156.02	17.53	41.59	49.51
云 南	120.30	405.31	905.33	856.80	31.36	87.58	221.96
西 藏	1.43	1.03	5.42	6.80	1.02	0.60	3.68
陕 西	49.82	164.93	269.83	483.81	14.52	80.76	121.17
甘 肃	144.20	272.46	527.99	531.87	43.78	77.05	165.44
青 海	47.30	104.28	187.54	288.86	10.78	31.96	61.20
宁 夏	30.36	66.09	119.43	148.09	8.57	12.18	30.31
新 疆	15.22	23.33	49.00	52.05	4.36	8.85	25.50
西 部	727.40	1844.67	3964.91	5131.69	213.23	547.76	1278.57

资料来源：根据相关年份《中国工业经济统计年鉴》数据整理，由于《中国工业经济统计年鉴（2011）》未统计 2010 年工业各行业增加值，故在此未列出。所有数据根据《中国统计年鉴（2011）》中的各地区历年工业品出厂价格指数统一换算成 2000 年价格数据

在西部12省（自治区、直辖市）中，2000年有色金属采选冶及压延加工业增加值占西部比重最大的为广西，达到22.3%，最小的为西藏，为0.5%。比重最大的4省（自治区）依次为广西、甘肃、云南、贵州，集中了西部有色金属采选冶及压延加工业增加值的65.8%。比重最小的4自治区（直辖市）依次为西藏、新疆、重庆和宁夏，合计仅占西部的8.8%。从2000年以来西部各省（自治区、直辖市）有色金属采选冶及压延加工业增加值占西部的比重变化看，内蒙古、重庆、四川和云南总体呈上升趋势，而广西、贵州和甘肃呈下降趋势。到2007年，有色金属采选冶及压延加工业增加值比重最大的是内蒙古，达到18.6%；而广西下降幅度最大，下降12.95个百分点，为9.4%。比重最大的4省（自治区）变为内蒙古、云南、甘肃和四川，集中了西部有色金属采选冶及压延加工业增加值的61.7%。比重最小的4省（自治区）为西藏、新疆、宁夏和贵州，仅占西部的8.5%。总体而言，西部大开发以来西部地区的有色金属采选冶及压延加工业向内蒙古、四川和云南集中，其占西部的比重由2000年的28.2%增加到2007年的48.7%（图4-8）。

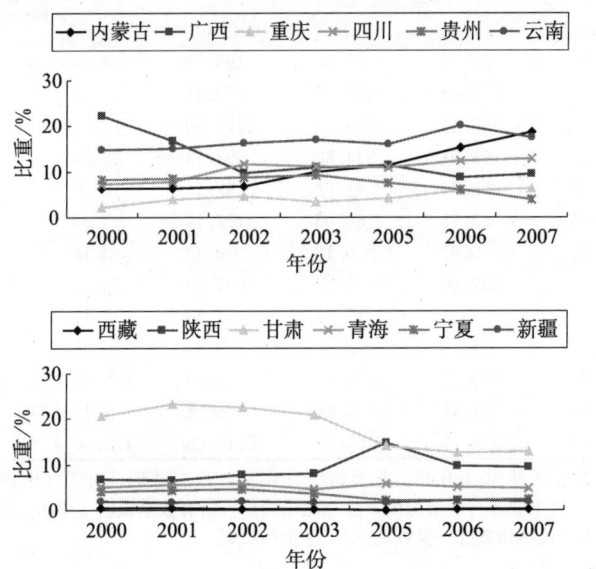

图4-8　2000～2007年西部各省（自治区、直辖市）有色金属采选冶及压延加工业增加值比重

资料来源：根据相关年份《中国工业经济统计年鉴》数据整理，由于相关年份《中国工业经济统计年鉴》未统计2004年、2008年、2009年、2010年工业各行业增加值，故在此未列出；所有基础数据根据《中国统计年鉴（2011）》中的各地区历年工业品出厂价格指数统一换算成2000年价格数据

(七)交通运输设备制造业

2010年,西部地区交通运输设备制造业总产值5644.68亿元,与2000年相比增长了6.93倍。2000~2010年,西藏和宁夏的交通运输设备制造业总产值始终没超过1亿元,发展缓慢。从总产值看,只有内蒙古、广西、重庆、四川、云南和陕西逐年增长。其中,内蒙古增长最多,2010年比2000年增长了18.96倍;2000~2010年,重庆交通运输设备制造业总产值在西部各省(自治区、直辖市)中一直保持首位。从增加值看,2000年以来,西藏、青海和宁夏的交通运输设备制造业工业增加值始终没超过1亿元,新疆的工业增加值在2006年也下降到了1亿元以下,相比之下,西部其余8省(自治区、直辖市)的交通运输设备制造业快速发展,增长最快的依然是内蒙古,2007年比2000年增长了8.13倍;2000年、2005年、2007年,重庆交通运输设备制造业增加值在西部各省(自治区、直辖市)中一直保持首位(表4-9)。

表4-9 西部各省(自治区、直辖市)交通运输设备制造业规模比较

地 区	总产值/亿元				增加值/亿元		
	2000年	2005年	2007年	2010年	2000年	2005年	2007年
内蒙古	9.95	39.71	81.60	198.56	2.66	12.70	24.28
广 西	93.77	279.88	401.57	853.11	19.75	55.80	99.95
重 庆	312.27	833.14	1459.93	2572.99	74.08	168.48	381.36
四 川	105.67	368.98	544.80	993.13	29.69	116.69	150.18
贵 州	50.69	56.38	71.68	97.11	14.17	14.88	22.51
云 南	18.96	53.25	64.06	112.17	3.66	11.96	14.74
西 藏	0.32	0.61	0.12	0.47	0.16	0.27	0.03
陕 西	106.15	232.60	419.97	791.43	28.30	62.89	119.75
甘 肃	5.59	8.31	12.21	17.43	2.10	2.78	5.64
青 海	1.59	1.71	2.55	3.38	0.28	0.52	0.50
宁 夏	0.23	0.12	0.19	0.62	0.06	0.04	0.12
新 疆	6.95	4.45	5.38	4.28	1.15	1.08	0.48
西 部	712.14	1879.15	3064.07	5644.68	176.06	448.08	819.56

资料来源:根据相关年份《中国工业经济统计年鉴》数据整理,由于《中国工业经济统计年鉴(2011)》未统计2010年工业各行业增加值,故在此未列出。所有数据根据《中国统计年鉴(2011)》中的各地区历年工业品出厂价格指数统一换算成2000年价格数据

在西部12省(自治区、直辖市)中,2000年交通运输设备制造业增加值占西部比重最大的为重庆,高达42.1%,最小的为宁夏,为0.03%,相差极为悬殊。比重最大的4省(自治区、直辖市)依次为重庆、四川、陕西和广西,占西部的比重分别为42.1%、16.9%、16.1%和11.2%,集中了西部交通运输设备制造业增加值的86.2%。比重最小的4省(自治区)依次为宁夏、西藏、青海和新疆,合计不到西部的1%。从2000年以来西部各省(自治区、直辖市)

交通运输设备制造业增加值比重的变化看，各省（自治区、直辖市）的比重变化不大。到 2007 年，交通运输设备制造业增加值比重最大的依然是重庆，达到 46.5%；而贵州下降幅度最大，下降了 5.30 个百分点为 2.7%。比重最大的 4 省（自治区、直辖市）依然为重庆、四川、陕西和广西，集中了西部交通运输设备制造业增加值的 91.7%。可见，西部大开发以来西部地区的交通运输设备制造业继续向重庆、四川、陕西和广西集中（图 4-9）。

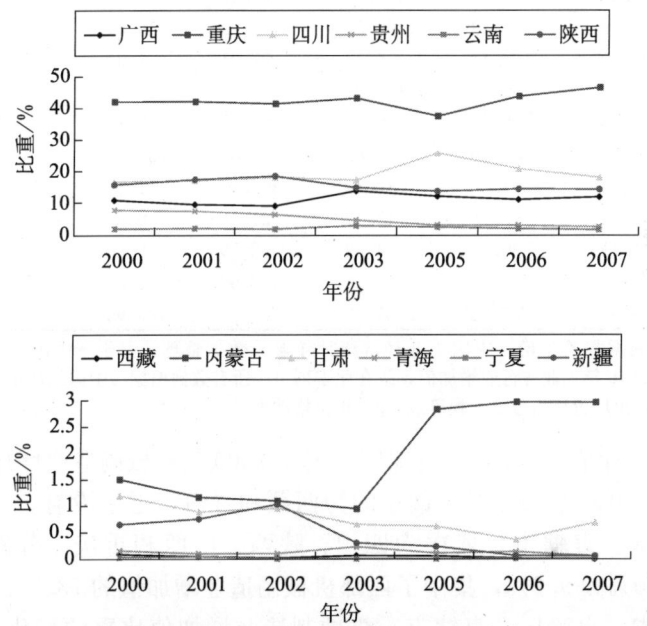

图 4-9　2000~2007 年西部各省（自治区、直辖市）交通运输设备制造业增加值比重
资料来源：根据相关年份《中国工业经济统计年鉴》数据整理，由于相关年份《中国工业经济统计年鉴》未统计 2004 年、2008 年、2009 年、2010 年工业各行业增加值，故在此未列出；所有基础数据根据《中国统计年鉴（2011）》中的各地区历年工业品出厂价格指数统一换算成 2000 年价格数据

（八）机械制造业

2010 年，西部地区机械制造业总产值 5782.96 亿元，相当于 2000 年的 8.76 倍。2000 年以来，除西藏外，西部其余省（自治区、直辖市）机械制造业快速发展，无论是总产值还是增加值，总体都呈上升趋势。从总产值看，内蒙古增长最快，2010 年比 2000 年增长 27.31 倍；2000~2010 年，四川机械制造业总产值在西部各省（自治区、直辖市）中一直保持首位。从增加值看，增长最快的依然是内蒙古，2007 年比 2000 年增长 11.02 倍，在西部各省（自治区、直辖市）中的地位由 2000 年的第 10 位上升到 2007 年的第 5 位；2000~2007 年，机

械制造业增加值在西部各省（自治区、直辖市）中一直保持首位的依然是四川（表 4-10）。

表 4-10　西部各省（自治区、直辖市）机械制造业规模比较

地区	总产值/亿元				增加值/亿元		
	2000 年	2005 年	2007 年	2010 年	2000 年	2005 年	2007 年
内蒙古	14.73	101.34	163.37	402.22	5.21	33.60	62.64
广　西	92.50	151.77	262.41	509.91	25.65	42.07	79.10
重　庆	70.39	285.30	437.48	1030.30	16.83	64.76	120.37
四　川	195.38	622.73	1260.55	2418.99	56.51	194.27	421.88
贵　州	26.70	57.43	76.53	97.01	7.34	13.39	18.77
云　南	41.83	75.32	111.22	165.28	12.75	18.96	29.29
西　藏	0.18	0.00	0.00	0.07	0.16	0.00	0.00
陕　西	126.89	282.29	406.85	712.04	35.62	90.32	128.78
甘　肃	46.12	62.26	82.89	209.67	11.19	19.53	24.33
青　海	2.44	9.75	13.49	21.96	0.64	2.68	5.76
宁　夏	19.43	30.11	44.82	82.89	5.50	8.96	13.89
新　疆	23.33	25.78	50.15	132.62	6.26	7.05	12.54
西　部	659.92	1704.08	2909.76	5782.96	183.66	495.61	917.36

资料来源：根据相关年份《中国工业经济统计年鉴》数据整理，由于《中国工业经济统计年鉴（2011）》未统计 2010 年工业各行业增加值，故在此未列出。所有数据根据《中国统计年鉴（2011）》中的各地区历年工业品出厂价格指数统一换算成 2000 年价格数据

在西部 12 个省（自治区、直辖市）中，2000 年机械制造业增加值占西部比重最大的为四川，为 30.8%，最小的为西藏和青海，近于没有。比重最大的 4 个省（自治区、直辖市）依次为四川、陕西、广西和重庆，分别为 30.8%、19.4%、14.0% 和 9.2%，集中了西部机械制造业增加值的 73.3%。从 2000 年以来西部各省（自治区、直辖市）机械制造业增加值比重的变化看，内蒙古、重庆和四川总体呈上升趋势，广西、贵州、云南、陕西、甘肃、新疆和宁夏总体呈下降趋势。到 2007 年，机械制造业增加值比重最大的依然是四川，达到 46.0%。比重最大的 4 个省（自治区、直辖市）为四川、陕西、重庆和广西，集中了西部机械制造业增加值的 81.8%。总体上，西部大开发以来西部地区的机械制造业向四川和重庆集中，其所占比重由 2000 年的 39.9% 增加到 2007 年的 59.1%（图 4-10）。

（九）电子电器制造业

西部地区的电子电器制造业发展缓慢，2000 年总产值为 473.99 亿元，到"十五"末仅增长了 36.9%，达到 649.09 亿元；进入"十一五"，才有了较为快速的发展，到 2010 年达到 1836.52 亿元。从总产值看，2000~2010 年，西藏没有发展电子电器制造业，青海、宁夏和新疆始终保持亿元级，而甘肃呈下降趋

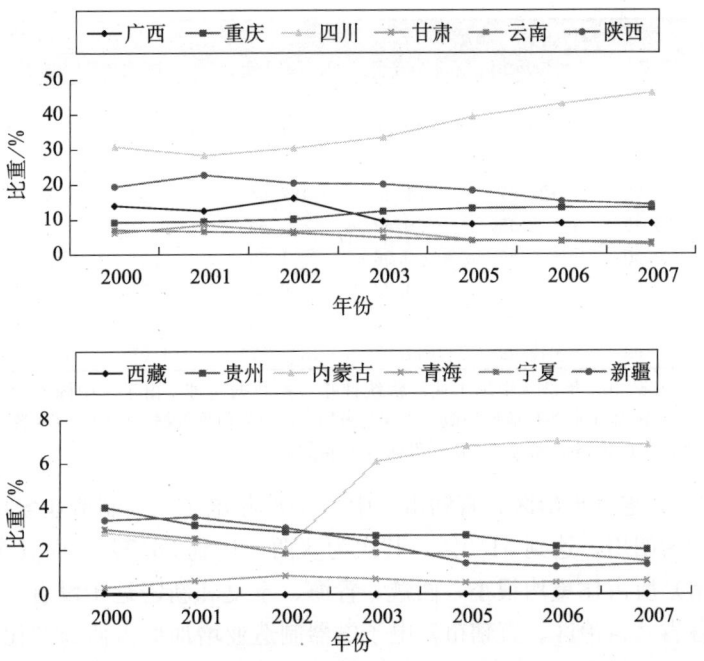

图 4-10 2000~2007 年西部各省（自治区、直辖市）机械制造业增加值比重

资料来源：根据相关年份《中国工业经济统计年鉴》数据整理，由于相关年份《中国工业经济统计年鉴》未统计 2004 年、2008 年、2009 年、2010 年工业各行业增加值，故在此未列出；所有基础数据根据《中国统计年鉴（2011）》中的各地区历年工业品出厂价格指数统一换算成 2000 年价格数据

势，其余 8 省（自治区、直辖市）略有增长。其中，广西增长最多，2010 年比 2000 年增长 8.28 倍；2000~2010 年，四川电子电器制造业总产值在西部各省（自治区、直辖市）中一直保持首位；而内蒙古电子电器制造业总产值在 2010 年突然下降为 2009 年的一半。从增加值可以明显看出，2000~2007 年，西部地区的电子电器工业发展缓慢，除四川、陕西、重庆、广西和内蒙古外，其余省（自治区）始终保持个位数；2000 年、2005 年、2007 年四川电子电器制造业增加值在西部各省（自治区、直辖市）中保持首位，陕西居第 2 位，但两省的数额相差悬殊（表 4-11）。

表 4-11 西部各省（自治区、直辖市）电子电器制造业规模比较

地 区	总产值/亿元				增加值/亿元		
	2000 年	2005 年	2007 年	2010 年	2000 年	2005 年	2007 年
内蒙古	10.22	58.18	77.27	39.35	3.46	15.10	18.82
广 西	17.31	32.63	53.17	160.72	5.63	9.52	19.74
重 庆	36.31	69.46	105.63	299.95	6.87	17.98	34.49
四 川	225.68	307.33	558.55	1061.77	73.27	88.26	200.62

续表

地区	总产值/亿元				增加值/亿元		
	2000年	2005年	2007年	2010年	2000年	2005年	2007年
贵 州	12.61	26.25	24.61	35.18	3.73	6.21	8.87
云 南	9.84	13.09	17.29	21.86	3.16	3.05	4.49
西 藏	-	-	-	-	-	-	-
陕 西	132.52	122.07	151.54	187.64	37.69	37.37	51.54
甘 肃	25.49	8.95	10.62	14.56	6.71	2.92	3.73
青 海	0.50	0.85	0.96	1.60	0.21	0.52	0.87
宁 夏	2.99	5.32	4.73	6.31	0.11	1.62	2.27
新 疆	0.52	4.96	7.53	7.58	0.23	1.67	2.24
西 部	473.99	649.09	1011.91	1836.52	141.07	184.22	347.68

资料来源：根据相关年份《中国工业经济统计年鉴》数据整理，由于《中国工业经济统计年鉴(2011)》未统计2010年工业各行业增加值，故在此未列出。所有数据根据《中国统计年鉴(2011)》中的各地区历年工业品出厂价格指数统一换算成2000年价格数据

在西部12省（自治区、直辖市）中，2000年电子电器制造业增加值占西部比重最大的为四川，达到51.9%，其次为陕西，达到26.7%，而其余省（自治区、直辖市）所占比重均很小，西藏、青海、宁夏和新疆近于没有。从2000年以来西部各省（自治区、直辖市）电子电器制造业增加值占西部的比重变化看，陕西不断下降，其余省（自治区、直辖市）呈现波动，但波动均不大。到2007年，电子电器制造业增加值占西部比重最大的依然是四川，达到57.7%；而陕西2007年比2000年下降了11.89个百分点，为14.8%，依然居第2位。比重最大的4省（自治区、直辖市）依次为四川、陕西、重庆和广西，集中了西部电子电器制造业增加值的88.1%。总体上，西部大开发以来西部地区的电子电器制造业向四川、陕西和重庆集中（图4-11）。

（十）非金属矿采选业及矿物制品业

2000年，西部地区非金属矿采选业及矿物制品业总产值为461.86亿元，到"十五"末增长了1.11倍，达到973.97亿元；进入"十一五"，快速发展，到2010年达到3909.40亿元。从总产值看，除西藏外，其余省（自治区、直辖市）都有较为快速的增长。其中，内蒙古增长最快，2010年比2000年增长20.24倍，在西部各省（自治区、直辖市）中的地位由2000年的第9位上升到2010年的第2位；2000~2010年，四川非金属矿采选业及矿物制品业总产值在西部各省（自治区、直辖市）中一直保持首位。从增加值看，内蒙古和四川增长相对快些，内蒙古2007年比2000年增长7.39倍，在西部各省（自治区、直辖市）中的地位由2000年的第8位上升到2007年的第2位；四川增长了4.02倍，保持首位（表4-12）。

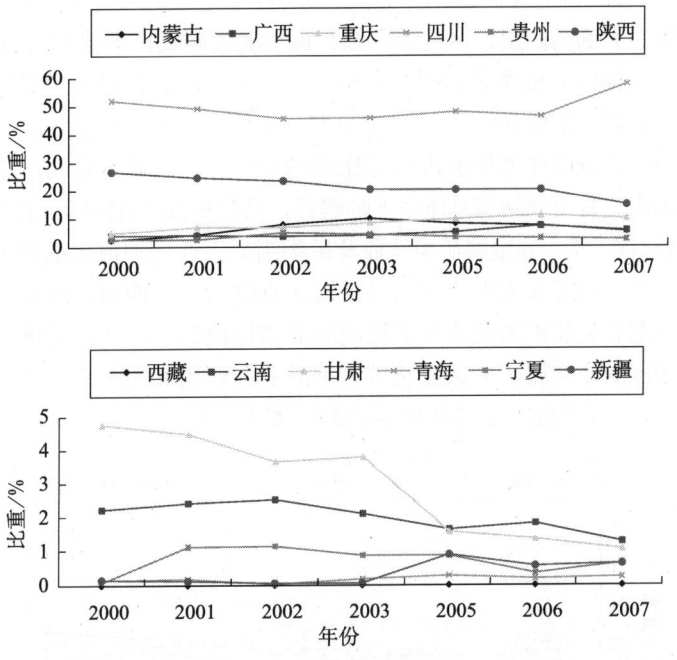

图 4-11　2000~2007 年西部各省（自治区、直辖市）电子电器制造业增加值比重

资料来源：根据相关年份《中国工业经济统计年鉴》数据整理，由于相关年份《中国工业经济统计年鉴》未统计 2004 年、2008 年、2009 年、2010 年工业各行业增加值，故在此未列出；所有基础数据根据《中国统计年鉴（2011）》中的各地区历年工业品出厂价格指数统一换算成 2000 年价格数据

表 4-12　西部各省（自治区、直辖市）非金属矿采选业及矿物制品业规模比较

地区	总产值/亿元				增加值/亿元		
	2000 年	2005 年	2007 年	2010 年	2000 年	2005 年	2007 年
内蒙古	23.50	100.39	197.20	499.24	10.24	43.11	85.89
广　西	65.63	116.85	184.22	436.83	19.32	40.80	67.44
重　庆	52.14	130.69	185.53	477.13	17.53	45.25	67.07
四　川	124.54	312.25	544.53	1510.78	41.66	116.97	209.30
贵　州	27.16	44.49	67.16	142.16	9.31	13.62	20.46
云　南	43.83	83.33	119.57	234.95	16.75	28.94	40.34
西　藏	3.13	6.87	6.16	9.14	1.59	3.42	2.45
陕　西	36.50	60.78	99.33	268.23	11.30	20.07	36.76
甘　肃	39.35	43.37	47.34	108.54	14.90	15.74	16.36
青　海	7.18	16.05	19.96	53.40	2.47	5.78	7.47
宁　夏	8.59	19.77	30.34	70.01	2.84	6.83	10.45
新　疆	30.31	39.13	51.16	98.97	11.98	12.94	16.49
西　部	461.86	973.97	1552.51	3909.40	159.89	353.49	580.49

资料来源：根据相关年份《中国工业经济统计年鉴》数据整理，由于《中国工业经济统计年鉴（2011）》未统计 2010 年工业各行业增加值，故在此未列出。所有数据根据《中国统计年鉴（2011）》中的各地区历年工业品出厂价格指数统一换算成 2000 年价格数据

在西部12省（自治区、直辖市）中，2000年非金属矿采选业及矿物制品业增加值占西部比重最大的为四川，达到26.1%，最小的为西藏，不到1%。比重最大的4省（自治区、直辖市）依次为四川、广西、重庆和云南，集中了西部非金属矿采选业及矿物制品业增加值的59.6%。从2000年以来西部各省（自治区、直辖市）非金属矿采选业及矿物制品业增加值占西部比重的变化看，内蒙古和四川总体呈上升趋势，贵州、云南、甘肃和新疆总体呈下降趋势，其余6省（自治区、直辖市）的比重变化不大。到2007年，非金属矿采选业及矿物制品工业增加值比重最大的依然是四川，达到36.1%。比重最大的4省（自治区、直辖市）为四川、内蒙古、广西和重庆，集中了西部非金属矿采选业及矿物制品业增加值的74.0%。总体上，西部大开发以来西部地区的非金属矿采选业及矿物制品业向四川和内蒙古集中，其所占比重由2000年的32.5%增加到2007年的50.9%（图4-12）。

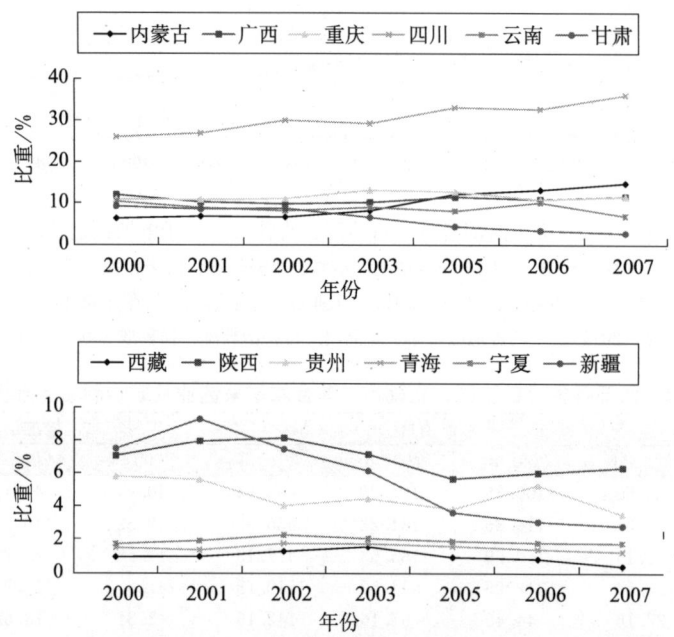

图4-12　2000～2007年西部各省（自治区、直辖市）非金属矿采选及矿物制品业增加值比重

资料来源：根据相关年份《中国工业经济统计年鉴》数据整理，由于相关年份《中国工业经济统计年鉴》未统计2004年、2008年、2009年、2010年工业各行业增加值，故在此未列出；所有基础数据根据《中国统计年鉴（2011）》中的各地区历年工业品出厂价格指数统一换算成2000年价格数据

（十一）纺织及服装制造业

西部地区的纺织及服装制造业发展缓慢，2000年总产值为331.25亿元，到

"十五"末仅增长了68%,达到556.54亿元;到2010年进一步增长到1446.03亿元。从总产值看,2000~2010年,西藏几乎没有什么发展,内蒙古、广西、四川、青海和宁夏总体呈上升趋势。其中,宁夏的纺织及服装制造业飞速发展,2010年比2000年增长128.27倍;2000~2010年,四川纺织及服装制造业总产值在西部各省(自治区、直辖市)中一直保持首位。从增加值看,西部地区的纺织及服装制造业主要集中在四川和内蒙古,四川2007年比2000年增长4.06倍,在西部各省(自治区、直辖市)中的地位由2000年的第2位上升到2007年的第1位;内蒙古增长2.78倍,由2000年的第1位下降到2007年的第2位(表4-13)。

表4-13 西部各省(自治区、直辖市)纺织及服装制造业规模比较

地区	总产值/亿元				增加值/亿元		
	2000年	2005年	2007年	2010年	2000年	2005年	2007年
内蒙古	69.02	136.96	216.15	321.77	20.09	48.75	76.02
广西	23.21	35.69	53.36	100.02	7.03	9.91	17.33
重庆	24.34	51.56	81.82	184.19	6.11	13.72	25.26
四川	71.72	174.17	309.88	587.97	19.95	52.87	101.03
贵州	4.16	5.65	5.69	5.87	1.38	1.35	1.44
云南	6.69	7.72	9.19	11.80	2.16	1.73	2.29
西藏	0.07	0.00	0.16	0.53	0.04	-0.03	0.04
陕西	50.28	56.00	59.73	91.42	14.59	17.74	21.58
甘肃	14.86	8.70	8.81	10.25	5.43	3.00	2.88
青海	1.83	4.99	9.45	19.11	0.50	1.82	3.60
宁夏	0.45	30.91	42.03	58.17	0.05	11.64	13.91
新疆	64.62	44.20	76.18	54.94	18.79	10.50	19.21
西部	331.25	556.54	872.44	1446.03	96.12	173.00	284.58

资料来源:根据相关年份《中国工业经济统计年鉴》数据整理,由于《中国工业经济统计年鉴(2011)》未统计2010年工业各行业增加值,故在此未列出。所有数据根据《中国统计年鉴(2011)》中的各地区历年工业品出厂价格指数统一换算成2000年价格数据

在西部12省(自治区、直辖市)中,2000年,纺织及服装制造业增加值比重最大的为内蒙古,达到20.9%,最小的为西藏,不到0.1%。比重最大的4省(自治区)依次为内蒙古、四川、新疆和陕西,集中了西部纺织及服装制造业增加值的76.4%。比重最小的4省(自治区)依次为西藏、宁夏、青海和贵州,合计仅占西部的2.0%。从2000年以来西部各省(自治区、直辖市)纺织及服装制造业增加值比重的变化看,四川呈上升趋势,陕西和新疆呈下降趋势,其余9省(自治区、直辖市)的比重变化不大。到2007年,纺织及服装制造业增加值比重最大的为四川,达到35.5%;内蒙古增长了5.81个百分点,为26.7%;而新疆下降幅度最大,下降了12.80个百分点,为6.7%;陕西下降了7.60个百分点,为7.6%。比重最大的4省(自治区、直辖市)为四川、内蒙古、重庆和陕西,集中了西部纺织及服

装制造业增加值的78.6%。比重最小的4省（自治区）为西藏、贵州、云南和甘肃，合计仅占西部的2.3%。总体而言，西部大开发以来西部地区的纺织及服装制造业向四川和内蒙古集中，其所占比重由2000年的41.7%增加到2007年的62.2%（图4-13）。

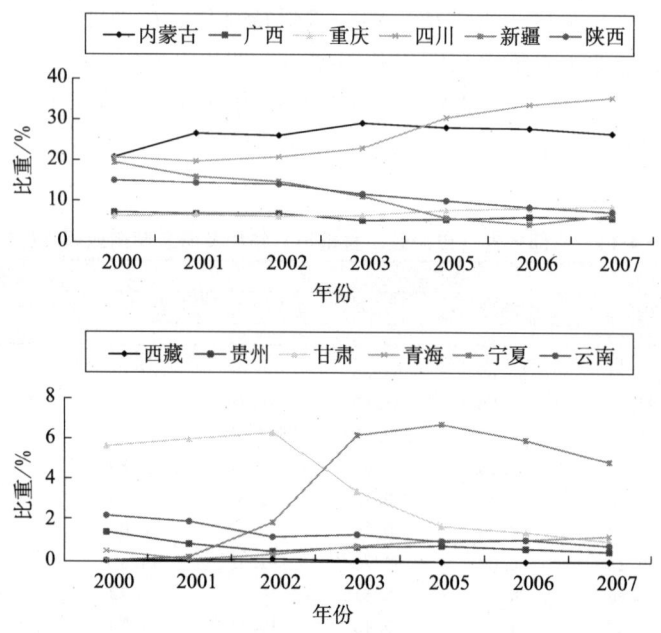

图4-13　2000~2007年西部各省（自治区、直辖市）纺织及服装制造业增加值比重
资料来源：根据相关年份《中国工业经济统计年鉴》数据整理，由于相关年份《中国工业经济统计年鉴》未统计2004年、2008年、2009年、2010年工业各行业增加值，故在此未列出；所有基础数据根据《中国统计年鉴（2011）》中的各地区历年工业品出厂价格指数统一换算成2000年价格数据

（十二）医药制造业

2010年，西部地区医药制造业总产值1316.76亿元，是2000年的4.37倍。从总产值看，2000~2010年，西藏和新疆始终保持个位数，其余省（自治区、直辖市）增长较快。其中，内蒙古增长最快，10年间增长了12.39倍。2000~2010年，四川医药制造业总产值在西部各省（自治区、直辖市）中一直保持首位。从增加值看，增长最快的依然是内蒙古，2007年比2000年增长6.93倍；2000年、2005年、2007年，四川和陕西医药制造业增加值在西部各省（自治区、直辖市）中一直保持第1位和第2位，但两省的差距不断扩大（表4-14）。

表 4-14 西部各省（自治区、直辖市）医药制造业规模比较

地区	总产值/亿元				增加值/亿元		
	2000年	2005年	2007年	2010年	2000年	2005年	2007年
内蒙古	9.29	41.30	61.67	124.38	3.44	16.22	27.29
广　西	33.38	61.52	69.73	107.88	13.80	25.34	28.48
重　庆	34.47	70.99	94.70	159.93	10.72	26.74	41.19
四　川	76.30	165.97	275.55	484.03	29.01	68.09	113.99
贵　州	31.32	69.59	82.60	121.62	12.14	27.14	34.70
云　南	26.05	44.40	63.17	106.69	10.13	18.64	27.52
西　藏	2.48	3.47	4.25	4.03	1.38	1.60	2.66
陕　西	61.52	98.41	107.26	141.73	23.76	36.66	46.25
甘　肃	15.25	21.31	21.78	29.83	7.01	12.31	11.29
青　海	2.85	6.16	9.53	14.50	0.75	2.88	5.18
宁　夏	3.50	10.46	12.32	17.03	1.31	4.02	3.99
新　疆	4.84	2.74	3.90	5.11	1.62	0.97	1.52
西　部	301.25	596.32	806.46	1316.76	115.07	240.61	344.05

资料来源：根据相关年份《中国工业经济统计年鉴》数据整理，由于《中国工业经济统计年鉴（2011）》未统计2010年工业各行业增加值，故在此未列出。所有数据根据《中国统计年鉴（2011）》中的各地区历年工业品出厂价格指数统一换算成2000年价格数据

在西部12省（自治区、直辖市）中，2000年医药制造业增加值占西部比重最大的为四川，达到25.2%，最小的为青海，为0.7%，两地相差悬殊。比重最大的4省（自治区）依次为四川、陕西、广西和贵州，集中了西部医药制造业增加值的68.4%。比重最小的4省（自治区）为青海、宁夏、西藏和新疆，合计仅占西部的4.4%。从2000年以来西部各省（自治区、直辖市）医药制造业增加值占西部的比重变化看，内蒙古和四川呈上升趋势，陕西呈下降趋势，其余省（自治区、直辖市）的比重变化不大。到2007年，医药制造业增加值比重最大的依然是四川，达到33.1%；内蒙古增长了4.94个百分点，为7.9%；而陕西下降了7.21个百分点，为13.4%。比重最大的4省（直辖市）为四川、陕西、重庆和贵州，集中了西部医药制造业增加值的68.6%。比重最小的4省（自治区）依次为新疆、西藏、宁夏和青海，合计占西部的比重下降到3.9%。总体上，西部大开发以来西部地区的医药制造业向四川集中（图4-14）。

（十三）金属制品业

西部地区金属制品业发展缓慢，2000年总产值115.55亿元，到"十五"末仅增长了71.1%，达到197.68亿元；进入"十一五"，才有了较为快速的发展，到2010年达到943.51亿元。从总产值看，2000年以后西藏没有发展金属制品业，其余省（自治区、直辖市）都有不同程度的增长。其中，内蒙古增长最快，2010年比2000年增长15.03倍；而宁夏和新疆增长缓慢，分别增长了1.49倍

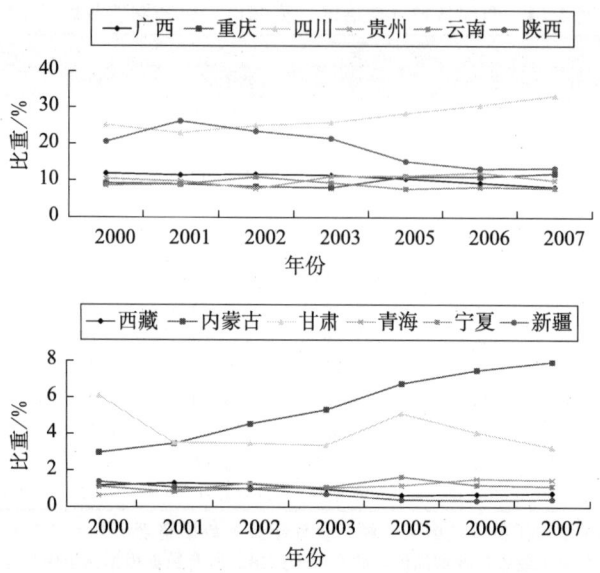

图 4-14 2000~2007 年西部各省（自治区、直辖市）医药制造业增加值比重

资料来源：根据相关年份《中国工业经济统计年鉴》数据整理，由于相关年份《中国工业经济统计年鉴》未统计 2004 年、2008 年、2009 年、2010 年工业各行业增加值，故在此未列出；所有基础数据根据《中国统计年鉴（2011）》中的各地区历年工业品出厂价格指数统一换算成 2000 年价格数据

和 1.77 倍。从增加值看，2000 年以来，除四川和重庆外，西部其余省（自治区）7 年间始终是个位数；2000~2007 年，四川金属制品业增加值在西部各省（自治区、直辖市）中一直保持首位。2000 年重庆增加值 2.34 亿元，到 2007 年达到 16.12 亿元，在西部各省（自治区、直辖市）中的地位由 2000 年的第 8 位上升到 2007 年的第 2 位（表 4-15）。

表 4-15 西部各省（自治区、直辖市）金属制品业规模比较

地区	总产值/亿元				增加值/亿元		
	2000 年	2005 年	2007 年	2010 年	2000 年	2005 年	2007 年
内蒙古	6.82	9.38	20.51	109.35	2.62	3.22	7.36
广 西	11.84	10.01	23.87	66.49	3.01	2.86	8.65
重 庆	9.50	32.97	56.91	142.49	2.34	8.71	16.12
四 川	29.16	73.68	167.35	425.51	9.40	24.44	56.94
贵 州	8.77	15.25	26.45	28.50	2.51	4.25	6.20
云 南	8.26	10.12	14.26	37.26	2.38	1.77	2.81
西 藏	0.01	0.00	0.00	0.00	0.00	0.00	0.00
陕 西	14.67	16.30	24.20	47.79	4.38	5.52	7.90
甘 肃	11.37	7.58	9.76	43.98	3.27	2.12	2.55
青 海	1.16	4.75	6.99	5.05	0.38	1.48	1.64
宁 夏	6.03	7.75	8.96	15.01	1.37	1.79	2.70
新 疆	7.96	9.89	12.70	22.08	2.03	1.83	2.23

续表

地区	总产值/亿元				增加值/亿元		
	2000年	2005年	2007年	2010年	2000年	2005年	2007年
西部	115.55	197.68	371.96	943.51	33.69	58.00	115.09

资料来源：根据相关年份《中国工业经济统计年鉴》数据整理，由于《中国工业经济统计年鉴（2011）》未统计2010年工业各行业增加值，故在此未列出。所有数据根据《中国统计年鉴（2011）》中的各地区历年工业品出厂价格指数统一换算成2000年价格数据

在西部12省（自治区、直辖市）中，2000年金属制品业增加值占西部比重最大的为四川，达到27.9%。比重最大的4省（自治区）依次为四川、陕西、甘肃和广西，集中了西部金属制品业增加值的59.5%。从2000年以来西部各省（自治区、直辖市）金属制品业增加值占西部比重的变化看，四川和重庆呈上升趋势，云南、陕西、甘肃和新疆总体呈下降趋势，其余省（自治区）的比重变化不大。到2007年，金属制品业增加值占西部比重最大的依然是四川，达到49.5%；重庆增长了7.06个百分点，为14.0%；而陕西和甘肃下降幅度最大，分别下降了6.14个百分点和7.49个百分点。比重最大的4省（自治区、直辖市）为四川、重庆、广西和陕西，集中了西部金属制品业增加值的77.9%。总体上，西部大开发以来西部地区的金属制品业向四川和重庆集中，主要集中在四川（图4-15）。

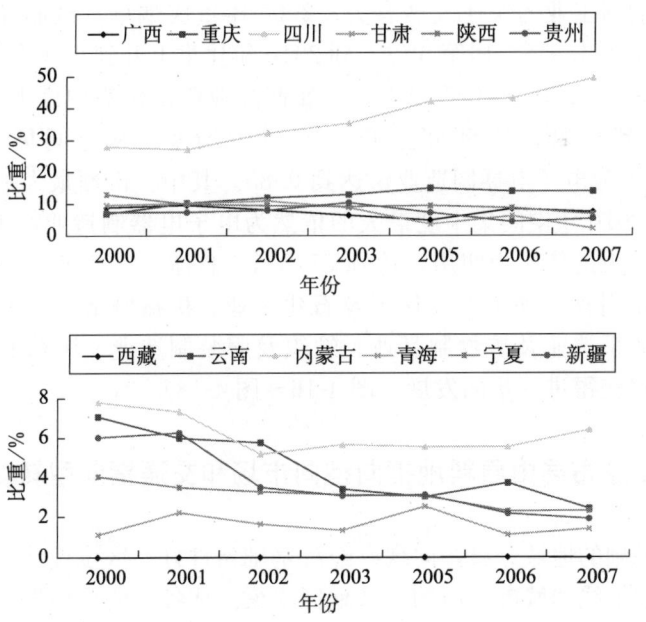

图4-15　2000～2007年西部各省（自治区、直辖市）金属制品业增加值比重

资料来源：根据相关年份《中国工业经济统计年鉴》数据整理，由于相关年份《中国工业经济统计年鉴》未统计2004年、2008年、2009年、2010年工业各行业增加值，故在此未列出；所有基础数据根据《中国统计年鉴（2011）》中的各地区历年工业品出厂价格指数统一换算成2000年价格数据

二、演变特征

（一）各工业行业集中度进一步提高

西部大开发以来，西部各省（自治区、直辖市）都具有一定规模的工业生产能力，一些工业生产大省（自治区、直辖市）已经建立较强的工业生产体系。但总体趋势是日益体现地区工业发展优势，主要工业行业的集中度有明显提高（张晓平，2008）。2000 年以来，西部地区食品及副食品加工业、化工及石化工业、黑色金属采选冶及压延加工业、交通运输设备制造业、机械制造业、非金属矿采选业及矿物制品业、纺织及服装制造业、医药制造业和金属制品业的前四位集中度明显提高；能源工业、有色金属采选冶及压延加工业和电子电器制造业的前四位空间集中度到 2005 年略有下降，此后又逐步提高，这可能与后来进入前四位的省级行政区的快速发展、退出前四位的省级行政区的缓慢发展有关；对于烟草及纸制品工业，虽然云南、四川、广西和贵州的总产值逐年增长，但其前四位空间集中度呈现下降的趋势，可能与重庆烟草及纸制品工业的快速发展有关，2000 年重庆烟草及纸制品工业总产值占西部的比重为 4.9%，居第 6 位，到 2010 年比重上升到 9.9%，其地位上升到第 3 位（表 4-16）。2000 年以来，金属制品业前四位集中度上升幅度最大，由 0.58 上升到 0.79，10 年间上升了 21 个百分点。从空间集中度 CR_4 看，2000 年最大的为电子电器制造业，达到 0.89。其中，份额最大的为四川，达到 47.6%。2010 年空间集中度最大的依然为电子电器制造业，上升到 0.93。其中，份额最大的依然为四川，达到 57.8%。总体上，西部大开发以来西部地区的食品及副食品加工业、化工及石化工业、机械制造业、电子电器制造业、非金属矿采选业及矿物制品业、纺织及服装制造业、医药制造业和金属制品业在四川获得进一步的发展（图 4-16～图 4-18）。

（二）工业布局由原料地指向型向市场和交通指向型转变

依资源基础的地域分异，向现有经济基础条件好、区位优势明显、人口较密集、沿交通干线和城市枢纽的一些地区集聚。从各产业份额最大的前 4 位省级行政区看，2000 年西部工业主要集中在四川、广西、陕西和重庆 4 省（自治区、直辖市）。其中，四川有 12 个产业处于前 4 位，广西有 9 个产业处于前 4 位，陕西有 8 个产业处于前 4 位，重庆有 7 个产业处于前 4 位。这 4 省（自治区、直辖市）占据了共 52 个席位中的 36 个。2010 年，西部工业主要集中在四

表4-16 2000年、2005年和2010年西部工业各行业集中度及其主要集聚地

行业	2000年					2005年					2010年				
	CR_4	第一	第二	第三	第四	CR_4	第一	第二	第三	第四	CR_4	第一	第二	第三	第四
能源工业	0.65	新疆	陕西	甘肃	四川	0.61	陕西	新疆	四川	内蒙古	0.64	内蒙古	陕西	四川	新疆
食品及副食品加工业	0.71	四川	广西	内蒙古	陕西	0.77	四川	内蒙古	广西	陕西	0.78	四川	内蒙古	广西	陕西
烟草及纸制品工业	0.83	云南	四川	贵州	广西	0.80	云南	四川	贵州	广西	0.77	云南	四川	重庆	广西
化工及石化工业	0.59	四川	云南	重庆	广西	0.64	四川	内蒙古	重庆	贵州	0.68	四川	内蒙古	广西	云南
黑色金属采选冶及压延加工业	0.67	四川	内蒙古	贵州	重庆	0.69	云南	内蒙古	四川	广西	0.69	内蒙古	云南	四川	甘肃
有色金属采选冶及压延加工业	0.62	甘肃	广西	云南	贵州	0.58	重庆	甘肃	广西	内蒙古	0.61	内蒙古	四川	四川	陕西
交通运输设备制造业	0.87	重庆	陕西	四川	广西	0.91	四川	重庆	陕西	陕西	0.92	重庆	四川	陕西	广西
机械制造业	0.74	四川	陕西	广西	甘肃	0.86	四川	陕西	广西	陕西	0.81	四川	重庆	陕西	广西
电子电器制造业	0.89	四川	广西	重庆	甘肃	0.68	四川	内蒙古	重庆	内蒙古	0.93	四川	内蒙古	陕西	广西
非金属矿采选业及矿物制品业	0.62	四川	内蒙古	陕西	云南	0.75	四川	新疆	重庆	内蒙古	0.75	四川	内蒙古	重庆	广西
纺织及服装制造业	0.77	四川	陕西	新疆	陕西	0.68	四川	重庆	陕西	重庆	0.83	四川	重庆	广西	广西
医药制造业	0.68	四川	陕西	重庆	广西	0.68	四川	内蒙古	重庆	贵州	0.69	四川	陕西	陕西	内蒙古
金属制品业	0.58	四川	陕西	广西	甘肃	0.70	重庆	陕西	陕西	贵州	0.79	四川	重庆	重庆	广西

资料来源：本表采用西部各省（自治区、直辖市）工业各行业总产值在西部所占比重计算 CR_4，即西部工业各行业中份额最大的前4个省级行政区所占份额之和。"第一、第二、第三、第四"依次为该行业总产值份额最大的省级行政区。笔者根据相关年份《中国工业经济统计年鉴》整理出基础数据。所有数据根据《中国统计年鉴（2011）》中的各地区历年工业品出厂价格指数统一换算成2000年价格数据。

图 4-16 2000 年西部工业各行业分布

资料来源：采用西部各省（自治区、直辖市）工业各行业总产值在西部所占比重计算。笔者根据相关年份《中国工业经济统计年鉴》整理出基础数据。其中，2004 年数据来源于《中国经济普查年鉴（2004）》，所有数据根据《中国统计年鉴（2011）》中的各地区历年工业品出厂价格指数统一换算成 2000 年价格数据

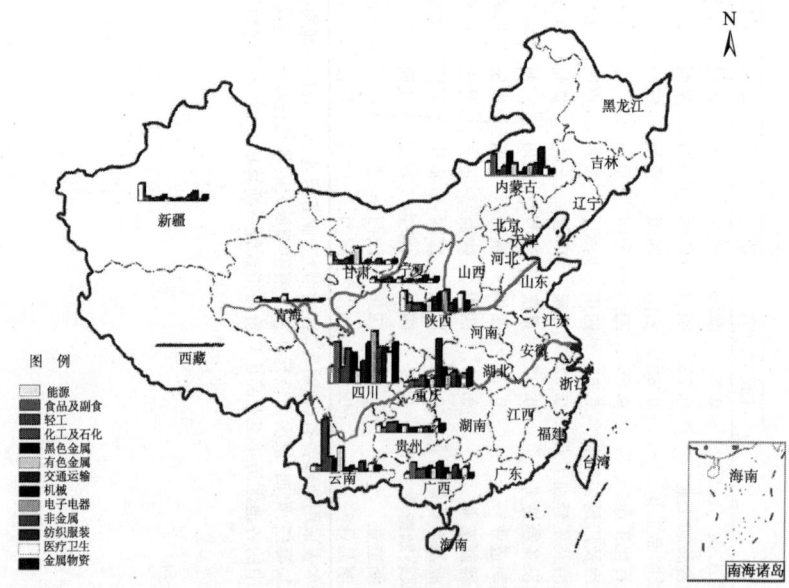

图 4-17 2005 年西部工业各行业分布

资料来源：采用西部各省（自治区、直辖市）工业各行业总产值在西部所占比重计算。笔者根据相关年份《中国工业经济统计年鉴》整理出基础数据。其中，2004 年数据来源于《中国经济普查年鉴（2004）》，所有数据根据《中国统计年鉴（2011）》中的各地区历年工业品出厂价格指数统一换算成 2000 年价格数据

第四章
西部大开发以来西部工业空间格局的演变

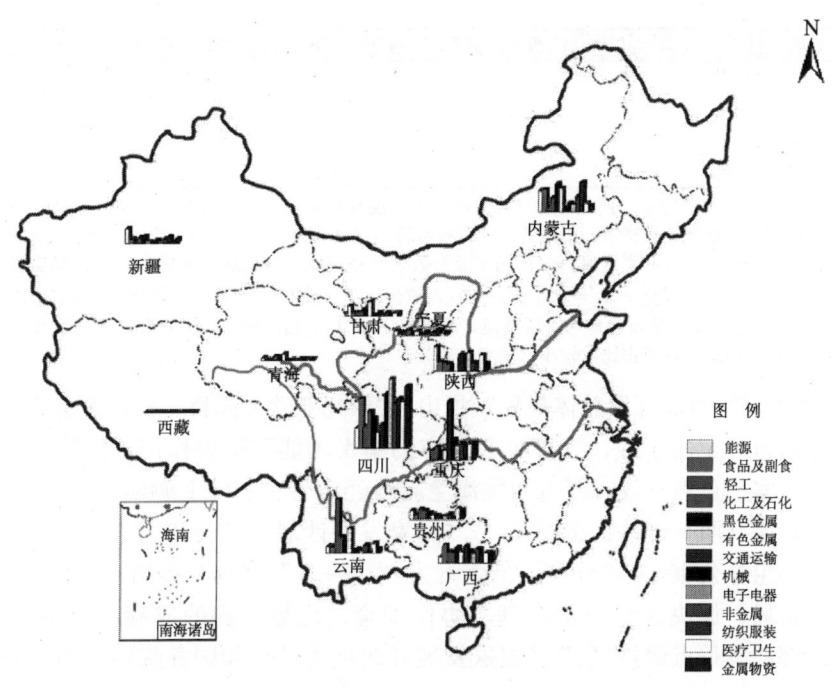

图 4-18 2010 年西部工业各行业分布

资料来源：采用西部各省（自治区、直辖市）工业各行业总产值在西部所占比重计算。笔者根据相关年份《中国工业经济统计年鉴》整理出基础数据。其中，2004 年数据来源于《中国经济普查年鉴（2004）》，所有数据根据《中国统计年鉴（2011）》中的各地区历年工业品出厂价格指数统一换算成 2000 年价格数据

川、重庆和内蒙古 3 省（自治区、直辖市）。2000～2010 年，内蒙古的能源工业、化工及石化工业、有色金属采选冶及压延加工业、非金属矿采选业及矿物制品业、医药制造业和金属制品业 6 个行业进入西部前四位；重庆的烟草及纸制品工业、纺织及服装制造业和金属制品业进入前四位；四川的有色金属采选冶及压延加工业进入前四位；广西的化工及石化工业退出前四位，黑色金属采选冶及压延加工业进入前四位；陕西的纺织及服装制造业和金属制品业退出前四位；贵州的烟草及纸制品工业、黑色金属采选冶及压延加工业和有色金属采选冶及压延加工业 3 个行业全部退出前四位（表 4-17）。

表 4-17 2000 年、2005 年和 2010 年西部工业各行业主要集聚地[a]

项　目		四川	广西	陕西	重庆	云南	甘肃	内蒙古	贵州	新疆
2000 年	行业数[b]	12	9	8	7	4	4	3	3	2
	市场交通指数[c]	1	3	4	6	2	9	5	7	8
2005 年	行业数	13	6	8	8	3	1	7	5	1
	市场交通指数	1	5	3	2	4	9	6	7	8

续表

项　目		四川	广西	陕西	重庆	云南	甘肃	内蒙古	贵州	新疆
2010年	行业数	13	9	6	9	4	1	9	0	1
	市场交通指数	1	5	2	3	6	8	4	7	9
2010年比2000年增加的行业数		1	0	−2	2	0	−3	6	−3	−1

注：a. 由于青海、宁夏、西藏3省（自治区）中均没有行业进入西部前四位，故没有列出。b. 行业数表示相应省（自治区、直辖市）集聚的工业行业数目。这里，将西部工业各行业中份额最大的前4位省级行政区定义为相应的行业集聚地。c. 市场交通指数表示相应省（自治区、直辖市）的市场交通状况综合指数排名。市场交通指数＝√地区生产总值在西部的比重×（铁路里程×公路里程/辖区面积）（笔者注）。GDP在一定程度上能反映地区市场规模（魏后凯，2001）。西部地区地处内陆，交通主要依赖铁路和公路，水路和航空运输所占比重较小（吴睿，2008）

《"十五"西部开发总体规划》指出："依托亚欧大陆桥、长江黄金水道、西南出海通道等交通干线，发挥中心城市的集聚功能和辐射作用，以线串点，以点带面，实行重点开发，促进西陇海兰新线经济带、长江上游经济带、南（宁）贵（阳）昆（明）经济区的形成。"（国家发展计划委员会和国务院西部地区开发领导小组办公室，2002）《西部大开发"十一五"规划》指出："优化经济发展空间布局，加快建立分工合理、协作配套、优势互补的成渝、关中—天水、广西北部湾等重点经济区。"（国家发展和改革委员会和国务院西部地区开发领导小组办公室，2007）《西部大开发"十二五"规划》指出："坚持以线串点，以点带面，依托交通枢纽和区域中心城市，着力培育经济基础好、资源环境承载能力强、发展潜力大的重点经济区。积极推进工业化和城镇化协调发展，促进产业集聚布局、人口集中居住、土地集约利用，形成西部大开发战略新高地，辐射和带动周边地区发展。"（国家发展和改革委员会，2012）由此可见，国家政策是引导工业企业向重点经济区布局，推动企业区位由原料地指向型向市场和交通指向型转变的重要因素。在这样的政策引导下，加之经济社会发展优势，可以预见，西部开发的重点区域的工业企业将进一步做强做大，进而形成更大规模的产业集聚，体现出市场需求和交通条件对工业企业的生产规模和布局产生的巨大影响力。

（三）空间集聚趋势更加明显

西部各省（自治区、直辖市）工业总产值占西部工业总产值的比重反映了各省（自治区、直辖市）工业的规模及在西部的地位。2000年，西部工业规模较大的省2个，其产值占西部的33.6%；规模中等的省（自治区、直辖市）7个，其产值占西部的61.8%；规模较小的省（自治区）3个，其产值占西部的4.6%。到2010年，工业规模较大的省（自治区、直辖市）上升为3个，其产值份额上升到55.1%；规模中等的省（自治区）下降为3个，其产值份额下降到

28.2%；规模较小的省（自治区）上升为 6 个，其产值份额上升到 16.7%。2000～2010 年，内蒙古和重庆由规模中等的自治区（直辖市）上升为规模较大的自治区（直辖市）；陕西由规模较大的省下降为规模中等的省；贵州、甘肃和新疆则由规模中等的省（自治区）下降为规模较小的省（自治区）（表 4-18）。

表 4-18　2000 年和 2010 年西部各省（自治区、直辖市）工业发展按产值规模分类

年份	规模	省（自治区、直辖市）数/个	产值份额/%	省（自治区、直辖市）
2000	较大	2	33.6	四川、陕西
	中等	7	61.8	云南、广西、重庆、新疆、甘肃、内蒙古、贵州
	较小	3	4.6	宁夏、青海、西藏
2010	较大	3	55.1	四川、内蒙古、重庆
	中等	3	28.2	陕西、广西、云南
	较小	6	16.7	甘肃、贵州、新疆、宁夏、青海、西藏

注：规模较大的省级行政区，指工业总产值占西部的比重大于 12%；规模中等的省级行政区，指工业总产值占西部的比重为 6%～12%；规模较小的省级行政区，指工业总产值占西部的比重小于 6%

西部大开发以来，除内蒙古、四川和重庆外，其他 9 个省（自治区）的工业总产值占西部的比重都出现了不同程度的下降。内蒙古增长幅度最大，其工业总产值占西部的比重由 2000 年的 7.5% 迅速提高到 2010 年的 14.7%，增加了 7.2 个百分点，在西部的地位也由第 8 位上升到第 2 位；四川的增幅仅次于内蒙古，增长了 6.4 个百分点，依然保持了首位的优势地位；重庆增长了 3.0 个百分点，其地位由第 5 位上升到第 3 位（表 4-19）。这说明，西部大开发以来，西部地区的工业生产能力由分散布局向四川、内蒙古和重庆集中。

表 4-19　2000 年、2005 年和 2010 年西部各省（自治区、直辖市）工业总产值占西部的比重

地区	比重/%			
	2000 年	2005 年	2010 年	2010 年与 2000 年差距
内蒙古	7.49	11.55	14.74	7.25
广西	10.19	8.98	9.35	-0.84
重庆	9.53	10.60	12.57	3.04
四川	21.35	24.13	27.76	6.41
贵州	6.32	5.97	4.43	-1.89
云南	10.88	9.91	7.82	-3.06
西藏	0.15	0.09	0.06	-0.09
陕西	12.22	11.77	11.09	-1.13
甘肃	8.41	6.58	4.65	-3.76
青海	2.10	1.83	1.67	-0.43
宁夏	2.40	2.37	1.98	-0.42
新疆	8.97	6.22	3.87	-5.1

资料来源：根据相关年份《中国工业经济统计年鉴》整理，其工业总产值是笔者对《中国工业经济统计年鉴》中涉及的 13 个行业总产值的加总。所有数据根据《中国统计年鉴（2011）》中的各地区历年工业品出厂价格指数统一换算成 2000 年价格数据

第三节 西部工业空间结构演变的影响因素

一、样本选取及数据来源

工业的发展受诸多因素的影响，考虑到西藏基本上不适合大规模发展工业，故模型选取的数据样本为2000~2010年西部除西藏外的11个省（自治区、直辖市）的面板数据。这里选取的被解释变量为13个行业的工业总产值占西部的比重，是笔者根据历年《中国工业经济统计年鉴》计算整理。其中，2004年和2008年数据分别根据《中国经济普查年鉴（2004）》和《中国经济普查年鉴（2008）》计算整理；解释变量均为基础设施、市场规模、集聚经济、效率工资、市场发育程度和对外开放度。其中，2000~2009年市场化指数来源于《中国市场化指数——各地区市场化相对进程2011年报告》，2010年市场化指数是笔者根据2000~2009年市场化指数年平均增长率计算；其他相关数据是笔者根据历年《中国统计年鉴》计算整理。

（1）基础设施。基础设施是工业发展的重要前提，不仅可以改善投资硬环境，降低生产和运输成本，也可以带动相关产业的发展，有利于增强企业的竞争力。基础设施包括经济基础设施、社会基础设施和城市基础设施。这里，参照魏后凯（2001）的地区基础设施发展水平综合评价指标及其权重（表4-20）计算基础设施的得分，分别选取西部11个省（自治区、直辖市）的经济基础设施（X_1）、社会基础设施（X_2）和城市基础设施（X_3）作为解释变量。

表4-20　地区基础设施发展水平综合评价指标体系

	一级指标		二级指标	
	指标	权重	指标	权重
基础设施发展水平	经济基础设施	40	1.1 铁路网综合密度（km/（万km²·万人））	20
			1.2 公路网综合密度（km/（万km²·万人））	15
			1.3 二级以上公路比重（%）	15
			1.4 内河航道综合密度（km/（万km²·万人））	15
			1.5 每百人拥有电话机（部）	15
			1.6 每万人拥有互联网用户（户）	10
			1.7 每万人拥有邮电局（所）（处）	10
	社会基础设施	25	2.1 每万人拥有普通高等专任教师数（人）	20
			2.2 每万人拥有普通中等专任教师数（人）	15
			2.3 每万人拥有小学专任教师数（人）	10
			2.4 每万人拥有专利申请授权量（件）	20

续表

一级指标		二级指标	
指标	权重	指标	权重
社会基础设施	25	2.5 每百万人拥有公共图书馆（个）	10
		2.6 每万人拥有卫生机构数（个）	10
		2.7 每万人拥有病床数（张）	15
城市基础设施	35	3.1 人均房屋使用面积（m²）	15
		3.2 城市人口用水普及率（%）	15
		3.3 城市煤气普及率（%）	15
		3.4 每万人拥有公共汽（电）车（标台）	15
		3.5 人均拥有铺装道路面积（m²）	15
		3.6 人均公共绿地面积（m²）	15
		3.7 每万人拥有公共厕所（座）	10

（一级指标"基础设施发展水平"涵盖社会基础设施与城市基础设施两项）

资料来源：魏后凯（2001）

（2）市场规模。地区市场规模大小及其增长潜力直接影响着制造业的发展，市场规模越大，越有利于工业的发展。因此，选取西部11个省（自治区、直辖市）的社会消费品零售总额占西部的比重（X_4）来反映地区市场规模。

（3）集聚经济。由于受集聚经济的影响，工业的发展一般与城市化紧密联系，各种相关企业集中在城市地区，不仅可以降低生产成本，且有利于发展专业化分工协作和产业配套。因此，选取西部各省（自治区、直辖市）的城市化率（X_5）来反映集聚经济，这里采用的测度城市化率的变量为城市人口占总人口的比重。

（4）效率工资。工资成本的高低影响工业的区位选择。在劳动生产效率相同的条件下，地区工资水平越低，越有利于工业的发展，然而各地区劳动生产率具有较大差异，对追求利润最大化的企业来说，更关心效率工资。这里采用工业每创造1元产值所花费的工资（X_6）来反映效率工资水平。

（5）市场化程度。市场化水平影响地区经济的发展，选取市场化指数（X_7）作为解释变量。

（6）对外开放度。一个地区的对外贸易活动对该地区经济发展有重要影响，选取外贸依存度（X_8）作为解释变量，外贸依存度即进出口总额与GDP之比，是开放度的评估与衡量指标。

二、模型的估计结果及分析

根据上述分析，可建立如下线性模型：

$$Y_{it} = C_{it} + b_{it}X_{it} + u_{it}, i = 1,\cdots,11; t = 2000,\cdots,2010 \tag{4-1}$$

式（4-1）中，Y_{it}表示西部第i省在t年的工业各行业总产值在西部所占比重；X_{it}

表示工业各行业空间结构演变的影响因素；C_{it} 和 b_{it} 均为待估参数（其中，C_{it} 为平均截距，b_{it} 为系数）；u_{it} 为随机干扰项，代表模型中未具体列出的影响工业各行业空间结构变动的因素。这些因素对工业各行业空间结构变动的综合影响由截距项 C_{it} 反映。模型为一般线性形式，其中各变量系数均表示工业各行业总产值对该变量的弹性，即变量变动 1%，带来的工业各行业总产值的平均变动百分比。

采用广义最小二乘法，对工业部门的 13 个行业空间结构演变的影响因素面板数据（panel data）模型分别进行估计，在 5% 的显著性水平下，模型的具体估计结果见表 4-21。

从表 4-21 所列的 13 个工业行业空间结构演变的影响因素面板数据模型的估计结果可以看出。

（1）能源工业空间结构演变与经济基础设施、市场规模、集聚经济正相关，与效率工资、对外开放度负相关。其中，影响最大的是市场规模，社会消费品零售总额占西部的比重每提高 1 个百分点，将会引起能源工业总产值占西部的比重增加 1.17 个百分点。

（2）食品及副食品加工业空间结构演变与经济基础设施、社会基础设施、市场规模、集聚经济和市场化程度正相关，与效率工资负相关。其中市场规模和市场化程度影响较大，社会消费品零售总额占西部的比重每提高 1 个百分点，将会引起食品及副食品加工业总产值占西部的比重增加 1.48 个百分点；市场化程度每提高 1 个单位，相应的工业总产值所占比重增加 1.04 个百分点。

（3）烟草及纸制品工业空间结构演变与经济基础设施、市场规模和集聚经济正相关，与效率工资负相关。但影响都不大，这可能与烟草及纸制品工业是原料地指向型产业有关，鉴于数据量化的困难，模型未选择反映资源禀赋的指标。

（4）化工及石化工业空间结构演变与经济基础设施、城市基础设施、市场规模和集聚经济正相关。但只有市场规模影响较大，社会消费品零售总额占西部的比重每提高 1 个百分点，相应的化工及石化工业总产值所占比重增加 0.77 个百分点。

（5）黑色金属采选冶及压延加工业空间结构演变与经济基础设施、社会基础设施、城市基础设施、市场规模和集聚经济正相关。其中市场规模和集聚经济影响较大，社会消费品零售总额占西部的比重每提高 1 个百分点，将会引起黑色金属采选冶及压延加工业总产值占西部的比重增加 1.12 个百分点；城市化率每提高 1 个百分点，相应的工业总产值所占比重增加 0.93 个百分点。

（6）有色金属采选冶及压延加工业空间结构演变与市场规模和市场化程度正相关。但影响都不大，这可能与有色金属采选冶及压延加工业是原料地指向型产业有关，鉴于数据量化的困难，模型未选择反映资源禀赋的指标。

表 4-21 西部工业各行业空间结构演变的影响因素模型估计结果

行业	C	X_1	X_2	X_3	X_4	X_5	X_6	X_7	X_8	R^2	F	DW
能源工业	-13.25 (-4.23)	0.12 (7.23)	—	—	1.17 (3.54)	0.28 (4.12)	-0.57 (-6.14)	—	-0.18 (-3.78)	0.94	226.17	1.87
食品及副食品加工业	9.83 (3.26)	0.03 (2.82)	0.14 (4.89)	—	1.48 (16.73)	0.31 (5.43)	-0.27 (-3.21)	1.04 (4.23)	—	0.92	382.43	1.72
烟草及纸制品工业	18.87 (5.48)	0.08 (3.47)	—	—	0.38 (3.27)	0.15 (4.11)	-0.53 (-4.19)	—	—	0.93	587.89	1.88
化工及石化工业	-13.76 (-4.64)	0.07 (3.98)	—	0.08 (3.76)	0.77 (16.98)	0.41 (4.34)	—	—	—	0.93	243.87	1.86
黑色金属采选冶及压延加工业	3.27 (9.23)	0.08 (2.98)	0.08 (4.34)	0.06 (3.21)	1.12 (9.97)	0.93 (3.87)	—	—	—	0.95	456.87	2.12
有色金属采选冶及压延加工业	-5.78 (-8.43)	—	—	—	0.44 (5.34)	—	—	0.53 (4.78)	—	0.94	256.34	1.78
交通运输设备制造业	16.87 (8.89)	0.32 (3.89)	—	—	0.76 (6.34)	—	—	—	0.27 (2.96)	0.96	930.12	2.23
机械制造业	9.76 (5.88)	0.21 (2.67)	—	—	1.24 (8.76)	—	—	1.32 (3.56)	—	0.94	367.49	1.92
电子电器制造业	-33.76 (-6.63)	0.12 (4.11)	0.22 (3.12)	—	1.33 (3.74)	—	—	1.06 (3.12)	—	0.89	398.56	1.84
非金属矿采选业及矿物制品业	-8.34 (-5.13)	0.08 (3.44)	—	0.10 (2.79)	0.97 (8.43)	—	—	—	—	0.93	414.76	1.91
纺织及服装制造业	18.56 (6.96)	0.11 (2.95)	—	—	0.88 (11.24)	—	-0.23 (-4.63)	—	—	0.97	786.47	1.87
医药制造业	-9.76 (-4.79)	—	—	—	0.68 (6.47)	—	—	0.89 (3.91)	0.42 (4.32)	0.88	659.34	1.81
金属制品业	14.23 (4.33)	0.08 (3.64)	—	—	1.01 (4.25)	0.18 (3.06)	—	—	—	0.91	321.67	1.89

注:数字为相应解释变量的系数,括号内的数字为估计值对应的 t 值。"—"表示该变量不显著,从方程中剔除

(7) 交通运输设备制造业空间结构演变与经济基础设施、市场规模和对外开放度正相关。其中市场规模影响较大，社会消费品零售总额占西部的比重每提高1个百分点，相应的交通运输设备制造业总产值所占比重增加0.76个百分点。

(8) 机械制造业空间结构演变与经济基础设施、市场规模和市场化程度正相关。其中市场规模和市场化程度影响较大，社会消费品零售总额占西部的比重每提高1个百分点，将会引起机械制造业总产值占西部的比重增加1.24个百分点；市场化程度每提高1个单位，相应的总产值所占比重增加1.32个百分点。

(9) 电子电器制造业空间结构演变与经济基础设施、社会基础设施、市场规模和市场化程度正相关。其中市场规模和市场化程度影响较大，社会消费品零售总额占西部的比重每提高1个百分点，相应的电子电器制造业总产值所占比重增加1.33个百分点；市场化程度每提高1个单位，相应的总产值所占比重增加1.06个百分点。

(10) 非金属矿采选业及矿物制品业空间结构演变与经济基础设施、城市基础设施和市场规模正相关。其中市场规模影响较大，社会消费品零售总额占西部的比重每提高1个百分点，将会引起非金属矿采选业及矿物制品业总产值所占比重增加0.97个百分点。

(11) 纺织及服装制造业空间结构演变与经济基础设施和市场规模正相关，与效率工资负相关。其中市场规模影响较大，社会消费品零售总额占西部的比重每提高1个百分点，相应的纺织及服装制造业总产值所占比重增加0.88个百分点。

(12) 医药制造业空间结构演变与市场规模、市场化程度和对外开放度正相关。其中市场化程度影响较大，市场化程度每提高1个单位，将会引起医药制造业总产值所占比重增加0.89个百分点。

(13) 金属制品业空间结构演变与经济基础设施、市场规模和集聚经济正相关。但只有市场规模影响较大，社会消费品零售总额占西部的比重每提高1个百分点，将会引起金属制品业总产值所占比重增加1.01个百分点。

总体而言，经济基础设施、社会基础设施、城市基础设施、市场规模、集聚经济、效率工资、市场化程度和对外开放度等因素不同程度影响着工业各行业的发展。西部工业各行业的发展主要受市场规模和市场化程度的影响，区域市场规模越大，市场化程度越高，其工业发展水平越高。

第四节　西部工业空间组织与引导

工业空间组织是地区发展的主要支撑（张文忠，2009）。西部大开发以来，西部地区工业快速发展，改变了工业空间布局，集聚仍然是西部工业空间发展的主导趋势。针对西部各省（自治区、直辖市）的工业发展条件，重点培育四川、重庆和内蒙古三大工业地区，强化这三个地区的集聚能力和辐射能力。积极发展广西、陕西和云南三个地区的优势产业，提升优势产业区域竞争力。大力发展甘肃、贵州、宁夏、青海和新疆五个地区的支柱产业，加快推进工业化进程。西藏不适合大规模发展工业，可以有重点地发展有高原特色的优势产业。

一、重点省（自治区、直辖市）发展导向

四川、重庆和内蒙古是我国西部地区工业基础好、基础设施完备、市场化程度高、科技创新能力强和城市化水平较高的地区，具有工业持续发展的区位优势、工业进一步聚集的行业配套能力及工业发展的基础设施支撑条件，是未来西部工业进一步集聚的重点地区，在支撑西部整体实力进一步抬升中，发挥着重要作用，具有巨大的发展潜力和广阔的发展前景。

（一）四川

充分发挥资源、产业等比较优势，着力做大做强优势产业，加快建设重大产业基地，使四川成为带动和支撑西部大开发的最重要战略高地。以能源电力、钒钛钢铁和油气化工为重点，建设国家重要的优势资源开发基地；以机械制造、交通运输设备制造为重点，建设世界知名的现代制造业基地；以电子电器制造为重点，建成全国重要的科技创新产业化基地；以食品及副食品加工、烟草及纸制品加工、医药制造、棉麻皮革加工为重点发展特色农产品精深加工，建成西部重要的农产品深加工基地。

（二）重庆

加快培育战略性新兴产业，改造提升传统优势产业，提高自主创新能力和培育自主品牌，提升产业整体竞争力，努力建设国家重要的先进制造业基地。建设以电子电器制造为重点的高新技术产业基地；推动传统优势产业高端化发展，大力发展交通运输设备制造业、机械制造业，建设国家重要的现代装备制造业基地；以天然气化工、铝加工、钢材加工、非金属矿物制品加工为重点，建成内陆地区资源加工基地。

（三）内蒙古

依托资源优势和区位优势，加快建设国家能源、新型煤化工、冶金和农畜产品

加工基地，推动产业结构优化升级，增强工业经济实力和竞争力。巩固提升能源和农畜产品加工业的支柱地位，加快大型煤炭基地建设及天然气、煤层气资源的勘查开发利用；立足特色农畜产品资源，建设国家绿色农畜产品加工基地，提高农畜产品转化程度和精深加工水平，增强产业竞争力。发展壮大新型煤化工和冶金建材产业，大力推进煤化工产品深加工，建设国家新型煤化工产业基地；加快钢铁产品结构调整和升级换代，提高钢铁生产能力；推进有色金属采、选、冶及加工一体化发展，培育有色金属产业集群，建设国家重要的有色金属冶炼加工基地。

二、发展潜力较大的省（自治区）发展导向

广西、陕西和云南的工业地位较低，但具备一定的工业发展条件。例如，广西的市场化程度较高，效率工资低，城市化水平快速提高；陕西拥有较为完善基础设施，市场化程度不断提高，市场规模不断扩大；云南具备较完备基础设施，效率工资低，城市化水平较高。在这三个地区中，某些产业基础好，竞争力强，增长优势明显，对西部的工业发展具有重要意义，应进一步加大扶持力度。

（一）广西

坚持走新型工业化道路，加快发展结构优化、技术先进、竞争力强的新兴产业，尽快做大做强做优工业。重点围绕食品、造纸、黑色金属、有色金属、交通运输设备、机械、电子电器、医药制造、纺织服装等产业领域的骨干企业，加快企业技术进步，促进产品升级换代，建设全国重要的有色金属产业基地、全国重要的钢铁基地和锰系深加工基地、区域性机械装备生产及出口基地、林浆纸一体化基地、电子信息产业基地；坚持陆海统筹，科学规划海洋经济发展，合理开发利用海洋资源，建设海洋工业基地，积极发展海产品加工、海洋生物制药及海洋化工。

（二）陕西

做大做强能源化工产业，大力发展先进装备制造业，培育壮大战略性新兴产业，改造提升传统产业，调整优化产业结构，将陕西建设成为我国重要的能源化工基地和先进的装备制造业基地。重点建设煤炭示范、现代煤化工综合利用基地；推动交通运输设备制造和机械制造业自主化、成套化、高端化，培育一批具有自主知识产权和名牌产品的龙头企业，建设具有国际竞争力的先进装备制造基地；培育壮大战略性新兴产业，重点发展电子电器制造业；推进食品

产业向多品种、精深加工发展,打造知名品牌。

(三) 云南

做大做强、做优做精特色工业,促进传统产业新型化、新兴产业规模化,力争建设国家重要的石化基地,外向型出口加工基地,战略性资源及原材料接续地。做优做强烟草工业,继续推进烟草品牌战略,深化烟草结构调整,不断提高市场占有率和竞争力,进一步发挥烟草产业对经济增长的重要支撑作用;加快发展食品及副食品深加工业和医药制造业,形成若干有竞争力的产业基地;大力推动有色金属、黑色金属、化工及石化等传统行业向精深加工、延伸产业链方向发展,加快形成一批新兴产业集群。

三、发展缓慢的省(自治区)发展导向

甘肃、贵州、宁夏、青海和新疆的工业基础薄弱,规模较小,发展缓慢。对于这5省(自治区),一方面,要加大基础设施建设投入,加快城镇化建设,提高市场化程度,进一步扩大对外开放,为工业发展创造条件;另一方面,要借助重点经济区和省会城市圈的发展机遇,大力发展省(自治区)的支柱产业,通过支柱产业的市场扩张推动其经济的持续发展。西藏拥有丰富的矿产资源,但鉴于高原的地理气候环境、交通条件和技术开发的可行性,不适合大规模发展工业。

(一) 甘肃

立足资源优势和产业基础,推动产业创新和转型升级,加大力度改造提升传统优势产业,建设重要的资源加工基地和机械制造业基地。充分挖掘现有工业基础,壮大有色金属产品深加工,积极建设全国重要的有色金属冶炼生产基地;促进黑色金属产业规模化、集约化,使甘肃成为西部最大的不锈钢生产基地;围绕国家石化工业基地和石油储备基地建设,大力推进石化产业结构优化升级;依托现有装备制造业基础,以兰州、天水、酒嘉、金昌为重点,加强现有装备制造企业的战略重组,建设成为西部重要的机械制造基地。

(二) 贵州

改造提升传统产业,发展壮大支柱产业,加快把贵州建成国家重要的能源基地、资源深加工基地。积极发展煤炭精深加工,提高煤炭工业总体水平;坚持高标准、

高起点，推动化工产业规模迅速扩大、资源综合利用；加快技术改造，优化产品结构，推进黑色金属、有色金属工业做大做强；立足贵州发展阶段、产业基础和资源优势，继续壮大机械制造、民族医药等支柱产业；发挥"贵烟"和"茅台"的名牌优势，大力实施品牌带动战略，做大烟草、食品及副食品加工业。

（三）宁夏

以优势资源深度开发与转化为重点，做大做强煤电化主导产业，大力培育战略性新型产业，改造提升传统产业，以增量调整存量，不断推进产业结构优化升级。高起点、高水平地把宁东建成国家重要的大型煤炭基地、西电东送火电基地、煤化工产业基地，实现资源优势向经济优势转变；重点发展新能源、装备制造、生物医药等战略性新兴产业，提升产业竞争力；应用高新技术、先进工艺和新装备改造提升化工、有色金属冶金、特色农产品加工等传统产业，促进产业优化升级和产品更新换代。

（四）青海

依托资源优势，打造特色优势产业，全面促进工业结构优化升级，将青海建设成为国家资源综合加工基地。加快水电资源开发，建设太阳能发电基地和风力发电场，积极发展能源工业；大力发展盐湖化工、石油天然气化工、煤化工，建成全国最大的盐湖化工基地、区域性石油天然气化工基地、新型煤化工基地；加强有色金属冶炼及精深加工配套能力建设，建设全国重要的有色金属生产基地；加快推进钢铁产业一体化项目，建设西部新的特钢生产基地。

（五）新疆

充分发挥矿产和农牧产品资源优势，立足现实产业基础，不断优化结构，延伸产业链，加快发展制造业，在新的起点上做大做强特色产业，全面提升竞争力，实现优势产业率先跨越。做大做强石油石化工业，加快发展煤炭、煤电、煤化工产业；积极发展有色金属和非金属矿深加工业，形成一批国家级矿产资源开采和加工基地；重点围绕特色农产品，大力发展高科技含量、高档次、高附加值的农产品精深加工业。

（六）西藏

立足资源条件和产业基础，加快工业化进程。大力发展高原特色农畜产品加工、高原生物和绿色食品业,积极打造重要的高原特色农产品基地,加快发展高原特色农畜产品深加工;有重点地发展优势矿产业,进一步加大优势矿产资源和石油、天然气等能源资源的勘查评价,积极建设重要的战略资源储备基地;加快推进藏药产业化,鼓励高原特色生物医药研发,增强藏药研发能力和创新能力,形成一批具有自主知识产权的藏药新品种,发展藏药集团,建设藏医药产业园区。

参考文献

国家发展和改革委员会. 2012-02-13. 西部大开发"十二五"规划. http://guoqing.china.com.cn/zwxx/2012-02/21/content_24691623_3.htm.

国家发展和改革委员会,国务院西部地区开发领导小组办公室. 2007-01-23. 西部大开发"十一五"规划. http://www.chinawest.gov.cn/web/NewsInfo.asp?NewsId=35013.

国家发展计划委员会,国务院西部地区开发领导小组办公室. 2002-02-25. "十五"西部开发总体规划. http://www.gov.cn/gongbao/content/2003/content_62545.htm.

魏后凯. 2001. 中国区域基础设施与制造业发展差异. 管理世界,(6):72-80.

吴睿. 2008. 西部交通和通讯基础设施发展报告. 见:姚慧琴,任宗哲. 西部蓝皮书:中国西部经济发展报告(2008). 北京:社会科学文献出版社:538-550.

张文忠. 2009. 产业发展和规划的理论与实践. 北京:科学出版社.

张晓平. 2008. 改革开放30年中国工业发展与空间布局变化. 经济地理,(6):897-903.

第五章 西部地区发展优势产业和特色经济的条件和意义

《中华人民共和国国民经济和社会发展第十二个五年规划纲要》指出,坚持把深入实施西部大开发战略放在区域发展总体战略优先位置,给予特殊政策支持。发挥资源优势,实施以市场为导向的优势资源转化战略,在资源富集地区布局一批资源开发及深加工项目,建设国家重要能源、战略资源接续地和产业集聚区,发展特色农业、旅游等优势产业。研究探讨西部地区发展优势产业和特色经济的优势和劣势、机遇与挑战,对于西部地区加快推进产业发展、促进产业结构升级、优化产业空间配置、发展现代产业体系,具有十分重要的意义和作用。

第一节 优　　势

一、资源优势

(一) 矿产资源齐全

西部地区矿产资源种类齐全,储量丰富。目前我国已发现和开发的172种矿产在西部地区均有发现,全国有探明储量的158种矿产中,西部地区达138种,其中能源矿产8种,金属矿产54种,非金属矿产74种,水气矿产2种(表5-1)(曹玉书等,2009)。我国15种国民经济支柱性矿产中,有9种矿产(煤、天然气、铜矿、铅矿、锌矿、钾盐、钠盐、硫铁矿、磷矿)在西部地区具有绝对优势,有4种(水泥石灰质原料、金矿、石油、铀矿)具有比较优势;9种短缺矿产中,西部地区有6种(天然气、铬矿、锰矿、铜矿、铂族金属、钾盐)具有绝对优势,1种(石油)具有比较开发优势,丰富的矿产资源为西部的矿业开发和优势产业和特色经济发展奠定了物质基础。

表 5-1　西部地区矿产资源保有储量占全国比重

占全国比重/%	矿产种类
>80	稀土矿、铬铁矿、钛矿、汞矿、镍矿、铍矿、锶矿、铂族金属、钾盐、石棉、云母、盐矿
60~80	煤炭、天然气、锰矿、钒矿、锌矿、锡矿、锑矿
50~60	铅矿、镁矿、钴矿、磷矿、膨润土、长石
30~50	金矿、铜矿、铝土矿、银矿、钽矿、镓矿、硫铁矿、高岭土

资料来源：根据曹玉书等（2009）整理

西部已建成一大批矿产品生产基地，如西藏的铬铁矿、甘肃金川的铜镍矿、甘肃西和—成县地区铅锌矿、青海锡铁山铅锌矿、云南个旧锡矿、四川攀枝花钒钛磁铁矿、云南和贵州的磷矿及青海的钾盐矿等。目前，西部地区产量占绝对优势的有铬铁矿、镍、钼、汞、钛、铂族金属、锂、磷矿、钾盐、石棉等；具有一定优势的有锰、铅、锌、锡、铝、芒硝、云母矿；处于中等水平的矿种有煤、铜、金、银、重晶石等（李振泉，2006）。

（二）能源资源丰富

能源资源是西部地区的突出优势，石油、天然气、煤炭和水能资源蕴藏丰富，分布广泛，在全国占主导地位，而且石油资源开发潜力较大，是我国重要的资源接替区。

2011年西部地区石油资源基础储量为11.76亿t、天然气基础储量33 796.29亿m^3、煤炭资源基础储量886.69亿t，分别占全国同类储量的36.3%、84.1%和41.1%。其中，煤炭资源主要分布在西北6省、自治区，基础储量达695.75亿t，占西部地区的78.5%。西部地区是多条国内外著名大河的发源地和流经地，水能资源十分丰富，尤其是长江上游、黄河中上游蕴藏着巨大的水能资源。西部地区水能资源理论蕴藏量占全国的85.7%，可开发装机容量占全国的76.9%，而目前开发率只有8%左右（李振泉，2006）。

（三）生物资源多样

西北地区地处干旱和半干旱的高原地区，其气温特别适宜粮食作物、经济作物和牧草生长。西北可利用的草场主要集中在新疆、青海和甘肃；畜牧业资源也为西北农产品加工业的发展提供了资源基础。例如，新疆已成为全国最大的棉花生产基地；宁夏的银川平原和甘肃的河西走廊是西北地区重要的商品粮生产基地。

西南地区地形复杂，有平原、高原、盆地和山地。气候多样，从北到南跨越暖温带、亚热带和热带，山地气候垂直变化非常显著，不仅有亚热带、温带、寒温带的植被和植物种类,而且还有我国珍稀的热带雨林和季雨林的珍稀品种,如珍稀植物有水杉、银杉、银杏、珙桐、水松、连香树等。由于自然资源较为丰富,动物资源有赖以生存和繁衍的场所,动物资源的种类及数量都很丰富。西南地区的国家一类、二类保护动物有大熊猫、金丝猴、亚洲象、白眉长臂猿、华南虎、金钱豹、绿孔雀等100多种,这些资源对于改善生态环境具有重要意义。

(四) 旅游资源独特

中国是世界上当之无愧的旅游资源大国,而西部又是中国旅游资源的宝库。西部有高原、山脉和盆地及资源原生多样的自然景观,也有民族多元、历史文化多元、遗留习俗多元的人文景观。

从自然旅游资源看,在全国四大区域中西部是自然旅游资源规模宏大、数量较多、种类齐全、品位较高的区域。其中许多景区、景点在国内外享有较高的知名度,如长江三峡、"世界屋脊"青藏高原、九寨沟、雅砻江、三江并流、大理苍山洱海、西双版纳、华山、黄果树瀑布、路南石林、喀纳斯、鸣沙山—月牙泉等,一直都是国内外游客向往的游览胜地。从人文旅游资源看,西部地区有国家历史文化名城37座,占全国的32.5%;国家级重点文物保护单位86个,占全国的47.8%(赵兵,2005)。例如,敦煌莫高窟、兵马俑、布达拉宫、都江堰、大足石刻、大理三塔、丽江古城等蜚声海内外。同时,中国又是一个民族众多的国家,大多数少数民族分布于西部地区。众多的少数民族聚居而形成的民俗民居、民族歌舞、民族服饰及民族文化等,又孕育了西部特有的民族风情。

二、要素成本优势

西部地区要素成本的优势,为企业降低成本创造了一定条件。

首先,西部地区劳动力成本较低。其主要表现在与东部相比,职工平均工资差异明显(图5-1)。2011年西部地区城镇单位就业人员平均工资为38 586元,比全国平均水平低3213元、东部地区低10 434元,分别相当于全国的92.3%、东部的78.7%。

其次,土地使用价格远低于东部。以工业用地出让价格为例,2007年1月1日开始实施的《国家工业用地出让最低价格标准》规定,对应于全国划分的15个土地等别,最低价标准从最高的一等840元/m² 递减至最低的十五等60元/m²。前者所涉及县级单元全部属于东部地区,后者涉及县级单元共有522个,

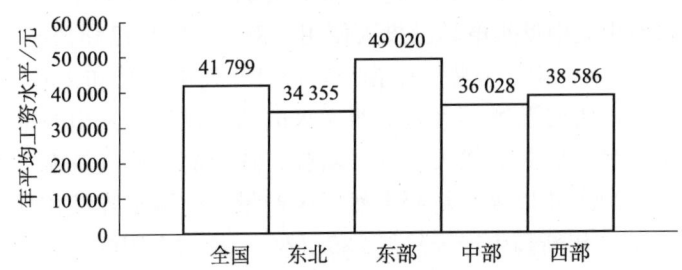

图 5-1 2011 年全国四大区域城镇单位就业人员年平均工资水平比较

注：年平均工资水平为各省（自治区、直辖市）的算术平均数

资料来源：根据《中国统计年鉴（2012）》整理

其中西部地区所占比重达到 81.2%。充分体现了我国东、中、西部地区土地利用的差异情况。

三、科技优势

西部部分地区的研发人员丰裕、科研院所、高等院校较多。例如，2008 年西安市有 48 所公办高等院校、科研院所 94 个，专业技术人员 43.7 万人，科技活动人员 9.2 万人（西安市科学技术局，2009）。2008 年年底四川省国有企事业单位有专业技术人员 101.4 万人。这些都为西部发展科技产业提供良好的智力支持。

经过几十年的建设，西部主要中心城市已基本形成了各具特色并代表国内先进水平，甚至是国际先进水平的科研、生产及成果转化中心，如中国工程物理研究院、中国空气动力研究发展中心、中国燃气涡轮研究所、陕飞、西飞、成飞、贵航集团等。

四、产业优势

经过新中国成立后多年的建设，西部各地区目前已形成一批各具特色有相当竞争力的产业。这些产业主要包括能源工业、装备制造业、高新技术产业、军事工业、特色农产品及其加工业、旅游业 6 类。

（一）能源工业

①煤炭。西北地区年产超千万吨的煤炭基地主要有陕西黄陵和内蒙古鄂尔多斯两大煤炭基地，年产超百万吨的重点统配矿区有乌鲁木齐、哈密、靖远、

窑街四大生产基地。②水电。西南地区水能资源丰富,地形条件较好,适宜发展水能发电,不少大中型水电站已投入使用。例如,四川已建成装机容量50万 kW以上的水电站有二滩、龚嘴、铜街子,设计年发电量总和236.3亿kW·h,居全国首位;云南建成漫湾、大朝山两大水电站,设计年发电量总和122.3亿 kW·h,在全国名列前茅。③天然气。新疆、陕西的天然气资源丰富,其储量居我国前两位。2005年以来,新疆天然气生产量和外输量连续位居我国各省级行政区第一;2011年新疆生产天然气235.3亿m^3,占全国的22.9%。④石油工业。西北地区石油工业的发展历史在国内最久,已形成从原油开采、输送到提炼加工的完整体系。2011年陕西年产原油3225.4万t,占全国的15.9%,仅次于黑龙江居全国第二位。炼油工业也比较发达,主要有兰州、独山子、乌鲁木齐3个大型炼油厂(李振泉,2006)。

(二)装备制造业

在"一五"、"二五"和"三线"建设时期,西部地区作为我国经济发展战略计划中一个重要的工业基地,借助国家在资金、技术、人力等方面的大力支持,制造业迅速崛起,形成了军工制造、机器制造、航天航空、纺织、化工等一批在全国有影响的产业,并迅速成为全国具有雄厚实力的制造业基地(姚慧琴,2004)。以陕西和甘肃两省为例,在飞机、汽车、高压输变电设备、机床等装备制造业领域的发展取得明显成效。机械装备产业承担着全国电力建设1/3的高压输变电设备制造;具有技术先进的重型汽车变速器和驱动桥等关键零部件及总装生产能力;工程机械在推土机、液压挖掘机等方面具有较强的研制能力和竞争优势;西安阎良国家航空产业基地拥有全国唯一的飞机设计研究、生产制造、试飞鉴定、教学为一体的航空产业体系,拥有全国航空工业1/3的人员和1/2的总资产,科研生产能力强,产业配套齐全,综合实力在国内航空工业中优势明显。

(三)高新技术产业

西部地区高新技术产业依靠自身优势,其发展已初见成效。陕西主要围绕集约化农业技术、电子信息技术、新材料技术、光机电一体化及先进制造技术、生物医药技术发展;四川已建成电子信息、特种钢、钡钛新材料、中药现代化的产业基地;重庆以发展电子信息、汽车摩托车新型配套产品、生物生化制品、医疗器械产业为主;内蒙古的稀土新材料产业集聚效应明显。

西部共有13个国家级高新技术产业开发区,它们基础设施良好、软硬件环境建设基本完善,信息流通顺畅,高科技人才往来频繁,科技创新成效显著,产—学—

研结合较好，已经形成一批龙头企业和大企业集团，具有竞争力和市场潜力的企业不断成长，经济和社会效益显著。以西安高新区为例，区内有西安交通大学科技产业园、西北工业大学科技产业园、西安电子科技大学科技产业园、国家级软件园、国家级留学人员创业园、光电子产业园、IC设计孵化器、光电子孵化器、生物医药孵化器、新材料园等十几个国家级产业发展及科技创新基地。

2008年西部13个高新区共实现营业收入9413.3亿元；实现工业总产值7734.5亿元；实现工业增加值2202.2亿元；净利润466.9亿元，上缴税额507.7亿元；出口创汇123.4亿美元。分别占全国54个高新区总量的14.3%、14.7%、20.6%、14.1%、19.2%、14.49%、7.1%（科技部火炬高技术产业开发中心，2009）。

（四）军事工业

西部地区国防科技工业规模庞大、行业优势明显，已形成横跨航天、航空、兵器、电子、船舶、核工业和众多学科，厂、所、院、校相配套的国防科研、试验、生产体系。仅陕西省国防科技职工总数约占全国军工从业人员总数的12.7%，专业技术人员占全国军工系统专业技术人员总数17.3%。目前，陕西国防工业从业人员占装备制造业的48.1%，占全省规模以上工业企业从业人员的13%。军工资源居全国之首，军工技术覆盖航天、航空、兵器、电子、核、船舶六大行业和众多学科，在高技术领域具有较强的跟踪研究和自主开发能力，已形成以核工业、电子通信、航空、航天、兵器、船舶为主体的军事工业基地。[①]

（五）特色农业及其加工业

我国西部地区地域辽阔，光、热、水、土资源丰富，物种资源多样，具有发展特色农业的优势和潜力，是绿色农业、畜牧业和旱地农业发展的理想区域。经过多年的发展，西部地区特色农业已有一定的基础，并表现出一定优势。

例如，陕西主要发展绿色农畜果产品和渭北果业基地，以提升苹果及其加工业、开拓西安市场为重点，内引外联建立了绿色食品营销网络；新疆是中国最大的红花产区，红花种植面积占全国总面积的一半以上，产量达到全国总产量的80%；新疆也是我国五大枸杞产区之一，年产枸杞5000t，占全国总产量和出口量的50%以上。2005年以来，新疆的棉花种植面积稳定在100万hm^2左右，形成4000万担以上棉花生产能力、3000万担左右的调出量、500万锭以上棉花生产加工能力。新疆果品面积

---

① 陕西国防科技工业发展现状及趋势研究．http：//www.sn.stats.gov.cn/news/tjxx/20076685803.htm. 2013—08—10.

占耕地总面积不到10.0%,产值占农业总产值的比重接近20%。林果业发达的吐鲁番地区,葡萄种植面积占耕地总面积的31.34%,产值却占农业总产值的58.5%,成为产业结构调整的首选产业(潘耀国,2005)。

(六)旅游业

旅游业在拉动经济增长、扩大内需、提高人民生活水平方面发挥重要作用。西部各省区政府及相关部门非常重视旅游业的发展,特别是近年来旅游市场的发展迅速扩大。西部12省(自治区、直辖市)旅游业保持了持续高速增长的态势,年均增长速度超过了同期全国平均增长速度。旅游业发展水平相对比较靠前的云南、陕西、四川、广西等省级行政区仍然在不断加快旅游业发展速度,而原来旅游业发展相对滞后的贵州、内蒙古、青海、宁夏等省级行政区旅游业更是取得了突破性的进展(李树民等,2009)。2000~2011年,西部12省(自治区、直辖市)入境旅游人数增长了2.32倍;旅游外汇增长了3.37倍(表5-2)。从西部各省(自治区、直辖市)旅游收入占当地GDP比例来看,贵州最高达到19.6%;所占比例超过10%的还有西藏、云南、四川、重庆,表明这些省(自治区、直辖市)旅游业发展为重要的支柱产业。

表5-2 西部地区旅游业发展情况

年份	入境旅游人数/万人次	国际旅游外汇收入/亿美元	旅游总收入/亿元
2000	490.65	15.95	1144.03
2005	755.71	25.82	2824
2006	900.87	37.60	3606
2007	1109.48	40.03	4524.2
2008	984.17	37.64	5279
2009	1062.24	43.29	—
2010	1290.75	56.61	—
2011	1628.70	69.69	—

资料来源:整理自《中国统计年鉴(2011)》;国家统计局. 中国统计摘要(2012). 北京:中国统计出版社,2012;李树民等(2011)

第二节 劣 势

一、交通和区位因素

西部地区大多数地方距离国内主要消费区达2000~4000km,运输距离长一方面使部分资源和资源型产品丧失了区外市场,如部分地区的煤炭、石油、盐等资源(陆大道等,2001)。一些重要资源的开发条件恶劣,勘探、开发、冶炼的代价巨大,提高了西部低附加值产品特别是资源密集型产品的运输成本,削弱了西部产品的竞争力。另一方面对西部的招商引资也会产生不利影响。此外,对外通道不发达限制了西部物资的外运,许多矿区只能以运定产,使资源优势大打折扣。对内对外的运输距离太长,使市场在西部资源配置中无法发挥其积极的作用。

二、环境问题突出

西部地区的环境承载能力原本就十分脆弱。全国三大自然区中的两个,即西北干旱区和青藏高寒区占据西部地区的主体部分。西北地区大部分在干旱、半干旱区内,面积 220 万 km^2 的青藏高原平均海拔 4000m 以上,气候高寒;云贵高原地区地形崎岖;黄土高原和云贵高原水土流失严重,土层薄。全国的荒漠化面积主要集中在西北地区,仅西北五省(自治区)和内蒙古的荒漠化面积就达 212.8 万 km^2(陆大道等,2001)。加之粗放型的高速经济增长所付出的环境代价又过于高昂。目前,西部地区的环境质量仍然处于"局部改善、整体恶化"的状态(陈讯等,2009)。

首先,西部地区的资源开采缺乏规范开采程序,导致滥挖滥采等现象发生,甚至一些大型国有企业在西部地区的资源开采过程中也存在着采厚弃薄、采富弃贫等现象,矿产资源开发后的塌陷区缺乏治理,矿产开发中带来的道路、房屋、农田损坏和水污染问题没有得到迅速治理与合理补偿。

其次,西部地区经济发展中对资源与能源的利用效率较低。2005~2010 年,西部单位 GDP 能耗居全国四大区域首位。2010 年西部地区每万元 GDP[①] 能耗为 1.82t 标准煤,分别比全国、东部、中部、东北高出 0.53t、0.98t、0.57t、0.60t 标准煤。

最后,西部地区的环境污染问题比较严重。其单位工业增加值所排放的固体废弃物与废水量远高于其他地区。2010 年西部地区每万元工业增加值排放的固体废弃物为 2.14t,分别比全国、东部、中部、东北高出 0.90t、1.36t、0.62t 和 0.57t。同年单位工业增加值废水排放量为 14.74 万 t/亿元,分别比全国、东部、中部、东北高出 2.46 万 t、3.15 万 t、1.16 万 t、6.13 万 t。

三、基础设施薄弱

我国经济发达地区的成功经验证明,产业带的开发需要建立发达的基础设

---

① GDP 为 2005 年价格数据。

施支撑系统，其中包括交通、能源、通信、金融和贸易流通体系等，而重要产业带的形成更需要有强大的交通运输体系作为基础条件（许庆斌，1995）。经济越发展，运输需求越多样化，越需要各种运输方式去满足多种需要，因此网络化的基础设施是经济腾飞的关键。国家实施西部大开发战略以来，西部交通状况得到了很大的改善，但与东部相比存在很大差距。2011 年西部铁路营业里程为 36 307km，平均密度为 52.9km/万 km^2，相当于东部的 22.3%；公路里程为 162.28 万 km，平均密度为 2363.2km/万 km^2，相当于东部的 21.5%；高速公路里程为 25 310km，平均密度为 36.9km/万 km^2，相当于东部的 12.1%，占西部公路的 1.6%，占全国高速公路的 29.8%。

四、人口科学文化素质较低

进入 21 世纪以来，我国西部人口科学文化素质整体上有了较大发展，但和东部、中西部相比还依然比较低。加之市场配置资源会使各种要素流向使用效率高的地方，人才流失问题依然严重。

从大专及以上学历人口占当地 14 岁以上人口比重看，2010 年西部为 9.81%，分别比全国、东部、东北低 0.90 个百分点、5.43 个百分点、1.87 个百分点；从未上过学人口占当地 14 岁以上人口比重看，2010 年西部地区为 13.76%，分别比全国、东部、中部、东北高 6.32 个百分点、8.85 个百分点、4.98 个百分点和 12.36 个百分点。

西部地区人才流失具有流出范围广、数量多、层次高、关键技术岗位多及年富力强等特点。以内蒙古为例，目前人才引进与流失比在 1∶10 以上。1980～2000 年，自治区外流各类专业技术人才 3 万人，大部分是技术骨干和高级人才；2003 年，高层次人才走了 239 人，其中拥有正高级职称者 32 人，引进的高层次人才为 101 人，其中拥有正高级职称者只有 6 人；2000～2002 年，在自治区外就读的大学生共 1.8 万人，但是回内蒙古工作的只有 10%（吴燕云，2006）。

五、中小企业融资困难

（一）自身积累不足，内源融资能力有限

西部中小企业特别是小企业在对内融资渠道的选择上，主要依靠企业主的出资和企业内部积累来滚动发展。主要由以下原因导致内源融资能力有限：一

方面由于受资产规模小、自我积累能力弱,财务信息不透明、经营上的不稳定性大、承受外部经济冲击能力弱等因素制约;另一方面是折旧率过低,无法满足企业设备更新和技术改造。因此,仅仅依靠自身的资金积累很难维系企业经营规模扩大。

(二) 外源融资渠道狭隘

外源融资可以通过银行信贷资金、各级政府财政资金、资本市场资金、典当融资、吸收国外投资及民间资金等多种直接或间接渠道。以陕西省为例,中小企业融资空间极其有限,利用股票、债券等资本市场手段来筹措资金的机会很少。债务性融资仍为最主要的外源融资途径,大部分企业可得的融资量有限,特别是中小企业。2006年陕西省中小企业向银行或信用社融资的比例为39%,民间借贷和私募股权融资占40%,25%来自创业投资,资本市场融资占1%。从融资量上来看,企业在银行融资最多的融资额为1000万元,最少的企业融资额为5万元,平均融资额度为107.9万元。无法满足中小企业发展所需的大量资金缺口(贺银娟,2007)。

第三节 机 遇

一、西部大开发战略的深入推进

2000年11月,国务院正式发布了《关于实施西部大开发若干政策措施的通知》,标志着西部大开发的重要战略部署全面展开。《中华人民共和国国民经济和社会发展第十一个五年规划纲要》指出:"坚持实施推进西部大开发,健全区域协调互动机制,形成合理的区域发展格局。"(国家发展和改革委员会,2006)中共中央、国务院《关于深入实施西部大开发战略的若干意见》指出:"西部大开发在我国区域协调发展总体战略中具有优先地位,在构建社会主义和谐社会中具有基础地位,在可持续发展中具有特殊地位。深入实施西部大开发战略,是应对国际金融危机冲击,保持我国经济平稳较快发展的重要举措;是有效扩大国内需求,拓展我国发展空间的客观需要;是构建国家生态安全屏障,实现可持续发展的重大任务;是不断改善民生,增进民族团结和维护社会稳定的重要保障;是缩小地区发展差距,实现全面建设小康社会奋斗目标的必然要求。"(中共中央和国务院,2010)《中华人民共和国国民经济和社会发展第十二个五年规划纲要》指出:"坚持把深入实施西部大开发战略放在区域发展总体战略优先位置,给予特殊政策支持。"(国家发展和改革委员会,2011)

二、主体功能区建设的推进

"十二五"时期,国家大力实施主体功能区战略,按照全国经济合理布局的要求,规范开发秩序,控制开发强度,形成高效、协调、可持续的国土空间开发格局。国家层面的限制开发区域(重点生态功能区)和禁止开发区域主要分布在西部地区。

按照《全国主体功能区规划》,国家将实施特殊政策以促进限制开发区域和禁止开发区域的发展:一是财政政策,中央财政继续完善激励约束机制,加大奖补力度,引导并帮助地方建立基层政府基本财力保障制度,增强限制开发区域基层政府实施公共管理、提供基本公共服务和落实各项民生政策的能力;二是投资政策,按主体功能区安排的投资,主要用于支持国家重点生态功能区和农产品主产区特别是中西部国家重点生态功能区和农产品主产区的发展,包括生态修复和环境保护、农业综合生产能力建设、公共服务设施建设、生态移民、促进就业、基础设施建设及支持适宜产业发展等;三是民族政策,限制开发和禁止开发区域要着力解决少数民族聚居区经济社会发展中的突出民生问题和特殊困难。优先安排与少数民族聚居区群众生产生活密切相关的农业、教育、文化、卫生、饮水、电力、交通、贸易集市、民房改造、扶贫开发等项目,积极推进少数民族地区农村劳动力转移就业,鼓励并支持发展非公有制经济,最大限度地为当地少数民族群众提供更多就业机会,扩大少数民族群众收入来源。这有利于西部地区加强生态修复和环境保护,实现其公共服务均等化。

三、市场机制的逐步完善

改革开放特别是西部大开发以来,我国西部地区的市场机制逐步完善并不断发挥作用。具体表现为商品市场、资本市场、劳动力市场、旅游市场、房地产市场、技术信息市场快速发展,价格机制和社会保障体系不断完善。根据樊纲等(2007,2010,2012)的测算结果,2001~2009年西部地区市场化进程由3.31提高到5.96。

四、东部产业向中西部地区转移步伐加快

改革开放30多年来,东部地区率先发展,国际竞争力明显提高。东部产业

向中西部地区转移步伐加快。与此同时，产生了资源枯竭、环境污染加剧、低端产品需求饱和等诸多问题，亟需改善产业结构，逐步提高产品的技术水平。西部地区经济发展水平与东部相比还有不小的差距，2011年西部人均GDP仅相当于东部的52.0%，但是西部地区也有自身优势，如广阔的土地、丰富的矿产资源、廉价的劳动力、潜力巨大的消费市场。由于东西部经济发展存在着很强的梯度差且经济互补性也很强，东部与西部的经济合作不断加强。

由于受经济危机、融资困难、出口锐减等诸多因素影响，2008年上半年全国共有6.7万家规模以下的中小企业停产倒闭。其中受经济危机影响最大的主要是对外依存度较强的东部发达地区，短期内对于内陆特别是西部地区冲击不是很大。从战略性调整来看，很多企业有逐步向西部地区转移的可能性。国务院发展研究中心中国企业家调查系统发布的关于"企业有投资意向的地区"调查显示，选择中部地区的占25.9%，选择西部地区的占35.2%，这表明在金融危机进一步蔓延的背景下，企业投资有向中西部转移逐步加快的趋势（中国民族报综合报道，2008）。

东西合作领域由最初的以农业、能源、重工业等资源依赖及劳动力依赖型产业合作为主，逐渐扩散到高新技术领域和利用西部优势资源建立特色产业方面，东部向西部进行产业转移的形式主要有政府间对口帮扶、举办贸易洽谈会、企业间的合作及共建产业园等方式。

五、三大重点经济区的带动作用逐步显现

根据《西部大开发"十一五"规划》，西部地区有成渝、关中—天水、广西北部湾三大重点经济区。在这些重点经济区的辐射带动下，西部地区经济社会快速发展，GDP年均增长速度明显加快，这三大经济区的辐射带动功能初步显现。

2007年成渝经济区正式启动，以汽车、摩托车、天然气化工、装备制造业、电子工业、航空、矿电一体化等为产业重点，引导区域内的各种要素向成渝两地集中，形成经济增长的极化效应。2010年，该经济区GDP22 720.23亿元，占西部的27.9%。关中—天水经济区向北辐射可带动陕北延安、榆林等地区发展，向西北辐射可带动陇东平凉、庆阳等地区发展；向南辐射可带动陕南汉中、安康和甘肃陇南等地区发展。2011年，该经济区GDP8305亿元，占西部的8.3%。广西北部湾经济区是我国西部唯一的沿海、沿边地区，既是西南地区最便捷的出海大通道，又是促进中国—东盟全面合作的重要桥梁和基地。2011年，该经济区GDP3770亿元，占西部的3.4%。

目前这三大经济区是我国西部经济增长前景最被看好的地区，成为外资企

业和东部企业投资贸易、产业转移的主要落脚点。2005年以来，东部到西部地区投资的企业新增10多万家，投资额超过7000亿元，这些投资主要集中在这三大经济区（储国强和毛海峰，2008）。

六、具备旅游业发展的资源基础

国际经验表明，当一个国家或者地区人均GDP超过3000美元之后，城镇化、工业化的进程会加快，居民的消费类型、消费行为也会发生重大的转变。人们对消费的品质和种类提出了越来越高的诉求，旅游消费已逐步成为人民生活的重要需求（刘先云，2009）。根据当年平均汇率，2012年我国人均GDP已达到6093美元，经济社会正步入发展新阶段。

旅游业具有资源消耗低、带动系数大、就业机会多等特点，对住宿、交通、民航、铁路、文化娱乐、餐饮和商品零售等多个产业都具有十分明显的拉动作用。西部旅游业发展的资源优势非常明显，正是因为旅游业在发展经济、提升人们生活水平方面所具备的先天的产业优势，西部地区不少省（自治区、直辖市）都充分发挥资源优势，接待来自国内外各个地区的游客，将旅游业作为主导产业来发展，其在国民经济中所占据的位置中越来越重要（李德水，2009）。

第四节 挑　　战

一、主体功能区建设的复杂性

推进形成主体功能区是一项长期的艰巨任务，也是一项复杂的系统工程。对限制和禁止开发区，要加大中央财政转移支付的力度，并切实改善绩效考核办法，使这些地区最终实现"不开发的发展"、"不开发的富裕"。对这些地区来说，如果仅仅强调基本公共服务的均等化将是远远不够的。因为它们以"不开发"为代价，为全国的生态环境建设做出了巨大贡献，而基本公共服务是全国居民都应该享受的（魏后凯，2007）。

在一段时间内，主体功能区建设会给西部大开发和落后地区的发展带来一定的约束。对于一些禁止开发区和限制开发区，若政府财政支持力度较小，或者转移支付没有及时落实到位，会使这些地区的GDP增长速度减缓，财政收入减少；从西部限制和禁止开发区转移出来的劳动力，依靠西部的重点开发区来吸纳的可能性不大，该群体所得到的劳动报酬减少，进而影响该地区的消费水平。对于这些地区来说，在一定时期内发展难度加大。

二、区域协调发展政策对西部开发有所淡化

从西部大开发，到东北振兴、中部崛起，我国逐渐形成了完整的区域协调发展政策体系。2000~2011年，国家陆续出台了近百项区域规划或发展意见，但重点是使东部地区全面提升区域产业结构和总体竞争力，通过更为严格的土地政策和产业政策促使产业结构加快升级；西部地区的着力点是稳步提升自我发展能力，逐步加强基础设施、生态环境、公共服务和人才队伍建设力度，积极培育优势产业和特色经济发展。从人均GDP看，西部与东部的绝对差距仍在持续扩大（表5-3），2012年两者差距是2000年的3.70倍。表明西部大开发以来实施的各种政策效应尚未充分发挥作用，还需要国家加大扶持力度，充分调动内外因素实现其经济增长。

表5-3　2000~2012年西部与东部人均GDP差距

年份	东部地区/元	西部地区/元	相对差距*	绝对差距/元
2000	11 729	4 602	2.55	7 127
2001	12 889	5 007	2.57	7 882
2002	14 271	5 473	2.61	8 798
2003	16 501	6 217	2.65	10 284
2004	19 637	7 430	2.64	12 207
2005	23 699	9 336	2.54	14 363
2006	27 415	10 932	2.51	16 483
2007	31 814	13 074	2.43	18 740
2008	37 023	15 850	2.34	21 174
2009	40 800	18 286	2.23	22 514
2010	46 354	22 476	2.06	23 878
2011	53 350	27 731	1.92	25 619
2012	57 722	31 357	1.84	26 365

资源来源：根据《中国统计年鉴》(2001~2013)整理

*西部为1

三、区域科技创新体系不够完善

科技创新是进一步深入推进西部大开发的迫切需要。与东部发达地区相比，西部科技创新水平较低，区域科技创新体系不够完善。

(一)科研经费支出明显不足

大量的科研经费支出是进行科技创新的重要条件之一,只有投入足够的科研经费,才能吸引更多的科技人员,加快科技成果的转化,提高科技进步对经济增长的贡献率。2000~2008年,西部地区全社会R&D经费支出占GDP比重处于较低位置,特别是2008年全社会R&D经费支出为540.83亿元,占地方GDP的比重为四大区域中最低。从比重变动看,西部地区基本呈现不断提高趋势,但增长速度明显慢于东部与中部(图5-2)。

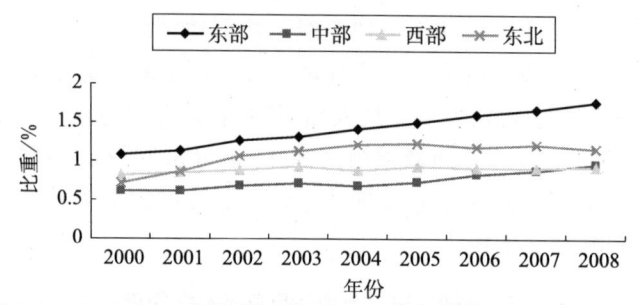

图5-2 2000~2008年四大区域全社会R&D经费支出占GDP比重
资源来源:根据科技部网站资料整理

(二)企业研发人员数量偏少

企业是科技创新的重要载体之一,其内部研发人员数量的多少,体现了该企业对科技创新重视程度。从全国各省(自治区、直辖市)每10万人拥有大中型工业企业R&D人员全时当量数来看,2011年居前8位的均为东部省(直辖市),居后10位的省(自治区)里有8个为西部省(自治区)(图5-3)。西部每10万人拥有大中型工业企业R&D人员全时当量数最多的是重庆市,居全国第13位。

(三)科技创新体系各要素之间的互动机制尚未建立

在一个完善的区域创新系统中,每一个要素都有其特定的功能,并与其他要素具有协同效应。但西部欠发达区域的市场机制对创新资源的配置作用未有效发挥,导致创新资源分散,系统要素运行效率低下。大学、科研院所与企业之间尚未建立长期、稳定和紧密的合作和联系,系统要素之间的知识和技术的流动渠道不畅通,创新对经济增长的贡献不大,科技成果转化率不高,产业化程度低下,有限的创新资源被大量浪费。政府各部门间面向创新系统的工作缺

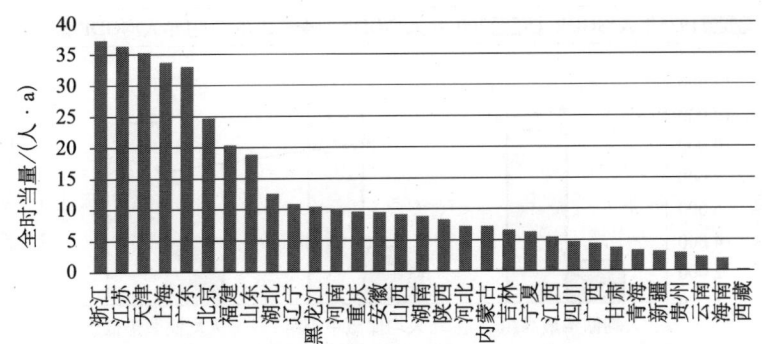

图 5-3 2011 年各省（自治区、直辖市）每 10 万人拥有大中型工业企业 R&D 人员全时当量
资料来源：根据《中国统计年鉴（2012）》整理

乏应有的协调，政府对创新的激励作用尚未有效发挥（金涛，2009）。

四、自然资源在区域经济发展中作用有所下降

虽然矿产资源在经济增长中有着举足轻重的作用，但是一个国家最重要的财富已经不再是其天赋的自然资源，而是其良性的制度机制，是其有利于金融创新与市场交易的制度环境（陈志武，2008）。

以各国的人均石油与天然气储量价值之和[①]来表达一国自然资源的高低。把 1975～2001 年数据齐全的 45 个国家分成三等份组：人均储藏最高组、中等组与最低组，计算出每组国家 1975 年的人均 GDP，人均石油和天然气储量最多的国家的人均 GDP 也最高。如果把没有石油和天然气的 39 个国家也包括进来，那么到 1975 年，人均石油、天然气储藏与人均 GDP 之间的相关性仍高达 42%；而到 2001 年二者的相关性只有 6%。在统计意义上，这二者之间已经没有严格的相关性了。1975～2001 年，人均 GDP 增长率最高的国家也是石油和天然气储藏最少的国家（图 5-4）。

自然资源在区域经济发展中地位下降的原因主要有两种解释（陈志武，2008）：一是运输技术与能力的进步使自然资源的运输费用大为降低，其结果是虽然一个国家缺乏自然资源，但只要它有好的加工与制造技术、好的制度机制，那么它可以从资源丰富的国家运来所需的原料，加工制造后再把产品出口到国际市场；二是技术革新总能创造自然资源与材料的替代物，使任何贵重值钱的自然资源最终被便宜的人造物替代而贬值。

---

① 计算方法是：石油总储量乘以石油价格，加上天然气总储量乘以天然气价格，再将总和除以该国的人口。

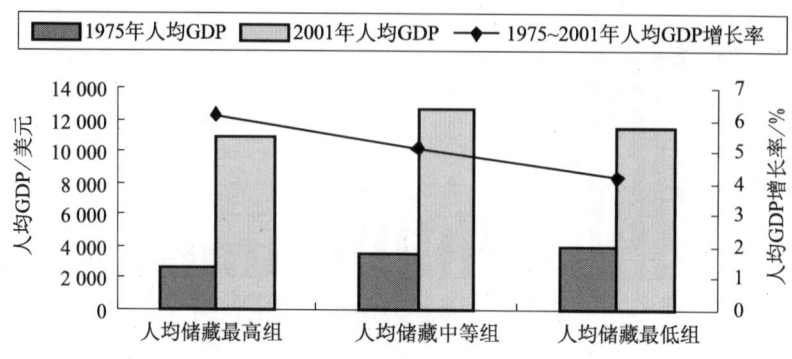

图 5-4　人均 GDP 与人均石油、天然气储藏量的关系
资料来源：根据陈志武（2008）整理

第五节　加快西部优势产业和特色经济发展的重要意义

加快西部地区经济发展，必须走新型工业化和新型城市化的道路。在当前市场竞争日趋激烈而新的科学发展观又提高了工业发展门槛的条件下，西部地区要加快新型工业化，关键是大力发展优势产业和特色经济。加快优势产业和特色经济的发展，对于进一步深入推进西部大开发具有十分重要的意义。

一、有利于为西部大开发提供产业支撑

由于西部的工业化进程尚未完成，且西部的总体经济发展水平同东部相比尚有相当大的差距，这就决定了我国西部经济的增长主要依靠进一步实现工业化和发展第三产业来实现，通过积累西部地区的物质基础，来提高西部的竞争实力。以优势产业和特色经济为主要组成部分的西部工业，是西部经济增长最直接的动力。2000～2011 年，西部地区工业增加值由 5357.6 亿元增加到 43 116.8 亿元，占西部 GDP 比重由 31.4% 上升到 43.0%。没有工业的发展作为坚实的基础，西部的经济不可能有较快的发展。发展优势产业和特色经济是提高西部经济在全国地位的重要支撑手段。

许多国家或地区的经济之所以飞速发展，其原因就是能充分利用本国或本地区的现有优势要素，寻求能够促进本国或本地区经济增长的经济结构和产业发展模式，如苏州的电子信息产品，昆山的电脑资讯产品，温州的鞋、打火机，等等。因此，西部地区应按照自身的要素禀赋特征和比较优势进行专业化分工，立足于发展特色经济和优势产业，并根据这些优势不断调整产业和产品结构。

只有这样才能缩小与东部地区间差距。

二、有利于西部产业集群发展

受区位交通条件、历史基础、思想观念、企业家队伍和要素市场条件、产业配套能力等因素影响,中西部地区尤其是西部产业集群处于成熟期的较少,大都处于发展形态和培育期,产业集群正处于孕育成长阶段。目前在我国西部地区有一些初步具备产业链成长特征的集群模式雏形:重庆汽车、摩托车集群已具有一定规模和实力;成都—重庆—贵阳制药业走廊初步形成;四川泸州、贵州仁怀等地已形成具有一定研究开发实力的小酒厂聚集等。但总体上西部地区产业集群发展滞后:首先,产业规模小,集中度低,不具备产业集群所特有的规模经济;其次,专业化程度低,生产技术落后,产品种类少,层次低,而且绝大多数企业技术开发能力和创新能力薄弱,缺乏技术创新的资金和优秀人才;再次,产业集群的发展存在产业链缺损,产业组织结构不合理,没有形成产业自身发展的内在机制,产业结构落后;最后,缺乏适宜的产业集群形成的制度环境(牟新云和徐承红,2006)。发展优势产业和特色经济必将促进若干各具特色的经济带和产业链形成,带动产业集群发展。

三、有利于产业结构的优化和升级

集中力量发展优势产业和特色经济,将有利于充分发挥西部资源优势,延长产业链,形成有机的产业链经济。例如,充分利用西部丰富的有色金属和稀土资源,大力发展新材料产业,逐步形成采掘、冶炼加工、新材料和金属制品等产业链;利用丰富的煤炭资源,大力发展煤炭资源的精深加工,走煤、电、化、材等一体化的道路。此外,在西部地区集中力量发展一批特色优势制造业,既顺应了西部的实际情况和发展趋势,还可以形成较长的产业链及大、中、小企业相互配合的专业化合理分工体系,逐步消除西部历史上形成的典型二元结构。因此,通过优势产业和特色经济的不断壮大,可以调整和优化西部产业结构,促进西部产业升级,提高西部工业生产率和竞争力。

发展特色优势经济是西部转变粗放型发展方式,实现产业结构战略性调整的支撑点。发展特色经济的过程中会尽最大可能利用先进技术,以提高资源的利用效率和资源产品的附加值,注重产业结构、产品结构的优化和升级。更重要的是借助市场的力量推动资源的优化配置,通过市场的选择机制对产品不断地进行择优汰劣,推动产业结构升级。同时要用科技的创新力量带动升级性调整,最终促进经济增长从粗放式向集约式转变。

四、有利于提高区域竞争力

发展特色经济可以通过构建有效发挥比较优势且有特色的区域经济体系，形成横向区位比较或在全国同类产品中占据一定优势的经济。其根本路径在于集中力量开发和培育特色产品，把它做大做强，形成特色产业和产业集群，最终提高该地区的区域竞争力。

同时，发展特色经济能够更好地满足人民日益提高的差异性、多样性的物质和文化需求。特色经济能够迅速地适应国内外市场需求的差异性和多样性。鉴于其在资源和技术等方面的特有优势条件，可以提供相应的富有差异性和多样性的产品，及时满足国内外市场需求，为市场生产适销对路的产品。从差别优势出发形成自然垄断，最终获取较丰厚的利益。在某些产品或行业方面，特色经济具有其他品牌所不可替代性的优越性，即具有一定的品牌效应和品牌意识。例如，内蒙古自治区依靠发展特色农牧业，从而实施品牌战略，在全国乳业占有较大份额，对区域经济产生明显的拉动作用。伊利集团、蒙牛集团等依托丰富的奶源，打造"乳业帝国"。2008年，伊利集团完成主营业务收入215.38亿元，较2007年增长12.1%；蒙牛集团主营业务收入238.7亿元，比2007年提高11.9%。

五、有利于推进城乡、区域统筹协调发展

在全国四大区域中，西部地区城乡收入差距最大，2011年两者比值高达3.46∶1。目前，我国经济发展极不平衡，东西差距、城乡差距逐步拉大，全面建设小康社会的重点和难点均在农村，西部地区又是"三农问题"集中体现的地区，由此引发的经济社会矛盾日益突出。特色经济的发展直接针对农民增收、农业效益提高和广大农村经济社会面貌的改变。充分发展特色经济，也有利于西部"三农问题"的解决。充分发挥比较优势，把比较优势转化为竞争优势，把资源优势转化为发展优势，大力发展特色经济，并使特色经济产业化，逐步形成以特色产业为主导的区域特色经济构架，最终实现以特色产业带动整个西部地区农村经济的发展，形成各具特色的区域经济发展格局。西部地区优势产业和特色经济的发展，也是加快西部地区经济发展、缩小与东部地区差距，实现区域统筹协调发展的必然选择。

参考文献

曹玉书, 田青, 邵毅. 2009. 西部地区矿产资源开发利用现状、机遇与挑战. 中国矿业资本,

(1): 48-51.
陈讯,等. 2009. 持续推进西部开发的理论与实践. 北京: 科学出版社: 38.
陈志武. 2008. 为什么中国人勤劳而不富有. 北京: 中信出版社: 64-71.
储国强, 毛海峰. 2008-04-10. 我国三大经济区辐射带动作用. http://www.benxi.ln.cn/news/BigClass.asp?BigClassName.
樊纲, 王小鲁, 朱恒鹏. 2007. 中国市场化指数——各省区市场化相对进程2006年报告. 北京: 经济科学出版社.
樊纲, 王小鲁, 朱恒鹏. 2010. 中国市场化指数——各地区市场化相对进程2009年报告. 北京: 经济科学出版社.
樊纲, 王小鲁, 朱恒鹏. 2012. 中国市场化指数——各地区市场化相对进程2011年报告. 北京: 经济科学出版社.
国家发展和改革委员会. 2006. 中华人民共和国国民经济和社会发展第十一个五年规划纲要. http://ghs.ndrc.gov.cn/ghjd/default.htm.
国家发展和改革委员会. 2011. 中华人民共和国国民经济和社会发展第十二个五年规划纲要. http://www.ndrc.gov.cn/fzgh/ghwb/gjjh/P020110919592208575015.pdf.
国务院. 2010. 全国主体功能区规划.
贺银娟. 2007. 西部中小企业融资问题研究. 西安: 西安建筑科技大学硕士学位论文: 26-28.
金涛. 2009. 西部地区区域创新体系的完善分析. 经济视窗, (4): 50-55.
科技部火炬高技术产业开发中心. 2009. 2009年火炬计划统计分析报告集.
李德水. 2009-03-06. 中国人均GDP突破三千美元大关. 中国新闻网.
李树民. 2009-06-17. 西部大开发以来西部旅游业发展回顾. 陕西日报, 3.
李树民, 饶品样, 马震. 2009. 西部旅游业十年发展报告. 见: 姚慧琴, 任宗哲. 西部蓝皮书: 中国西部经济发展报告(2009). 北京: 社会科学文献出版社: 85-100.
李振泉. 2006. 中国经济地理. 上海: 华东师范大学出版社: 362-383.
刘先云. 2009-09-27. 人均国内生产总值超过3000美元 拉动内需旅游大有可为. http://www.022net.com/Class/guoneixinwen/.
陆大道, 刘毅, 樊杰, 等. 2001. 2000中国区域发展报告——西部开发的基础、政策与态势分析. 北京: 商务印书馆: 6-8.
牟新云, 徐承红. 2006. 西部产业集群发展研究. 西南交通大学学报(社会科学版), (10): 115-118.
潘耀国. 2005-06-12. 新疆特色农业发展的潜力和建议. http://www.drcnet.com.cn/DRcent.common.web/.
魏后凯. 2007. 对推进形成主体功能区的冷思考. 中国发展观察, (3): 28-30.
吴燕云. 2006. 论西部人力资源开发的矛盾. 市场论坛, (3): 23-25.
西安市科学技术局. 2009. 西安市科技统计数据册(2009).
许庆斌. 1995. 运输经济学导论. 北京: 中国铁道出版社: 101-105.
姚慧琴. 2004. 我国西部地区制造业发展的困境及其振兴路径探析. 西北大学学报(哲学社会科学版), (6): 26-29.
赵兵. 2005. 论加快西部地区特色经济发展. 成都: 四川大学硕士学位论文: 16-18.
中共中央, 国务院. 2010. 关于深入实施西部大开发战略的若干意见. 中发[2010]11号.
中国民族报综合报道. 2008-11-23. 扩大内需, 西部将迎来发展投资"盛宴". 中国民族报, 2.

第六章 西部地区优势产业和特色经济的选择

充分发挥区域优势,大力发展特色优势产业,是加快西部地区经济发展和提升产业竞争力的重要途径。下文在分析优势产业、特色产业、特色经济、特色优势产业内涵和特征的基础上,确定西部地区的特色优势产业。

第一节 优势产业的含义、特征与选择

一、优势产业的含义

优势产业是指一定时期内某一国家或地区所拥有的在某一范围内具有相对竞争优势的产业或产业群体(中国社会科学院经济研究所,2005)。最早提出优势产业的是霍夫曼。他认为,一个国家的各产业部门可以根据其距离技术进步起源的远近来确定它们的相对地位,据此可以大致分为三类部门:一是低增长部门;二是高增长部门;三是潜在高增长部门。在这三类部门中,高增长部门的地位是最重要的,它对一国经济增长的影响极大,起着支撑作用。霍夫曼把高增长部门称为"优势产业"(南昌大学中国中部经济发展研究中心,2006)。

一般说来,每一个国家或地区都有自己的优势产业。在一定时期,一个国家或地区哪些产业会成为优势产业,往往和这个国家或地区的资源禀赋(包括自然资源和人力资源)、科学技术水平、科技发展路径、发展阶段、地理位置、国际产业分工等密切相关。由于区域的产业发展本身具有一定的生命周期,优势产业是随着国家(或者地区)的不同和时期的变化而相异的,同一个国家或地区在不同时期其优势产业是不同的。这就需要在第一代优势产业进入成熟期之前,着手培育第二代优势产业,通过新老优势产业的顺利接替,才可以保持区域经济的持续稳定快速发展。不同国家或地区在相同的发展阶段上,其优势产业一般也是不同的。现在的优势产业,未来可能因为各种条件的变化①而丧失

---

① 如劳动成本的上升、资源条件的恶化、科学技术的发展、国际产业分工的变革、各国和地区经济发展速度的差异等。

竞争优势；而现在不具有竞争优势的产业，很可能未来因科学技术的发展、国际产业分工的变革等而拥有竞争优势。

优势产业不同于支柱产业（表6-1）。支柱产业一般是指那些现有规模较大，对地区经济贡献率较高，对支撑整个国民经济具有决定意义的产业或产业群体，构成了整个国民经济和地区经济的支柱（中国社会科学院经济研究所，2005）。而优势产业代表产业发展的未来趋势，是产业结构演变的突破口和切入点。从产业演变的过程看，大多数支柱产业是由过去的优势产业演进而来的。所以，优势产业的选择和确定是受时间和空间条件制约的，而不能停留在现有支柱产业的范围之内，必须选择高成长率的产业并使之及时向支柱产业转化；支柱产业的振兴必须以优势产业的不断更新选择为基础。

优势产业也不完全等同于主导产业（表6-1）。主导产业是由美国经济学家罗斯托在1963年首先提出来的，又称"带头产业"、"战略产业"（中国社会科学院经济研究所，2005）。他认为，主导产业是在经济成长中起主导作用的新部门，这些部门能有效地吸收新技术，本身具有较高的增长率，并且对其他产业的增长有广泛的直接和间接影响，能够影响和带动其他部门发展。与主导产业相比，优势产业特别强调该产业部门所具有的竞争优势。当然，多数地区主导产业本身就是优势产业。

表6-1　优势产业与支柱产业、主导产业的区别

类　型	含　义
优势产业	在一定时期内某一国家（地区）所拥有的在某一范围内具有相对竞争优势的产业或产业群体
支柱产业	在某一时期内占某个国家（地区）经济总量的较大比重、对支撑整个国民经济具有决定性意义的产业或产业群体
主导产业	又称"带头产业"、"战略产业"。指国民经济中那些由于有效地吸收了创新成果，发展速度较快，并对其他产业的增长有广泛的直接和间接影响，从而能够带动一系列相关产业发展的产业或者产业群体

二、优势产业的特征

一般来说，区域优势产业具有如下特点：①属于区域的专业化部门，具有较强的竞争优势。优势产业不仅仅是本地区所需要的，而且也是整个国家或者更大范围所需要的，产品的输出率比较高。具有优势的产业，必须面临市场的考验，如果具有特色的产品不能被市场接受，或同其他相似产品相比不具有竞争优势，即虽然产品具有特色但规模也不可能做大，因而也不可能对区域经济发展起到明显的推动作用。②行业增长较快，具有较大的发展潜力。优势产业不仅是当前所需要的，而且其产品的收入需求弹性较大。因此，对于某些产业

而言,虽然区域现有的规模较小,但由于社会经济未来的发展使该产业具有较广阔的市场前景,仍然可以作为优势产业培育。③处于产业链的关键环节,对区域内其他产业具有较强的直接或间接的经济联系,它的发展具有连锁性,能够带动一大批相关产业的发展。④创新能力较强,具有较高的生产率和创新力。

三、优势产业选择的原则

优势产业的"优势"表明该产业既有"优",又有"势",意味着该产业既有自身存在和发展的根据,又具有发展壮大的趋势和前景,反映了一个国家或地区产业结构转换升级的前瞻性特征。因此,优势产业应具有较高的产业关联度,能对其他产业产生一定的后向关联、前向关联和波及效应,能推动地区主导产业、支柱产业的发展;优势产业应符合收入弹性、生产率增长、比较经济利益、扩大就业等基准,是区域经济的一个增长点。优势产业强调资源的天然禀赋、资源的合理配置以及经济行为的运行状态。只有当它们都得到了较好的结合,才有可能形成优势产业。具体而言,优势产业的选择应遵循如下原则。

(一)比较优势原则

优势产业是在生产上具有较大的比较优势产业部门。比较优势小,或者相比较而言在生产效率上处于劣势的产业部门,不宜作为优势产业。比较优势包括静态比较优势和动态比较优势。① 按照优势产业的特点和功能,优势产业必须同时具有区内比较优势和区际比较优势,即不仅是与区内其他产业相比具有比较优势,同时与外区同类产业相比也具有比较优势。产业比较优势度的大小,可以用"比较劳动生产率"等指标来衡量。

(二)技术进步原则

优势产业是区域要优先发展的产业。技术进步是由技术创新带来的、在生产过程中所实现的经济增长现象,泛指一切提高产出效率和资源配置效率的创新活动。技术进步是经济增长的重要因素,是推动社会生产效率提高和产业结

---

① 静态比较优势是指根据现行生产要素或资源的相对优势来选择区域优势产业,要求重点发展那些可以充分利用相对优势的产业部门,然后以此为中心,按照产业部门之间的经济技术联系,逐步推动相关产业部门的发展,形成一个能充分利用本地区优势的产业结构;动态比较优势是指用发展变化的眼光将目前那些比较成本还处于劣势但未来具有比较成本优势,有可能成为带动本地区产业结构高级化演进的幼小产业,通过一系列政策扶持,使其成为未来的优势产业。

构向高层次发展的关键。随着生产要素向集约化方向发展,只有那些技术水平高、技术进步速度快、技术进步对产值增长速度贡献大的产业才可以作为优势产业。通过它们的优先发展为地区经济发展提供更丰富的资源财富。技术进步原则一般用"全要素生产率"等指标表示。

(三) 专业化原则

专业化是"各个地区专门生产某种产品,有时是某一类产品甚至是产品的某一部分"。各地区按照各自的自然禀赋和市场需求进行专业化生产,可以带来明显的经济效益。一方面,由于各地区的自然、技术和经济等条件存在着差异,因而在不同地区生产同一产品或同一地区生产不同产品,其经济效果也不尽相同。另一方面,地区专业化有利于发挥机械化的效力,便于加强经营管理,提高劳动技能和劳动素质,广泛开展资源综合利用,充分发挥规模经济和集聚经济,从而最大限度地提高劳动生产效率(魏后凯,2006)。因此,专业化是优势产业发展的基础。一般选择"区位商"等指标衡量行业的专业化程度。

(四) 市场需求原则

社会需求是促进产业发展的强大动力,优势产业的产品不仅有着巨大的现实市场需求,更主要的是有着潜在的市场需求。不同的收入弹性表明不同产业潜在的市场容量,只有收入弹性高的产业才有可能不断扩大其在市场上的份额,这种产业往往代表着产业结构演进的方向。一个产业的需求弹性高,意味着其产品有着广阔的市场,而这正是大批量生产和加速技术进步的先决条件。因此,只有那些需求弹性高的产业才有可能作为优势产业优先发展。其实质就是使产业结构同经济发展和国民收入增加所引起的需求结构相适应。体现市场需求原则的主要指标是"需求的收入弹性",但由于这一指标很难直接测定,因此往往用"市场占有率"等指标来代替。

(五) 产业关联原则

产业关联是指各产业之间的相关程度。优势产业的功能之一是,它作为区域经济系统的主体和核心,处于产业链的关键环节,在它本身增长较快的同时,也能够带动区域内其他产业部门的发展。当每一部门对它的需求以及它对各个部门的需求都比较高时,优先发展这一部门便可以为发展其他部门创造条件,或者促进其他部门的加速发展。因此,当那些关联强度大的产业优先发展时,必然要影响到与其有关产业的发展，受到影响的产业又进一步影响了与它有关的更多产业的发展，产生连锁效应，从而推动和促进地区产业的发展。这种联系越广泛、越深刻，则优势产业的发展就越能通过聚集作用和乘数效应，带动整个区域经济的发展。

（六）经济效益原则

经济效益是衡量产业对资源合理使用的程度，即投入产出比。优势产业应该有利于经济效益的提高，随着生产由速度型向效益型的转变，只有投入少、产出高的产业才可能作为优势产业。经济效应的原则一般通过"净产值率"、"资金利税率"、"产值利润率"、"原材料消耗产出率"、"能源消耗产出率"等指标衡量。

（七）可持续发展的原则

区域优势产业通过自身的持续高速增长、吸纳新技术以对相关产业的扩散影响，从而促进经济的增长和物质财富的增加，但很多地方经济增长往往以大量消耗资源和破坏环境为代价。从而导致资源短缺、环境污染和生态破坏，阻碍了经济的可持续发展，影响了人民的生活质量。发达国家近百年分阶段出现的污染问题，在中国改革开放的30年时间里集中爆发。全国生态环境由基本良好转化到总体恶化，发展规模的扩大使得资源利用效率提高的贡献被抵消，资源环境承受的压力日益增强（中国21世纪议程管理中心可持续发展战略研究组，2009）。因此，优势产业的选择必须同时注重环境保护，把推广清洁生产、低碳排放、实施工业生产全过程控制、发展环保产业作为重要标准，这也是优势产业选择的一个重要的社会评价因素。

第二节 特色产业、特色经济和特色优势产业

一、特色产业

特色产业是以特色产品、特色资源为基础，以现代工业、农业技术为依托，以市场经济运行方式为手段，围绕特色产品、特色资源进行综合开发形成的区别于其他传统产业（宁夏统计局课题组，2001）。特色产业具有如下特征。

(一) 地域性

特色产业总是依附于一定的空间地域,地域性是特色产业的空间基础。一方面,特色资源是特色产业形成的基础,正是由于地域的专属性引致并强化了区域经济活动专业分工和地域分工,促进了有别于其他区域的生产部分的形成;另一方面,独特的生产技术、生产工艺、生产工具、生产流程等是特色产业形成和发展的重要支撑,这些独特的生产技术、工艺、工具、流程等往往根植于当地的自然地理条件、悠久的历史传统和社会文化习俗(郭京福和毛海军,2006)。

(二) 市场适应性

在市场经济条件下,特色是否有价值,只能由市场来裁决。从根本意义上讲,特色是被市场所动员,又是被市场所淘汰的。不是市场需求适应特色供给,而是特色供给适应市场需求。西部大开发的经济行为必须有市场依据,特别是面向开放市场的经济活动,只有适应市场需求才可能获得竞争力(王文长等,2001)。

(三) 开放性

特色产业是在比较中显现的。在一直封闭的经济状态中,没有比较,自我运行,自给自足,也就无所谓特色。只有在开放过程中才凸显特色,而且特色的凸显不能仅仅停留在比较静态中存在,而是一种开放的经济运行状态,以特色介入开放、交流过程,在开放、交流过程中体现经济特色(张丽君和李澜,2002)。

(四) 优势性

优势性是指特色产业具有的地区比较优势。由于特色产业是以区域特有的资源、独特的生产技术等为基础和条件,其制造和提供的产品与服务与同类产品与服务相比具有显著的品质差异或具有不可替代性,能够满足人们的特殊需求,因而特色产业才能具有市场独占性和竞争性。正是由于特色产业的优势性使得特色产业能够得以存在和不断发展壮大,进而可能发展成为地区优势产业和支柱产业(郭京福和毛海军,2006)。

二、特色经济

大量特色产业在一个特定区域的聚集,就形成了特色经济。特色经济仅是比较而言,是一个动态的概念,不存在绝对意义上的"特色"经济。在现实的经济发展过程中,由于不同地区资源要素的结构及其配置方式存在差异,一个地区的经济状态总是有别于另一个地区的经济状态,其经济结构也总是存在差异,但我们不能就此认定自然形成的差异经济状态就是特色经济。实际上,许多具有不同于其他地区的经济状态并没有表现出不同于其他地区的经济优势。因此特色经济包含着比简单的自然差异更复杂的结构和内涵。关于"特色经济"的定义,已经有很多学者对其进行描述(王芳,2004)。

王一鸣(2001)认为,特色经济是指一个区域在经济发展中,利用比较优势,通过市场竞争而形成的具有鲜明产业特色及企业、产品特色的经济结构。特色经济以特色资源为基础,以特色产品为核心,以特色技术为支撑,以特色产业为依托。在市场经济条件下,区域经济发展应遵循差异发展、比较优势原则,以市场为基础配置资源,通过竞争确立优势,从而造就区域特色经济。苏昌培(1993)认为,特色经济是市场经济的优质部分,是以特定的地域空间为载体,以特色要素为基础,以特色产品为核心,以特色产业为依托,在经济结构、组织、体制和运行上带有新特点,能使资源、科技和市场要素相互联系、相互吸引,使优势要素得到放大和扩张,并进而使区域体现为本身的区域特色的经济。李明生(2009)认为,区域特色经济范畴的内涵表达为,能鲜明地体现区域差异的比较优势,并使之转化为具有差异优势的产品和产业,形成市场竞争优势,为区域带来丰厚利益的经济范式。凡符合这一语言表达式所指称的对象产品和产业,都属于特色经济范畴的外延。

三、特色优势产业

特色优势产业,是指那些具有区域特色和经济优势的产业的总称,其特征主要有以下三个方面。

(一)明显的区域特色

特色优势产业首先在于特色。西部各地不同的地理环境、资源禀赋、气候条件和物种特点为发展特色产业提供了资源基础。区域特色是区别于其他产业的根本所在，也是区域的比较优势所在。该产业或是本地区所独有，或是其他地区虽然也具有，但相对来讲西部具有较强的比较优势。一般而言，特色产业有两种情况：具有特色并且规模较大；虽具有特色，但规模较小。

（二）较强的竞争优势

不具备竞争优势的特色产业是没有前途的。具有区域特色的产业，还要面对市场的考验。如果具有特色的产品不被市场所接受，或同其他相似产品相比不具备竞争优势，产品的规模也不可能做大，因而也不可能对区域经济的增长起到明显的推动作用。

（三）较强的发展潜力

对于某些产业而言，虽然区域现有的生产规模较小，但由于社会经济未来的发展对该产业产生较大的远景需求，区域的独特环境决定了某些产业在本区域发展具有优势，也可以发展成为特色优势产业。

第三节　西部地区特色优势产业的选择

特色优势产业包括的范围较广，定量的指标并不能够反映特色优势产业的全部信息。因此，本书将采用定量和定性相结合的方法，用定量指标来反映特色优势产业的主要方面——工业行业的选择。在此基础上，结合西部的实际情况，综合确定西部特色优势产业。

一、定量分析

（一）指标确定

根据以上对特色优势产业的界定，选取下述四项指标作为判断特色优势产业的基础指标。

1. 具有较强的专业化优势

专业化是特色优势产业发展的基础，本书采用区位商指标，以反映区域现实的比较优势。

2. 在西部工业总产值中所占比重大，对经济的带动作用强

某行业占地区工业总产值比重的大小，代表了在地区工业中的地位及对区域经济的带动作用。如果某一产业规模太小，即使该产业具有很强的区域特色和区域优势，但不足以对区域经济的增长形成带动作用，因而也没有较好的发展前途。

3. 产品有较强的竞争力

一般来讲，如果产品由于具有地方特色或具有技术上的先进性，可以在市场上形成一定的垄断，而具有较高的利润率，由此判断该行业具有较强的发展潜力。本书采用产品销售利润率[①]表示产品竞争力。

4. 发展潜力较大

前面三项指标代表了产业发展的现状，由于历史原因，目前西部某些行业在全国和西部占有一定的地位，但嵌入式地发展使这些行业的发展不具备持续性，行业的产品越来越不适应市场的需求，市场份额在逐渐萎缩；而有些行业虽然当前所占市场份额较小，但由于符合市场的需求方向，市场占有率在不断提高。因此，必须考虑产业发展潜力的大小。本书采用行业产值占全国相应行业的比重的变化来表示行业的发展势头。如果行业产值占全国相应行业的比重上升，则表明行业未来的发展势头较好；反之，则说明该行业在发展中遇到了问题。

（二）定量指标的计算

1. 行业地区专业化优势

判断一个产业是否构成地区生产专业化部门，一般采用区位商衡量。区位商是指一个地区特定部门的产值在地区工业总产值中所占比重与全国该部门产值在全国工业总产值中所占比重之比，其计算公式为

$$q_{ij} = \frac{e_{ij}/e_i}{E_j/E} \tag{6-1}$$

式中，q_{ij} 为 i 地区 j 部门的区位商；e_{ij} 为 i 地区 j 部门的产值；e_i 为 i 地区工业总产值；E_j 为全国 j 部门的总产值；E 为全国工业总产值。当 $q_{ij} > 1$ 时，可以认为

[①] 产品销售利润率＝销售利润/产值×100%。

j 部门是 i 地区的专业化部门。

地区专业化部门能否成为地区主导产业,其判别条件为:第一,有较高的区位商。一般 $q > 2$,该产业的生产主要为区外服务。第二,产业贡献率高。一般而言,地区范围越大,对产值和区位商的要求相对较低;地区范围越小,要求越高。$q \geqslant 2$、产值比重 $\geqslant 15\%$ 的部门是一级主导专业化部门,$1.5 \leqslant q < 2$、$10\% \leqslant$ 产值比重 $< 15\%$ 的部门是二级主导专业化部门。第三,与区内其他主要产业关联度高。第四,产业富有生命力,能够代表区域产业发展方向(孙久文和叶裕民,2003)。

2. 行业比较劳动生产率

比较劳动生产率是反映相对于整个区域,一个行业的技术、劳动者素质等方面高低的综合指标,其计算公式为

$$B_j = \frac{g_j/g}{l_j/l} \tag{6-2}$$

式中,g_j 和 l_j 分别代表区域内 j 产业的增加值和劳动力,g 和 l 分别代表区域GDP和劳动力总数,B_j 代表区域内 j 产业的比较劳动生产率。

式(6-2)表明,地区产业比较劳动生产率就是地区某产业的劳动生产率与整个区域劳动生产率比较的值,如果该产业的比较劳动生产率大于1,则说明其劳动生产率高于整个区域的平均水平;反之,则说明其劳动生产率低于整个区域的平均水平。比较劳动生产率低的产业的各种要素,在市场利润的引导下,一般会向比较劳动生产率高的产业转移。

3. 行业发展所处产业梯度

将比较劳动生产率和区位商依据其内涵划分为大于1和小于1,则可以构成以下联合分布象限(图6-1)。

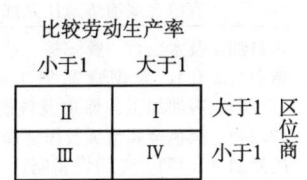

图 6-1 产业发展所处梯度分布图

落于第一象限的产业,一般而言是本地区相对处于产业顶端的产业,是各种生产要素从其他地区向该地区集聚的结果,在该时期处于主导产业地位,并在地区间的产业竞争中处于优势地位。落于第二、第四象限的产业,意味着该

产业处于产业梯度的中间层，可以进一步运用产业梯度系数①来比较，产业系数大的，产业相对较优一些。落于第三象限的产业，意味着本地区这一产业处于产业梯度的底层，已失去竞争优势（戴宏伟等，2003）。

二、定性分析

用定量指标对于产业的分析不能够反映产业的全部信息，存在着若干遗漏。第一，西部某些局部地区的若干产业，如内蒙古的纺织业，成渝地区和陕西关中地区的机械、电子工业，这些产业在全国具有相当的竞争力，但在定量计算时，被其他地区的数据所掩盖。第二，西部某些产品（如新材料、生物医药制品），目前尚未形成较大规模的需求，但随着社会经济的不断发展，生产工艺的不断改进，这些产品的需求将会不断扩大，成为西部新的支柱产业。第三，西部的旅游资源丰富，旅游业也将成为西部特色优势产业之一。因此，还需要采用定量分析和定性分析相结合的方法。在对区域各产业进行定量分析的基础上，结合区域的实际情况，综合确定区域的特色优势产业。

三、西部各省（自治区、直辖市）特色优势产业的确定

根据前面提出的区域特色优势产业确定的方法，对2010年西部各省（自治区、直辖市）工业行业的区位商、占地区工业总产值的比重、比较劳动生产率、产业梯度系数进行测算，得出了各省（自治区、直辖市）绝对优势行业（表6-2）。

表6-2 2010年西部各省（自治区、直辖市）绝对优势行业

省（自治区、直辖市）	绝对优势行业	
	数量/个	行业门类
甘肃	3	石油和天然气开采业（5.26）、石油加工、炼焦及核燃料加工业（4.97）、有色金属冶炼及压延加工业（4.20）
广西	11	木材加工及木、竹、藤、棕、草制品业（2.73）、交通运输设备制造业（2.42）、农副食品加工业（2.28）、有色金属矿采选业（2.26）、石油加工、炼焦及核燃料加工业（2.26）、烟草制品业（2.24）、黑色金属冶炼及压延加工业（2.01）、印刷业和记录媒介的复制（1.79）、专用设备制造业（1.58）、有色金属冶炼及压延加工业（1.57）、黑色金属矿采选业（1.56）
贵州	6	电力、热力的生产和供应业（5.33）、饮料制造业（3.96）、橡胶制品（3.02）、医药制造业（2.91）、煤炭开采和洗选业（2.44）、非金属矿采选业（1.65）

① 产业梯度系数=区位商×比较劳动生产率。

续表

省 （自治区、直辖市）	绝对优势行业 数量/个	绝对优势行业 行业门类
内蒙古	10	燃气生产和供应业（38.16）、煤炭开采和洗选业（13.92）、其他采矿业（7.91）、有色金属矿采选业（7.65）、食品制造业（5.86）、有色金属冶炼及压延加工业（4.15）、非金属矿采选业（3.95）、黑色金属矿采选业（3.75）、农副食品加工业（2.35）、电力、热力的生产和供应业（2.14）
宁夏	5	煤炭开采和洗选业（4.26）、电力、热力的生产和供应业（3.17）、纺织业（2.57）、橡胶制品业（2.51）、有色金属冶炼及压延加工业（2.45）
青海	4	有色金属矿选业（25.66）、石油和天然气开采业（6.56）、有色金属冶炼及压延加工业（5.93）、电力、热力的生产和供应业（3.82）
陕西	11	石油和天然气开采业（8.24）、煤炭开采和洗选业（7.32）、石油加工、炼焦及核燃料加工业（4.04）、有色金属矿采选业（2.32）、饮料制造业（1.38）、有色金属冶炼及压延加工业（1.35）、印刷业和记录媒介的复制（1.26）、交通运输设备制造业（1.26）、医药制造业（1.22）、电力、热力的生产和供应业（1.22）、食品制造业（1.09）
四川	9	饮料制造业（5.35）、水的生产和供应业（2.40）、非金属矿制品业（1.71）、通用设备制造业（1.67）、家具制造业（1.67）、医药制造业（1.63）、农副食品加工业（1.62）、印刷业和记录媒介的复制（1.51）、印刷业和记录媒介的复制（1.51）
西藏	3	有色金属矿选业（21.52）、饮料制造业（17.03）、水的生产和供应业（13.86）
新疆	5	石油和天然气开采业（17.09）、石油加工、炼焦及核燃料加工业（7.29）、化学纤维制造业（4.75）、黑色金属冶炼及压延加工业（2.44）、黑色金属矿采选业（2.27）
重庆	4	废弃资源和废旧材料回收加工业（5.23）、交通运输设备制造业（4.02）、非金属矿采选业（2.16）、石油和天然气开采业（2.04）
云南	11	烟草制品业（24.48）、有色金属冶炼及压延加工业（3.03）、有色金属矿采选业（2.50）、水的生产和供应业（2.44）、电力、热力的生产和供应业（2.26）、黑色金属冶炼及压延加工业（2.02）、非金属矿采选业（1.97）、黑色金属矿采选业（1.91）、化学纤维制造业（1.90）、印刷业和记录媒介的复制（1.52）、燃气生产和供应业（1.25）

注：括号内数据是该产业的梯度系数

四、西部地区特色优势产业的确定

根据前面提出的区域特色优势产业确定的方法，对2010年西部工业行业的区位商、占地区工业总产值的比重、比较劳动生产率、产业梯度系数进行测算，最终得出行业所处的梯度（表 6-3）。

表 6-3 2010 年西部主要工业行业特色优势产业度量

工业行业	区位商	占工业总产值比重/%	比较劳动生产率	产业梯度系数	所处梯度
煤炭开采和洗选业	2.40	7.60	1.05	2.53	Ⅰ
石油和天然气开采业	2.67	3.79	1.04	2.76	Ⅰ
黑色金属矿采选业	1.32	1.14	0.77	1.02	Ⅱ
有色金属矿采选业	2.33	1.26	0.79	1.84	Ⅱ
非金属矿采选业	1.73	0.77	0.99	1.70	Ⅱ
其他采矿业	4.26	0.02	2.22	9.49	Ⅰ
农副食品加工业	1.21	6.04	0.88	1.06	Ⅱ
食品制造业	1.26	2.05	0.99	1.25	Ⅱ
饮料制造业	2.14	2.80	0.99	2.11	Ⅱ
烟草制品业	2.51	2.10	0.85	2.13	Ⅱ
纺织业	0.46	1.89	0.93	0.43	Ⅲ
纺织服装、鞋、帽制造业	0.17	0.30	1.06	0.18	Ⅳ
皮革、毛皮、羽毛（绒）及其制品业	0.46	0.52	1.39	0.64	Ⅳ
木材加工及木、竹、藤、棕、草制品业	0.78	0.83	0.80	0.63	Ⅲ
家具制造业	0.62	0.39	1.14	0.70	Ⅳ
造纸及纸制品业	0.73	1.09	0.74	0.54	Ⅲ
印刷业和记录媒介的复制	0.87	0.44	1.07	0.93	Ⅳ
文教体育用品制造业	0.05	0.02	0.79	0.04	Ⅲ
石油加工、炼焦及核燃料加工业	1.32	5.51	0.72	0.95	Ⅱ
化学原料及化学制品制造业	0.90	6.15	0.65	0.58	Ⅲ
医药制造业	1.18	1.98	0.88	1.03	Ⅱ
化学纤维制造业	0.35	0.25	0.49	0.17	Ⅲ
橡胶制品业	0.47	0.39	0.77	0.36	Ⅲ
塑料制品业	0.52	1.04	1.12	0.59	Ⅳ
非金属矿物制品业	1.12	5.16	0.82	0.92	Ⅱ
黑色金属冶炼及压延加工业	1.10	8.20	0.68	0.75	Ⅱ
有色金属冶炼及压延加工业	1.70	6.84	0.76	1.29	Ⅱ
金属制品业	0.49	1.40	1.00	0.49	Ⅳ
通用设备制造业	0.63	3.16	0.96	0.60	Ⅲ
专用设备制造业	0.77	2.39	0.84	0.65	Ⅲ
交通运输设备制造业	1.02	8.11	0.77	0.78	Ⅱ
电气机械及器材制造业	0.50	3.13	1.24	0.62	Ⅳ
通信设备、计算机及其他电子设备制造业	0.29	2.31	0.85	0.25	Ⅲ
仪器仪表及文化、办公用机械制造业	0.39	0.36	0.85	0.33	Ⅲ
工艺品及其他制造业	0.40	0.33	1.14	0.46	Ⅳ
废弃资源和废旧材料回收加工业	0.52	0.17	0.78	0.40	Ⅲ
电力、热力的生产和供应业	1.51	8.76	0.68	1.03	Ⅱ
燃气生产和供应业	2.01	0.69	1.10	2.21	Ⅰ
水的生产和供应业	1.23	0.20	0.90	1.11	Ⅱ

资料来源：根据 2011 年全国及相关省（自治区、直辖市）统计年鉴计算得出

从区位商看，西部工业行业中区位商≥2.00、产值比重≥15%的一级主导专业化部门缺乏。区位商≥2.00的其他专业化部门有7个，分别是：煤炭开采和洗选业（区位商2.40，产值比重7.60%）、石油和天然气开采业（区位商2.67，产值比重3.79%）、有色金属矿采选业（区位商2.33，产值比重1.26%）、其他采矿业（区位商4.26，产值比重0.02%）、饮料制造业（区位商2.14，产值比重2.80%）、烟草制品业（区位商2.51，产值比重2.10%）、燃气生产和供应业（区位商2.01，产值比重0.69%）；区位商1.50～2.00、产值比重10%～15%的二级主导专业化部门缺乏；区位商1.50～2.00的其他专业化部门有3个，分别是：非金属矿采选业（区位商1.73，产值比重0.77%）、有色金属冶炼及压延加工业（区位商1.70，产值比重6.84%）、电力、热力的生产和供应业（区位商1.51，产值比重8.76%）；区位商1.00～1.50的专业化部门有9个，分别是：黑色金属矿采选业（区位商1.32，产值比重1.14%），农副食品加工业（区位商1.21，产值比重6.04%）、食品制造业（区位商1.26，产值比重2.05%）、石油加工、炼焦及核燃料加工业（区位商1.32，产值比重5.51%）、医药制造业（区位商1.18，产值比重1.98%）、非金属矿物制品业（区位商1.12，产值比重5.16%）、黑色金属冶炼及压延加工业（区位商1.10，产值比重8.20%）、交通运输设备制造业（区位商1.02，产值比重8.11%）、水的生产和供应业（区位商1.23，产值比重0.20%）。

从比较劳动生产率看，西部地区比较劳动生产率≥1.00的部门有12个，分别是：煤炭开采和洗选业（1.05），石油和天然气开采业（1.04），其他采矿业（2.22），纺织服装、鞋、帽制造业（1.06），皮革、毛皮、羽毛（绒）及其制品业（1.39），家具制造业（1.14），印刷业和记录媒介的复制（1.07），塑料制品业（1.12），金属制品业（1.00），电气机械及器材制造业（1.24），工艺品及其他制造业（1.14），燃气生产和供应业（1.10）。

从产业梯度看，西部地区的绝对优势产业有4个，分别是：煤炭开采和洗选业（2.53）、石油和天然气开采业（2.76）、其他采矿业（9.49）、燃气生产和供应业（2.21）。

综合以上定量及定性分析，参考2006年5月国务院西部地区开发领导小组办公室、国家发展和改革委员会、财政部等六部门印发的《关于促进西部地区特色优势产业发展的意见》，把西部的特色优势产业确定为：①特色农业及农产品深加工，包括特色轻纺工业、食品工业、烟草工业。②能源资源的开发及高载能产业，包括采掘工业、电力工业、有色冶金、黑色冶金、建材、石化和化学工业。③重要矿产资源开发及加工。④装备制造业，包括交通运输制造业、机械工业、电子工业。⑤高新技术产业，包括新材料、航空航天、中医药等产业。⑥旅游产业。

参考文献

戴宏伟，等 . 2003. 区域产业转移——以"大北京"经济圈为例 . 北京：中国物价出版社：129.

郭京福，毛海军 . 2006. 民族地区特色产业论 . 北京：民族出版社：151, 153.

国务院西部开发领导小组办公室，国家发展和改革委员会，财政部，等 . 2006-05-22. 关于促进西部地区特色优势产业发展的意见 . 国西办经 ［2006］15 号 .

李明生 . 2009. 论区域特色经济范畴 . 见：白永秀 . 区域经济论丛（八）. 北京：中国经济出版社：101-114.

南昌大学中国中部经济发展研究中心 . 2006. 中部地区优势产业发展研究 . 北京：经济科学出版社 .

宁夏统计局课题组 . 2001. 宁夏特色产业的选择与培育 . 宁夏社会科学，(05)：10-14.

苏昌培 . 1993. 特色论 . 北京：社会科学文献出版社 .

孙久文，叶裕民 . 2003. 区域经济学教程 . 北京：中国人民大学出版社：93-94.

王芳 . 2004. 特色经济内涵解析 . 甘肃社会科学，(2)：127-129.

王文长，李曦辉，李俊峰 . 2001. 西部特色经济开发 . 北京：民族出版社：21, 18-19.

王一鸣 . 2001. 对西部地区发展特色经济的几点认识 . 西部发展评论，(1) .

魏后凯 . 2006. 现代区域经济学 . 北京：经济管理出版社 .

张丽君，李澜 . 2002. 西部开发与特色经济规划 . 大连：东北财经大学出版社：47.

中国 21 世纪议程管理中心可持续发展战略研究组 . 2009. 繁荣与代价——对改革开发 30 年中国发展的解读 . 北京：社会科学文献出版社：159.

中国社会科学院经济研究所 . 2005. 现代经济辞典 . 南京：凤凰出版社，江苏人民出版社：1162, 1208, 1258.

第七章 西部地区优势产业和特色经济发展的竞争力

竞争力,是指竞争对象在相互比较中显示出的优势和实力(中国社会科学院经济研究所,2005)。产业竞争力内涵涉及两个基本方面的问题:一个是比较的内容,一个是比较的范围。具体来说,产业竞争力比较的内容就是产业竞争优势,而产业竞争优势最终体现于产品、企业及产业的市场实现能力。产业竞争力比较的范围是国家或地区,产业竞争力是一个区域的概念。研究西部地区特色优势产业竞争力,对于西部加快发展特色优势产业具有重要的意义。下文首先以波特"钻石模型"为基础,在总体上对西部地区优势产业和特色经济竞争力进行分析;然后依次分析各省(自治区、直辖市)优势产业和特色经济的竞争力。

第一节 优势产业和特色经济竞争力总体分析

将一国缩小为某一特定区域,区域优势产业和特色经济竞争力的分析完全可以借助波特"钻石模型"来完成。下文依据"钻石模型"中的评价因素,结合西部地区六大特色优势产业的特点进行分析。

一、生产要素

(一)天然资源

西部地区有色金属资源极为丰富。内蒙古的铌、锆、稀土矿,广西的锡、锑、铝、钨、锌,重庆的锶、钒、钼、钡、铝土矿,四川的钛、钒、硫铁矿、锂、稀土,贵州的铝土、汞、锑、锰,云南的铝、锌、锡、铜、镍,陕西的钼,甘肃的镍、铜、铅锌,青海的铜、铅、锌、钴及金矿的储量在全国占有重要地位。有色金属矿采选业的区位商达到了2.33,在全国具有相当大的比较优势,并带动了有色金属冶炼及压延加工业的发展。

按照最新估算结果,西部的四川、鄂尔多斯、柴达木、塔里木、土哈、准格尔六大盆地天然气总资源量为 30.91 亿 m^3,占全国的 64.9%(油气资源开发与西部区域经济协调发展战略研究课题组,2008)。2000 年我国在内蒙古伊克昭盟发现首个世界级大气田——苏里格大气田,天然气探明地质储量达到 6025.27 亿 m^3。西部地区探明的天然气地质储量累计为 8177 亿 m^3,可采储量占全国的 28.2%左右。[1] 资源禀赋上的优势是燃气生产和供应业的基础。

西部饮料、食品行业、烟草行业大都依托当地丰富的农业、畜牧业及特色资源,如西藏以高原特色作物为原料制作的饮品、矿泉水、卷烟,贵州、四川的白酒,陕西的果蔬汁饮料、乳饮料,云南的卷烟等,在国内均具有很强的竞争力,成为当地的支柱产业。

西部煤炭资源储量丰富,内蒙古、陕西、贵州煤炭资源储量分别居全国的第一、三、六位。其中,内蒙古、陕西的煤炭资源储量大、开采条件良好,同时又接近东部经济发达地区,不论是输煤还是输电都十分便利;宁夏的煤炭资源从规模来讲,难以同内蒙古、陕西相比,但宁夏的煤炭资源质量好,乌海、石嘴山的太西煤是世界煤炭珍品,广泛应用于冶金、化工、建材等行业;贵州的煤炭资源具有分布集中、储量大的特点。

西部地区药用植物资源十分丰富,如内蒙古、宁夏的枸杞、甘草、肉苁蓉、麻黄,陕西的天麻、杜仲、丹参、党参、金银花、黄芩、黄芪、连翘,甘肃的党参、大黄、当归、黄(红)芪,青海的虫草、雪莲、贝母,新疆的红花、枸杞,广西的田七、金银花、茯苓、半夏,贵州的天麻、杜仲、山茱萸、黄连、石斛,均在全国占有重要地位,云南更是全国药用植物资源最多的省份(魏后凯等,2005)。

(二)科学技术

从整体上看,西部科技水平不高,科技创新能力不强。但也具有若干个科技实力、科技创新能力较强的城市,如西安、兰州、重庆、成都、绵阳、贵阳是我国大学、科研院所集中的地区,并有一大批国家级高新技术企业和研究开发机构汇集于此。国家已经在西安、成都、重庆、绵阳等城市建立 13 个国家级高新技术产业开发区。

---

[1] 我国天然气的产销及市场前景. http://www.chinaccm.com/18/1809/180902/news/20020730/092014.asp. 2010-07-14.

（三）地理位置

西部地区大多数距离沿海有 2000~4000km，长距离的运输一方面增加了西部低附加值产品特别是资源密集型产品的运输成本，影响西部产品的竞争力；另一方面对西部的招商引资也会产生不利影响。例如，云贵地区有堆积如山的高品质煤炭、品位极高的铝土和磷矿，但因为没有便捷的出海口，矿区只能限产。

（四）基础设施

国家实施西部大开发战略以来，西部交通状况得到了很大的改善，综合交通运输网骨架初步形成，"十一五"时期新增公路通车里程、新增铁路营业里程分别达到36.5万km和8000km。但受自然条件的限制，形成网络化的基础设施体系尚需时日。

（五）人力资源

西部地区虽然劳动力众多，但是缺乏高素质、高技能人才。由于教育相对落后，基础教育和职业教育的水平和普及程度都较低，因此劳动力的技术熟练程度低下，劳动生产率不高。

二、需求条件

改革开放以来，中国的燃气市场经过30多年的发展，已经形成了较大的发展规模，城市用气人口保持了快速的增长态势，燃气的普及率也得到了快速的提升，市场发展潜力巨大。

西部饮料、食品、烟草行业所依托的当地农、畜牧业资源，特点鲜明、接近自然，具备开发和培育绿色产品、特色产品和名优产品的资源基础。随着经济的发展，人们生活水平的不断提高，广大消费者日益重视日常饮食与身体健康、健美、营养的关系。由于当地绿色资源众多，西部饮料、食品行业产品大多具备含天然维生素、生物微量元素、无人工合成添加剂、防腐剂的特点，具有广阔的发展前景。

金融危机爆发以来，国际煤炭需求持续低迷，煤炭贸易量急剧下滑，这对国内煤炭市场产生了很大影响；同时，由于小煤矿陆续投产引发煤炭产能快速增长等因素的影响,煤炭短期内供大于求的趋势明显。但长期看,产能不足的现象仍将存在。我国以煤为主的能源结构在较长的时期内很难改变。

随着生活水平的提高,人们对生活质量和健康问题的关注与日俱增,对药品的依赖程度增加,尤其是一些特效药、营养药的需求巨大。西部地区许多医药产品在国内市场具有一定的品牌效应,市场需求稳定。

三、相关产业和支持产业

西部地区饮料、食品行业、烟草行业的发展离不开当地特色农业、畜牧业的发展,而饮料、食品行业的发展,又为西部特色农业的深度和广度发展创造了条件。例如,内蒙古的乳业、新疆的肉食品加工业依靠当地畜牧业的发展,陕西饮料业依靠当地果蔬种植,云南烟草业依赖的是当地烟叶的种植。随着西部地区农产品种植业规模的扩大,各种果蔬生产基地、畜牧业养殖基地、烟草农场的建立,为饮料、食品、烟草行业的发展注入强劲动力。

煤炭在我国能源结构中占据重要地位,相关产业众多。以煤炭的相关产业电力、钢铁为例,电力和钢铁两大行业用煤占到了工业用煤的75%左右。电力行业是煤炭消费的第一大户。发达国家用于发电的煤炭一般都占煤炭消费总量80%以上,美国发电用煤占90.8%,较中国发电及供热用煤的总和高出41.6个百分点,说明中国发电用煤还有很大的发展空间。钢铁工业是煤炭消费的第二大户,是焦炭消费的最大行业。钢铁产量的强力增长也拉动了焦炭市场的持续火爆(梁锋,2007)。西部煤炭运输行业发展相对滞后,煤矿铁路自身效益低下,且运输费用较高,影响了煤炭的对外输送能力。

医药行业的产业链涉及面非常广,如药材种植、加工,新药研究、开发,药材生产、销售等。医药产业的竞争优势是建立在众多相关产业组成的产业群基础之上的。近年来随着西部经济总体的进步,医药产业及其相关产业群都得到了一定程度的发展,但在发展过程中也遇到了一些问题。药材种植方面,虽然种植范围较广,但多为分散的个体种植,没有形成一定规模的种植基地;新药研究方面,虽然部分地区(如重庆)具备一定的研发能力,但从总体来看,医药行业的创新能力较低,新药研发能力较弱。

四、企业战略、结构与竞争

西部的有色金属开采企业规模普遍较小,即使是某些规模相对较大的企业,同国外及国内先进地区相比规模处上也于劣势,从长远看在竞争中处于不利地位。西部地区蕴藏的一些有色金属资源是国民经济中重要的原材料,受经济利益驱动,部分产品生产、流通秩序混乱,无证开采屡禁不止,浪费严重。同时为获得局部的经济利益,初级产品大量出口、无序竞争,给国家造成极大经济损失。

煤炭产业的过度竞争,造成了煤炭开采生产秩序混乱,同一矿区有多个企业在进行无序竞争和掠夺开采,生产结构和矿山布局不合理,资源遭到较为严重的破坏,对煤炭产业自身的结构升级、其他产业的技术进步都造成了不利影响。煤炭产业集中度较低,组织结构不合理,经济实力不强,技术装备水平偏低,开采回采率不高的问题也广泛存在。

西部地区饮料、食品、烟草行业产品品种、质量和效益虽较前均有明显增加和提高,但目前西部此类行业除了极少数大型企业集团(如伊利、蒙牛、云烟)之外,缺乏龙头企业,多数企业规模小而分散,集中化程度不高,技术装备落后,科技创新能力低,带动能力不强。

西部地区医药行业经过近几十年的发展已经形成一定规模,建立了一些大企业集团,如杨森制药、利君集团、太极集团等均具备一定品牌效应。但总体而言,西部大部分医药企业都是小企业,生产规模不大,低水平重复建设现象比较严重;企业研发能力薄弱,现代化管理经验欠缺。众多小企业的存在,导致同一区域内同产品之间的恶性价格竞争,如利君集团、金花集团、陕西制药厂等经常在普药市场上掀起低层次的价格大战,导致了企业经济利益的下滑,市场秩序混乱。

五、机遇和政府作用

西部大开发战略实施以来,西部各地区发展很快,尤其在基础设施建设和生态环境保护方面取得了较大成就,为今后西部大开发的进一步推进奠定了良好的基础。"十二五"时期,西部地区处于大有作为的重要战略机遇期。"从国外看,世界经济格局正在发生深刻变化,全球区域经济一体化深入推进,生产要素在全球范围内加快流动和重组,有利于西部地区积极参与国际分工,全面提升内陆开放型经济发展和沿边开发开放水平。从国内看,一是我国经济发展方式加快转变,扩大内需战略深入实施,经济结构深刻调整,有利于西部地区充分发挥战略资源丰富、市场潜力巨大的优势,积极承接产业转移,构建现代产业体系,增强自我发展能力;二是西部地区投资环境和发展条件不断改善,各族干部群众求发展、奔小康的愿望更加强烈,有利于西部地区进一步解放生产力,加快推进工业化、城镇化进程;三是我国社会主义市场经济体制不断完善,集中力量办大事的制度优势更为突出,中央不断加大支持西部地区发展的政策力度，有利于在根本上缩小区域发展差距，实现共同富裕。"（国家发展和改革委员会，2012a）因此，当前的世界经济形势对我国包括西部地区造成了一定程度的影响，但政府一系列刺激经济方案的逐步落实和各种支持政策的到位，西部地区未来的发展前景值得期待。

"十二五"时期，国家全面实施主体功能区战略。《全国主体功能区规划》划分的国家层面的 25 个限制开发区域（重点生态功能区[①]）中，除长白山森林生态功能区、南岭山地森林及生物多样性生态功能区、大别山水土保持生态功能区、海南岛中部山区热带雨林生态功能区 4 个生态功能区之外，其余 21 个生态功能区的全部或主要部分均位于西部地区。对于国家重点生态功能区，要以保护和修复生态环境、提供生态产品为首要任务，因地制宜地发展不影响主体功能定位的适宜产业，引导超载人口逐步有序转移；对各类开发活动进行严格管制，尽可能减少对自然生态系统的干扰，不得损害生态系统的稳定和完整性；实行更加严格的产业准入环境标准，严把项目准入关（国务院，2010）。

国家层面禁止开发区域[②]也主要位于西部地区。对于国家层面禁止开发区域，要依据法律法规规定和相关规划实施强制性保护，严格控制人为因素对自然生态和文化自然遗产原真性、完整性的干扰，严禁不符合主体功能定位的各类开发活动，引导人口逐步有序转移，实现污染物"零排放"，提高环境质量。

因此，从区域分工和主体功能区划分的角度看，西部一些省级行政区主要承担生态屏障、战略要地和通道的功能，对这些省级行政区优势产业和特色经济竞争力的评价，必须建立在这一认识基础上。

第二节 各省（自治区、直辖市）优势产业和特色经济竞争力分析

西部地域辽阔，在产业结构上不同省份存在着较大差异。还应该以各省（自治区、直辖市）为基础单元，在前面分析的基础上，对其特色优势产业发展的竞争力进行分析。

[①] 国家层面限制开发的重点生态功能区是指生态系统十分重要，关系全国或较大范围区域的生态安全，目前生态系统有所退化，需要在国土空间开发中限制进行大规模高强度工业化城镇化开发，以保持并提高生态产品供给能力的区域。

[②] 国家层面禁止开发区域是指有代表性的自然生态系统、珍稀濒危野生动植物物种的天然集中分布地、有特殊价值的自然遗迹所在地和文化遗址等，需要在国土空间开发中禁止进行工业化城镇化开发的重点生态功能区。包括国家级自然保护区、世界文化自然遗产、国家级风景名胜区、国家森林公园、国家地质公园。

一、广西

(一) 优势条件

1. 生产要素

广西已探明的黑色金属矿产有铁、锰、钛、钒 4 种，矿区（矿段）124 处。其中铁矿多为中小型矿床，富矿少，贫矿多，开发利用难度大。锰矿大中型矿床 16 余处，探明资源储量占全国的 37.0%，主要分布在崇左市和百色市，资源储量分别占广西的 57.3% 和 17.4%。钛矿大中型矿床 6 处，主要分布在梧州市和北海市，探明资源储量分别占广西的 84.7% 和 14.9%。广西钛铁矿具有低磷、高钛、含钪的特点，大多不含放射性，在全国占有重要地位。广西黑色金属矿产除钒矿小规模试采外，铁矿、锰矿和钛铁矿均已开发利用。

广西有色金属矿产资源丰富，品种比较齐全，分布广泛，有矿产地 1008 处，其中锡、锑、钨、铝、铅、锌等矿种探明储量在全国居重要位置。目前，广西已发现矿种 147 种（含亚矿种），探明资源储量的有 98 种，其中保有储量在全国前 10 位的有锰、锑、钪、锡、铟、铅、锌、铝土、钨、重晶石、滑石、高岭土等 64 种。在国民经济赖以发展的 45 种支柱性矿产中，广西有 35 种已探明资源储量（王海波等，2008）。广西的铝土资源已探明储量为 7 亿 t，远景资源储量超过 10 亿 t，占全国总储量的 1/4 以上，是我国四大铝土矿基地之一（曾培炎，2010）。

广西农业资源丰富，具有比较优势的特色农业产品主要有糖蔗、桑蚕、木薯、亚热带水果、中草药等，均在我国同类产品生产中占据重要地位，为发展农副食品加工业提供了良好的条件。

2. 需求条件

以交通运输设备制造业为例，交通运输设备制造业发展面临的市场前景广阔。在国内需求拉动与国际产业转移的双重动力带动下，我国装备制造业将继续保持快速稳定增长的良好势头，未来利润率仍可持续增长。

3. 相关产业

以黑色金属行业中的钢铁为例，相关产业主要有汽车、家电、船舶、基础设施和机电行业。这几个行业都是与工业化、城市化密切相关的。因此，在经济保持快速发展的条件下，这些产业的发展也将保持良好势头。尤其是汽车产业，国外的汽车厂商看好中国的低成本劳动力和巨大的消费市场，纷纷将厂迁至中国，或是与中国企业合资办厂，扩大规模，这使得汽车产业的发展更为迅速。2000~2012年，中国汽车产量由207.0万辆增加到1927.7万辆，年均增长率高达20.4%。

4. 机遇和政府作用

我国正加快经济发展方式转变，市场需求潜力巨大，区域协调发展总体战略进一步完善，社会大局保持稳定。广西的发展面临着良好的环境。中国—东盟自由贸易区全面建成，西部大开发进一步深入推进，为广西加快把区位优势、资源优势和生态优势转化为竞争优势创造了极为有利的条件。近几年，广西经济获得了较快增长，人均收入得到了大幅提高，相应地各种市场也逐渐扩大，再加上广西具有广阔的西南腹地，各种市场前景非常广阔。

2008年国务院批准的《广西北部湾经济区发展规划》明确指出，广西北部湾经济区的功能定位是"立足北部湾、服务'三南'（西南、华南和中南）、沟通东中西、面向东南亚，充分发挥连接多区域的重要通道、交流桥梁和合作平台作用，以开放合作促开发建设，努力建成中国—东盟开放合作的物流基地、商贸基地、加工制造基地和信息交流中心，成为带动、支撑西部大开发的战略高地和开放度高、辐射力强、经济繁荣、社会和谐、生态良好的重要国际区域经济合作区"（国家发展和改革委员会，2008）。该经济区要充分利用两个市场、两种资源，优化投资环境，以市场为导向，发挥比较优势，大力发展高起点、高水平的沿海工业、高技术产业和现代服务业，承接产业转移，形成特色鲜明、竞争力强的产业结构。《西部大开发"十二五"规划》指出，北部湾经济区是"我国面向东盟国家对外开放的重要门户，中国—东盟自由贸易区的前沿地带和桥头堡，区域性物流基地、商贸基地、加工制造基地和信息交流中心，重要的临海石化、钢铁基地"（国家发展和改革委员会，2012a）。这为广西发展特色优势产业提供了难得机遇。

（二）劣势条件

1. 生产要素

广西基础设施建设相对薄弱。虽然境内交通网络比较完善，但与周边地区的交通网络衔接还不够紧密，这影响了与外界的经济联系，所生产的优势产品不能及时到达外部市场。交通不畅导致其主导产业失去了应具备的优势。

广西科技发展水平比较落后。无论是金属行业、农副食品加工业还是装备制造业，都存在着产品科技含量低、附加值低的问题，产品大都为初加工产品，使资源优势无法转化为经济优势，技术创新能力亟待增强。例如，装备制造业的主要构成部分——汽车行业，汽车产品技术含量普遍不高，档次较低。汽车零部件的发展与主机的发展并不同步，发动机主要关键零部件和减震器都是从外省或国外进来的，区内生产的都是低附加值、低技术含量的简单部件。

2. 需求条件

随着国内外主要金属价格的下跌，国内有色金属行业的发展将面临前所未有的挑战。目前有色金属大宗商品的景气周期已经结束，供大于求。有色金属商品价格将总体处于疲软的状态。受全球性经济危机的影响，黑色金属行业的发展也遇到了困难，特别是钢铁行业的需求仍然比较萎靡，短时间内难以有效提升，钢铁价格已经跌到成本边缘，钢铁生产进一步陷入低迷。

3. 支持产业

在金属行业的支持性产业上，如发电、运输、煤等产业，还存在一些瓶颈。金属冶炼是一个高消耗的产业，需要大量的能源支持。一段时间国内出现了电荒现象，导致电价大幅上升。因此，要维持金属产业的发展，能源、运输等相关产业也需要进一步的发展。

4. 企业战略、结构与竞争

以印刷业和记录媒介的复制行业为例，广西目前缺乏高端印刷设备，缺乏能够以规模化和集约化生产引领群雄的大型精品印刷企业，区内大部分精品印刷活件都到广东去印。广西是国家西部大开发最前沿的一个自治区，全区精品包装印刷每年以10亿元的规模增长，但是与之相匹配的印刷力量却明显不足，精品印刷还未形成规模生产。

二、贵州

(一) 优势条件

1. 生产要素

贵州蕴藏着丰富的药用植物资源，享有"川广云贵、地道药材"的盛誉，为中药产业的发展奠定了良好的基础，使之成为继四川、吉林之后正式启动"中药现代化科技产业（贵州）基地"建设的省份。目前已经初步形成乌当、花溪、小河、修文、清镇、息峰六个医药工业规模园区。制药业已成为地方经济发展的新兴支柱产业与地方财政收入的重要来源（高蓬明和王莉娟，2003）。

贵州是中国"磷矿大省",2011年磷矿石基础储量5.28亿t,占全国的18.3%,居全国各省(自治区、直辖市)第三位。全省磷矿平均品位为22.1%,比全国磷矿平均品位高6个百分点,加之有害杂质含量低,磷矿质量之优为全国之冠。由于贵州磷矿品位高、质量好,其已成为全国数百家大、中、小型磷肥、磷化工企业的重要原料基地,这是其他磷矿产地难以替代的(徐元琳,2004)。

贵州能源资源十分丰富。煤炭资源累计探明储量510亿t,保有储量507.26亿t,预测储量达1866亿t,仅次于晋、蒙、陕,在全国列第四位。煤炭保有储量相当于广东、广西、湖南、湖北、江西、福建、四川、云南、浙江、海南10省(自治区)的总和。2011年贵州生产原煤1.3亿t,居全国各省(自治区、直辖市)第六位。贵州省河网密度大,河流坡降陡,产水模数较高,水能资源十分丰富,全省水能平均密度$106kW/km^2$,为全国平均的1.5倍。根据《全国水能资源普查成果》资料,贵州省水能资源蕴藏量达1874.5万kW,居全国第六位(胡晓登,2006)。

贵州气候、土壤、水质等形成了非常适宜酿造优质白酒的生态环境,具有其他省份不可比的地理和生物条件。酿酒业已成为贵州GDP和财政收入的一大支柱,贵州拥有数十个规模不等的名优酒,以茅台酒为龙头,具有国酒的品牌优势。2010年,贵州省规模以上企业白酒产量在全国排名第十一位,虽然产量不高,但凭借其较高的品质,使得白酒的工业生产总值在全国稳居第三,酱香白酒的稀缺性和高附加值得到充分体现。

2. 需求条件

以电力工业为例,贵州处于缺煤少电的南方诸省级行政区中心位置,电力市场需求巨大,周边地区四川、广西、云南、重庆和湖南等省(自治区、直辖市)电力结构中水电比重大,贵州的火电可以作为其电源结构的重要补充。

3. 机遇

"西电东送"为贵州电力工业的发展带来了重大机遇。在"西电东送"中,贵州是南线输电大通道的重点省级行政区之一,其电力资源的发展状况直接关系到整个西部乃至东部部分地区的经济发展。贵州安顺电厂二期、黔北电厂、纳雍电厂、鸭溪电厂、贵阳电厂扩建工程等均是国家"西电东送"工程的重要电源点。"十五"期间,贵州是"西电东送"电量最多的省份。"黔电送粤"落地电价低于广东当地电厂上网价,减少了广东的用电成本,也为贵州地方经济发展提供了大量的资金支持,同时将本地资源优势转化为经济优势,带动了地方经济发展(曾培炎,2010)。黔中地区作为西部重点经济区之一,是"全国重要的能源原材料基地、以航天航空为重点的装备制造基地、烟草工业基地、绿色食品基地和旅游目的地，区域性商贸物流中心"（国家发展和改革委员会，2012a）。六盘水地区是西南地区的煤都，"十二五"期间，国家拟在此建设煤炭综合利用基地，这无疑会给贵州煤炭等产业的发展带来前所未有的机遇。

（二）劣势条件

1. 生产要素

贵州地处西部偏远地区，受地理条件限制，交通运输等基础建设相对落后，物流、商品流半径较小。经济的落后使贵州本地的市场狭小，交通的不便阻碍了优势产品向区外市场的扩张。

2. 需求条件

对于白酒行业而言，虽然贵州的高度白酒在品质和价位方面有明显优势，但从人们的酒类消费习惯来看：首先，最近几年38～45度的中度酒已经成为市场的"明星"，高度酒的市场已经开始缩小。其次，世界各国普遍将40度以上的酒精饮料定为烈性酒，并征收高关税。加入WTO后，为了开拓世界市场，贵州白酒企业应重点开发40度以下更符合人体健康的非烈性酒。

3. 企业战略、结构与竞争

贵州市场发育程度较低，非国有经济发展缓慢。各特色优势产业市场发育不完善，社会化服务水平较低，企业进入门槛较高，投资软环境较差制约了民营企业的发展，使得贵州小规模企业众多而分散，未形成规模竞争力，缺乏能带动当地经济发展的大型企业和产业。

三、内蒙古

（一）优势条件

1. 生产要素

鄂尔多斯盆地蕴藏着丰富的天然气资源，其中内蒙古境内天然气资源量4.1万亿m^3，占全盆地资源总量的41%。内蒙古有乌审气田、大牛地气田、苏里格气田等大气田，其中苏里格气田和乌审气田列入我国5个储量超千亿m^3的大气田之中（吴国清和殷耀，2004）。随着勘探开发力度的加大，内蒙古的天然气资源储量将进一步增加。资源上的优势是内蒙古燃气生产和供应业持续发展的基础。

内蒙古拥有储量巨大、易于开采的煤炭资源。截至 2007 年 6 月，全区已查明煤炭资源矿产地 445 处，查明和预查煤炭资源储量达到 6583.4 亿 t，查明煤炭资源储量跃居全国第一位。2011 年内蒙古煤炭资源基础储量 368.89 亿 t，占全国的 17.1%。在煤炭资源储量大幅增长的同时，近几年内蒙古煤炭产量也保持了较快增长，2009 年原煤产量达到 6.01 亿 t，已经超过山西省，居全国各省（自治区、直辖市）首位。[①]

内蒙古的稀土资源极为丰富。我国稀土矿储量居世界首位，占全世界的 80.0%，其中内蒙古包头的白云鄂博矿区储量又占全国的 80.0%以上（曾培炎，2010）。

内蒙古有着丰富的森林资源，全区森林面积 2078.9 万 hm^2，居全国第一位，活立木蓄积量 12.9 亿 m^3，居全国第五位。内蒙古森林资源主要分布于大兴安岭北部，是中国北方最大的天然林区和优质木材生产基地之一（孟宪毅，2007）。内蒙古自治区的浩瀚林海，为木材加工及木、竹、藤、棕、草制品业的发展奠定了基础。

内蒙古是我国重要的畜牧产业基地。内蒙古共有草地 7880.45 万 hm^2，占自治区国土总面积的 67%，占全国草地总面积的 22%，居全国第二位。在全国 11 片重点牧区草原中，内蒙古有 5 片。[②] 世界人均占有草地 0.76 hm^2，我国人均占有草地 0.35 hm^2，内蒙古人均占有草地 3.32 hm^2，分别是世界和我国平均水平的 4.37 倍和 9.49 倍。内蒙古拥有数量众多、质量优良的各类牲畜，因而也蕴藏了富饶的畜产资源，是我国庞大的"肉库"和"乳仓"（刘春艳和吕喜明，2005），从而为发展以畜牧经济为基础的食品制造业与农副食品加工业提供了丰富的资源。

内蒙古东部与东北三省接壤，南部与京津冀相邻。除了黑龙江以外，上述几个省（直辖市）的资源供应都是严重依赖于外部输入。未来东北三省和京津地区的本地能源生产增长潜力非常有限。东北老工业基地的振兴、京津冀都市圈的发展所增加的能源消费将主要依靠从外部输入。内蒙古与资源几近枯竭的东北和华北地区距离适中，无论是输送矿产资源还是西电东送都具有明显的区位优势。

2. 需求条件

目前我国城乡居民对畜产品的消费还处在较低水平[③]，与发达国家相比差距很大。随着人们生活水平的提高，人民对畜产品的消费量也逐渐增加，随之而来对畜产品的需求也增加。这为内蒙古地区发展以畜牧经济为基础的食品制造

---

① 2009 年山西省原煤产量 5.94 亿 t。
② 即呼伦贝尔草原、锡林郭勒草原、科尔沁草原、乌兰察布草原和鄂尔多斯草原。
③ 2012 年，全国城镇居民家庭平均每人全年购买的猪牛羊肉为 24.96kg，鲜奶为 13.95kg；农村居民家庭平均每人全年猪牛羊肉消费量为 16.36kg，奶及奶制品为 5.29kg。

业与农副食品加工业提供了一个较为广阔的空间。

内蒙古人口少,经济欠发达,自身对电力的需求增长不大,向区外送电有保证。周边地区华北和东北煤炭、电力资源均较为紧张,为内蒙古煤炭行业和电力行业提供了广阔的市场。内蒙古周边地区尤其是东北三省对内蒙古有色金属需求巨大。国家振兴东北的目标是建设中国乃至世界的装备制造业和原材料工业基地,但目前东北三省建设这两个基地不可或缺的有色金属资源十分贫乏,资源缺口越来越大。

3. 相关产业和支持产业

以煤炭的相关产业电力、钢铁为例,电力和钢铁两大行业用煤占到了工业用煤的75%左右。中国发电用煤还有很大的发展空间;钢铁工业是煤炭消费的第二大户,是焦炭消费的最大行业。钢铁产量的强力增长拉动了焦炭市场的持续火暴(梁锋,2007)。

4. 机遇和政府作用

国家把支持西部地区发展具有区域特色的种植业、养殖业、农畜产品加工业作为西部开发的重要内容来抓。内蒙古农牧业资源丰富,特色突出,可以抓住有利时机,大力发展具有区域优势的特色农牧业,为食品制造业与农副产品加工业的发展奠定良好基础。"十二五"时期,内蒙古将在33个粮食核心产区,实施重点大中型灌区节水改造、重点井灌区节水改造等工程,提高粮食综合生产能力;将建设一批标准化规模养殖场;建设绿色有机蔬菜基地,新增设施基地面积13.3万hm^2,设施蔬菜种植面积20万hm^2以上(国家发展和改革委员会,2012a);国家将在晋陕蒙宁甘新重点建设300万t/a及以上的现代化大型煤矿,同时在内蒙古、陕西等地选择煤种适宜、水资源相对丰富的地区,重点支持大型企业开展煤制油、煤制天然气、煤制烯烃、煤制乙二醇等升级示范工程建设(国家发展和改革委员会,2012b)。这些无疑将会给内蒙古煤炭产业带来了前所未有的发展机遇。

(二) 劣势条件

内蒙古资源丰富,但其开采、冶炼企业大多为中小企业,彼此间存在过度竞争,造成了资源开采和生产秩序混乱,同一矿区有多个企业在进行无序竞争和掠夺开采,生产结构和矿山布局不合理,资源遭到较为严重的破坏,对矿产资源类产业自身的结构升级、其他产业的技术进步都造成了不利影响。此外,产业集中度较低,组织结构不合理,经济实力不强,技术装备水平偏低,开采回采率不高的问题也广泛存在。

四、宁夏

(一) 优势条件

1. 生产要素

宁夏是煤炭资源储量丰富,已探明可开采煤炭储量 311 亿 t,远景预测 2000 亿 t,居全国第六位。根据规划,2020 年前,宁夏基地煤炭产量将达到 1.3 亿 t(新华网,2007)。"十一五"期间,宁夏共生产 2.4 亿 t 原煤,平均以 21% 的年增长速度增长,年净增产量 1000 万 t 以上。

宁夏纺织原料资源丰富,依靠特色资源发展起来的纺织业近年来已成长为自治区的支柱性产业之一。例如,新兴的羊绒纺织产业,羊绒是高档的服装原料,全世界羊绒的经销量约 1 万 t,其中 7000t 是宁夏集散和销售(刘桂香,2007)。

2. 需求条件

中国人口占世界人口的 1/5,经济持续稳定发展,国内纺织品服装消费市场潜力巨大。城乡居民平均每人每年衣着消费的平均数与发达国家相比有很大差距,加之我国人口基数大,所以总的衣着需求规模仍很巨大。

煤炭是我国的基础能源和重要原料,在国民经济中占有重要的战略地位。未来几十年内,煤炭依然是我国的主要能源,以煤炭为主的能源结构将难以改变。煤炭市场将持续繁荣。

3. 企业战略、结构与竞争

以橡胶制品业为例,宁夏橡胶制品业近年来发展较快,目前银川佳通轮胎有限责任公司为西北地区最大的轮胎专业制造厂,在国内有很大的影响力。

4. 机遇和政府作用

宁东煤田储量丰富,宁夏已在这一地区规划了集煤炭开采、电力、煤化工为一体的特大型宁东能源化工基地,被列为国家 13 个亿吨级大型煤炭生产基地之一。宁夏丰富的煤炭资源在 20 世纪 50 年代中期就开始大规模开发利用。在国家的扶持下,煤炭工业得到了迅速的发展,目前已基本形成了勘探设计、煤炭生产、加工利用等协调发展的煤炭工业体系。

2008 年 9 月,国务院《关于进一步促进宁夏经济社会发展的若干意见》提出，要高水平建设好宁东能源化工基地，促进传统产业升级改造和资源型城市可持续发展，积极发展装备制造业和高新技术产业，加快发展旅游和金融等服务业（国务院，2008）。《陕甘宁革命老区振兴规划》涉及宁夏的固原、吴忠、中卫三个地级市和灵武一个县级市，到2020年要把陕甘宁革命老区建设成为黄土高原生态文明示范区、国家重要能源化工基地、国家重点红色旅游区、现代旱作农业示范区、基本公共服务均等化试点区（国家发展和改革委员会，2012c）。宁夏沿黄地区是18个国家层面的重点开发区域之一，"十二五"时期对其着力打造，成为"全国重要的能源化工、新材料基地，清真食品及穆斯林用品和特色农产品加工基地，区域性商贸物流中心"（国家发展和改革委员会，2012b）。可以说，宁夏将迈上跨越式发展的快车道。

（二）劣势条件

1. 生产要素

宁夏劳动力资源较为丰富，但多为素质较低的非技术工人，具有专业素质的高级人才仍然稀缺，2011年宁夏文盲人口占15岁及以上人口比例为8.37%，在全国仅低于西藏、青海、甘肃、贵州和安徽。导致主导产业如纺织业利润不高，缺乏竞争力。煤炭行业则缺乏从事井下安全生产、技术和管理的高技能人才和高级技术工人。

宁夏纺织产业与国际市场联系紧密，特别是羊绒已远销全世界，这对交货及时和运输成本的要求较高。宁夏物流设备等基础设施建设比较落后，影响了产品的输送能力。

2. 相关产业和支持产业

电力、钢铁等煤炭消耗量大的行业的持续稳定发展，为煤炭开采和洗选业的发展注入动力。但由于宁夏煤炭运输行业发展的滞后，煤矿铁路自身效益低下，且运输费用较高，使煤炭行业难以持续健康发展。

3. 企业战略、结构与竞争

纺织行业进入门槛较低，企业数量激增，但平均规模偏小，结构上呈现松散状态，并且由于管理经验不足，缺乏高效灵活的管理机制，造成资源配置在一定程度上的浪费。

长期以来，计划经济体制所形成的思维与行为模式，依然影响着煤炭企业的管理制度。国有重点煤矿虽然进行了公司制改造，但仍然是单一的国有独资形式，企业内部尚未形成规范的法人治理结构和现代企业运行机制，管理还比较粗放。

五、青海

(一) 优势条件

1. 生产要素

青海是个典型的资源型省份,已发现矿产达120余种,探明储量的有110种,钾、钠、镁、锂、溴、芒硝、石棉、化工灰岩和硅储量居全国第一位,其中许多矿产是属于国内外急需的资源。有色金属铜储量超过180万t,铅180多万吨,锌250多万吨。此外还有镍、钴等。德尔尼铜钴矿是一个大型铜矿、钴矿,也是一个大型金矿、银矿和硫矿。青海黄金产量在全国各省(自治区、直辖市)列第13位,海西蒙古族藏族自治州、大柴旦镇和玉树藏族自治州称多县已进入年产金"万两县"的行列。青海的钾肥资源极为丰富。柴达木盆地中分布着察尔汗、茶卡、达布逊、大柴旦、小柴旦等30多个盐湖,湖中含有近万种矿物和40余种化学成分的卤水,已探明总储量700亿t(曾培炎,2010)。丰富的自然资源为青海的工业发展创造了资源条件。

2. 需求条件

化学工业是国民经济的重要产业,化工产品广泛用于工业、农业、人民生活等各个领域,在国民经济产业链中占有举足轻重的地位。我国不仅是化工产品的生产大国,也是消费大国。广阔的市场为青海化学原料及化学制品制造业创造了有利条件。

3. 机遇和政府作用

早在"四五"计划时期,国家就已经在青海投资建设了民和镁厂。中共十一届三中全会以后,又先后投资建设了锡铁山矿务局、青海铝厂等一批国家重点项目,并在人力、资金、技术等方面采取了一系列的扶持政策,使青海的有色金属工业得到了空前的发展。另一传统优势行业化学原料及化学制品制造业,紧抓西部大开发战略机遇,在政府的支持下也取得了较快发展,2007年占GDP的比例达到11.5%,在青海经济中占据重要地位。

2008年10月,国务院《关于支持青海等省藏区经济社会发展的意见》提出了支持青海等省藏区经济社会发展的指导思想、基本原则、主要目标和政策措施,并且明确指出,促进优势特色产业发展,培育新的经济增长点。《全国主体功能区规划》把兰州—西宁地区列为国家层面的18个重点开发区域之一;《西部大开发"十二五"规划》则把兰(州)西(宁)格(尔木)地区定位为"全国重要的新能源、盐化工、石化、有色金属和农畜产品加工产业基地，区域性新材料和生物医药产业基地"（国家发展和改革委员会，2012a）。这为青海扶持特色优势产业发展，促进生产要素的聚集，提高资源配置效益，推动产业结构调整升级提供了良好机遇。

（二）劣势条件

1. 生产要素

青海科技发展水平比较落后，无论是有色金属企业还是化工企业，都存在着设备陈旧，技术落后，产品老化，新产品开发能力弱的问题。受技术、资金影响，产品大多处于初级加工阶段，科技含量低、附加值小，大规模综合开发利用往往由于关键技术的制约，难以在近期取得突破。

2. 相关产业和支持产业

青海工业部门结构都高度倾斜于能源、原材料为主的重化工业，加工工业薄弱。青海省矿产采掘业及其后续加工业产值的比例为1∶2，远远低于经济发达的广东省的1∶9.9，也明显低于相邻甘肃省的1∶5.6（刘燕平，2008），从总体上反映出矿业结构不太合理。省内许多矿山产品单一，多为初级选矿加工产品，不少矿山还直接出售原矿。

3. 企业战略、结构与竞争

青海矿山规模均偏小，大型骨干企业少，而小规模矿山众多，形成"多、小、散、乱"的开发局面，使矿产资源的优势尚未得到有效发挥。

六、陕西

（一）优势条件

1. 生产要素

陕西石油和天然气资源储量丰富，特别是石油储量巨大。陕西石油资源主要分布在陕北榆林、延安两地的13个县（市）境内，含油面积约2000km^2，目前已探明储量11亿t。陕北油田具有埋藏浅、分布广、原油性质好的特点，是生产燃料油、润滑油的良好原料（王琳和陈宏平，2006）。2012年全省生产原油3527.6万t，占全国的17.0%，成为我国仅次于黑龙江的第二大产油省级行政区。[①] 陕西同样是天然

---

① 2012年黑龙江生产原油4001.5万t。

气大省,有世界级的大气田——长庆气田。

陕西有色金属矿产包括铜、铅锌、铝土、镍、钴、钨、铋、钼、汞锑、金、银和铂族金属矿产,探明储量产地 117 处。① 其中铂和汞探明储量在全国占有资源优势,金、锑、镍、铅储量亦占重要地位。

2010 年,陕西有耕地面积 286 万 hm^2,南北跨越三个气候带,分为黄土高原、关中平原、秦巴山地三个自然生态区,物种资源丰富。陕北黄土高原的小杂粮、牛羊、苹果、红枣等,关中平原的小麦、玉米、蔬菜、梨、猕猴桃及杂果、牛、羊、猪等,陕南秦巴山区的茶、桑、大米、植物油及山货产品等在全国占有重要地位(杨毅哲和赵政阳,2009)。不同的物候条件,形成了不同的区域农产品优势特点,这些都为陕西发展食品制造业和饮料制造业,特别是绿色食品制造业奠定了基础。尤其是陕西的苹果及其加工业近年来得到了快速发展,2005~2012 年,苹果产量由 560.1 万 t 增加到 965.1 万 t,占全国的比例由 23.3%提高到 25.1%,居全国各省级行政区首位。

陕西矿泉水资源得天独厚,目前已发现水源 100 多处。其中 80 多处已通过省级以上权威部门鉴定,40 多处已正式投产,它们分布广、品种多、水质好、流量大。安康地区含硒、富锶低钠矿泉水尤为珍贵(李绪民,2000)。

陕西中药材资源位居全国第三位,优势原料(如盐酸四环素、甲苯达唑、苯硫咪唑等)在世界市场上占有较大的优势,一些制剂品种(如多潘立酮、达克宁、利君沙、步长脑心通等)在全国具有较高的知名度。

2. 需求条件

石油对经济的贡献和支撑作用毋庸置疑。尤其在经济快速发展的今天,受需求压力影响,石油已成为促进国民经济其他部门快速增长的优先发展对象,具有强大的发展潜力和空间。

随着经济的发展,人们生活水平的不断提高,广大消费者日益重视日常饮料与身体健康、健美、营养的关系,含天然维生素、生物微量元素、无人工合成添加剂、防腐剂的天然绿色饮料日益受到人们的欢迎。陕西饮料产品中的果蔬饮料具有果蔬的独特风味与营养成分,顺应"天然、营养、回归大自然"的消费趋势,市场潜力大,发展前景看好。随着人们生活水平的提高和健康意识的增强,矿泉水等优质天然水也有替代其他饮用水的趋势。

3. 相关产业和支持产业

陕西饮料制造业的快速发展得益于其农产品种植业、养殖业规模的扩大。

---

① 含共生、伴生矿产地 46 处。

陕西果蔬资源丰富，已形成苹果、猕猴桃、酥梨和红枣四大果品生产基地。此外，石榴、葡萄、草莓、柿子、梨枣和桑葚等水果栽培面积也在逐年扩大，其工业化加工程度已在国内占有明显优势。

石油相关产业部门齐全，地下有石油、天然气，地面钻、采、炼一条龙，石油装备制造、石油钢管加工名列全国前茅，人才培养有学科齐全的西安石油大学等。

陕西历史文化悠久，名胜古迹众多，旅游业和文化业的快速发展，带动了印刷市场的扩展；良好的投资环境吸引了东部省份和国外资本的流入，投向印刷行业，印刷制品的质量显著提高。

4. 机遇和政府作用

陕西尤其陕北是革命老区，党中央、国务院高度重视老区建设，全国人民也都非常关心革命圣地延安的发展，对陕西给予了政策、资金上的大力支持和援助。《陕甘宁革命老区振兴规划》是新中国成立以来我国第一个加快革命老区发展的规划，对于陕西来说是一个极好的机遇和促进。

2009年6月，国家批准的《关中—天水经济区发展规划》，明确提出以西安为中心的关中—天水经济区是"全国内陆型经济开发开放战略高地，统筹科技资源改革示范基地，全国先进制造业重要基地，全国现代农业高技术产业基地，彰显华夏文明的历史文化基地"（国家发展和改革委员会，2009）。该经济区也是《全国主体功能区规划》中国家层面的18个重点开发区域之一，将大力发展航空航天、装备制造、资源加工、文化产业和旅游产业，这非常有利于陕西特色优势产业的发展。

（二）劣势条件

陕西饮料工业产品品种、质量和效益虽较前均有明显增加和提高，但规模和品牌联动效应仍未形成，缺乏市场竞争能力；食品制造业生产企业大多是中、小企业，规模小，初级产品较多，产品附加值不高，龙头企业带动基地农户的作用不明显，无法形成规模效应和品牌效应；陕西医药工业虽然已经形成了以西安杨森、利君等大型企业为龙头，以步长、金花、东盛等一批企业为骨干的医药产业集群，但总体而言，陕西医药工业水平并不高。大部分医药企业生产规模小，重复建设现象比较严重，导致同一区域内同产品之间的恶性竞争，如利君集团、金花集团、陕西制药厂等经常在普药市场上掀起低层次的价格大战。

由于印刷业的无序竞争和企业的重复建设，尤其出版社、发行部门和印刷企业利润分配不合理，印刷工价一降再降，书刊印刷企业只能维持生产，很难有发展能力。

七、四川

(一) 优势条件

1. 生产要素

四川是农业大省，是我国西部最大的粮食和副食品生产基地，主要农产品产量在全国名列前茅，是粮、油、棉、麻、蔗、桑、果、药等多种经济作物的主要产区和五大牧区之一，并培育和生产了大量的农作物良种支援国内其他地区的农业生产。丰富的农产品资源，为农副食品加工业的发展提供了充足的原料。

四川是中药资源大省，曾有"中药之乡、中医之乡"的美誉，境内的中药资源种类多，品质优良。四川药材产区环境独特，栽培技术纯熟，采收方法正确，有众多久负盛名、品质优良的地道药材。

四川在制革原料皮资源方面具有一定的优势。四川是产猪大省，由于特殊的自然环境，四川生猪猪皮具有毛孔小、粒面细密、厚度均匀和部位差小等特点，是优质的制革原料。除了猪皮、黄牛皮、水牛皮外，还有许多具有特色的原料皮资源，如杂交的波尔多山羊皮、南江黄羊皮，以及占全国第二位的兔皮。这些原料皮，可以开发出具有民族及地区特色的真皮用品，如旅游、装饰、包装等产品，也可以开发出具有集卫生、环保、观赏于一体的皮革新产品（单志华，2003）。

四川有色金属资源丰富。有色金属矿产保有储量居全国前五位的有14种，其中9种是稀有稀土金属，储量居全国第一位的有钛、钒、碲矿；居全国第二位的有轻稀土、钠盐矿、锂矿；居第三位的有铍及铂族金属；居第四位的有镁矿、镉矿；居第五位的有重稀土矿、金矿、钽矿、锗矿（张忠辉，2003）。丰富的资源使得有色金属矿采选业成为四川的特色优势产业。

2. 需求条件

近年来我国房地产业和装修业飞速成长，激活了家具产业市场，大大提高了人们对家具产品的需求。同时，伴随着人们生活水平的提高和消费观念的改变，居民对家居环境的要求和品位也提高了。近年国内消费市场质与量的提高，为家具业的发展与提升，提供了不断改善的市场条件和竞争环境。

教育类图书的巨大需求保证了印刷行业的基本规模。在印刷行业中，教育类印刷制品所占比重较大。据统计，我国的教育类图书销售额在全国图书销售额的60%以上。

随着人民群众生活水平的提高，广大消费者对皮革及其制品的需求将会大幅度增长。全球皮革总需求量约为10亿m^2，巨大的市场需求使得皮革工业具有广阔的发展前景。

3. 相关产业和支持产业

中药产业的产业链涉及面非常广，主要有中药材种植、加工，新药研究、开发，中药生产、销售等。中药产业各环节竞争力的形成必须有一群相关产业群的强力支撑，如种植、环境保护、化工、药用机械、交通运输、金融等产业。近年来随着四川经济总体的进步，中药产业及其相关产业群都得到了相当大的发展。两者之间存在双向的互动关系，相关产业群的发展增强了中药产业的竞争优势，同时中药产业竞争力的增强也带动着相关产业群的发展。

在家具制造的产业链中，涉及原木、锯材、木板、五金配件、塑料等原材料，油漆、胶水、砂纸、包装材料等辅材。目前四川家具制造业与其相关的配套产业已经初步形成低成本的产业链，当地纺织业、木材加工业、小五金制造业等行业日益活跃。

皮革工业的原料主要直接来自农业、牧业和渔业，有的则间接来自副业和林业，皮革工业的生存和发展在很大程度上依赖于农林牧渔业的发展。四川作为农业大省，农林牧渔业均有不同程度的发展，为皮革工业提供了丰富的原材料资源。

4. 企业战略、结构与竞争

四川的医药产业一直都有较好的基础和发展条件。经过几十年的发展，以中成药为主体的医药工业已在全国形成了一定的优势和特色。四川医药产业已基本形成相对配套的医药发展体系和一批发展势头良好的重点制药企业，如地奥集团、四川制药、科伦实业、迪康集团等。

饮料食品工业是四川传统的优势产业，具有品牌、资源和市场优势。其优势企业效益突出，如宜宾五粮液集团、成都卷烟厂、泸州老窖股份有限公司等，都为食品饮料业的发展奠定了良好的基础。在高档酒类中，五粮液在国内市场已经连续多年位居白酒业销售额和利润额榜首。而在国际市场，五粮液更是中国白酒企业当之无愧的领头羊。

（二）劣势条件

农副食品加工业方面，资源粗加工企业多，深精加工企业少；以农产品和畜产品为加工对象的小作坊、小加工等传统企业多，高新技术企业少；劳动密集型企业多，技术密集型企业少。

四川家具产销企业大多为规模较小的家庭式民营企业，难以形成规模经济，效益不高；技术水平和生产效率低下；企业管理者和员工素质均不高；设计模仿严重，阻碍了企业的研发创新能力。

八、西藏

（一）优势条件

1. 生产要素

西藏自治区水资源十分丰富，全区水资源总量（不含地下水）4482亿 m^3，人均 17.7 万 m^3，居全国首位。冰川和地下水平均年径流总量为 3959 亿 m^3，约占全国的 12% 左右。天然水能理论蕴藏量达 2 亿 kW，占全国的 30%，仅雅鲁藏布江干流天然水能蕴藏量就达 8000 万 kW（江郑伟，2006）。

西藏境内生物资源独特而丰富，藏东南的墨脱、察隅、珞隅等地，被誉为天然植物博物馆。以食用菌、红景天、人参果等具有高原特色的作物为原料制作的饮品，具有明显的特色和优势；西藏饮用水资源具有蕴藏量大、含微量元素丰富的特点，以此为基础发展的矿泉水、啤酒、植物保健品等，在国内也有一定的市场。

西藏是我国藏药的重要产地。西藏独特的地理环境造就了丰富的药用资源，其种类丰富，储量大，药用植物 1000 多种，占全国药用植物的 65%~70%，其中许多为青藏高原特产。

2. 机遇

国家在财政、金融、税收和物资、技术、人才等方面对西藏给予了特殊的支持和帮助，至 2010 年已先后召开了五次西藏工作座谈会。特别是 2010 年 1 月党中央、国务院召开的第五次西藏工作座谈会，突出强调要推进西藏跨越式发展，使西藏成为重要的国家安全屏障、重要的生态安全屏障、重要的战略资源储备基地、重要的高原特色农产品基地、重要的中华民族特色文化保护地、重要的世界旅游目的地。要着重培育具有地方特色和比较优势的战略支撑产业，稳步提升农牧业发展水平，做大做强做精特色旅游业，支持发展民族手工业，加强基础设施建设和能源资源开发，深化改革开放，增强自我发展能力。以拉萨为中心的藏中南地区既是《全国主体功能区规划》的国家层面的重点开发区域之一，也是"十二五"时期西部开发的重点区域之一，将发展成为"全国重要的农林畜产品生产加工、藏药产业、旅游、文化和矿产资源基地，水电后备基地"（国务院，2010）。这为西藏特色优势产业的发展提供了便利条件。

（二）劣势条件

1. 生产要素

西藏大部分属高寒地区，降雨大多集中于 6～9 月，冬季很长，河水流量季节性明显，不少河流冬季结冰、断流，这都给水资源开发带来很大困难。

2. 需求条件

尽管西藏饮料产品具有一定特色，但是由于受饮用习惯和生活方式等的影响，产品市场需求空间大部分局限在西藏本区内和相邻省区（如青海、云南、四川、甘肃）中的部分地区，需求空间并不大。要想开拓内地市场，就必须花巨额资本进行技术改造和产品更新，使之符合内地大部分地区的消费口味和习惯。

3. 相关产业和支持产业

藏药材生产、种植基地的建设比较滞后，且还没有形成药材交易市场，各药品生产厂家对于药品生产用的原药材均是以自行收购为主。西藏落后的交通条件也会对藏药材市场的供需产生较大的影响。

4. 企业战略、结构与竞争

西藏医药企业低水平重复建设的结构性矛盾突出。大部分藏药生产企业生产条件简陋，技术水平低，缺乏专业分工，企业规模小，造成西藏藏药产业集中度和关联度低，企业之间低水平重复生产，使资源和资金得不到有效利用。

5. 政府作用

《全国主体功能区规划》划定的 25 个国家层面重点生态功能区，涉及西藏的有藏东南高原边缘森林生态功能区、藏西北羌塘高原荒漠生态功能区两个区域。对于这两个区域，要"禁止对野生动植物进行滥捕滥采，保持并恢复野生动植物物种和种群的平衡，实现野生动植物资源的良性循环和永续利用。加强防御外来物种入侵的能力，防止外来有害物种对生态系统的侵害。保护自然生态系统与重要物种栖息地，防止生态建设导致栖息环境的改变"（国务院，2010）。《西部大开发"十二五"规划》也把青藏高原江河水源涵养区作为重点生态区之一，要求"严格控制工业化城镇化开发，适度控制其他开发活动，缓解开发活动对自然生态的压力"（国家发展和改革委员会，2012a）。这对西藏资源开发将是一个强大的外在约束。

九、新疆

(一) 优势条件

1. 生产要素

新疆的石油天然气资源非常丰富,有可供石油和天然气勘探的沉积岩面积90.1万 km²,占全区总面积的54%,占全国沉积岩面积的1/5;新疆石油资源总量约为500亿 t,占全国的1/3以上,其储量现在居我国各省级行政区第三位;天然气资源总量约为13万亿 m³,占国内陆上天然气资源量的34%。其中,塔里木、准噶尔及吐哈三大盆地共蕴藏着209亿 t 石油资源和10.85万亿 m³ 天然气资源,分别占全国陆上油气资源总量的25.5%和27.9%。新疆被地质学家视为我国油气勘探潜力最大的省级行政区(韩庆鹏,2007)。

新疆的黑色金属及有色金属矿产在全国占有一定的地位,已探明的金属矿产有27种。黑色金属矿产资源有铁、锰、铬、钒、钛5种,其中铁矿目前探明储量为8亿 t,居全国第5位,已列入国家储量表为7.2亿 t;锰矿居全国第8位;铬矿居全国第5位。已发现有色金属矿产品种129个,其中居全国前十位的有铍、铌、镍、钽、铯、锂、钴,储量极为丰富。矿种分布广、矿点多、富矿多、伴生矿多,有利于综合开发利用。

新疆与中亚接壤,中亚地区同样蕴藏着丰富的矿产资源,包括石油、天然气、煤炭、铀矿等能源资源,铁、铬、锰等黑色金属,铜、铅、锌、铝、钛、镁、钨等有色金属。新疆与中亚各国地理位置的便利性和地缘文化的相似性,使新疆与中亚国家共同合作开发矿产资源成为可能。

2. 需求条件

石油已成为促进国民经济其他部门快速增长的优先发展对象,具有强大的发展潜力和空间。

3. 机遇和政府作用

2008年,国务院《关于进一步促进新疆经济社会发展的若干意见》明确指出,要努力把新疆建设成为进口能源和紧缺矿产资源的国际大通道。2010年5月召开的中央新疆工作座谈会指出,要着力推进经济建设,加快经济发展步伐,加快推动资源优势向经济优势转化,扶持优势特色产业发展,加强农业综合生产能力建设,推进科技创新体系建设,发展高新技术产业和旅游业,促进区域协调发展,推进基础设施建设,加大中央基建投资对交通基础设施建设支持力度,优先安排便民基础设施项目。《西部大开发"十二五"规划》将新疆天山北坡地区定位为"我国面向中亚、西亚地区对外开放的陆路交通枢纽和重要门户,全国重要的综合性能源资源生产及供应基地,现代化农牧业示范基地,西北地区重要国际商贸中心、物流中心和对外合作加工基地"(国家发展和改革委员会,2012a)。2011年9月,国务院《关于支持喀什霍尔果斯经济开发区建设的若干意见》提出,"充分发挥喀什和霍尔果斯的特殊区位优势、资源优势和人文优势,……,将喀什市和伊宁市建设成为我国西部地区重要的对外开放门户城市和区域中心城市,在推进新疆跨越式发展和促进我国向西开放大局中发挥更大的作用"(国务院,2011)。

政府的支持是新疆矿产资源行业继续发展的强大动力。

(二)劣势条件

1. 生产要素

新疆地理位置偏僻,离中东部地区较远,矿产资源运输困难,若不能将资源输出新疆,也就意味着丰富的资源难以为经济发展做出贡献。

2. 相关产业和支持产业

新疆丰富的资源优势没有转化为经济优势,主要原因就是已开发的资源没有形成有效的产业链式发展,基本以初加工为主,资源价值没有得到挖掘和体现,产品附加值低,大多以原料的形式输出。

3. 企业战略、结构与竞争

新疆多数有色金属矿山企业生产规模小,布局分散,集约化程度低,基本处于初级原料加工阶段。一些小型矿山企业采富弃贫、采易弃难,资源浪费现象严重。除屈指可数的国有大中型矿山企业外,绝大多数矿山均属人工或半机械化开采,装备陈旧落后,采矿回采率低。一些民营小型有色金属矿山还处于卖原矿石状态,无综合利用和深加工能力。即使自治区内唯一的大型综合性有色金属开发企业——新疆有色集团,其生产规模也远不及国内其他大型有色企业,生产的矿产品种类虽多,但大多是初级原料冶炼加工,技术含量低,延伸产品较少,市场竞争力弱。

十、重庆

(一)优势条件

1. 生产要素

重庆所处的特殊地理位置,决定了其中药资源比内蒙古、青藏高原、新疆等中药材产区更具有品种区系成分丰富、特有品种多的特点。重庆市有中药材品种 3000 多种、动物药 100 多种、矿物药 100 多种，中药材总蕴藏约 15 万 t，自然分布的药用植物种类达 4500 余种，占我国药用植物种类的 1/3，其中常年收购的药材品种约 350 种，全国中药材品种有 1/2 以上均产自重庆（王小明，2006）。

重庆市中药科研力量较强，拥有相对完善的科研、开发和产业化的技术支撑体系。例如，重庆市中药研究院是我国知名的专业中药研究机构，在中药材资源、中药材栽培、药材品质评价以及中药新药和健康产品开发方面具有较强的科研实力。

2. 需求条件

重庆中药历史悠久，在西部地区乃至全国都有一定的市场，品牌影响力大。例如，百年老字号桐君阁创办于 1908 年，有"北有同仁堂、南有桐君阁"之美称；重庆太极集团是国家重点发展的五大中药集团和重庆市重点扶持的 30 家扩张型企业集团，其产品在全国市场占有率较高。

3. 机遇和政府作用

除了资源禀赋上的优势外，重庆政府的扶持也加快了中药产业的发展。近年来，中药材生产受到重庆各级政府的广泛重视，政府把发展中药材生产与退耕还林还草和开发性移民、扶贫相结合，作为农业产业结构调整的重要内容之一，给予高度重视。"十二五"时期，重庆市将加快发展以信息产业为主导的战略性新兴产业；实施"大投资、大项目、大企业、大基地、大支柱"战略，推动传统优势产业高端化发展，打造全国重要的现代装备制造业基地等（重庆市发展和改革委员会，2011）。这为重庆发展特色优势产业提供了良好机遇。

（二）劣势条件

1. 相关产业和支持产业

重庆中药产业化水平低，尚未形成完备的产业结构。药材种植大多数为农户自发分散种植。生产方式落后，规模小，缺乏规范的生产管理和质量控制手段，亟待向产业化、规范化的方向发展。

2. 企业战略、结构与竞争

重庆医药产业近年来经过资产重组，企业组织结构发生了较大变化，在一定程度上改变了医药企业规模过小、布局分散的局面。目前已形成了太极集团、重庆医药、合成制药等规模以上企业，但规模以上企业占全部医药企业的比重仍然较低。

3. 政府作用

《全国主体功能区规划》把三峡库区水土保持生态功能区划为全国重要的生态功能区之一。目前，该区域森林植被破坏严重，水土保持功能减弱，土壤侵蚀量和入库泥沙量增大。要植树造林，恢复植被，涵养水源，保护生物多样性（国务院，2010）。这对重庆三峡库区的发展产生了一定的限制作用。

十一、甘肃

(一) 优势条件

1. 生产要素

甘肃石油资源集中分布在玉门和长庆两个油区，截至 2007 年年底累计探明地质储量为 6.9 亿 t，探明率 11.3%。其中，庆阳探明储量 3.72 亿 t，预计油气总资源量为 28.47 亿 t，探明率 12%。这与国内石油资源平均探明率 39% 和国际石油资源探明率 70% 相比，勘探潜力较大。[①] 甘肃是全国"有色金属之乡"，不仅探明矿种多、储量丰富，而且拥有一批在国内外占有重要地位的大型、超大型矿床。其中镍矿、铜矿、铅锌矿、锑矿、钨矿、铂族元素等，无论是产量还是规模在全国均占据重要地位。

2. 需求条件

石油无论是在经济、军事，还是在日常生活中都占据着举足轻重的地位。在未来相当长时间内，对于石油的市场需求将会持续稳定保持下去。

3. 机遇和政府作用

西部大开发战略的继续实施依然是甘肃优势产业发展的重要机遇。在过去的十年间，国家对包括甘肃在内的西部地区发展特色优势产业的支持已经初具成效，为甘肃优势产业发展指明了发展方向。2010 年 5 月，国务院办公厅《关于进一步支持甘肃经济社会发展的若干意见》指出，甘肃是"连接欧亚大陆桥的战略通道和沟通西南、西北的交通枢纽，西北乃至全国的重要生态安全屏障，全国重要的新能源基地、有色冶金新材料基地和特色农产品生产与加工基地，中华民族重要的文化资源宝库，促进各民族共同团结奋斗、共同繁荣发展的示

---

① http://www.mysteel.com/gc/gnscfx/gdrd/2009/07/03/083908,0,0602,2042041.html，2010 年 10 月 12 日。

范区"(国务院办公厅,2012)。《西部大开发"十二五"规划》则把兰西格经济区定位为"全国重要的新能源、盐化工、石化、有色金属和农畜产品加工产业基地,区域性新材料和生物医药产业基地"(国家发展和改革委员会,2012a)。这为甘肃发展特色优势产业提供了良好机遇。

(二)劣势条件

1. 需求条件

受全球性经济危机的影响,有色金属需求萎靡,价格疲软,市场供大于求,短期内将难以改变。这对甘肃有色金属产业打击较大。虽然2008年国家出台的十大拉动内需的措施将有助于拉动有色金属行业的需求,但由于政策的时滞性,有色金属市场形势依然严峻。

2. 企业战略、结构与竞争

甘肃大多数矿产资源(包括石油和有色金属)的开采规模与矿产的储量规模不匹配,大矿小开、争抢资源、乱采滥挖、采富弃贫、越界开采、重复建设等问题普遍存在,资源的开发效率低,综合利用水平差,由此导致的环境问题日益突出,严重影响了地区环境与经济的可持续发展。

3. 相关产业

甘肃虽然具备一定的石油开采能力,但生产和制造相关化工产品的能力欠缺。生产制造石油化工产品过程中,原材料的流失、浪费严重,产品结构、品种单一,技术含量不高。石油工业的发展基本上还是以石油原料开采和输出为主,利润率不高,也不利于资本的积累。

十二、云南

(一)优势条件

1. 生产要素

云南的矿产资源非常丰富,号称中国的"有色金属王国"。已发现矿产142种,有92种探明了储量,矿产地1274处。有54种矿产保有储量居全国前10位,铝、锌、锡的保有储量居全国第一位,铜、镍金属保有储量居全国第三位。在贵金属、稀有元素矿产中,铟、铊、镉保有金属储量居全国第1位,银、锗、铂族金属储量居全国第2位。其他矿产资源也极为丰富。煤炭保有储量居全国第9位；磷、盐、芒硝、砷、钾盐、硫铁矿、电石用灰岩、化肥用蛇纹岩等8种矿产的储量，居全国前10位。云南已形成了一批以有色金属为主的具有一定规模的矿产资源采、选、冶工业，是国家重要的锡、铜、磷肥生产基地。

云南水能资源极为丰富。6大水系流经全省，区域内有600多条大小河流，正常年水资源总量2222亿m^3，水能资源理论蕴藏量为10 364万kW，可开发的装机容量为9000多万千瓦，年发电量为3944.5亿kW·h。云南水能资源开发有许多优越条件：可开发的大型和特大型水电站的比例高；水能资源分布比较集中，开发目标单一，开发选择性强；可开发的水能资源工程量相对较小，水库淹没损失小，技术经济指标优越。

云南烟制品发展也具有其独特的优势。烟叶以其成熟度好、组织疏松、色泽油润、香气量足以及其特有的香气风格闻名遐迩。目前，云南烤烟产量大于全国总产量的1/3，在我国百牌号中的使用量超过40%，尤其是云南的上等烤烟是我国卷烟企业一类、二类卷烟配方中使用的主料烟，在卷烟配方中约占60%。[①]

2. 机遇和政府作用

2011年5月，国务院《关于支持云南省加快建设面向西南开放重要桥头堡的意见》，云南是我国向西南开放的重要门户；我国沿边开放的试验区和西部地区实施"走出去"战略的先行区；西部地区重要的外向型特色优势产业基地；我国重要的生物多样性宝库和西南生态安全屏障；我国民族团结进步、边疆繁荣稳定的示范区。要构建国际大通道，增强基础设施支撑保障能力；加强对外经贸交流和合作平台建设，全面提升开放水平；打造特色优势产业基地，促进产业结构升级和发展方式转变（国务院，2011）。《西部大开发"十二五"规划》指出，云南是向西南开放的重要桥头堡，要深化大湄公河次区域合作，加强云南与东南亚、南亚、印度洋沿岸国家合作，建设西南出海战略通道（国家发展和改革委员会，2012a）。这一系列政策为云南建设大通道、大窗口、大平台、大基地，打造具有内陆特点的开放型经济，大开放为大发展提供了历史机遇。

（二）劣势条件

1. 生产要素

云南地理位置偏僻，地处边疆，境内高原起伏，断层盆地星布，高山低谷

---

① 黄学跃. 云南烟草业为国民经济建设作出卓越贡献（图）. http://www.tobaccochina.com/news/data/20054/h_3449757_11172138.htm. 2005-04-12.

相间，多数河流落差大，水流急、水量变化大，给交通带来了极大困难，矿产资源运输困难，丰富的资源难以为经济发展做出贡献。同时，云南这样一个地理位置使得该省在西部大开发过程中处于人才进不来、信息出不去、资金引不来等尴尬窘迫局面。

2. 需求条件

随着国内外主要金属价格的下跌，国内有色金属行业的发展将面临前所未有的挑战。目前有色金属大宗商品的景气周期已经结束，供大于求。有色金属商品价格将总体处于疲软的状态。

3. 相关产业

在云南的烟草业迅猛发展过程中，还存在一些瓶颈。例如，烟叶的生产方式分散，60%的烟叶是农场生产，剩余的40%是小农户生产，一家一户的烟叶生产组织方式，提高了生产成本和交易成本，很难形成规模效益；混合型、低焦油的低危害卷烟发展缓慢，云南的烟草业在这些种类卷烟上的研发并不占优势，甚至还有被国内其他对手侵占市场的趋势；原料、物流等方面的不足也制约这个烟草大省的发展，云南卷烟工业与跨国烟草公司相比，竞争实力差距甚远。此外，随着《烟草控制框架公约》（FCTC）的生效，全球控烟、反烟运动日益高涨，各种控烟、禁烟的法律法规相继出台，所以云南若不进行技术改进，进行科技攻关，在降焦减害方面取得成就，靠一个危害人体健康的支柱性产业，将难以有长远的发展。

4. 企业战略、结构与竞争

云南大多数矿产资源的开采规模与矿产的储量规模不匹配。目前全省矿业企业中，大部分企业规模偏小，大矿小开、争抢资源、乱采滥挖、采富弃贫、越界开采、重复建设等问题普遍存在。除屈指可数的国有大中型矿山企业外，绝大多数矿山均属人工或半机械化开采，装备陈旧落后，采矿回采率只有30%~40%，资源的开发效率低，综合利用水平差，严重影响了云南矿产经济的可持续发展。

另外，矿产资源的开采使森林植被被破坏，加剧水土流失，地质灾害频发，"三废"的排放破坏良田，造成突然污染、水源恶化给农业生产带来威胁。

参考文献

重庆市发展和改革委员会.2011.重庆市国民经济和社会发展第十二个五年规划纲要.
高蓬明，王莉娟.2003.贵州药用植物资源的可持续利用.贵阳金筑大学学报，(4)：36-39.
广西壮族自治区发展和改革委员会.2011.广西壮族自治区国民经济和社会发展第十二个五年规划纲要.
国家发展和改革委员会.2009.关中—天水经济区发展规划.

国家发展和改革委员会.2012a.西部大开发"十二五"规划.
国家发展和改革委员会.2012b.煤炭工业发展"十二五"规划.
国家发展和改革委员会.2012c.陕甘宁革命老区振兴规划.
国务院.2010.全国主体功能区规划.
国务院.2011-05-06.关于支持云南省加快建设面向西南开放重要桥头堡的意见.国发[2011]11号.
国务院.2011-09-30.关于支持喀什霍尔果斯经济开发区建设的若干意见.国发[2011]33号.
国务院办公厅.2010-05-02.关于进一步支持甘肃经济社会发展的若干意见.国办发[2010]29号.
韩庆鹏.2007.基于主成分分析的新疆优势产业的选择与发展.新疆职业大学学报,(4):23-26.
胡晓登.2006.国际区域经济一体化与贵州电力产业政策.贵州社会科学,(1):23-26.
江郑伟.2006.对西藏发展特色优势产业的思考.西藏发展论坛,(2):31-35.
李绪民.2000.浅析陕西饮料工业的优势与发展.现代企业,(11):40-41.
梁锋.2007.基于"钻石模型"的山西煤炭产业竞争力分析.理论探讨,(4):37.
刘春艳,吕喜明.2005.内蒙古特色产业的比较优势向竞争优势的转化.内蒙古师范大学学报(哲学社会科学版),(3):30-34.
刘桂香.2007.浅议宁夏特色优势产业的经济发展.现代经济,(12):34-35,17.
刘燕平.2008.工业化进程中青海省工业结构调整研究.西北民族大学学报(哲学社会科学版),(2):52-57.
孟宪毅.2007.丰富的林业资源 内蒙古林业辉煌六十年系列报道(一).内蒙古林业,(7):18.
单志华.2003.发展四川皮革工业的思考.西部皮革,(10):18-19.
王海波,严辉,玉婷,等.2008.铝业航母:推动有色金属产业集群化发展.当代广西,(21):14-15.
王琳,陈宏平.2006.陕西石油产业可持续发展对策研究.西安邮电学院学报,(4):27-31.
王小明.2006.重庆中药产业的比较优势及发展战略.探索,(1):142-145.
魏后凯,刘楷,安树伟.2005.西部地区经济结构调整和特色优势产业发展研究.国务院西部开发领导小组办公室经济社会组委托课题研究报告.
吴国清,殷耀.2008-06-12.求真务实使内蒙古走进前列.http://www.nmg.xinhuanet.com/xwzx/2004-02/14/content_1623571.htm.
新华网.2007-03-08.宁夏已探明煤炭储量311亿吨排全国第六位.http://www.coalworld.net.cn/detail/07/03/08/00055645/content.html?1377471896070&type=A001001001.
徐元琳.2004.贵州社会经济与优势产业分析.贵州化工,(2):22.
杨毅哲,赵政阳.2009.绿色食品与陕西农业发展.陕西农业科学,(1):193-195.
油气资源开发与西部区域经济协调发展战略研究课题组.2008.西部油气资源富集区域经济发展报告.见:姚慧琴,任宗哲.西部蓝皮书:中国西部经济发展报告(2008).北京:社会科学文献出版社,36-52.
曾培炎.2010.西部大开发决策回顾.北京:中共党史出版社,新华出版社:269,282,332,334,338.
张忠辉.2003.四川有色金属工业发展与改革报告.四川有色金属,(3):1-6.
中国社会科学院经济研究所.2005.现代经济辞典.南京:凤凰出版社,江苏人民出版社:574.

第八章 西部地区产业结构调整与特色优势产业发展

西部地区正在进行新一轮经济结构调整,而产业结构调整是经济结构调整的重要内容,产业结构调整就是要不断优化产业结构。产业结构优化过程就是通过政府有关产业政策调整,实现资源优化配置,来推进产业结构的合理化和高度化。产业结构调整的一个重要方面就是特色优势产业的发展。下文在对西部地区产业结构现状和影响因素进行分析的基础上,提出未来产业结构调整的方向、重点和对策。

第一节 产业结构现状及存在的问题

2012年,西部各省级行政区第一产业占GDP的比重都不同程度地高于全国平均水平和东部地区各省级行政区;工业化基础比较薄弱,与全国及东部地区有较大差距;第三产业比重高于中部地区和东北地区,低于东部地区,呈现出产业结构"虚高度化"的迹象,但其第三产业的高比重是工业化不发达所致。

从西部地区各产业对GDP的弹性来看,2012年第二产业对GDP的弹性是0.99,在四大区域中是最高的,说明西部地区工业化进程比较快;第三产业对GDP的弹性是1.05,在四大区域中处于最低水平,表明西部地区第三产业发展比较慢(表8-1)。与此同时,西部地区的产业趋同现象严重,缺乏竞争力,各省级行政区内部的差距也在拉大,城乡之间的二元结构也在强化。

表8-1 2012年四大区域不同产业对GDP的弹性比较

产业	对GDP的弹性			
	东部地区	中部地区	西部地区	东北地区
第一产业	0.97	0.76	0.89	1.44
第二产业	0.76	0.96	0.99	0.77
第三产业	1.28	1.15	1.05	1.20

资料来源:整理自《中国统计年鉴(2012)》;国家统计局. 中国统计摘要(2013). 北京:中国统计出版社,2013

注:各产业对GDP的弹性 $E_i = \Delta C/\Delta G (i=1,2,3)$。其中,$\Delta C$表示该产业的增长速度,$\Delta G$表示GDP的增长速度

一、第一产业比重偏高,劳动生产率偏低

近年来,西部地区经过实施产业结构调整、科技兴农等措施,第一产业取得了较大发展。但存在着产业结构性矛盾、农业基础薄弱、发展后劲不足、科技兴农措施实施不到位等问题(武康平和刘秀兰,2004)。2010年,西部地区第一产业增加值 10 701.3 亿元,占 GDP 的 13.1%(图 8-1)。① 第一产业就业人数 10 148.9 万人,占西部地区全部就业人员的 47.7%,为四大区域中最高(图 8-2)。第一产业从业人员人均增加值只有 10 544 元,相当于东部地区的 54.1%。

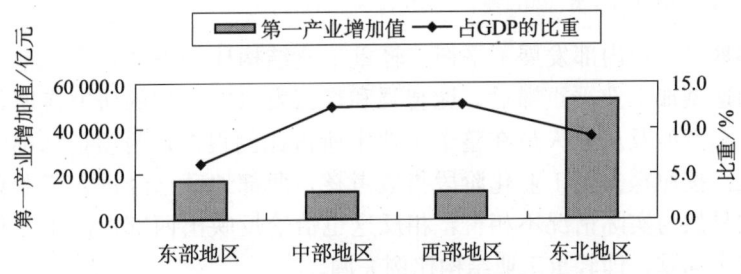

图 8-1 2010 年四大区域第一产业增加值及占 GDP 的比重
资料来源:根据《中国统计年鉴(2011)》整理

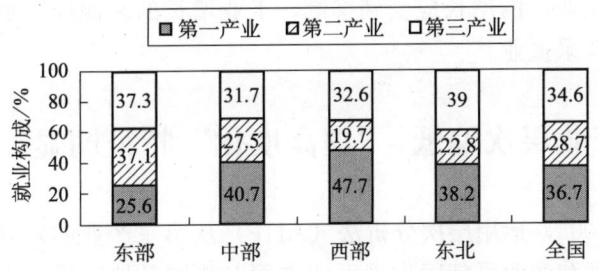

图 8-2 2010 年四大区域及全国三次产业的就业构成
资料来源:根据《中国统计年鉴(2011)》整理

二、第二产业发展滞后,轻重工业比例不协调

西部开发以来,西部地区第二产业获得长足发展,有效地推动了西部地区的经济增长,但西部地区第二产业发展依然滞后,工业增长仍比较缓慢,与东

---

① 2012 年西部地区第一产业增加值 14 332.6 亿元,占 GDP 的 12.6%。

部地区存在较大差距。2012年西部地区第二产业增加值57 104.2亿元，占GDP的50.1%，而同期东部地区第二产业增加值141 448.8亿元，是西部地区的2.48倍，占GDP的47.8%（表8-2）。

表8-2　2012年四大区域及全国第二产业发展比较

项目	东部	中部	西部	东北	全国
GDP/亿元	295 892.0	116 277.7	113 904.8	50 477.3	518 942.1
第二产业增加值/亿元	141 448.8	61 450.7	57 104.2	25 644.9	235 162.0
第二产业比重/%	47.8	52.8	50.1	50.8	45.3

注：东部、中部、西部、东北四大区域GDP数据是各省级行政区的加总数，因此四大区域GDP加总数大于全国GDP
资料来源：《中国统计年鉴（2013）》

西部地区工业内部发展不平衡，轻重工业结构比例失调，资源型工业超前发展，制造型加工业严重滞后。庞智强和李云发（2007）的研究表明，西部地区重工业总产值及从业人员在整个工业中所占比例很大，两项指标都明显高于东部地区。按照霍夫曼工业化阶段指数考核，西部地区已经进入工业化的最后阶段。这显然与实际情况不相符，相反这也恰恰反映出西部地区工业化过程中存在的突出问题，即轻重工业结构比例失调。

未来西部地区工业内部结构调整要处理好"资源型工业"和"制造工业"的关系，在及早考虑发展再生资源的同时，对现存资源实行保护性开发，一定时期"资源型工业"的增长应受到抑制，工业增长的来源应当更为依赖加工制造业而不是资源采掘业。

三、第三产业层次偏低，"虚高度化"特征明显

李江帆（2005）运用层次分析法（AHP）从第三产业的发展规模、发展速度、产业高级度和产业可持续发展度四方面对我国各地区第三产业发展水平进行了评价，东部地区平均得分44分、中部36分、西部31分。2012年西部地区第三产业增加值42 468亿元，占GDP的37.3%，与东北地区基本持平，高于中部地区（35.1%），低于东部地区（46.0%）和全国平均水平（44.6%）（图8-3）。与工业化水平相比，西部地区存在着第三产业的相对超前发展，亦即存在某种程度的产业结构"虚高度化"。

产业结构的演变首先由第一产业为主向第二产业为主转变，然后再由第二产业为主向第三产业为主的转变，第三产业的发展是建立在第二产业高度发展的基础上的，即非物质产品的丰富是建立在物质产品极大丰富的基础之上的。东部地区第三产业的高比重是建立在工业化程度较高、产业结构逐渐优化基础

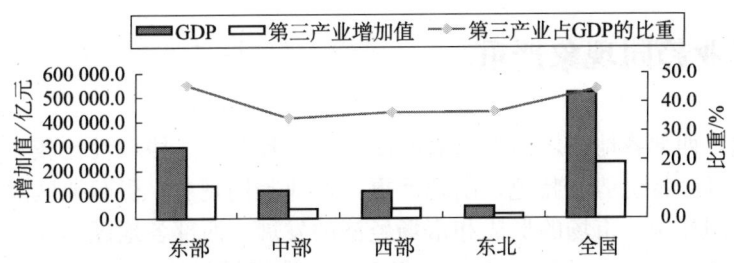

图 8-3 2012 年四大区域及全国第三产业增加值及其占 GDP 的比重
资料来源：《中国统计年鉴（2013）》

上的；而西部地区第三产业比重高并非是产业结构优化的结果，而是由第二产业比重太低、工业化滞后所致，是一种"虚高"。

随着科学技术的发展及社会财富的日益积累，第三产业的发展层次越来越分明，行业间分化也越来越明显。目前西部地区第三产业的超前发展主要还是依靠传统产业的推动，生产性服务业的发展相对滞后。受竞争环境和自身素质的影响，竞争策略主要依赖成本优势和价格竞争，技术进步、产品开发和产业升级的速度较为缓慢。工业企业产业链过于侧重实体产品的生产，物质材料消耗占产品成本比重较大，外包项目主要以产品生产为主且涉及面窄，与产品制造相关的金融、市场销售、人力资源、外购信息技术等发展不足。

从第三产业的服务密度和人均服务产品来看，西部地区第三产业发展水平还很低。2011 年西部人均服务产品为 10 056 元，是东部地区的 42.2%、全国平均水平的 64.5%。2011 年西部地区的服务密度[①]为 53 万元/km²，是东部地区的 4.0%、全国平均水平的 24.2%，即使考虑到西部的人口密度比较低，其服务业发展仍然是相当滞后的（表 8-3）。

表 8-3 2011 年四大区域及全国第三产业发展比较

地区	人口密度 /（人/km²）	第三产业增加值 /亿元	服务密度 /（万元/km²）	人均服务产品 /（元/人）
东部	557	121 727	1 329	23 839
中部	348	35 636	347	9 957
西部	53	36 425	53	10 056
东北	139	16 389	208	14 945
全国	140	210 177	219	15 599

资料来源：根据《中国统计年鉴（2012）》整理

---

① 服务密度为单位面积上的第三产业的产出。

四、产业趋同现象严重

目前，西部各地区之间尚未形成促进和互补关系，协调性比较差，产业结构难以形成独特优势和特色，出现严重的产业趋同现象，引起地区间市场封锁与分割，阻碍统一市场的形成和市场经济的发展。西部各地区不仅产业结构趋同，而且许多支柱产业的集中程度很低，导致规模经济和主导产业难以形成，增加了产业结构调整和升级的困难。

改革开放前，我国各地区在强调建立完整的地方工业体系时，都要求产业齐全，排除了地区间的合理分工。西部各地区基本上是以重化型、政策导向型工业为主导产业，呈现出以重化工业为主的结构特征，资源型城市也大多是依托重化工业的发展而建立。改革开放以后，由于产业结构的惯性效应和继续坚持"赶超"的发展思路，在经济技术相对落后的基础上不惜花费巨额投入，追求发展高附加值的加工工业，造成了大量低效的重复建设。

面对20世纪80年代兴起的新技术革命的机遇，西部地区盲目追新和投资于高新技术产业，造成了新一轮的更高层次上的产业趋同。就西部工业化进程而言，一方面重化工业发展显然已被滞后的加工工业和基础产业所制约，另一方面重化工业的产业升级与改造缺乏明显的拉力。忽视这种问题，不是着力于建立促进技术向生产力转化的机制和环境，而是在"赶超"思路下继续盲目追新和投资于高技术产业，只能造成新一轮的产业趋同。①

五、"二重"的二元经济结构

西部地区工业化是在较短的时间内和极端落后的基础上建立起来的，在工业化的推进中，形成了独特的"二重"二元经济结构，即西部各省（自治区、直辖市）之间的差距、西部地区内部城乡差距并存。西部工业发展是国家指令计划建设的产物，不是地区经济自我发展的结果。"二五"至"四五"期间，国家对西部建设大幅度倾斜，但由于受原有的工业发展战略的影响，尤其是受"三线"建设方针的影响，工业布局比较分散。各类工业区不能在地理上联成有机的整体，结果是西部工业化在自我封闭中进行，与农业发展相脱离，不具有现代工业增长的扩散效应。2010年西部地区全社会固定资产投资中，城镇投资

---

① 例如，一些西部省级行政区在"赶超"思路下，无视高新技术对重化产业的拉动作用，盲目片面地发展软件产业，建立软件园，既难以与东部沿海地区抗衡，更难以赶超国外同类产业。不仅造成巨大的资金浪费，而且与东部沿海地区在高新技术发展上造成新的雷同。

的比重为90.4%，农村投资严重不足（表8-4）。

表8-4 2010年四大区域及全国按城乡分全社会固定资产投资

地区	全社会投资/亿元	城镇投资		农村投资	
		数量/亿元	占全社会投资比重/%	数量/亿元	占全社会投资比重/%
东部	115 854.0	94 307.7	81.4	21 546.3	18.6
中部	62 890.5	55 623.3	88.4	7 267.2	11.6
西部	61 892.2	55 946.6	90.4	5 945.6	9.6
东北	30 726.0	28 794.2	93.7	1 931.8	6.3
全国	278 121.9	241 430.9	86.8	36 691.0	13.2

注：因含不分地区的投资，故各地区相加不等于全国
资料来源：根据《中国统计年鉴（2011）》整理

从各地区对资本市场的利用来看，截至2012年5月18日，中国境内沪深两地上市公司（含A股和B股）总计2431家，其中东部地区1574家，占全国的64.7%；中部地区358家，占14.7%；西部地区357家，占14.7%；东北地区142家，占5.9%（图8-4）。西部地区平均每个省级行政区不到30家上市公司，而东部地区平均每个省级行政区有157家，中部地区和东北地区平均每个省级行政区分别有60家和47家上市公司。这表明西部企业利用资本市场融资的途径较窄，也从另一个侧面反映出西部的企业在市场经济条件下缺乏竞争力。

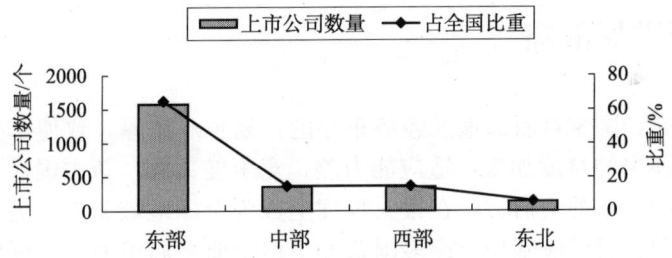

图8-4 全国四大区域上市公司分布情况
资料来源：根据上海证券交易所、深圳证券交易所上市公司信息整理

从人民的生活水平来看，2012年西部地区城镇居民人均可支配收入20 600元，为各地区最低，只有东部地区的69.5%、全国平均水平的83.9%；农村居民人均纯收入6027元，也为各地区最低；西部地区城乡收入差距为3.42:1，为各地区中最高的（表8-5）。

表8-5 2012年全国及四大区域居民收入水平比较

项目	东部	中部	西部	东北	全国
城镇居民人均可支配收入/元	29 622	20 697	20 600	20 759	24 565
农村居民人均纯收入/元	10 817	7 435	6 027	8 846	7 917
城乡收入比	2.74	2.78	3.42	2.35	3.10

资料来源：《中国统计年鉴（2013）》

西部地区各省级行政区发展很不平衡。一些省级行政区发展快速，如2012年内蒙古的GDP15 881亿元，人均GDP达到63 886元，是西部人均GDP最高的地区；而另外一些地区则发展缓慢，如2012年贵州的GDP为6852亿元，人均GDP只有19 710元，为西部地区最低（图8-5）。

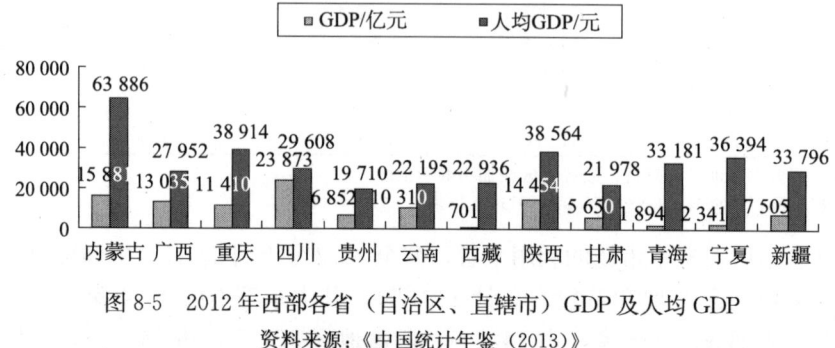

图8-5　2012年西部各省（自治区、直辖市）GDP及人均GDP

资料来源：《中国统计年鉴（2013）》

第二节　影响产业结构调整的因素

一、区域发展战略

长期以来，国家对西部地区经济布局的计划色彩浓厚，致使不少产业在向市场机制转换中的难度加大，适应能力差，竞争能力弱。新中国成立后，西部地区作为全国战略的大后方，在很大程度上成为全国地域分工中为东部地区服务的能源、原材料供应基地，许多国营大中型企业多属于增值程度较低的采掘工业和能源、原材料工业。因此导致重工业一直居于重要的地位，且工业化的加工深度和加工层次都不高。

1953～1978年，国家实施了以建设内地为主的平衡战略，在"一五"、"二五"和"三线"建设时期，国家对西部地区进行了大量投资，并内迁了许多大中型项目，为西部经济的发展做出了巨大的努力。但由于当时建设的项目多是从计划经济和国防战略角度考虑的，许多工业项目没有考虑到地区经济发展的客观实际，并远离经济发达的城镇，分散在交通不便的崇山峻岭之中，同当地的经济关联效应不高。投资的重点为军工、机械、电子、交通、煤炭、电力、钢铁、有色金属等方面，这些项目并非依靠自身资本积累，而是以外部植入的形式进行，在很大程度上脱离了当地的社会需求、资源条件和原有的产业基础，形成先进产业技术与落后产业基础的二元组合。

第八章 西部地区产业结构调整与特色优势产业发展

另外,这些项目在经济运行过程中受政府纵向约束过强,集中的垂直管理使生产要素不能实现有效的配置与合理的流动,使不少先进产业发展游离于地方经济之外,这种格局至今未有大的改变。导致在新旧体制双轨运行下,中央纵向控制部分和地方横向控制部分未能有机融合于市场经济体系之中。西部地区工农业经济长期在两条轨道上各自运行,特别是以采掘业、原材料加工工业为主的工业结构与农业关联度低,从而限制了整个经济的发展。加之,过分依赖大中企业,而大中企业多是国家直属的军工、能源、原材料企业,其后续产业链条主要在东部,而弱小的地方企业承担大企业技术分工的可能性极小,大企业与地方小企业经济关联度极低。

20世纪80年代以来,随着梯度发展战略的逐步展开,国家投资的重点逐渐转向在东部沿海,西部地区所得到的政府投资相对较少,加上许多企业观念陈旧、机制僵化,因而严重制约了中西部地区产业的发展。虽然西部地区一直致力于发展轻工业和深加工工业,但仍扭转不了工业化水平落后的局面。由地方政府投入巨额资金建立的工业企业规模小、技术含量低,面对激烈的市场竞争,这些低水平的企业使之在新形势下进行产业结构调整面临着更大的挑战。

世纪之交,我国开始实施西部大开发战略,作为我国实现现代化战略的重要组成部分,西部大开发政策也是对西部地区实行的一种倾斜和优惠政策,这种政策的实施效应最初是明显的,但随着东北振兴和中部崛起政策的实施,西部开发的政策效应逐步递减。继续推进西部大开发,需要探索和尝试新的思路,实现由政策倾斜向战略性产业结构布局转变(江世银,2007)。而对于产业政策的选择,不管是推进工业化,培育产业集群,还是促进技术创新,都要根据比较优势来进行,才能真正发挥好、利用好西部地区具有比较优势的资源(林毅夫,2005)。

使用林毅夫和刘明兴(2004)的技术选择指数(technology choice index, TCI)[①],作为一个地区推行产业政策的代理变量(林毅夫,2008)。TCI定义如下:

$$\text{TCI}_{i,t} = \frac{\text{AVM}_{i,t}/\text{LM}_{i,t}}{\text{GDP}_{i,t}/L_{i,t}} \quad (8\text{-}1)$$

式中,$\text{TCI}_{i,t}$是i地区在t时期的技术选择指数;$\text{AVM}_{i,t}$是i地区的第二产业在t时期的增加值;$\text{LM}_{i,t}$是i地区的第二产业在t时期的就业人员数;$\text{GDP}_{i,t}$是i地区在t时期的GDP;$L_{i,t}$是i地区在t时期的就业人员数。如果一个地区的产业政策以资本密集型重工业布局为主,那么可以预期其TCI也较高,就越不符合该地区的比较优势。可以看出,尽管2001~2010年西部地区TCI呈递减趋势,但其在四大区域中仍是最高的(表8-6),这充分表明工业仍是以资本密集的重工业为主,吸收的劳动力数量较少。据此,我们认为西部的产业政策违背其比较

---

① TCI原来是用来衡量一国推行的发展战略的。这里,我们将其作为一个地区推行产业政策的代理变量,以解释一个地区是否根据其比较优势来发展产业。

优势，经济发展的绩效较差，而这也符合目前的现实情况。

表 8-6 2001～2010 年全国各地区 TCI 比较

地 区	TCI								
	2001年	2002年	2003年	2004年	2005年	2007年	2008年	2009年	2010年
东部	1.75	1.73	1.70	1.69	1.55	1.42	1.43	1.37	1.33
中部	2.91	2.55	3.02	2.42	2.22	2.04	1.99	1.90	1.90
西部	3.16	3.11	3.09	3.10	2.85	2.59	2.62	2.51	2.53
东北	2.27	2.31	2.40	2.37	2.23	2.26	2.35	1.67	2.31

注：由于 2006 年的统计口径与其他年份不一致，故缺乏 2006 年的数据

二、市场化进程

中国非国有经济的发展在各地非常不均衡，特别在西部地区发展不足，影响了西部的市场化进程（樊纲等，2007，2010，2012）。市场化程度不足制约了生产性服务业的发展，使生产性服务业与制造业互动关系不明显，不利于提高制造业的竞争力（顾乃华，2006）。

2010 年西部地区私营工业企业单位数为 27 370 个、工业总产值 24 947.33 亿元、利润总额 1970.50 亿元、本年应交增值税 835.73 亿元，分别是东部地区的 15.6%、19.6%、24.4%、24.0%（表 8-7）。2010 年西部地区全社会固定资产投资中国有经济 24 863.7 亿元，占全社会投资比重为 40.2%，为全国最高水平；而集体经济为 1009.1 亿元，占 1.6%；私营经济为 9181.6 亿元，占 14.8%；外商投资为 991.8 亿元，占 1.6%，均为全国最低水平（表 8-8）。这些表明西部的改革进程相对滞后，非国有经济发展较慢。

表 8-7 2010 年全国及各地区私营工业企业主要经济指标

项目	企业单位数/个	工业总产值/亿元	资产总计/亿元	利润总额/亿元	本年应交增值税/亿元
东部	175 576	127 096.50	71 958.40	8 090.01	3 478.19
中部	48 397	41 880.94	19 119.62	3 671.45	1 330.65
西部	27 370	24 947.33	16 593.01	1 970.50	835.73
东北	21 916	19 413.80	9 196.80	1 370.54	419.34
全国	273 259	213 338.57	116 867.83	15 102.50	6 063.91

资料来源：根据《中国统计年鉴（2011）》整理

表 8-8 2010 年全国及各地区按经济类型分全社会固定资产投资

（单位：亿元）

项目	总计	国有经济	集体经济	私营经济	外商投资*
东部	115 854.0	26 508.9	6 075.6	28 002.4	5 718.4
中部	62 890.5	16 770.7	2 427.1	15 715.9	1 009.4
西部	61 892.2	24 863.7	1 009.1	9181.6	991.8

续表

项目	总计	国有经济	集体经济	私营经济	外商投资*
东北	30 726.0	8 414.1	530.1	7 276.4	1 192.8
全国**	278 121.9	83 316.5	10 041.9	60 572.3	8 912.4

资料来源：根据《中国统计年鉴（2011）》整理

* 外商投资不含港澳台商投资

** 因含不分地区的固定资产投资，故各地区相加不等于全国水平

三、科技进步

科技进步与经济发展、社会进步及生态环境改善是双向互促共进的关系。科技进步在经济系统中处于核心地位，它不仅推动经济的发展，保障社会进步，同时也可以推动生态环境的改善；反过来经济的发展可以有效地支持科技进步，社会进步也可以促进科技进步，生态环境亦对科技进步提出更高要求（图8-6）。

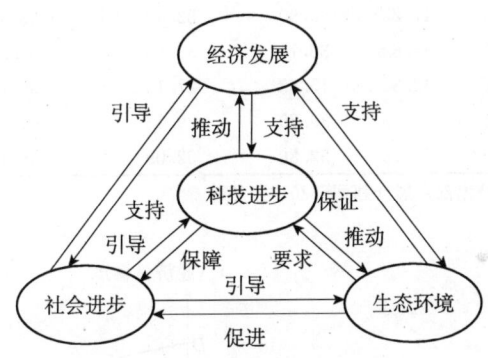

图 8-6　科技进步在经济系统中的核心地位

在资源和能力有限的条件下，对传统技术和高技术进行选择，是关系落后地区产业发展前途的重大战略问题。在我国现阶段的工业化进程中，一方面需要发展高技术产业以拓展产业空间；另一方面要实现高技术同传统产业的结合，将高科技注入传统产业，以提高传统产业的竞争力，使得高技术的运用成为推动传统产业发展的重要力量（金碚，2003）。而西部地区科技进步缓慢，科技进步环境、科技活动投入产出、高技术产业化以及科技促进社会经济发展水平较低，且各地区发展差距较大（表8-9）。

从科技成果的转化效率来看，西部的科技转化能力弱，技术的产出效率低，科技对社会经济发展的带动作用远低于资本和劳动要素。西部地区普遍存在科研与产业脱节、技术与市场脱节、专利成果与企业需要脱节，经济发展缺乏高新技术项目和产品的支撑，没有形成开放的、与东中部地区合作互补的联系网

络，信息流通不畅，缺乏科技交流的基本手段，尚处于较封闭的状态。西部地区技术进步的缓慢致使其 GDP 的增加伴随着环境质量的下降，图 8-7（a）中曲线由 AB 移动到 CD。图 8-7（b）中科技进步引起的生产可能性曲线的移动则是 GDP 的增加伴随环境质量的改善。

表 8-9 2010 年全国和西部各省（自治区、直辖市）科技进步评价指数

地区	科技进步环境指数	科技活动投入指数	科技活动产出指数	高新技术产业化指数	科技促进经济社会发展指数	综合科技进步水平指数
内蒙古	59.32	37.89	16.27	35.58	67.78	43.91
广　西	38.64	29.13	21.85	39.52	57.23	37.69
重　庆	51.12	52.72	42.60	48.91	57.81	51.16
四　川	47.62	47.55	31.77	56.75	56.75	48.08
贵　州	39.20	31.68	26.92	41.61	45.44	36.78
云　南	38.01	27.82	26.41	40.02	54.23	37.50
西　藏	26.16	16.03	8.82	45.17	45.76	27.91
陕　西	64.30	57.68	55.24	40.30	62.69	56.83
甘　肃	47.53	47.23	45.90	32.40	53.98	46.48
青　海	62.99	34.62	36.74	33.60	53.29	43.81
宁　夏	52.17	42.35	15.68	27.15	56.75	39.81
新　疆	58.22	33.55	36.79	29.13	60.54	43.99
全　国	60.64	57.76	52.86	52.09	65.19	58.22

资料来源：根据科学技术部发展计划司（2012）整理

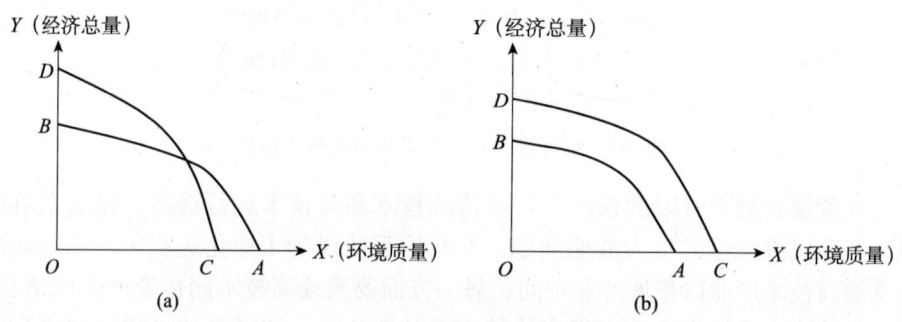

图 8-7 生产可能性曲线的移动

另外，科技创新要求一系列互补技术巧妙地结合在一起，创新企业必须集中在一个技术密集的企业群中，便于相互沟通及共享知识技术。而西部地区缺少市场化的大技术公司，也缺乏有竞争力的技术密集的创新型企业集群。同时，缺乏在市场经济条件下组织科技、经济资源的企业家，企业家的数量和创新能力都大大落后于东部地区。

第三节 产业结构调整的方向

一、加快推进工业化

许多国家的历史经验表明，一个大国要实现国民经济的快速发展，要实现从小到大、从低到高、从大到强的转变，唯有加快国家的工业化进程，并依靠工业化来实现经济富裕和现代化的目标。同样道理，对于地域辽阔的西部地区来说，工业化也将是一个不可逾越的发展阶段（魏后凯，2001）。改革开放以来，我国东西部之间的发展差距趋于不断扩大，在很大程度上是由其工业化发展差距引起的。

企业技术结构的选择取决于相应的要素投入结构，而企业的要素投入结构只有与本地的禀赋相吻合，才能在技术结构选择上实现成本极小化的目的，进而实现持续的增长和发展。林毅夫和刘明兴（2004）的分析表明，中国改革开放以来工业化成功的关键是发展战略上的转变和遵循比较优势的原则。因此，对于西部地区而言，其工业发展战略的长期绩效取决于其能否充分利用本地的比较优势。

当前，西部地区工业化严重滞后。由于工业化严重滞后，丰富的资源一直没有得到充分有效的利用，资源配置效率较为低下。调整产业结构，充分发挥西部地区的资源优势，变潜在的资源优势为现实的经济优势，不能单纯依靠发展采掘和原料工业，走"卖资源"、"卖原料"的路子，关键是要加快工业化进程，采用世界先进技术和管理经验，积极开展资源综合利用和精深加工增殖，大力发展加工制造业，特别是先进加工制造业和高新技术产业。

我国西部地区人均耕地资源有限，农村地区存在大量的农业剩余劳动力。这些农业剩余劳动力急需向非农产业和城镇地区转移。从劳动力转移的方向来看，虽然大力发展城镇地区第三产业可以在较大程度上解决就业压力问题，然而，从国内外的经验来看，第三产业的良性发展必须要有工业化和制造业的发展作支撑。如果地区工业化严重滞后，现代加工制造业不能相应地发展起来，那么生产性服务业就不可能得到发展，第三产业也将因缺乏制造业支撑而难以大规模地发展起来。工业化的推进可以为农业产业化和剩余劳动力转移创造有利条件。而且，现代加工制造业的地理集中，将极大地促进城镇化的进程和第三产业的发展。

近年来，西部老工业基地呈现出较明显的产业空洞化趋势（季任钧和安树伟，2007）。要摆脱这种局面，应积极推进工业的技术创新，用高新技术改造传统产业、以信息化带动工业化，国家应进一步加大对西部特色优势产业的支持力度，在有条件的地方发展产业集群。在当前的经济技术条件下，西部地区很难实现产业结构的跨越式发展，因此，必须遵循产业结构演变理论，将工作的重心重新调整到加快第二产业特别是装备制造业方向，以第二产业的发展来促进第一产业和第三产业，并进一步来实现本地区产业结构的高度化。

二、促进产业结构高度化

产业结构高度化是指产业结构从低水平状态向高水平状态的发展。根据产业结构演进的一般规律，产业结构顺着劳动密集型产业、资本密集型产业、技术（知识）密集型产业分别占优势地位顺向递进的方向演进；顺着低附加价值产业向高附加价值产业方向演进；顺着低加工度产业占优势地位向高加工度产业占优势地位方向演进。产业结构的高度化是通过产业间优势地位的更迭来实现的，是各个产业变动的综合结果（图 8-8）。

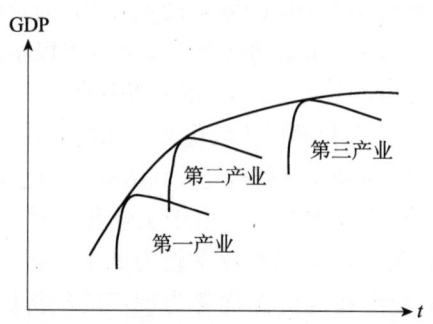

图 8-8　产业结构高级化与经济增长的关系

产业结构高度化与主导产业的转换有着特殊的关系。罗斯托（1988）认为，不论在任何时期，甚至在一个已经成熟并持续成长的经济中，经济发展的冲击力之所以能够保持，是由于为数不多的主要成长部门迅速扩张，而且这些部门的扩张又产生了对其他产业部门具有重要意义的作用。西部地区产业结构转换升级的过程，必须立足于现实生产力水平和产业结构现状，充分利用"后发优势"的有利条件，以及国家进一步深入推进西部大开发和承接国内外产业转移的有利时机，把现代产业部门引入产业结构，实现产业结构的高度化。

目前，西部地区的能源产业仅仅停留在以能源开发和能源粗加工为主的阶段，还没有形成一个从资源开发到粗加工再到深加工的产业链。要获得较高的经济增长速度，单靠资源总量投入的速度型增长方式是行不通的，也难以实现产业结构的高度化，必须改变只重速度、忽视效益的粗放型经济发展方式，向产业结构变化的结构效益型经济发展方式转变。因此，必须重视改造传统产业，提高传统产业的生产水平，大力发展能源深加工业。

要实现产业结构高度化，西部地区还必须按照市场经济的要求和规律，立足当地资源，选择前向关联和后向关联的链条长、能带动一批产业或行业发展的项目，被带动的产业或行业既可以是资源密集型的，也可以是劳动、原材料密集型的，以利于创造更多的就业机会。其产品应拥有较高的市场占有率，并能带动其他产业的技术进步，推动技术结构升级。科技进步是推动产业结构高度化的重要力量，要将科技与产业结构调整结合起来，将科学技术转化为现实生产力，以科学的管理和先进的技术增强市场竞争力，带动整个西部地区经济的发展。

三、实现产业结构合理化

产业结构合理化是指产业与产业之间协调能力的加强和关联水平的提高。协调是产业结构合理化的中心内容。产业结构的协调不是指产业间的绝对均衡，而是指各产业之间有较强的互补和谐关系和相互转换能力。只有强化产业间的协调，才能提高其结构的聚合质量，从而提高产业结构的整体效果（周振华，1992）。在西部经济发展的过程中，产业结构的合理化至关重要。只有产业间具有相互协调的联系方式，各产业之间的关联效应才可以合理展开，某些产业部门的优先发展才能带动其他产业部门的发展，从而带动整个西部地区经济的发展。

产业结构合理化也是西部经济增长的客观要求。经济的发展取决于劳动力、资本、技术等的持续投入及有效配置，而产业结构的合理与否在很大程度上决定了资源配置的效果。如果产业结构比较合理，与国内和国际市场需求、技术的发展水平相适应，则资源配置就有效，投入的不断增长就能保证产出的不断增长，经济就得以持续增长；如果产业结构扭曲，则会严重降低资源配置的效果，导致经济发展不可持续。西部地区产业结构合理化，要求根据经济发展水平、消费需求和资源条件，对初始不理想的产业结构进行调整，使资源在各产业间得到合理配置和有效利用。

第四节　产业结构调整的重点

一、大力发展特色优势产业

加快西部地区特色优势产业发展，促进资源优势向产业优势和经济优势转化，增强自我发展能力和经济实力，是继续推进西部大开发、实现西部又好又快发展的重要任务，对于推进产业结构调整、转变经济发展方式、优化全国资源配置、促进区域协调发展具有重要意义。大力发展西部特色优势产业，可以为西部大开发提供产业支撑，是提高地区综合实力和竞争力的重要途径，是提高居民收入的重要手段。

发展西部特色优势产业，一是坚持市场导向，以资本为纽带，以企业为主体，通过外引内联，推进强强结合，发展一批有实力的大型企业和企业集团，有效提高市场竞争力。二是发挥比较优势，根据支撑条件，考虑约束因素，合理确定产业发展方向，尽量延长产业链，大力发展有资源、有市场、有效益的企业。三是促进合理布局，着力支持重点地带、重点城市和重点产业加快发展，依托基础较好的中心城市和资源富集区，促进产业集中布局，推进产业集群化发展。四是转变发展方式。依靠科技创新，实现科学发展，大力发展循环经济，促进资源综合利用，不断提高产业发展的质量和效益（国务院西部地区开发领导小组办公室等，2006）。

西部地区特色优势产业的重点领域如下：

（1）能源及化学工业。充分利用水能资源、煤炭资源、石油天然气资源丰富的优势，积极有序开发水电，集约开发煤炭，加快勘探开发石油天然气，大力发展新能源。

（2）重要矿产开发及加工业。集约利用矿产资源，积极利用境外矿产资源，建设特色优势资源加工基地。

（3）特色农牧业及农产品精深加工业。包括畜牧业及其相关加工业、特色医药产业和某些省级行政区特有的优势产业。充分发挥独特的农牧业资源优势，加快发展现代农业，培育和壮大特色农牧业，推进农牧业产品深加工，提高增值能力。

（4）重大装备制造业。包括机械工业、电子信息工业、石油化工和化学工业。利用现有产业基础，依托重点工程，努力突破核心技术，提高重大装备制造的整体水平。

（5）高技术产业。加强自主创新能力建设，推进科技成果产业化，重点培育和形成若干聚集效应突出、在全国具有技术优势和特色高技术产业基地。在科研院所集中、科技实力较强的地区（如西安、重庆、成都—绵阳）形成具有局部优势的高新技术产业；用现代手段对西部特有的自然资源进行深加工。

（6）旅游产业。以丰富的自然、历史、民族风情、宗教文化等特色旅游资源为基础，以旅游产品的开发为主体，发展大旅游，构建大产业，形成游、食、住、行、购、娱综合配套协调发展的格局，使旅游产业成为西部经济的新增长点（国务院西部地区开发领导小组办公室等，2006）。

二、加快发展生产性服务业

(一) 生产性服务业和第二产业发展的关系

生产性服务业是指为保持工业生产过程的连续性、促进工业技术进步、产业升级和提高生产效率提供保障服务的服务行业。它是与制造业直接相关的配套服务业,是从制造业内部生产服务部门而独立发展起来的新兴产业,本身并不向消费者提供直接的、独立的服务效用。它依附于制造业企业而存在,贯穿于企业生产的上游、中游和下游诸环节中,以人力资本和知识资本作为主要投入品,把日益专业化的人力资本和知识资本引进制造业,是第二、第三产业加速融合的关键环节(图8-9)。

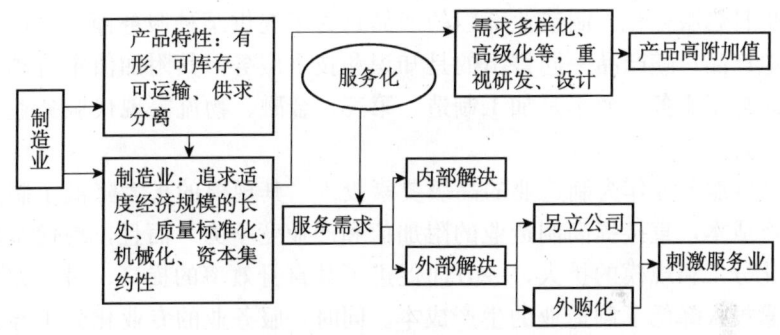

图8-9 服务业对制造业的依附关系
资料来源:公文俊平 (1987)

目前,生产性服务业是世界经济中增长幅度最快的行业,已成为许多西方发达国家的支柱产业,在世界经济发展和国际竞争中的地位日益显著。在OECD(世界经合组织)国家中,经济主体已经从原来的制造业转换到服务业,金融、保险、房地产及经营服务等生产性服务行业的增加值占GDP的比重超过了1/3。生产性服务业呈现产业融合和服务外包的趋势,制造业企业为了整合资源、发挥专长、提高效率,越来越多地出现"服务外包"行为,传统上由企业内部在产前、产中或产后所进行的一些生产、经营甚至管理服务活动①,均转而由其他企业完成。传统意义上的制造业与服务业的边界越来越模糊,代之而起的是更为广泛的"信息—知识—技术"平台。在这一平台上,不同产业、不同

---

① 如产品设计、技术研发、物流销售、员工招聘、信息管理等。

厂家的不同产品或者某一职能可以由一家企业提供,并以服务业为中心将分工价值链的各个环节串联起来,出现"以生产为中心"向"以服务为中心"的转型。

迈克尔·波特(2002)在《国家竞争优势》中指出,服务业与制造业存在唇齿相依的关系。他认为,服务业与制造业的关系有三种形式:第一种类似于"客户与供应商"之间的关系,第二种是服务依附在制造业商品上,第三种是制造性商品的销售依附于服务。

随着经济的发展,生产性服务业和制造业的关系日趋紧密,这表现在:第一,前者支撑后者,后者为前者提供巨大的市场空间。制造业的国际营销网络和生产网络的形成,就是聚集营销人才、进行研发产品、产品运输与储存、广告、保险、会计和法律服务等开发市场的过程,在这一过程的每一环节都伴生服务需求。制造业越发达,生产性服务业就越发达;制造业越落后,生产性服务业也越落后。第二,现代制造企业的生产与服务功能日益融合,制造业部门的功能也日趋服务化。制造业部门的产品是为了提供某种服务而生产的,如通信和家电产品;随产品一同售出的是知识和技术服务;其附加值中有越来越大的比重来源于服务,而不是加工制造。第三,金融、物流等现代服务业与制造业紧密结合。

生产性服务业作为制造业的高级要素投入,其规模的扩大降低了制造业的单位生产成本,直接提高制造业的附加值和产业竞争力。而且,现代服务业通过专业化分工和规模的扩大,一方面促进了其自身效率的提高;另一方面作为高级要素投入降低了制造业的生产成本。同时,服务业的专业化分工导致服务产品差别化,在一定程度上使其可能拥有一定的市场势力,增强其定价能力。然而,由于服务具有不可分性,总体来说,专业化分工带来的服务业规模扩大提高了服务业本身的效率,最终导致制造业单位成本的下降,提高制造业附加值和利润空间,为制造业产业升级提供了动力机制。

(二)西部地区发展生产性服务业的重要意义

充分利用制造业与生产性服务业的关联互动关系,积极拓展生产性服务业,构筑比较完善的服务支撑体系,不仅有利于提升制造业竞争力,也可以加快西部地区的工业化进程。未来产业结构调整的着力点应放在生产性服务业上,推动生产性服务业和制造业集成发展,以生产性服务业的发展促进产业结构的调整和特色优势产业发展。

第一,生产性服务业的发展可以有效促进西部经济的发展。发达国家的经验表明,在工业化中后期,随着工业生产规模和市场范围的扩大,企业的业务流程、组织架构不断调整，越来越多的生产服务逐步从制造领域中分离出来，通过企业内部分工或外包等形式演化为专门的产业形态，生产服务在产品价值链中的重要性不断凸显，生产性服务业的产业地位不断提升。生产性服务业对本地经济增长有重要的促进作用，而且对区域发展也有重要影响（钟韵和阎小培，2003）。

第二，生产性服务业有利于提升制造业竞争力，推进产业升级。现代经济发展的实践已经表明，没有生产者服务支撑的商品生产既是难以持续的，也是难以形成竞争力的（刘志彪等，2008）。西部地区目前正处于工业化的中前期阶段，制造业已发展到一定水平。但是传统的企业过度垂直一体化，导致了管理规模不经济，不利于企业研发创新和精益化生产。随着专业分工的深化和服务外包化趋势的发展，制造业的进一步发展客观上需要设计策划、科技研发、现代物流等生产性服务业的支撑。生产性服务业与制造业的分离，不仅有利于企业发挥比较优势，实现企业的战略转型，重塑企业的核心竞争力，而且导致了以生产性服务为主体的现代服务业的兴起（刘志彪和吴福象，2007）。因此，积极拓展生产性服务业，为制造业提供全面、完善的协作与配套环境，是提升制造业竞争力，推进产业结构调整的前提和保证（图8-10）。

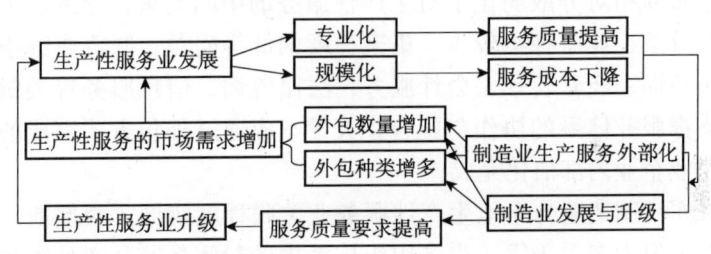

图8-10 生产性服务业与制造业互动发展的正反馈循环
资料来源：唐强荣和许学军（2007）

第三，生产性服务业发展有利于西部地区转变经济发展方式，保护生态环境，提高可持续发展能力。服务业具有需求收入弹性高、发展潜力大、资源环境亲和性强等特点。从中间投入结构看，大力发展金融、保险、物流、咨询、信息服务、科技开发、商务服务、教育培训等现代服务业，能在一定程度上降低非再生性资源消耗在制造业中间投入中的比重，充分激活和优化配置制造领域中的各类产业要素。大力发展生产性服务业，就是要使经济增长由过度依赖资金、自然资源和环境投入为主；转向更多依靠提高劳动者素质和技术进步为主。

第四，大力发展生产性服务业，有利于转移西部农村剩余劳动力和扩大城市就业。总体上，我国生产性服务业直接就业效应和综合就业效应高，就业吸纳空间大，就业吸纳能力强，大力发展生产性服务业应成为解决我国就业问题的有效措施和途径（刘辉煌和刘小方，2008）。西部地区以生产性服务业发展为突破口，不断完善城市制造业发展的配套服务设施，不仅可以增加就业岗位，有效提升城市对工业化的集聚和承载能力，而且还能够在深层次上打破限制城市发展的束缚，为城市化健康发展创造更广阔的空间。

（三）西部地区生产性服务业发展的制约因素

第一，工业布局相对分散，城市化滞后，生产性服务业没有形成有效集聚。城市聚集了大量的人口、资源、信息和产业，是服务业产业化的基本载体，服务业的内部结构与城市规模结构有较高的相关性。一般而言，高附加值、为生产服务的、新兴的服务业往往与城市规模联系在一起。这是因为城市聚集了大量的人口、资源、信息和产业，是服务业产业化的基本载体（裴长洪和彭磊，2008）。长期以来，由于在战略上没有充分重视城市对工业发展的聚集和支撑效应，西部地区城市化进程严重滞后于工业化进程，2008年西部"城市化率/工业化率"为0.93，而正常值应该为1.4~2.5（安树伟等，2010）。城市化进程相对滞后和工业布局相对分散弱化了对生产性服务的中间需求，导致服务业面临资源分布相对分散、业态种类较少、集聚程度偏低等问题。制造业链条上的技术研发、人员培训、经营管理、会计服务、法律咨询、信息服务等关键环节，得不到相关支撑服务体系的协作与配合，大量本应通过外包方式完成的服务活动不得不在工业企业内部消化完成。

第二，军工制造业与本地生产性服务业关联程度较低。西部地区有大量的军工制造业，但大多属于军工生产组织体系中的封闭环节，产品线和产业链延伸不足，与本地经济的产业关联度较弱。对产品设计、研发、零部件供应或技术服务的需求少，对本地金融机构的信贷服务需求更是有限。此外，军工制造业所需的高级管理人员培训、物流服务、法律服务、广告策划、市场调研等商务服务，也表现出明显的封闭化特征，使军工制造业产业链向服务业增值部分的延伸受到抑制。

第三，改革步伐缓慢，市场化程度较低。由于体制、政策的原因，生产性服务业的市场准入门槛较高，市场化程度低，较高的进入门槛和狭窄的市场准入范围将绝大多数潜在投资者拒之门。所有制结构单一，造成服务业部门资源流入不足，弱化了竞争机制在产业发展中配置资源的基础性作用。另外，对服务业管制过多的问题也比较突出，其结果是服务业创新不足，企业经营效率低下，供给能力的扩张受到制约。较低的市场化程度还导致市场竞争的不规范和不成熟，凸显了市场分工的不确定性，抬高了市场交易成本，在一定程度上抑制和削弱了工业企业外包生产性服务的内在动力。

第四，缺乏有效的区域分工和协作机制。随着中心城市在区域范围内集聚资金、人才、技术、信息等产业要素能力的大幅提升，区域产业结构的同构化基础不断被瓦解，建立基于比较优势和产业链区别定位之上的区域分工体系越来越具有经济性和现实意义。但是，作为各城市互设壁垒、低效率同质化竞争的制度基础，分灶吃饭的财税体制并没有明显的改变。受地方利益的驱使，在生产性服务业发展中也出现了工业领域的"顽症"——低水平重复建设、过度竞争和资源浪费。由于缺乏有效的区域分工，重复建设、结构雷同不可避免地要降低服务业增长的集约化程度，影响企业发展效率。

第五，还存在着一定的政策性歧视。生产性服务业的发展取决于专业化的服务质量及其成本水平能否使工业生产效率得到改进。显然，这也应是相关政策取向和措施选择的主要着力点之一。但是，目前西部服务业领域存在着严重的政策性歧视问题，对产业发展构成了明显的束缚和抑制作用。比如服务业用水、用电和用地政策与工业政策存在巨大反差。此外，某些服务业领域对外资开放但迟迟不对内资开放，存在外资"超国民待遇"问题。如果仅仅依靠国有企业和外资，不充分调动全社会（尤其是民间资本的积极介入）的力量，必然会对生产性服务业的健康发展带来不利影响（吕政等，2006）。

（四）西部地区生产性服务业发展的重点领域

生产性服务业的范围非常广阔，主要包括交通运输、仓储、物流、金融、信息与计算机及软件服务业、商务与租赁（包括中介、广告与市场研究、信息咨询、法律、会展、税务、审计）、科学研究与综合技术服务、劳动力培训、工程和产品维修及售后服务等诸多方面。目前，生产性服务业的发展呈现出与制造业互动融合、规模不断扩大、外包化、大都市集群化、模块化、国际化等趋势（裴长洪和彭磊，2008）。

在一定时期内，在有限的资源约束下，生产性服务业的发展必须有所侧重，找准重点领域和突破口。根据产业的关联效应，西部地区应将金融保险业、商务和租赁、交通运输仓储业（物流）、科学技术和综合技术服务（研发）、信息服务业（包括信息传输、计算机服务和软件业）作为未来生产性服务业发展的重点，在政策上加以重点支持。

对于金融保险业而言，要建立起高效的金融服务产品供给体系，把各类金融服务微观主体建成资本充足、内控严密、运营安全、服务和效益良好的现代金融企业，使金融服务业成为一个高度市场化、商业化的服务领域，以满足企业多方面的金融服务需求。

对于商务和租赁业而言，要充分鼓励社会资本和创业者群体积极进入该领域，特别要大力引导非公有制经济以多种形式参与商务和租赁业的发展。大力发展服务外包业。

对于物流业而言，要坚持市场导向、企业主体和政府推动的原则，积极利用、整合和挖掘资源，大力推进支撑现代物流业发展的基础设施建设，实现资源的优化配置。积极推进物流园区建设，加大物流业招商力度。要结合制造业布局，大力发展为制造业生产服务的专业化物流基地；结合商业服务业的连锁发展，发展物流加工和供应链管理平台。要依托交通枢纽中心优势，充分利用功能性、枢纽型、网络化的交通基础设施加快发展转口物流和物流保税区建设。加快信息技术对物流企业行业管理、运营的改造升级，积极发展电子商务、物联网、网络配送等网络物流业；加快实施物流信息平台建设，加强区域间、行业间、企业间的资源共享机制建设。鼓励企业专业化经营，实现现代服务业的第三方经营，大力发展第三、四方物流，努力培育国际知名物流企业，不断推动行业间的资源整合，鼓励企业兼并和重组，提升市场竞争力。

对于信息服务业而言，要大力拓展网络传输服务，不断提高大容量、信息化网络的覆盖率、利用率和可靠性。大力促进业务创新，不断创造新的业务市场。要加大服务业共享平台建设。针对产业关键性和共性技术，搭建区域性公共技术服务业和交流合作平台，提高生产性服务业对先进制造业的渗透带动力。积极打造具有示范效应的科技型、物流型、产业型、综合型生产性服务业功能区，为制造业企业延伸发展生产性服务业提供空间载体。

第五节 加快产业结构调整与特色优势产业发展的对策

一、继续完善基础设施建设

西部大开发战略提出以来，南水北调、西气东输、西电东送、青藏铁路、退耕还林（还草）等一大批重大工程项目使西部地区的基础设施面貌发生了巨大的变化，为经济社会发展以及科技进步带来了难得的机遇（陈秀山，2006）。应继续完善基础设施建设，不断提高基础设施建设的质量和综合效益。

（一）完善综合交通运输网络

构建联通东西、纵贯南北、对接城乡的大通道、大网络。公路建设要加快推进"油路到乡"和"公路到村"建设工程,建成通达全国的干线公路。铁路建设应完善路网结构,扩大路网覆盖面,建设通达珠三角和环渤海地区通道、西北与西南地区通道和沿边境对外国际运输通道以及大型铁路枢纽等。民航建设应优化民用机场布局,新建和扩建一批机场,提高机场密度,促进旅游资源开发、边远地区交通条件改善和加强国防交通。内河航运建设应加快航道治理和渠化,完善广西沿海港口设施,建设一批重要港口,改善航运条件。同时应加强油气干线管网和配套设施规划建设,建成西油东送成品油管道和陆路进口油气管道。

(二)加快信息基础设施建设

提高西部农村和边远地区的网络覆盖率,建设西部地区农村中小学和面向农民的现代远程教育系统,提高电话、电视普及率。积极推进电子政务、电子商务、远程教育和医疗等信息综合应用。加强重点城市宽带通信网、数字电视网建设,逐步开展下一代互联网建设。利用国家公共通信资源,形成中央到西部省(自治区、直辖市)统一的电子政务传输骨干网。扶持面向企业、行业和区域的第三方电子商务平台建设。改善边远地区邮政网络设施,建设农业综合信息服务平台,推动城乡市场信息服务体系向基层地区延伸。

(三)加快公用设施建设

以区域中心城市为重点,建设一批供水、供热、供电、供气、污水和垃圾处理、大气污染防治等项目,改造城市供排水、供热和燃气等市政公用设施地下管网。加快城市道路和公共交通体系建设,优先发展城市公共交通,加快建设重庆、成都、西安等城市快速轨道交通设施。加快优势能源、矿产资源开采加工重点地区供排水、环保以及对外通道建设步伐。

(四)改善农村生产生活条件

提高严重缺水地区供水保障水平,优先解决重点地区居民饮水安全问题,加快建设农村中小型水利基础设施及其配套工程。积极发展农村沼气等清洁生活能源,完善农村电网,大力推进无电地区电力建设。加强村庄规划,改善环境卫生及村容村貌,加大对古镇、古村以及有特色的农村建筑风貌的保护力度。

二、提高产业配套能力

一个地区是否具有较强的产业配套能力,已经成为该地区吸引外资大规模进入的"第三投资环境",提高产业配套能力是西部地区提升区域经济竞争力的战略选择。提高产业配套能力就是要依托区位优势和资源优势,推进产业积聚,优化产业布局,延长产业链条,打造产业集群,形成相互关联和支撑的产业配套优势,大力推进生产性服务业的集聚式发展。在纵向上,注重主导产业的上下游配套,建设区域性研发中心、销售中心和采购中心;在横向上,在加工制造环节,为终端产品提供各类原材料、零部件乃至装备制造的生产配套。

(一)完善产业配套规划

产业配套规划对于提高产业配套能力发挥着重要作用,完善产业配套规划是政府发挥引导作用的重要体现。在调研的基础上全面掌握产业配套现状,制定西部地区产业配套的指导性意见,出台产业配套目录、规划及实施方案。

统筹规划支柱产业及其配套产业的发展,既能做大做强支柱产业,又能建立起完善的产业配套体系。以支柱产业和现有大企业为配套基础,以中小民营企业为主要配套对象,加强企业协作,延伸产业链条,优化产业组织结构。把高新开发区作为提高产业配套能力的突破口和重要载体,完善园区产业规划,挖掘园区产业特色,推动园区产业的适当集中和集群发展。在促进工业企业聚集的同时,积极引进和培育相关配套服务业,推进先进制造业和现代服务业的互动发展,形成各行业有序、协调的分工体系。

(二)优选产业配套项目

项目是产业配套的载体,产业配套项目要通过招商引资得到体现和落实。西部地区应围绕提高产业配套能力,优选产业配套项目,改进招商引资方式,改变片面对外宣传区位优势、资源优势和政策优势的倾向,把宣传推介产业配套能力、吸引产业配套项目作为招商引资的主要方向。按照"龙头项目—产业链—产业集群"的发展思路,突出产业特色,全力推进产业链招商。加强城市之间产业的组织和协调,培育重点地区的大中城市组成核心城市群,注重区域内的产业整合,增强区域产业的辐射带动力。

(三)改善产业配套环境

产业配套需要各种生产经营条件的支撑,需要有适合产业集群成长的"土壤",即产业配套环境。从生产要素、产品和生产企业等不同方面进行重点突破,健全体制机制,坚持"政府引导、企业为主、市场运作"的基本原则,走市场化道路。以明确的市场需求为导向,充分发挥市场在资源配置中的基础作用,促进产业配套健康发展。要优化政务环境,做好产前、产中、产后各项服务,避免行政干预和"拉郎配"行为。

三、加快生产性服务业的发展

(一)优化生产性服务业的空间布局,推进生产性服务业的集聚发展

在市场经济条件下,社会分工会加剧产业的细化,同时行业竞争和市场效率不断要求企业实现专业化经营,集中其核心优势,逐步剥离低附加值和无效益的环节。要以产业专业化、集聚化为导向,积极推动企业专注于产业的战略性环节,鼓励企业实现服务业的第三方经营。

要区别对待,合理规划生产性服务业的布局。充分考虑西部各地区的发展条件,统筹规划,从实际出发确定各地区生产性服务业的发展方向、目标和重点,把各类生产性服务业落实到恰当的空间(徐学军,2008)。强化中心城市的服务功能,提高生产性服务业在重庆、成都、兰州、西安、昆明等中心城市的集聚程度,不断增强辐射效应和聚合效应,促进服务业的集聚式发展(刘志彪等,2008)。积极推动生产性服务业的产业园区建设,增强园区的孵化功能以及生产性服务业集群的根植性。

(二)促进生产性服务业有序发展

鼓励知识密集型生产性服务业发展。新型工业化所要求的生产性服务业通常是知识、技术、人力资本较为密集的服务部门。要在税收、用地、贷款、企业孵化、人事、工商管理等方面,为知识密集型生产性服务企业的创立、发展和国外引进提供适当的政策优惠。重点扶持那些对于制造业升级换代、推动制造业产业结构调整具有重要意义的生产性服务业,特别是那些具有创新导向的能够提高制造业创新能力的专业技术服务企业的快速发展(徐学军,2008)。同时,在劳动密集型、传统服务业中,通过制定相应标准,提高市场进入的门槛,

促使职业化、专业化水平高的企业进入市场，以淘汰技术低、水平差的企业（裴长洪和彭磊，2008）。

（三）规范生产性服务业的市场秩序

通过市场化改革，降低进入壁垒，通过引进竞争者和竞争机制来破除制约生产性服务业发展的体制性障碍（刘志彪等，2008）。适应生产性服务业产业化、市场化、国际化的趋势，进一步清理服务业市场准入的有关政策规定，减少行政审批，提高行政效率和透明度；加快制定和完善生产性服务业发展的规章及配套政策，明确界定市场准入的领域、条件、程序及监督办法。制定实施符合市场经济要求的行业行为规范、服务标准、资质认证、信誉评估等管理制度。建立健全生产性服务行业的自律机制，充分发挥行业协会等民间组织在维护市场秩序、加强行业自律、制定行业标准、沟通政企关系等方面的作用（徐学军，2008）。

（四）推动制造业服务化，创造更多的生产性服务业需求

制造业本身的快速发展和把服务功能剥离出来、走分工和专业化道路是生产性服务业需求的源泉。促进制造业与服务业的融合发展：一是大力发展信息产业，为制造业与服务业互动发展提供技术基础（裴长洪和彭磊，2008）。二是推进生产性服务业务外包。要针对服务外包正成为全球资本转移的新趋势的现状，有效承接国际和东部地区产业转移，在发展基础较好的区域，大力承接服务外包业务。积极营造并充分发挥服务外包示范区综合示范功能，重点发展信息、金融后台、人力资源、生物医药、文化创意、计算机软件等业务。积极推进服务外包商务环境建设，发展和完善相关机制体制的改革建设。提高利用外资质量，积极引导外资在服务业外包加工上的投资，延长服务业价值链条，进而实现和推动服务贸易的快速发展。三是赋予知识密集型生产性服务业与高技术企业同等待遇。

四、增强科技支撑能力

（一）建设具有西部特色和优势的区域创新体系

根据"综合协调、分类指导、注重特色、发挥优势"的原则，以促进中央与地方科技力量的有机结合，推动区域紧密合作与互动，促进区域内科技资源的合理配置和高效利用为重点，围绕区域和地方经济与社会发展需求，建设各具特色和优势的区域创新体系，全面提高区域科技能力。通过重大项目引导，

促进跨区域的创新合作和创新联盟建设。发挥高等院校、科研机构和国家高新技术产业开发区在区域科技创新中的引领作用和区域知识扩散中的辐射作用；积极推进科技创新型试点市工作，强化区域中心城市对区域创新活动的带动作用和对区域科技资源的凝聚作用。集成中央和地方的科技资源，形成中央和地方联动的机制，支持有条件的地方组织实施国家重大科技项目。要以提升自主创新能力、加强科技成果转化和产业化为重点，加快先进适用技术推广应用，促进地方优势和特色产业发展与社会进步。

（二）建设以企业为主体的技术创新体系

积极发挥经济和科技政策的导向作用，激励和引导企业真正成为研究开发投入的主体、技术创新活动的主体和创新成果应用的主体。建立面向企业开放和共享的有效机制，整合科技资源为企业技术创新服务。加大对科技型中小企业的支持力度，建立适应中小型企业创新需要的投融资机制，建立和完善支持中小企业技术创新的信息、技术交易、产业化服务的平台，营造扶持中小企业技术创新的良好环境。

（三）建设军民结合、寓军于民的国防科技创新体系

深化国防科研体制改革，以促进军民科技资源统筹配置、有效共享为重点，建设军民结合、寓军于民的国防科技创新体系。加大军民科技发展战略和科技政策的协调力度，以组织实施重大专项为突破口，统筹军民科技计划，加大民间企业和科研机构参与国防科技计划的力度，促进军民科技从基础研究、应用研究开发、产品设计制造到技术和产品采购各环节的有机衔接。加强军民两用技术研发和军民科技资源的有效集成，建立军民科技基础设施和条件平台有效配置、合理共享的机制，促进军用和民用科技的双向转移、军民两用技术的产业化以及创新人才的有序流动和优化组合。

（四）建设社会化、网络化的科技中介服务体系

建立有利于各类科技中介机构发展的运行机制和政策法规环境，制定支持科技中介机构发展的税收政策。充分发挥高等院校、科研机构和各类社团在科技中介服务中的重要作用，鼓励多种所有制投资主体参与科技中介服务活动。把依靠中介机构完善管理和服务，作为政府职能转变的重要内容，对科技中介服务能够承担的工作，积极委托有条件的科技中介机构组织实施。通过任务委托等方式，培育骨干科技中介机构，发挥示范带动作用。加强行业协会建设，

充分发挥行业协会在推动技术创新中的服务和协调功能。

（五）进一步强化科技投入增长的保障机制

中央应加大对西部地区的科技转移支付，通过资金支持、政策引导、创新机制等方式，促进科技和经济发展。调整财政科技投入结构，加强对非竞争性科技创新活动的支持力度，合理安排经费比例，加大对科技基础条件建设的支持，引导地方和行业部门加大科技投入，重点解决西部经济社会发展中的重大科技问题。创新财政科技投入机制，建立和完善多元化、多渠道的科技投入体系，综合运用财政拨款、基金、贴息、担保等多种方式吸引社会资金向创新投入。深入推动创业风险投资事业发展和促进自主创新的多层次资本市场建设，政府引导金融机构加大对高新技术产业的投入力度。

五、加强人才队伍建设

（一）优化人才开发体制环境

大力培育西部地区人才市场，扶持建设一批有竞争实力的人才服务机构，增强人才服务、人才开发的能力。充分发挥高等院校、科研院所、科技园区、企业研发中心、重大科技攻关项目和工程等在集聚人才方面的作用和功能，搭建科技型人才创业平台。重点加强对中小企业各类人才的培养。进一步完善艰苦边远地区津贴制度。逐步改善到西部基层地区工作的各类人才的社会福利，建立健全留城或原籍子女上学照顾制度。

（二）加大高层次人才开发力度

重点培养一批擅长经营、具有市场开拓能力的优秀企业家，以及勇于创新、具有国内外先进水平的高级科技人才。依托高等院校、科研院所和大中型企业，以重大科研项目为载体，加快建立一批创新型人才开发和培养基地。以市场为导向，以企业为重点，实施国家高技能人才培训工程和技能振兴行动，加快培养高素质、高技能专门人才。

（三）强化农村和社区人才队伍建设

围绕西部地区科技、教育、文化、卫生等领域和社区建设，加大对农村实用人才的培养力度，培养稳定的专业化人才队伍和社会工作人才队伍。组织实施人才对口扶贫计划和新型农民创业培训工程等人才开发项目，加大农村劳动力转移培训力度，提高劳动力职业技能，扩大农村劳动力转移培训阳光工程和农村实用人才培训工程的实施规模。

（四）鼓励支持人才交流和合理流动

加强人才市场供求信息发布，引导人才向西部地区流动。加强对人才合理流动的政策扶持和宏观引导，鼓励各类人才向贫困地区特别是艰苦边远地区流动。设立西部地区的人才交流基金，为外来优秀人才到西部短期服务提供条件，选拔西部优秀中青年科研骨干和教师到东部发达地区培训提高，以及对西部开发有突出贡献的人才进行奖励等（王洛林和魏后凯，2003）。

六、扩大对内对外开放

充分利用西部地区与周边14个国家和地区接壤的有利区位条件，进一步发挥劳动力资源、土地资源、特色矿产资源丰富的优势，更好地统筹西部开发与对内对外开放，以扩大开放促进西部实现又好又快发展，增强西部参与国内外市场竞争的能力。

（一）促进东中西区域协调互动

加大东部地区和中央单位对口支援西部地区的工作力度，支持发达地区探索对口帮扶西部欠发达地区的新机制、新方法、新形式，不断提升对口支援的层次、深度和水平，加强全国对西部老少边穷地区的社会捐助工作。以市场为导向，打破行政区划和市场分割，引导和支持东中部地区各类生产要素向西部地区流动，以多种方式积极参与西部国有企业改组改造、优势产业发展和特色资源加工基地建设。鼓励沿海经济核心区加快产业升级，对到中西部和东北投资的外资和沿海企业给予相应的政策支持，如土地、财政贴息和税收刺激等，积极引导沿海地区产业转移。西部地区应创造良好的发展环境，积极承接东部地区产业转移，引导东部地区的企业到西部投资兴业，形成以东带西、东中西共同发展的格局。

（二）加强区际横向联合，构筑参与国际区域经济合作的新平台

区域间的横向联合，其根本动因在于区域间生产要素的差异以及比较优势

的存在。区域经济的横向联合,有利于突破生产力要素流动的行政性障碍。在条块分割的条件下,区域内企业难以借助区域外部的生产条件,来克服资金、技术制约。而横向经济联合将企业从某地区内孤立的一点变成了区域经济网络中的一个环节,从而使生产要素得以重新优化组合。因此,在市场经济条件下,从互利互惠原则出发,各地方政府应鼓励和支持本地企业和外地企业按市场原则处理相互关系,组建企业集团;废除造成地区封锁、市场分割的各种不合理政策和规定,从税收、财政、信贷、计划、物资、外贸等方面,对促进横向经济联合的政策进一步加以完善;应制定相应的法律法规,确保合作各方的利益;巩固已有的区域经济协作组织,争取更大范围和更高层次上形成开放型区域市场;较发达地区还应当主动通过产业转移、技术转让和联合、联营、合作等形式,促进和带动不发达地区经济的发展,从而实现资源与市场的互补。

(三) 提高承接国内外产业转移的能力

发挥西部地区资源、产业、劳动力等优势,提高承接国内外产业转移的能力。把利用外资同优化产业结构、提升技术水平和扩大对外经济贸易有机结合起来,积极引进国外各类资金、技术和人才,鼓励和支持外商参与基础设施建设和生态环境保护,重点投向金融、旅游、物流、商贸等现代服务业、高技术产业、资源节约和综合利用、环保产业、特色农业生产及加工等领域,鼓励跨国公司在有条件的城市设立地区总部、研发中心、采购中心、培训中心。积极参与我国与东南亚、中亚地区各国的双边、多边投资贸易合作,探索边境地区开发和对外开放的新模式。鼓励和支持西部地区全面参与中国—东盟自由贸易区、上海合作组织、东盟—湄公河流域开发等区域合作,扎实推进泛北部湾经济合作区建设步伐。共同推进跨境基础设施和物流体系建设,加快"亚欧大陆桥"、"西南大通道"建设,以重点边境口岸为桥头堡,形成优势互补、共同发展的国际走廊,推进形成陆港联运的国际通关机制。

七、建立健全产业发展的保障机制

(一) 建立政府协调服务机制

加快推进政府职能转变,健全政府决策机制,正确履行政府在经济调节、市场监管、社会管理和公共服务方面的权责。进一步解放思想,转换观念,改善政府服务,提高工作效率,加强组织领导和统筹协调,开展跨行政区域的重点经济区规划工作。为减少地区间的经济摩擦,促进区域经济的健康发展,应尽快建立一个有效的区际利益协调机制，对关系到西部经济发展全局、非一个行政区所能解决的若干重大经济问题，如能源、交通、江河治理等，应通过各地方政府的相互协商和对话，合理地制定相关政策，统一安排部署，以协调各方利益。

（二）完善国家政策扶持机制

继续保持中央财政支持西部大开发优惠政策的稳定性和连续性，根据形势发展需要，不断充实完善支持政策，创新支持方式，进一步增加对西部地区财力性转移支付和专项转移支付规模。促进区域协调发展，不是单纯要求缩小区域之间、各层次行政区之间经济总量的差距，而是着力完善公共财政制度，使所有人享有基本公共服务的均等化，享有大体相当的生活水平。政府通过提供均等化的文化教育、医疗卫生、社会保障等基本公共服务以及能源、交通、通信等基础设施，使区域间市场主体的竞争公平化，实现区域之间的"竞争效率"。

当前，我们具备了逐步解决区域发展差距的条件，中央政府也有能力为促进区域协调发展提供体制、政策、资金等方面的支持。要进一步明确财政转移支付的支出用途，切实保证公共服务的投资。采取有条件转移支付，激励地方政府进行改革，防止滴漏现象。中央政府投资继续向西部地区倾斜，由国家投资或需要国家批准或核准的重点产业项目，同等条件下优先安排在西部，在义务教育、基础科学、公共文化、公共卫生、人口计划生育、社会保障、社会救助、减少贫困、公共安全等方面加大对西部的投入力度。国家加大对西部特别是对革命老区、民族地区、边疆地区、贫困地区、三峡库区以及资源枯竭型城市等区域的政策支持力度。

（三）健全企业发展激励机制

进一步改善企业发展环境，以转变政府职能和深化企业、财税、金融等改革为重点，巩固和发展公有制经济，进一步消除制约个体、私营等非公有制经济发展的体制性障碍和政策性因素，放宽和扩大非公有制经济市场准入，完善金融、税收、信用担保和技术创新等方面的政策。改进和加强对非公有制企业的服务和监管，加大政府资金的引导和支持力度，重点支持实施中小企业成长工程。深化垄断行业改革，放宽准入，加强监管，积极引入战略投资者，实行投资主体多元化，大力发展混合所有制经济。加强中央企业与西部地区各类企业的联合，通过股权置换和相互参股等多种形式，实现更高层次和更大范围的资源优化配置。积极推进老工业基地企业分离办社会职能工作，合理解决历史遗留的国有大中型困难企业退出市场问题。

（四）完善金融支持机制

加快推动金融市场的发展，鼓励各金融机构采取银团贷款、混合贷款、委托理财、融资租赁、股权信托等多种方式，加大金融支持。采取投资补贴、贷款贴息等方式，加强对金融机构参与西部特色优势产业发展的财政政策支持，扩大国家政策性银行对西部地区的信贷规模（刘世庆等，2005）。国家安排的国际金融组织贷款、外国政府贷款等各类国外优惠贷款和技术援助资金，继续向西部倾斜，重点支持基础设施建设、产业结构调整、节能减排和特色优势产业发展。不断创新国外优惠贷款利用方式，积极探索利用国外优惠贷款与国家预算内建设资金投入配套使用的方式和途径。推进西部地区农村金融体系建设，加大农村信用社改革力度，继续扩大农户小额贷款和农户联保贷款。推进设立产业投资基金，支持有条件的企业发行股票和债券，发展资本市场，扩大直接融资规模（时光，2003）。

参考文献

安树伟，等.2010."十二五"时期我国区域政策调整研究.国家发展和改革委员会事业费项目研究报告：25-26.

陈秀山.2006.西部开发重大工程项目区域效应评价.北京：中国人民大学出版社.

樊纲，王小鲁，朱恒鹏.2007.中国市场化指数——各地区市场化相对进程2006年报告.北京：经济科学出版社.

樊纲，王小鲁，朱恒鹏.2010.中国市场化指数——各地区市场化相对进程2009年报告.北京：经济科学出版社.

樊纲，王小鲁，朱恒鹏.2012.中国市场化指数——各地区市场化相对进程2011年报告.北京：经济科学出版社.

公文俊平.1987.日本进入服务业新时代.北京：新华出版社.

顾乃华.2006.中国转型期生产性服务业发展与制造业竞争力关系研究——基于面板数据的实证分析.中国工业经济，(9)：14-21.

国务院西部地区开发领导小组办公室，国家发展和改革委员会，财政部，等.2006.关于促进西部地区特色优势产业发展的意见，国西办经［2006］15号.

季任钧，安树伟.2007.西部老工业基地"产业空洞化"问题研究.见：白永秀.区域经济论丛（四）.北京：中国经济出版社，13-29.

江世银.2007.西部大开发新选择——从政策倾斜到战略性产业结构布局.北京：中国人民大

学出版社.
金碚. 2003. 高技术在中国产业发展中的地位和作用. 中国工业经济,(12):5-10.
科学技术部发展计划司. 2012-02-02. 科技统计报告,(516,517).
李江帆. 2005. 中国第三产业发展研究. 北京:人民出版社.
林毅夫. 2005. 按照比较优势选择产业政策. 中国发展观察,(7):24-28.
林毅夫. 2008. 经济发展与转型——思潮、战略与自生能力. 北京:北京大学出版社.
林毅夫,刘明兴. 2004. 经济发展战略与中国的工业化. 经济研究,(7):48-58.
刘辉煌,刘小方. 2008. 我国生产性服务业就业吸纳能力的实证分析. 东北财经大学学报,(1):22-25.
刘世庆,罗望,任治俊. 2005. 西部大开发资金战略研究报告. 北京:经济科学出版社.
刘志彪,吴福象. 2007. 以发展生产性服务业构建新型企业竞争战略. 学习与实践,(1):28-33.
刘志彪,郑江淮,等. 2008. 服务业驱动长三角. 北京:中国人民大学出版社:517-518.
吕政,等. 2006. 中国生产性服务业发展的战略选择. 中国工业经济,(8):5-12.
罗斯托. 1988. 从起飞进入持续增长的经济学. 贺力平,等译. 成都:四川人民出版社.
迈克尔·波特. 2002. 国家竞争优势. 李明轩,邱如美译. 北京:华夏出版社.
庞智强,李云发. 2007. 中国西部地区产业结构的调整. 重庆工商大学学报(西部论坛),(3):92-95.
裴长洪,彭磊. 2008. 中国服务业与服务贸易. 北京:社会科学文献出版社:70-96.
时光. 2003. 西部地区资本市场发展的目标和模式. 西南民族学院学报(哲学社会科学版),(8):1-9.
唐强荣,许学军. 2007. 新型工业化生产性服务业与制造业. 工业技术经济,(11):122.
王洛林,魏后凯. 2003. 中国西部大开发政策. 北京:经济管理出版社.
魏后凯. 2001. 工业化:中西部发展不可逾越的阶段. 经贸导刊,(8):14-16.
武康平,刘秀兰. 2004. 西部地区第一产业的发展及其存在的问题探讨. 西南民族大学学报(人文社会科学版),(1):67-72.
徐学军. 2008. 助推新世纪的经济腾飞:中国生产性服务业巡礼. 北京:科学出版社:256-259.
钟韵,阎小培. 2003. 我国生产性服务业与经济发展关系研究. 人文地理,(5):46-51.
周振华. 1992. 产业结构优化论. 上海:上海人民出版社.

第九章 国内外产业转移与西部特色优势产业发展

加入WTO后,我国已经成为跨国公司投资的热点区域。发达国家和地区的制造业加速向发展中国家和地区转移,中国东部的传统产业也积极要求转移出去,这一切为西部地区积极承接国内外产业转移、发展现代制造业与现代服务业提供了难得的历史机遇。把产业转移与推进西部地区特色优势产业发展相结合,更能体现西部地区承接国内外产业转移的合理性及其重要性。

第一节 承接国内外产业转移的重要意义

一、有利于西部地区产业结构的优化升级

西部地区正处于工业化推进阶段,产业结构处于不断调整与变化之中,客观上要求引进相对先进的技术、管理经验和经营理念及有较高技术层次产业的移入来取代区域衰退产业,促进产业结构的升级。西部大开发十多年来,西部地区各级城市发展势头迅猛。西安、成都、重庆等中心城市GDP年增长速度均保持了较高水平,经济的高速发展所形成的生产对进出口、资金、信息等服务需求增加,已经催生了相关服务业的发展。经济发展的现实对产业结构优化升级也提出了迫切的要求。因此,积极承接国内外产业转移正是顺应了经济发展的良好势头,遵循经济发展的内在规律,有利于西部地区特色优势产业的顺利推进、产业结构优化升级,促进经济又好又快地发展。

二、有利于区域竞争力的提升

产业转移过程就是产业生产能力转移的过程。产业转移过程不是单纯资金的注入,往往配套有先进的技术和管理经验等,移入产业相对于西部地区而言,一般是较高层次的产业,可以有效地提高资源配置效率和劳动生产率及创新能

力。产业转移需要西部地区有良好的产业配套能力。西部地区具有良好的军工企业基础,具有发展与之相关的装备制造业和高新技术产业的基础。一方面,西部地区要积极承接现代装备制造业及高新技术产业等层次较高的产业,催化与之配套、关联产业的发展,并大力推进高新技术产业改造传统产业,不断增强传统产业的生存和发展能力;另一方面,立足于资源丰富的特点,西部地区可以有选择地承接一部分国内外的高耗能、高耗材产业,注重对于发达国家和地区先进技术的消化吸收,研发创新,做长产业链条,增加产品附加值。加大技术研发投入,争取在新材料和新能源方面有新的技术突破,促进区域产业竞争力的提升。

三、有利于缓解就业压力

从一定意义上讲,产业转移实质上是就业岗位在更大地域范围内的重新分配。对于产业移入地则是就业岗位的移入或获得。新产业的移入可以有效地发挥西部地区相对较低的要素价格优势,促进企业扩大规模,增加就业岗位,获得规模经济效应,促进相关配套产业的发展。特别地,外资企业可以有效地吸收国有企业下岗职工和农村剩余劳动力。因此,积极承接国内外产业转移,尤其是产业链中劳动密集型区段的产业转移,必将大大缓减就业压力,促进人口、资源、环境和经济的可持续发展。

四、有利于区域协调发展的顺利推进

我国东、中、西部地区发展差距扩大已经是不争的事实。20世纪80年代,中央政府区域经济政策主要是向我国东部沿海地区倾斜;进入20世纪90年代末期,国家开始实施西部大开发战略,旨在促进广大西部地区经济的发展,缩小地区之间的经济发展差距。十多年来,在国家有关优惠政策的援助下,东西部互动合作,西部大开发稳步推进,取得重大进展和明显成效。在西部大开发推向纵深、推进特色优势产业发展之际,西部地区要积极承接国内外产业转移,促进经济又快又好发展,以促进国家区域协调发展战略的顺利实施。

五、有利于主体功能区建设的推进

《国民经济和社会发展第十二个五年规划纲要》提出:"实施区域发展总体战略和主体功能区战略,把实施西部大开发战略放在区域发展总体战略优先位置，充分发挥各地区比较优势，促进区域间生产要素合理流动和产业有序转移，在中西部地区培育新的区域经济增长极，增强区域发展的协调性。"（国家发展和改革委员会，2011）从2010年国务院公布的《全国主体功能区规划》看，西部地区涵盖了这四类功能区的全部。要以国家主体功能区规划和建设为契机，以全球新一轮产业转移为抓手，积极承接国内外产业转移。优化开发区域，要着力提高经济增长的质量与效益，不断利用高新技术改造传统产业，提高区域产业技术水平，提升其参与全国乃至国际产业分工与竞争的层次；重点开发区域，应该加强基础设施和产业配套能力建设，加速资金、技术、产业和人口的集聚，加快工业化和城镇化步伐；限制开发区域，要切实落实保护优先、适度开发的方针，加强生态环境整治，根据资源的环境承载力，因地制宜发展特色产业，积极实施易地扶贫迁移，引导人口自愿有序地迁移，缓减人与自然环境紧张的状况，逐步建设全国重要的生态功能区；禁止开发区域，涉及西部地区的国家级、省级自然保护区、自然遗产、地质公园、森林公园等多处，这些保护区的核心部分、缓冲区及生态极度敏感区域是禁止开发区域，要严格依据法律法规和相关的规划实行有效的保护，禁止不符合区域功能定位的开发建设活动。

西部地区积极承接产业转移，发挥区域整合优势及提升区域竞争力，更有利于这四类功能分区的合理规划和有效落实，从而促进经济效益、社会效益和生态效益的和谐统一。

第二节　国内外产业转移的趋势及特点

一、国际产业转移的趋势及特点

（一）国际产业转移的进程加快，规模扩大

经济全球化及区域经济一体化的大背景下，生产要素流动加速，企业面临的国内外竞争加剧，迫使其不断寻求技术创新，从而获得由于创新所带来的利益。产业更替和产业结构升级过程加速，产业转移的规模扩大、速度加快。20世纪80年代以来，全球FDI流量和存量的绝对数量不断增长，年增长率保持在较高水平（表9-1）。1997年亚洲金融风暴后，1998年跨国投资比1997年增长了44.10%，1999年比1998年增长了58.94%。除了2001年、2002年的增长速度有所下降外，2002年以后又以较快速度增长。2008年以来受全球性经济危机的影响，全球FDI流出量和流入量大幅下降（栾文莲，2006），直到2010年

FDI 流量才开始小幅回升，但仍然低于经济危机前的平均水平（图 9-1）。同时，产业转移方式也趋于多元化，FDI 逐步形成了独资、合资、收购、兼并和非股权安排等多样化的形式。

表 9-1 全球 FDI 流量与存量的变化

项目	金额/10 亿美元					年增长率/%				
	1990年	2005~2007年（平均）	2008年	2009年	2010年	1991~1995年	1996~2000年	2001~2005年	2009年	2010年
FDI 流入量	207	1 472	1 744	1 185	1 244	22.5	40.1	5.3	-32.1	4.9
FDI 流出量	241	1 487	1 911	1 171	1 323	16.9	36.3	9.1	-38.7	13.1
FDI 输入存量	2 081	14 407	15 295	17 950	19 141	9.4	18.8	13.4	17.4	6.6
FDI 输出存量	2 094	15 705	15 988	19 197	20 408	11.9	18.3	14.7	20.1	6.3

资料来源：联合国贸发会议（2011）

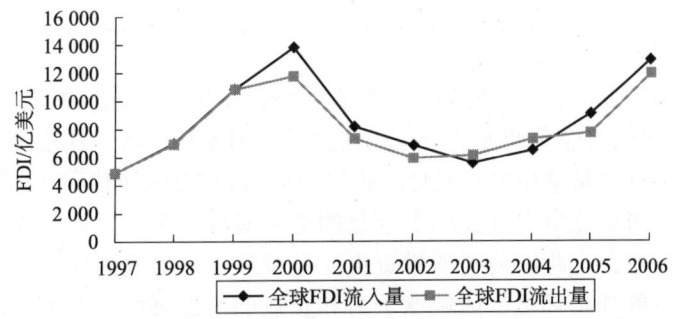

图 9-1 1997~2006 年全球 FDI 增长情况
资料来源：联合国贸发会议（2011）

（二）国际产业转移的产业集聚趋势明显

近年来，跨国公司出于全球战略考虑，产业转移中的集聚现象愈来愈明显，国际著名大跨国公司的产业转移成为产业区域集聚的良好平台。特别地，20 世纪 90 年代以来，跨国公司在产业转移过程中主体地位愈加突出，产业转移的规模也越来越大（表 9-2）。2010 年，跨国公司全球生产带来约 16 万亿美元的增值，约占全球 GDP 的 1/4；跨国公司外国子公司的产值约占全球 GDP 的 10% 以上和世界出口额的 1/3（联合国贸发会议，2011）。

表 9-2 跨国公司海外生产各项国际生产指标的变化

项目	金额/10 亿美元					年增长率/%				
	1990年	2005~2007年（平均）	2008年	2009年	2010年	1991~1995年	1996~2000年	2001~2005年	2009年	2010年
外国子公司销售额	5 105	21 293	33 300	30 213	32 960	8.2	7.1	14.9	-9.3	9.1

续表

项目	金额/10亿美元					年增长率/%				
	1990年	2005~2007年（平均）	2008年	2009年	2010年	1991~1995年	1996~2000年	2001~2005年	2009年	2010年
外国子公司总产值	1 019	3 570	6 216	6 129	6 636	3.6	7.9	10.9	-1.4	8.3
外国子公司总资产	4 602	43 324	64 423	53 601	56 998	13.1	19.6	15.5	-16.8	6.3
外国子公司出口额	1 498	5 003	6 599	5 262	6 239	8.6	3.6	14.7	-20.3	18.6
外国子公司雇员/10^3人	21 470	55 001	64 484	66 688	68 218	2.9	11.8	4.1	3.4	2.3
特许权和许可证收费	29	155	191	187	191	14.6	10.0	13.6	-1.9	1.7
货物与服务出口额	4 382	15 008	19 794	15 783	18 713	8.1	3.7	14.7	-20.3	18.6

资料来源：联合国贸发会议（2011）

跨国公司的发展使经济资源的配置直接跨越了国家和地区的界限（冼国义，2004）。跨国公司将整条产业链条搬迁到发展中国家和地区，这就意味着一家大企业的产业转移会带动相关的配套产业[①]转移。这种系统转移和在国外配套的现象，使得现代市场竞争由过去单个企业的竞争演变为全球生产体系或全球产业供应链之间的竞争。跨国公司的投资更注重发展中国家和地区的配套能力，更注重企业生存的外部环境、区域竞争力和企业的生态环境。在承接国际产业转移过程中，不论是发达国家还是发展中国家，都出现了产业集聚的现象。除了配套产业的集聚外，跨国公司跨国投资中也会引起其竞争对手的战略性追随，从而更加强化了产业转移过程中产业的区域集聚。

（三）服务业成为国际产业转移的热点领域

20世纪90年代后期以来，服务业的外商直接投资已经超过了制造业。截至2002年，发展中国家吸引的外商直接投资已经有将近一半流入了服务业（世界银行，2007）。与此同时，跨国公司开始向发展中国家和地区转移具有较高附加值的服务业，服务业在FDI产业变动中的比重急剧攀升（周振华和陈维，2006），突出地表现为服务业成为国际投资的主要方向（潘叙迭，2006）（表9-3、表9-4）。2000年以来，服务贸易金额和增长率增长迅速（图9-2）。服务业外国直接投资主要集中在贸易和金融两个领域，主要涉及软件、电讯、金融管理咨询等行业。信息技术革命加速了服务业的国际转移进程，也使得服务业的服

---

① 如物流、后勤服务以及相关的中小企业等。

务类型趋于多样化，包括客户服务、研发、财务管理、数据与网络维护等。

表9-3 跨国公司实施新一轮产业转移和前几次国际产业转移的比较

	新一轮国际产业转移	前几次国际产业转移
转移类型	资金和技术密集型的重化工业	劳动密集型产业、轻加工业
转移区域	重点向中国、印度等亚洲发展中国家转移	第二次世界大战前主要集中在欧洲、北美；第二次世界大战后，向日本和"亚洲四小龙"转移
转移内容	从生产转移逐步扩张到研发、营销和运营方面	主要是生产的转移
转移方式	上中下游产业链一起转移	单个项目、企业，或单个产业转移
转移重点	服务业转移进一步突出	制造业转移为主
转移要求	转移区域拥有良好的配套条件、企业生态环境	转移区域的资源优势明显、劳动力成本低廉

资料来源：周振华和陈维（2006）

表9-4 FDI产业变动的比较分析

范围		流入资金的产业构成/%		流出资金的产业构成/%	
		1989～1991年	2001～2002年	1989～1991年	2001～2002年
发达国家	初级部门	6	9	6	7
	制造业	36	18	39	22
	服务业	58	73	55	71
发展中国家	初级部门	12	10	3	2
	制造业	53	40	58	21
	服务业	35	50	39	77

资料来源：周振华和陈维（2006）

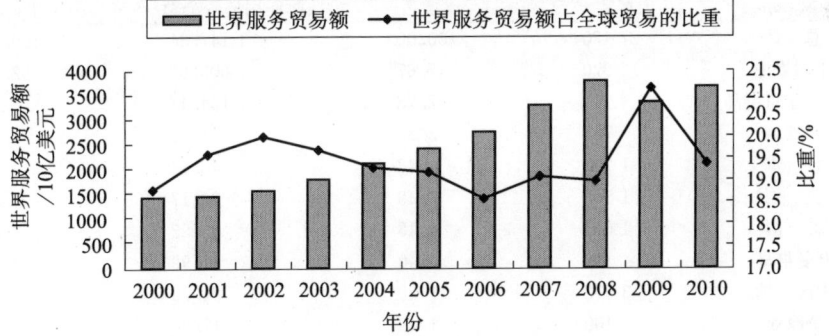

图9-2 2000～2010年世界服务贸易情况

资料来源：陆燕（2011）

（四）加工制造业转移层次的高级化

国际产业转移由制造业的生产加工、物流供应等环节向其高端演进。总的来说，产业层面的演进趋向是由原来的原材料向加工工业、由初级工业向高附加值工业、由传统工业向新兴工业。20 世纪 90 年代，制造业的转移集中在劳动密集型行业；进入 21 世纪，制造业的技术升级加速，产业转移转向重化工业、高新技术、信息产业、重要原材料及能源产业和装备制造等先进领域（表 9-4）。制造业是中国当前承接国际产业转移的主要行业领域，特别是 90 年代后半期以来，制造业实际利用外资占当年利用外资总额的比重不断上升。

（五）中国成为承接国际产业转移的重点区域

改革开放以来，中国逐渐步入国际产业转移体系。2009~2010 年，全球 FDI 流量居前 20 位的经济体中，中国位列第二，FDI 流量达 1060 亿美元（联合国贸发会议，2011）。对中国内地投资的国家和地区几乎遍及全球，但主要集中在亚洲国家和地区（表 9-5、表 9-6）。从 20 世纪 90 年代初期开始，中国接受外资的数量迅速增长（图 9-3）。2005 年中国吸引外商直接投资 603 亿美元，吸收的外资占发展中国家吸收外资总额的 1/4，已经连续 13 年实际使用外资金额位居发展中国家和地区的首位，是世界上对外资最具吸引力的地区之一（国务院发展研究中心产业经济研究部"我国应对国际产业转移的战略研究"课题组，2007）。90 年代后期以来，流入发展中国家的外商直接投资中有 1/3 流入中国。另据美国商会调查，87% 的美国在华企业欲扩大投资，33% 的跨国公司把中国作为下一个投资目标（吕政和曹建海，2006）。

表 9-5　2010 年对中国内地投资前 15 位国家/地区情况

国家/地区	项目数/个	比重/%	实际使用外资金额/亿美元	比重/%
总　计	27 420	100.00	1 147.34	100.00
中国香港	13 070	47.67	605.67	52.79
英属维尔京群岛	761	2.78	104.47	9.11
新加坡	781	2.85	54.28	4.73
日　本	1 762	6.43	40.84	3.56
美　国	1 502	5.48	30.17	2.63
韩　国	1 695	6.18	26.92	2.35
开曼群岛	109	0.40	24.99	2.18
中国台湾	3 072	11.20	24.76	2.16
萨摩亚	409	1.49	17.73	1.55
法　国	183	0.67	12.38	1.08
毛里求斯	102	0.37	9.29	0.81
荷　兰	117	0.43	9.14	0.80
德　国	364	1.33	8.88	0.77
英　国	278	1.01	7.1	0.62
中国澳门	274	1.00	6.55	0.57
其　他	2 941	10.73	164.17	14.31

资料来源：中国投资指南，http://www.fdi.gov.cn/pub/FDI/wztj/lntjsj/wstszsj/2010nzgwztj/t20120130_140684.htm，2012-1-30

表 9-6　截至 2010 年对中国内地投资前 15 位国家/地区情况

国家/地区	项目数/个	比重/%	实际使用外资金额/亿美元	比重/%
总　计	710 747	100.00	11 078.58	100.00
中国香港	322 391	45.36	4 562.12	41.18
英属维尔京群岛	20 943	2.95	1 118.46	10.10
日　本	44 163	6.21	735.65	6.64
美　国	59 642	8.39	652.23	5.89
中国台湾	83 133	11.70	520.16	4.70
韩　国	52 172	7.34	473.03	4.27
新加坡	18 793	2.64	468.59	4.23
开曼群岛	2 613	0.37	215.88	1.95
德　国	6 943	0.98	171.82	1.55
英　国	6 749	0.95	170.84	1.54
萨摩亚	6 121	0.86	161.08	1.45
荷　兰	2 508	0.35	109.17	0.99
法　国	4 121	0.58	107.50	0.97
中国澳门	12 556	1.77	97.03	0.88
毛里求斯	2 203	0.31	93.69	0.85
其　他	65 696	9.24	1 421.33	12.81

资料来源：中国投资指南，http://www.fdi.gov.cn/pub/FDI/wztj/lntjsj/wstzsj/2010nzgwztj/t20120130_140683.htm，2012-1-30

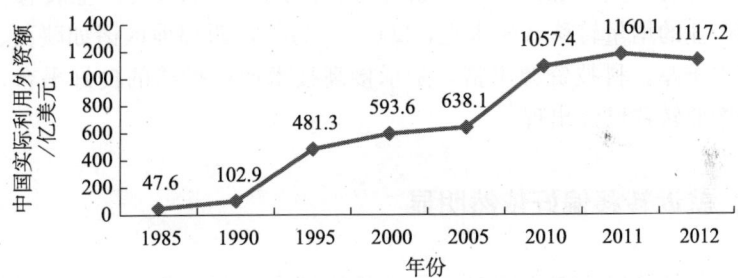

图 9-3　1985～2012 年中国实际利用外资额

资料来源：国家统计局国民经济综合统计司．新中国六十年统计资料汇编．北京：中国统计出版社，2010；《中国统计年鉴（2013）》

目前中国社会政治局势稳定，经济发展势头迅猛，再加上中国潜在、广阔的市场，丰富、廉价且素质相对较高的劳动力以及较强的产业配套能力，外商投资风险较小，投资收益高等极大地迎合了跨国公司的意图。

二、国内产业转移的趋势及特点

改革开放以来，我国经济发展整体水平不断提高，市场需求结构变化迅速，东部地区劳动力、土地等要素价格水平不断提高。一些行业产品已经进入标准化生产阶段，降低生产成本已经是唯一的竞争手段，从而迫使生产企业向劳动力成本较低的中西部欠发达地区转移。目前，东部企业急于扩张、抢占中西部产品市场，东中西部产业结构优化升级的动力；广大中西部地区丰富的资源优势等，为我国大规模的区际产业转移提供了可能。

（一）转移规模不断扩大

东部地区向西部地区的产业转移已经不是零星的、小规模转移，诸如纺织服装鞋帽等劳动密集型行业呈现集群化转移势头。温州鞋业巨头奥康集团到重庆璧山县建立"西部鞋都"，来自浙江、四川、重庆、台湾等地的50余家鞋业企业也相继尾随入驻园区。

（二）转移领域不断拓展

目前东部向西部的产业转移包括农业、工业以及高新技术行业等领域。近年来，涉及能源资源的行业领域在东西部产业转移中占有相当比重，主要集中在能源资源开发以及深加工等产业链环节，西部地区承接的产业转移主要表现为资源型产业的增量转移（胡永亮，2006）。另外，西部地区诸如陕西、四川等地科技实力雄厚，科技资源丰富，是承接高技术产业推移的良好平台，目前这一领域的产业转移已经出现。

（三）就近转移偏好依然明显

我国区际经济发展差距明显已是不争的事实，沿海发达地区内部也存在相对欠发达的区域。为了促进区域发展，广东、浙江、福建等发达省份也出台一系列有力的政策，包括基础设施建设、完善产业配套、优化投资环境、税收和土地优惠等措施鼓励本省资金向这些地方转移（俞国琴，2006）。一项对浙江企业在外投资的调查显示，1500家企业对外投资的地域选择还是以沿海地区为主，占62.7%；东北占8.3%；中部占13.8%；西部占15.2%。[①]

但现实的问题是东部产业并没有像20世纪80年代理论分析的那样在我国东中西部大规模地转移，可能主要是由于西部自身的原因所致。西部地区虽然具有明显的资源优势，但面临着基础设施不完善、产业配套能力低等问题。目前，资源型产业的增量转移支撑着西部经济的快速增长。推进工业化进程，西部地

---

① 根据《中国西部经济论坛报告摘要（2007）》整理。

区还亟须发展加工制造业，但受到产业配套能力低的制约。西部地区的产业配套能力与东部沿海地区，尤其与珠江三角洲、长江三角洲存在很大差距，这会严重影响国际投资的注入，也会影响沿海投资企业的资金注入。

总的来说，西部地区虽然在短期内大规模承接国内产业转移的可能性不大，但随着其产业配套能力的提高、制度环境的改善，仍然能够凭借其资源丰富的优势，利用产业增量转移培育壮大特色优势产业的发展。

第三节 承接国内外产业转移的特点、问题及障碍

一、承接产业转移的特点

（一）承接国外产业转移的特点

1. 投资方式看以合资经营为主，独资经营日益占据主导地位

改革开放 30 多年来，西部地区吸引产业转移步伐不断加快，引进外商直接投资发展迅速。截至 2010 年年底，西部地区设立外商投资项目 42458 家，实际利用外资金额 563.7 亿美元，占全国的比重分别为 6.0%、5.4%（商务部外国投资管理司和投资促进事务局，2011）。1982~2006 年，中外合资、外商独资累计使用外资分别为 96.59 亿美元、56.11 亿美元，分别占西部地区累计使用外资的 54.0%、31.4%，二者合计累计使用外资占西部地区累计使用外资的 85.4%（表 9-7）。中外合资一直是西部地区使用外资的主要形式，外商独资也日益发挥重要作用。中外合作方式的外商投资比重高于中东部地区，而外商独资方式的投资比重又明显低于中东部地区。

表 9-7 1982~2006 年西部地区利用外商直接投资方式

投资方式	实际使用外资金额/万美元	比重/%
总　　计	1 788 160	100.00
中外合资	965 924	54.02
中外合作	238 553	13.34
外商独资	561 102	31.38
外商股份制	22 581	1.26

资料来源：资源网，http://www.lrn.cn/invest/e_west/200706/t20070620_124166.htm，2007-6-20

2. 资金来源以中国香港、美国、日本和英属维尔京群岛为主

从外商投资的国家/地区看，西部地区外商投资来源地不断拓展，呈现明显的多

元化特点,目前几乎遍及全球。1982~2006年,西部地区与中国香港、美国、日本和英属维尔京群岛签订项目数、合同外资额及实际投资额分别占西部地区吸收外资项目总数的53.3%、合同外资总额的70.7%和实际投资额的64.1%(表9-8)。

表9-8　1982~2006年西部地区吸收外商直接投资前15位国家/地区情况

国家/地区	项目		合同外资		实际投资	
	数量/个	比重/%	数量/万美元	比重/%	数量/万美元	比重/%
中国西部地区总计	13 782	100.00	3 696 153	100.00	1 537 435	100.00
中国香港	4 588	33.29	1 529 364	41.38	587 098	38.19
英属维尔京群岛	588	4.27	434 252	11.75	174 584	11.36
美　国	1652	12.00	580 878	15.72	147 317	9.58
日　本	520	3.77	69 522	1.88	76 706	4.99
中国台湾	1 514	10.99	155 982	4.22	73 326	4.77
新加坡	417	3.03	102 144	2.76	64 490	4.19
法　国	111	0.81	32 739	0.89	62 644	4.07
英　国	234	1.70	52 411	1.42	51 457	3.35
毛里求斯	51	0.37	51 279	1.39	37 954	2.47
开曼群岛	63	0.46	45 788	1.24	25 569	1.66
澳大利亚	349	2.53	67 388	1.82	23 996	1.56
萨摩亚	78	0.57	49 048	1.33	21 550	1.40
德　国	136	0.99	26 698	0.72	17 618	1.15
韩　国	422	3.06	54 668	1.48	17 576	1.14
中国澳门	175	1.27	54 143	1.46	17 312	1.13
15国家/地区总计	10 898	79.07	3 306 304	89.45	1 399 197	91.01

资料来源:资料网,http://www.lrn.cn/invest/e_west/200706/t20070620_124166.htm,2007-6-20

3. 投资行业以制造业、房地产业为主,社会服务业逐渐成为投资的热点

1997~2006年,西部制造业、房地产业、电力燃气及水的生产和供应业实际使用外资占西部实际使用外资总额的比重分别是49.5%、16.4%和8.8%,三者合计为74.7%(表9-9)。2006年,西部外商直接投资的大型项目也主要集中于上述三个产业,占西部地区外商直接投资大型项目总数的71.4%(表9-10);2010年,西部地区外商投资超过1亿美元的大项目有43家,外商投资总额为50.6亿美元,房地产等服务业和制造业是外商投资大项目的主要行业领域(商务部外国投资管理司和商务部投资促进事务局,2011)。值得注意的是,近年来租赁和商务服务业、居民服务和其他服务业及住宿和餐饮业等社会服务业也逐渐成为外商投资的热门领域。

表9-9　1997~2006年西部地区外商直接投资行业分布情况

行业	项目		合同外资		实际使用外资	
	数量/个	比重/%	数量/亿美元	比重/%	数量/亿美元	比重/%
总　计	12 362	100.00	369.63	100.00	153.74	100.00

续表

行业	项目 数量/个	比重/%	合同外资 数量/亿美元	比重/%	实际使用外资 数量/亿美元	比重/%
农、林、牧、渔业	891	7.21	23.51	6.36	4.43	2.88
采矿业	365	2.95	11.73	3.17	3.82	2.49
制造业	6790	54.93	169.98	45.99	76.05	49.46
电力、燃气及水的生产和供应业	277	2.24	32.48	8.79	13.55	8.81
建筑业	331	2.68	18.78	5.08	5.25	3.42
交通运输、仓储和邮政业	139	1.12	6.87	1.86	3.07	1.99
信息传输、计算机服务和软件业	112	0.91	0.96	0.26	0.27	0.18
批发和零售业	446	3.61	5.63	1.52	3.12	2.03
住宿和餐饮业	206	1.67	4.16	1.13	1.33	0.87
金融业	4	0.03	0.30	0.08	0.04	0.02
房地产业	973	7.87	49.72	13.45	25.28	16.44
租赁和商务服务业	353	2.86	8.47	2.29	2.80	1.82
科学研究、技术服务和地质勘查业	129	1.04	3.28	0.89	0.90	0.59
水利、环境和公共设施管理业	40	0.32	1.76	0.48	0.32	0.20
居民服务和其他服务业	1197	9.68	28.86	7.81	11.85	7.71
教育	37	0.30	0.45	0.12	0.35	0.23
卫生、社会保障和社会福利业	25	0.20	0.91	0.25	0.97	0.63
文化、体育和娱乐业	47	0.38	1.78	0.48	0.33	0.21

资料来源：资料网 http://www.lrn.cn/invest/e_west/200706/t20070620_124166.htm, 2007-6-20

表9-10　2006年西部地区外商直接投资大型项目行业分布情况

行业	项目数/个	占西部大项目数目的比重/%	占西部地区项目总数的比重/%
总计	147	100.00	8.30
农、林、牧、渔业	10	6.80	0.56
采矿业	4	2.72	0.23
制造业	52	35.37	2.93
电力、燃气及水的生产和供应业	21	14.29	1.19
建筑业	5	3.40	0.28
交通运输、仓储和邮政业	4	2.72	0.23
信息传输、计算机服务和软件业	0	0	0
批发和零售业	3	2.04	0.17
住宿和餐饮业	5	3.40	0.28
金融业	0	0	0
房地产业	32	21.77	1.81
租赁和商务服务业	4	2.72	0.23
科学研究、技术服务和地质勘查业	2	1.36	0.11
水利、环境和公共设施管理业	2	1.36	0.11
居民服务和其他服务业	2	1.36	0.11
教育	0	0	0
卫生、社会保障和社会福利业	0	0	0
文化、体育和娱乐业	1	0.68	0.06

资料来源：资源网，http://www.lrn.cn/invest/e_west/200706/t20070620_124166.htm, 2007-6-20

（二）承接国内产业转移的特点

1. 产业转移规模不断扩大

2000年以来，在国家对西部水利、水电、铁路、公路等基础性公共领域的诱导性投资的背景下，民间资本也随之跟进，规模不断扩大。民营企业正成为东部产业向西部地区转移的生力军。从1997年开始的前四届"中国东西部合作与投资贸易洽谈会"（西洽会），只有少量的民营企业参加，而2005年的西洽会，民营企业占参会企业的比例首次超过半数，达到了62%，其中山东、浙江、江苏等省代表团的比重达到了70%以上（羊绍武，2008）。咸阳市"十五"期间是招商引资成果最大的5年，到位资金累计达到323亿元。2005年咸阳市合同引进资金251.75亿元，签约项目737个，其中到位资金121.79亿元。2005年，渭南市高新技术产业开发试验区共引进项目14个，投资总额15.57亿元。[①] 特别是深圳诺谱信农化项目、广州友田机电制造项目和江苏阿波罗高效复合肥项目的先后签约，刷新了渭南市高新技术产业开发试验区在珠三角、长三角地区招商引资为零的历史。2008年西安市累计审批外商投资项目100个，实际利用外资11.47亿美元，比上年增长2.8%；实际引进内资597.89亿元，比上年增长13.51%。其中西安航空产业基地新引进各类航空企业53家，实际引进内资7.73亿元、外资1426万美元（左东，2009）。

2. 承接的产业主要来自珠三角、长三角和环渤海三大区域

西部地区能源、矿产资源丰富，承接东部的产业转移很大一部分是资源密集型产业，当然也不乏制造业及高新技术产业等。西部地区承接的产业主要来自珠三角、长三角和环渤海地区。山东如意集团、上海"三毛"入驻重庆；深圳的新天下、中兴、华为、宇龙，浙江的万向，广东科龙，山东鲁能和山海绿地入驻西安高新技术产业开发区；江苏的阿波罗氮磷钾复合肥项目、深圳诺谱信生化农药项目、广州友田机电设备项目入驻渭南市等；"十五"期间，上海光明、内蒙古蒙牛集团、杭州娃哈哈、山东盛大、北京统一、"台湾"天仪生物、河南白象、深圳东部集团等一大批知名企业入驻咸阳。2005年以来，西安经济技术开发区在长三角、珠三角地区引进各类项目20余项，项目总投资达100亿元以上，江苏雨润、杭州盾安、上海宝钢、深圳雅致等先后落户西安经济技术开发区；深圳中兴、深圳华为、上海龙旗、宇龙通信、浙江中财等先后落户西安高新技术产业开发区（左东，2009）。

[①] 其中，生产性项目9个，投资总额14.48亿元。

二、承接产业转移的问题

(一) 停留在引资数量型增长阶段

早在20世纪80年代,我国实施改革开放主要目的是解决经济发展中资金缺口的问题。与先进的技术和管理相比,现在资金缺口问题已经基本解决。我国吸引的外商投资主要分布在东部地区,珠三角、长三角和环渤海地区一直是我国吸引外资的重点区域,而西部地区是2000~2010年全国各区域累计引资最少的区域(图9-4)。

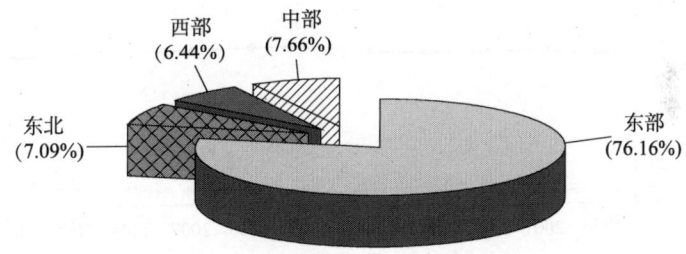

图9-4 2000~2010年全国各地区外商企业累计投资占全国比重
注:此处各年全国合计数包括省(自治区、直辖市)合计和国家工商行政管理总局合计,而各年东部、中部、西部和东北各地区是省级行政区加总结果,因此各地区加总不等于100%
资料来源:《中国统计年鉴》(2001~2011)

西部引资相对数量增长缓慢,停留在引资数量型增长阶段。2000~2007年,西部地区外商投资企业投资年均增长率为14.3%,低于全国平均水平(14.4%),更低于东部(14.9%)和中部(15.3%)。截至2007年,西部地区外商投资企业投资总额占全国的比重一直呈现下降趋势。2008年以来,由于东部地区受全球性经济危机影响较深,西部地区外商投资企业投资总额占全国的比重开始呈现小幅上升态势(图9-5、图9-6)。

(二) 外商投资集中在产业价值链的中低环节

西部地区城市基础设施相对滞后,限制了外资的大规模进入。服务业吸引外资规模也很有限,且集中在房地产业,难以推动西部地区大规模利用外资。近年来,外资主要集中在高耗能型原材料生产加工和农牧产品初加工、饮食服务业和房地产业,高科技含量企业和出口导向型企业很少,这表明基本上停留

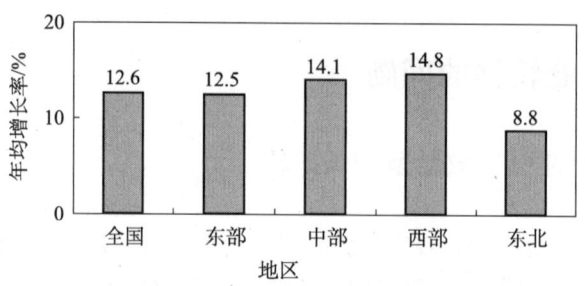

图 9-5 2000~2010 年全国及各地区外商投资年均增长率
资料来源：《中国统计年鉴》（2001~2011）

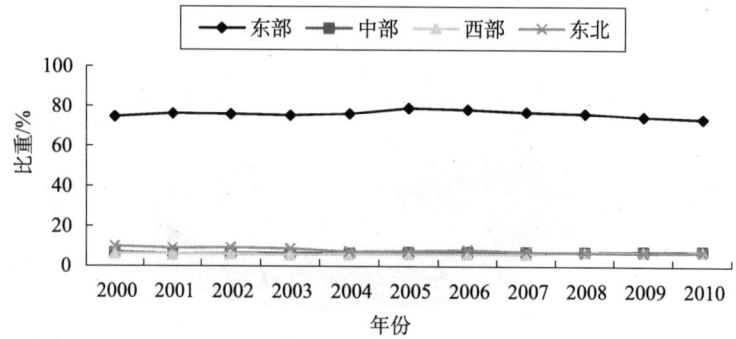

图 9-6 2000~2010 年全国及各地区外商投资企业投资总额占全国的比重
注：此处全国合计包括省（自治区、直辖市）合计和国家工商行政管理总局合计，而东部、中部、西部和东北各地区是省级行政区加总结果，因此各地区加总不等于100%
资料来源：《中国统计年鉴》（2001~2011）

在引进外资的初级阶段（温晓琼和周亚雄，2005）。对于高附加值的高新技术和服务业项目，外资涉足较少，基础设施和农业利用外资的比例很小，能源电力、交通、通信等潜在优势较大的基础设施投资项目更是少见（何军和石静，2004）。从世界 500 强跨国公司在中国投资项目的地区分布看，来自美国、日本以及欧洲等地的跨国企业主要分布在我国沿海的北部和中部，在西部的比重很小（表 9-11），这不利于西部在承接国内外产业过程中推进产业结构的优化升级。

表 9-11 世界 500 强跨国公司在中国投资项目的地区分布* （单位：%）

国家或地区	投资项目的地区分布					
	沿海北部	沿海中部	沿海南部	中部地区	西部地区	合计
美国	38.28	41.44	14.86	3.88	1.54	100.00
日本	41.36	42.40	9.41	4.12	2.71	100.00
欧洲	35.71	37.50	13.39	11.61	1.79	100.00
其他	66.67	25.00	8.33	0	0	100.00

资料来源：吕政和曹建海（2006）
*沿海北部包括北京、天津、河北、辽宁、山东，沿海中部包括上海、江苏、浙江，沿海南部包括广东、福建、广西、海南

外商投资在东部地区第一、第二、第三产业的比例为3：70：27，而且投资在服务业的比重逐步上升。而西部地区90%的外资集中在第二产业，在制造业中多为劳动密集型的一般加工工业项目，资金和技术密集型项目较少，农业项目比重仅为0.01%，作为支柱产业的建筑业，外商投资企业仅占产值的1%；金融、保险、商业、旅游等具有巨大消费需求的领域，外商的投资几乎是空白（曹邦英，2006）。

先进的技术是推进西部经济发展的原动力，而西部承接的国内外产业转移大都停留在全球产业价值链的中低端环节。众多的行业缺乏先进的技术、核心的研发能力作支撑，发展后劲不大，加之全面提升西部的招商引资层次的步伐较慢，西部产业结构的优化升级以及区域竞争力提高任务艰巨。

（三）开发区引资目标不明确

各级各类开发区是西部地区承接产业转移的重要载体。但开发区往往急于招商引资，外资企业投资进入门槛不高，引资目标不明确。在招商引资方面缺乏统一规划和管理，使得各省级行政区力量分散，产业集聚效应大大降低。以陕西省榆林经济技术开发区为例，开发区同周边各资源富集地市和榆林市内各区县相比，资源优势不很明显，甚至还相对处于竞争劣势。开发区最初定位于以能源重化工基地，坚持项目带动的发展战略，虽然取得了较为显著的成绩。但在近一两年内，由于种种原因，发展思路和主要工作比较模糊。已入区的既有行政办公、房地产开发项目，也有轻工业、加工业项目，还有能源化工项目和建材工业项目，这已经偏颇了最初的能源重化工项目的主体地位。

（四）外资的利用和管理缺乏完整而系统的法律法规体系支撑

外资的利用管理水平不高，管理体制没有理顺，属于多头管理、多头领导，各省（自治区、直辖市）的招商单位出于部门利益考虑，对于国家、省的投资重点、经济发展战略缺乏统一认识，在发展步调上显得很不一致。来自欧美等的外资企业大部分以高新技术企业自居，但入驻园区后，带来的却是二流甚至三流的技术，对于核心技术却以种种理由回避转让。既丢掉了市场，又未能换来先进技术与管理经验。

（五）中心城市（圈）与周边省市招商引资竞争激烈

随着西部大开发的深入，西部省份越来越重视引资工作，各个城市招商引资热情高涨，纷纷出台各项优惠政策吸引外资的注入，城市间的竞争较为激烈。西部中心城市（如西安、重庆和成都等）彼此就是竞争对手。这些城市同样享受国家关于西部大开发的众多优惠政策，同时也纷纷出台了一些地方性优惠政策。但总体而言大同小异，缺乏特色和差别。结果是各个城市在招商引资方面难以从区域特色出发，使得优惠政策发挥作用不明显，更难以推动区域经济快速发展。

三、承接产业转移的障碍

（一）区位优势不明显，物流成本高

近几年，西部基础设施大有改善，但是基础设施还相对落后，物流不发达，运输费用居高不下，信息流通也不畅，配套服务不够完善，供应商竞争力较低。与中部地区相比，也缺乏"近水楼台先得月"的区位条件。

（二）投资软环境较差和商务成本偏高

外商投资企业认为重要但满意程度较低的投资环境因素主要集中在政策法律和投资后的服务方面。目前，世界各国（地区）都在不断调整招商引资的政策以期吸引更多的外资注入（表9-12），发展中国家（地区）有利于FDI的外资政策内容调整比重明显高于发达国家（地区）。显然，西部地区投资环境有待进一步改善，应进一步提高政府的行政效率，营造良好的企业运营环境，提高办事效率，增强政府的信誉度。

表9-12 2000~2010年世界各国外资政策变化情况

项 目	2000年	2001年	2002年	2003年	2004年	2005年	2006年	2007年	2008年	2009年	2010年
外资政策变化国家数	70	71	72	82	103	92	91	58	54	50	74
政策内容变化数	150	207	246	242	270	203	177	98	106	102	149
有利于FDI	147	193	234	218	234	162	142	74	83	71	101
不利于FDI	3	14	12	24	36	41	35	24	23	31	48

资料来源：联合国贸发会议（2011）

西部中心城市（西安市、成都市、重庆市等）与中东部同等规模城市相比商务成本较高，提高了外资进入的门槛，不利于承接一般制造业的转移。西部地区有些政府行为不规范，一些经济水平落后、获取资金渠道单一的地区仍然存在乱收费、乱罚款现象，政府职能仍然未能向服务型转变，尤其未能营造适应企业生存和发展的市场导向环境，建立起公正、公开和廉明的政府行政管理制度，难以保证招商前后服务工作的一致性，影响了外商投资的进入（李惠茹

和郑彩云，2007）。内陆城市在投资环境上和沿海城市有很大差距，特别是在知识产权保护和提高政府效率方面（世界银行，2007）。

土地成本相对较高。一方面，与其他地区相似，大多数西部项目用地指标受限，审批程度繁杂；另一方面，西部的工业用地成本与其他地区相差不明显，甚至要高于东北，西南地区的商业用地甚至要高于全国平均水平。在重庆、成都、西安的工业用地最低成本为200～225元/㎡，最高可达420～450元/㎡，而苏州和东莞的土地价格仅为125～150元/㎡。

另外，西部的区域产业配套能力也不高。

（三）东部地区产业内迁的政府性拦蓄

地方各级政府为了保证其辖区的增长率、就业率等指标，并有稳定的税收来源，往往会使用一些不规范的行政手段来阻碍生产要素的转移，采取种种措施限制区内的产业外迁。对于东部地区来说，现阶段相当一部分资源及劳动密集型产业并没有充分发展到走向衰落的阶段，仍然具有一定的发展优势与空间，在创新机制尚未形成、新的主导产业没有形成气候，而旧的主导产业又开始向西部地区转移之时，东部可能因为产业空心化而面临失去新的经济增长点的威胁。制造业西移会带来结构性失业的难题。同时东部自身发展不平衡，近年来东部各省级行政区为促进本地区域协调发展，均出台了许多有力政策措施，鼓励省级行政区内发达地区产业和投资向不发达地区转移[①]，客观上造成东部地区产业向中西部地区转移的拦截，致使西部地区承接东部地区产业转移"雷声大，雨点小"（陈耀等，2009）。

（四）劳动力市场不完善，专业技术人员缺乏

西部地区富余劳动力数量相对较多，但劳动力素质普遍比沿海地区低，人才和具有专业技能的劳动力供应严重不足。而西部地区的生活和交通等条件迄今还难以吸引足够的中高级人才到西部就业和创业。同时西部自身培养的人才流失严重，人才引进政策与东部相比还存在较大差距，在一定程度上限制了承接国内外的产业转移。

（五）东部地区产业环境和产业集群的区域黏性影响产业转移

东部沿海地区虽然资源及要素成本相对高，但制度成本低，产业集群发达，

---

① 如2005年3月广东省人民政府颁布的《关于我省山区及东西两翼与珠江三角洲联手推进产业转移的意见》。

产业组织内外部交易成本很低,产业竞争优势明显。目前东部地区许多产业集群尚处于成长阶段,集群的竞争优势使东部的传统劳动密集型工业技术不断创新、产品档次不断提高、结构不断升级,这就使得东部一些传统产业缺乏西移的压力。而中西部省级行政区在市场环境、产业综合配套及产业集群发展上与东部差距较大,虽然资源要素成本较低,但产业内企业正常运行成本过高,竞争力不强,这在一定程度上也延缓了产业转移的进程(陈耀等,2009)。

第四节 承接国内外产业转移的思路和原则

一、总体思路

紧紧抓住新一轮生产要素全球性优化重组和国内外产业转移的历史机遇,发挥综合优势,以改善区域软、硬环境和第三环境为中心,大力推进经济体制改革和市场化进程,以提高行政效率为手段,以提高区域综合竞争力为目标,以高载能产业、劳动密集型产业、旅游产业、装备制造业及高新技术产业为重点,把招商引资、承接国内外产业转移与西部经济结构调整和市场体制改革相结合,注重跨国公司研究总部的引入,运用先进技术、现代化的管理理念和专门人才不断开拓投资领域,创新招商引资的方式,提高招商引资的质量和规模,不断增强自我发展能力,全面推进西部优势产业和特色经济的发展。

要立足自身优势,在国内外产业价值链中准确定位,以国家级高新技术开发区、经济技术开发区等产业园区为重要载体,参与分工,加速利用高新技术改造传统产业的进程,在成渝、关中—天水、广西北部湾三大重点经济区,以及省会城市圈集聚区等重点区域取得突破性进展,建设一批特色优势产业基地,不断推进西部地区产业布局优化升级,实现经济又好又快发展,为进一步深入推进西部大开发发挥重要作用。

二、基本原则

(一)遵循产业转移规律

产业经济理论表明,经济发展的不同阶段有不同产业结构与之相匹配,产业的发展体现出一定的时序性。我国与发达国家和地区存在明显的差距,而且我国内部东中西部也存在明显差距，即体现在产业发展的梯度性上。因此，西部地区在承接产业转移时，要遵循产业发展的时序和产业结构演进规律，积极借鉴国内外的发展经验，有计划、有重点地承接产业转移，从而推进区域产业结构不断优化升级及区域经济的健康发展。

（二）与产业移入地发展相适应

承接国内外产业转移，必须重视其引入的可能性，国内外最先进的产业，对于西部地区来说不一定是最适合的产业。要切实把握区域原有的产业基础，注重本地对于先进的技术和管理理念的消化、吸收能力，使得移入的产业与区域产业布局的战略发展方向相一致，并朝着有利于产业结构高度化方向发展，坚决杜绝与现实脱节的"飞地经济"。产业转移过程中，要充分考虑西部地区的技术适应性水平，严格执行国家环保、技术、质量等方面的标准和国家产业政策，处理好经济发展的短期利益与长远利益的关系，警惕高耗能、高污染的产业转移，既要保证引进投资企业的顺利生产经营，又不至于对生态环境造成污染与破坏，保持生态平衡，实现经济的可持续发展。西部地区有其独特的比较优势，恰当设置产业进入门槛，保证产业转移能够促进经济持续健康发展。

（三）适度集中

承接国内外产业转移，不能采取"遍地开花"做法，而应该有主有次，突出重点，选择条件较好的重点区域，给予某些特殊的政策，促使其率先发展起来，成为西部区域经济发展的"增长极"，带动关联产业或者周边区域的发展。

（四）与西部产业结构及布局调整相结合

承接国内外产业转移，应以区域产业结构调整和产业布局调整为依据，统筹考虑对外资流向的安排。一方面，根据目前西部所处的经济发展阶段，坚持劳动密集型与技术密集型产业引进并重，通过劳动密集型产业扩大就业，以技术密集型产业推进区域产业结构的优化调整和升级。另一方面，要把承接产业转移、产业结构升级和产业发展的领域拓展相结合。抓住外商投资企业不断拓展投资领域的机遇，积极引导资金投向重点行业和领域，推进重点区域产业结构的优化升级。

第五节 承接国内外产业转移的重点行业和重点地区

一、重点行业

经济全球化和区域经济一体化，使得地域分工的价值链条越拉越长，西部地区要明确目标，找准定位，积极参与国内外分工。《西部大开发"十二五"规划》明确提出："按照市场导向、优势互补、生态环保、集中布局的原则，有序承接国内外产业转移。要把承接产业转移与优化调整自身产业结构、建立现代产业体系结合起来，形成东中西部地区合理的产业分工格局。"（国家发展和改革委员会，2012）虽然诸如西安市等西部中心城市已经具备承接国内外产业的能力（西安日报记者，2006），但基于这些中心城市居于我国内陆的区位特点，在承接国内外产业时要有所为，有所不为。西部地区应该立足优势，扬长避短，发展特色优势产业，有选择地承接国内外产业转移。具体而言，西部地区承接产业转移的重点行业包括如下八个方面（陈耀等，2009）。

（一）节能环保的高载能产业

充分利用西部地区水能资源、煤炭资源、石油天然气资源丰富的优势，积极有序开发水电，集约开发煤炭，加快勘探开发石油天然气，大力发展新能源。因地制宜发展石油化工、天然气化工和煤化工。

（二）纺织、轻工等劳动密集型产业

21世纪前半叶，东部地区的经济发展将主要取决于产业结构优化升级，重点发展高新技术产业和现代生产者服务业，而传统劳动密集型产业将逐步退出并向中西部地区转移。遵循这一趋势，西部应积极吸纳东部纺织、轻工等劳动密集型产业的转移，把东部的管理、技术、设备、资金与西部的劳动力、土地优势结合起来。东部沿海地区集中了全国70%的纺织业、80%的服装制造业和90%以上的加工贸易，要实现以现代服务业和先进制造业为主的产业结构目标，这些产业中相当一部分需要逐步退出或向外转移。实际上，2006年以来，纺织产业由东部向中西部地区转移的速度趋于加快，但总体而言尚未形成规模，需要政府相关部门的有效推动。要积极创造各种条件，包括加强工业园区的建设、

环境的改善和政策的制定等方面,以承接好纺织产业的转移,实现纺织业在空间布局上的整合。

西部地区的纺织服装产业的配套环境与沿海城市相比差距明显,为更好吸纳东部纺织业转移,要注重对引进产业的上下游配套,同时实施纺织产业链招商,通过协商沟通,引导和鼓励东部纺织龙头企业及其关联配套企业整体转移。

(三)特色农牧产品加工业

包括特色轻纺工业、食品工业、烟草工业。结合国内外农副产品加工业的发展趋势,西部地区在吸纳产业转移过程中,要在生产高效、优质和安全的农产品基础上,搞好农副产品的储藏、保鲜、加工、转化和增值,特别是要注重引进和培育有实力的农产品加工的龙头企业,提高农业产业化经营的规模和水平,重点在特色食品的生产承接和发展上做足文章。

充分发挥西部地区独特的农牧业资源优势,加快发展现代农业,培育和壮大特色农牧业,推进农牧业产品深加工,提高增值能力。

(四)装备制造业

装备制造业包括交通运输制造业、机械工业、电子工业、先进制造业及制造业的高端环节。先进制造业及制造业的高端环节包括飞机制造业、汽车制造业、工程机械制造业、电子信息及通信制造业和专用设备制造业等。研发机构是制造业的核心,是制造业不断前进的动力源泉。在西部地区条件成熟的区域构建全国重要的装备工业基地,必须千方百计地引进跨国公司研发总部,积极探寻与其合作的途径,合作建立研发机构。这不仅有利于消化吸收国外先进的技术和管理理念,增强自主创新能力,而且可以加速外资企业的本地化进程,减少其二次转移的风险。利用西部地区现有产业基础,依托重点工程,努力突破核心技术约束,提高西部地区重大装备制造的整体水平。

从大环境看,用信息技术促进我国装备制造业发展的时机已经成熟。西部地区在吸纳或承接装备制造业转移过程中,重点是加强大型装备制造业的配套能力,提高设备制造的技术水平,特别是生产中间性产品的重型设备的制造加工。

(五)高新技术产业

西部地区一些中心城市(如西安、兰州、重庆、成都等)集中了许多全国著名的高等院校和科研院所,具有科学研究和技术创新的实力,发展和吸纳高新技术产业的转移具有相当基础。因此，国内外、东西部在技术创新和高新技术产业发展方面开展联合与合作，既可以发挥东部地区市场化程度高、国内外经济信息灵通、现代化的企业管理经验和知识丰富的长处，又可以发挥西部地区科技和军工企业扎根于国家需要的长处，将西部地区的科研和技术优势充分发挥出来，成为西部经济发展的增长极和动力源。

西部地区吸纳国内外高新技术产业转移的重点，可以主要放在以信息技术为主的电子信息产业、以生物技术为主的新医药与工程技术产业、以环保技术为主的环保产业，以及新能源和新材料等领域。

各中心城市要继续依托高新技术产业开发区，积极承接国内外高新技术产业的移入，利用高新技术产业培育特色优势产业，改造传统产业，推进产业结构优化升级，全面拉动西部经济发展。

（六）旅游产业

西部地区自然风光、民俗风情、历史文化等资源优势明显，依托这一优势，做大做强旅游业。鼓励东部企业和社会资本参与西部地区旅游资源开发与整合，联合开发旅游线路、旅游市场和旅游产品，培育旅游品牌，构建跨区域、"无障碍"的旅游体系。

（七）现代服务业

西部地区不仅高级生产要素缺乏，而且人力资本密集型、知识密集型的高端服务业发展能力也不足，由此造成了这些行业在西部地区的紧缺状态，在一定程度上制约了制造业的升级和竞争力的提升。根据国内外服务业转移趋势及西部服务业发展的需要，有条件的西部中心城市要积极承接东部乃至国际服务业转移的生产者服务业，特别是现代物流业、科研和综合技术服务业、金融服务业、教育文化服务业及社会专业服务业等，大力吸纳东部和发达国家的高端服务业，发挥其示范作用，通过人才培养与流动等外溢机制，逐步提升西部地区生产者服务业的层次与水平。

此外，要以包装设计、品牌推广、信息咨询、职业技术培训等生产者服务业为重点，加快技术扩散、融资担保、孵化基地等公共服务平台建设，为承接产业转移提供良好的支撑条件。

（八）区域性总部

重庆、成都、西安、兰州等中心城市，是我国西部地区规模相对较大的经济中心、金融中心、商贸中心、交通枢纽和信息枢纽，在区位、交通、科教、金融、人才、商贸等方面具有综合优势。依托这些城市的科技和人才优势，进一步扩大对外开放，积极引进国内外知名金融机构和网络公司，设立金融后台服务中心、区域性金融总部和网络后台服务中心，吸引跨国公司及国内外知名企业设立地区总部、研发中心、结算中心、呼叫中心和培训中心，把这些城市培育发展成为西部地区的区域性管理控制中心。

二、重点地区

根据国家已有的规划和西部实际，西部地区吸纳国内外产业转移重点地区包括四个层次：第一层次是广西北部湾、成渝、关中—天水三大重点经济区，第二层次是中心城市及其附近区域，第三层次是自然资源富集区，第四层次是沿边发展条件较好的口岸。

（一）西部三大重点经济区

广西北部湾经济区覆盖南宁、北海、钦州和防城港四市全部行政范围，目前大规模开发建设的条件基本具备。承接国内外转移的产业重点是资源型加工业、出口加工贸易业、现代服务业、海洋产业等。

成渝经济区属于典型的流域经济，经济相对发达，可以说是我国西部地区的"东部"，在我国东中西互动的区域发展战略中发挥着承接传递的作用，承接国内外转移的重点产业是能源及化学工业、装备制造业、高新技术产业、特色农业及加工业、旅游产业。

关中—天水经济区整体经济发展水平低于成渝经济区和广西北部湾经济区，在西部大开发确定的三个重点地区中是最低的。具有雄厚的科研实力，但科研成果产业化能力较弱；具有工业综合基础优势；城市群粗具规模，但城镇体系不完善，发展水平不高。承接国内外转移的产业重点是高新技术产业、装备制造业、旅游业、特色农产品及其加工业等。

（二）中心城市及其附近区域

从总体上讲，西部经济发展水平较低，但经济空间分布极为不平衡，大中城市及其附近区域经济发展水平相对较高。西部承接国内外产业转移的重点区域应包括这些中心城市（表9-13）。

表 9-13　西部中心城市承接国内外产业转移的重点领域

中心城市	承接产业转移的重点领域
呼和浩特	特色农牧业、冶金及稀土工业、旅游产业等
银川	煤炭-电力-冶金联营、石油化工及其深加工业、建筑材料工业、农副产品加工等
兰州	区域性总部、生物制药和中药现代化、有色金属冶炼及其深加工等
乌鲁木齐	商贸与物流、棉毛纺织、民族食品加工、特色农业、旅游产业等
西宁	精细化工、医药、食品、服装、商贸等
贵阳	装备制造业、高载能产业和旅游产业等
昆明	生物资源的加工利用、农业现代化的生产与经营等

（三）自然资源富集区

自然资源尤其是能源矿产资源往往在空间上高度集中，形成一个个储量庞大的富集区域。这样的资源一般适宜于大规模集中开发，以避免小规模开发所造成的浪费，而且开发效益也比较好。但同时需要大量的资金投入、高技术设备的机械化开采、相当数量技术人员的监控。因此，西部地区自然资源的有效开发及其转化增值需要国内外有实力的经济主体参与。西部地区吸纳国内外资源开发、加工转化产业的转移，应优先考虑这些区域。

西部自然资源富集的区域主要有晋陕蒙接壤地区、柴达木地区、攀西地区、新疆塔北—吐哈地区、黄河上游地区、六盘水地区、川滇黔地区、长江上游（宜宾—宜昌段）、乌江流域、红水河流域等。

（四）沿边地区

我国西部地区有 6 个省（自治区）与 14 个国家接壤，陆地边界线占全国的 80%，具有较好的地缘优势。我国与周边各国有良好的外交关系，先后设立了 62 个国家级对外开放一类口岸、13 个沿边对外开放县（市）和 13 个边境经济合作区，周边多数国家也都实行了对外开放和经贸交流、合作的政策，经济贸易发展迅速，具有较多的经济合作机会。

西部可以利用国内外产业转移的机遇，在沿边地区选择条件优越、资源丰富、位置独特、开放程度高、具有一定开发基础、开发潜力较大的口岸[①]，针对周边国家发展适合邻国消费需求的产品开发和对外贸易，同时以这些口岸为基地，加强与这些国家的合作，开发利用邻国木材、矿产等自然资源。

目前，这些口岸普遍存在第二产业比重不高、企业竞争力弱等问题，要充

---

① 如满洲里、二连浩特、塔城、博乐、霍城、伊宁、喀什、塔什库尔干、亚东、泸水、腾冲、盈江、陇川、瑞丽、畹町、景洪、勐腊、河口、凭祥、东兴等。

分利用国内外产业转移的良好机遇，加快发展物流、旅游和其他有优势的产业。

第六节 承接国内外产业转移的模式选择及实现机制

一、模式选择

（一）承接国内外产业转移的一般模式

1. 政府主导模式

该模式通过产业移入、移出地的政府或者行业主管部门协商谈判，引导产业有计划转移。

2. 价值链分工模式

在具有关联性产业的相关区域组建起分工协作的产业一体化组织，依据产业内上、中、下游产品形成的产业价值链进行地域分工，使得区域在产业科学选择基础上实现产业升级和地域转移。

3. 资产经营模式

以大型企业为核心，通过收购、兼并、参股等多种资产经营方式整合跨地域的同类产业，形成大型企业集团，重新实行集团内产业分工（莫建备等，2005）。

（二）西部承接国内外产业转移的模式选择

依据西部目前的经济发展阶段，西部承接国内外产业转移时应该综合以上三种模式，取各个模式之长，形成自己特色产业承接模式。首先在承接产业的全局上，应该由政府部门做出统筹安排，提升到经济发展战略的高度；然后依据价值链分工理论，科学确定西部经济发展阶段，立足自身优势，准确把握各个产业在全球价值链中的定位，积极主动地融入其中。目前，西部应该重点放在特色农业及农产品深加工、能源资源开发及高载能产业、重要矿产资源的开发及加工、装备制造业、高新技术产业、旅游产业等特色优势产业上，在价值链中准确定位，分工协作，有选择地承接国内外产业转移。

二、实现机制

(一) 政府间的合作机制

市场机制作用下的产业转移,是严格按照产业梯度而依次从高梯度地区转移到中梯度地区,再转移到低梯度地区的过程。但西部地区市场经济还很不发达,市场机制不健全,市场机制作用的发挥还相当有限。实践表明,经济发展中市场和政府的作用既相互独立,又相互补充,是相辅相成的统一体。西部地区在承接产业转移过程中,应在互惠互利的基础上,构建产业转出地和承接地政府之间的合作机制,加强交流与联系,为产业转移的顺利推进搭建平台,实现产业转出地和承接地经济的优势互补和错位发展。

产业移出地、产业承接地政府共同关注的问题是行政辖区内 GDP 和财税的增长;产业移出地政府不仅关注企业的转出可能会带来区域经济增速放缓,而且更担心由此导致的财税收入减少。这往往构成了产业转移顺利推进的障碍。从实践来看,西部地区承接产业转移还存在基础设施不够完善,园区管理经验缺乏及招商引资不尽如人意等诸多困难。相对而言,发达地区许多园区发展历程长,在促进区域经济发展中发挥了重要作用,但目前发展空间接近饱和,迫于寻求新的发展空间。基于此,产业移出地、产业承接地则可以通过共建产业园,求得二者的利益结合点。共建产业园应重点发挥好政府的功能,在互利共赢的基础上,充分调动合作方的积极性,各取所需,共同推进产业转移中园区的建设。显然,由西部地区提供土地,与发达地区共建产业园区,是政府之间合作共赢的发展模式。具体而言,借鉴发达地区产业园区建设的先进理念和成功做法,在政府相关部门的指导下,支持发达地区有条件的国家级产业园区,利用自身的管理、营销经验,人才和资金优势,采取合资、合作、参股、委托经营等多种形式,开展多元化的合资和合作。西部地方政府应发挥资源优势,可在条件成熟的地区设立"区中园"、"园中园",按照发达地区产业园区的体制进行管理,按生产要素投入比例分享利益。合理的利益分配机制,既能激励发达地区投资企业的积极性,又能促进西部地区承接产业转移的顺利推进,这将极大地加快西部地区承接产业的步伐。四川和江苏在都江堰共建的"四川·江苏都江堰科技产业园"、新疆和江苏在伊犁哈萨克自治州霍城县共建"清水河经济技术开发区江苏工业园"、重庆与深圳在重庆璧山共建"重庆·深圳工业园"等,均是西部地区和发达地区共建产业园区成功的典范,已经取得明显实效(安树伟,2011)。

当然,产业移出地、产业承接地政府还要处理好与中央政府的关系,协调好中央政策目标和地方利益的关系。产业转移实践中，中央政府旨在推进区域协调发展，在各区域经济发展的平衡和不平衡之间寻求动态均衡。地方政府则更加关注 GDP 和财政收入的增长，特别是产业承接地政府则有可能以生态环境破坏为代价承接产业转移谋求经济增长。因此，西部地区承接产业转移中，应正确发挥各级政府的功能，以制度供给使得中央政府和地方政府发展的目标函数趋于一致。产业移出地政府要服从区域协调发展的大局，更加关注区域产业结构的优化升级，推动传统产业的顺利转出；产业承接地政府应从国家或区域经济社会发展整体战略目标出发，通过承接产业转移规划、产业政策、区域政策等引导产业承接的有序推进，避免饥不择食、毫无选择地承接产业转移[1]。

值得一提的是，产业移出地、承接地政府为主导的合作机制的顺利运作，有利于把目前我国东西部地区业已发展壮大的对口支援和对口帮扶推向深化。对口援助和对口帮扶实施时，东部地区政府应有效地组织和引导企业到西部对口帮扶地区投资创业，为企业跨区经营或者转出营造良好氛围，创造良好条件；西部地区地方政府，则应以更多的积极性和主动性做好东西部地区政府间的合作，以期更好地推进产业承接，促进区域经济发展。

（二）政府与企业间的合作机制

在发达国家和地区的制造业向发展中国家和地区加速转移及我国东部传统产业迫于资源环境约束急于转移出去的背景下，西部地区各级政府应构建西部地区政府和投资企业之间的合作机制，以期吸引国内外投资企业到西部地区投资办厂，实现互利共赢。我国东部一些企业实施了外向型发展战略，开拓了国内外市场，不少企业有了自己的企业品牌，并构建了较为完善的产品研发、生产及企业营销网络，其产品的设计能力和市场开拓能力明显高于西部企业。西部地区各级政府应充分发挥国家鼓励西部地区承接产业转移的政策及区域资源禀赋优势，主动联合和引进发达国家和地区一些大型企业集团，以已有产业园区为载体，引导相关企业合理集聚，打造其成为拉动区域经济增长的重要支撑点。

西部地方政府应在目前的"中国东西部合作与投资贸易洽谈会"、"中国西部国际博览会"、"泛珠三角区域经贸合作洽谈会"、"重庆投资洽谈会"、"中国兰州投资贸易洽谈会"、"中国青海投资贸易洽谈会"、"乌鲁木齐投资贸易洽谈会"等投资平台的基础上，逐步淡化行政色彩，注重发挥市场机制的作用，在有关政府部门的指导和监督下，进一步发挥中介组织的作用，丰富为投资方搭

---

[1] 如高耗能、高污染的产业的移入。

建平台的形式和内容，创新政府与企业合作的机制，拓展合作的领域，把西部地区政府和投资企业的合作推向深化。

（三）企业间的合作机制

西部地区多数区域经济很不发达，但也不乏一些发展基础好，具有较强竞争力的企业集团。西部地区应利用现有大型企业集团，构建与发达国家和地区投资企业的合作机制，尽快形成互利配套、相互关联的产业协作模式。依托西部地区各级各类产业园区，借国家扶持西部地区特色优势产业发展的政策优势，西部地区一些大型企业集团应吸引发达国家和地区企业来西部投资，逐步形成相互配套的分工模式，通过企业间的合作，打造一批特色鲜明、优势突出的产业园区，进而吸引发达国家和地区企业的大规模跟进。

我国西部地区市场经济还很不发达，外商投资进入欠发达地区往往面临着融资体系、信用担保体系及相关制度供给的缺陷，存在诸多的投资风险。西部地区应着力推进政府与政府间的合作机制、政府与企业间的合作机制及企业与企业间的合作机制的良好运作，并在承接产业转移的实践中政府部门通过制度供给来弥补市场机制的缺陷，使得欠发达地区资源优势转化为经济优势。实践表明，政府调控下的承接国内外产业转移，可以有效地回避市场机制作用下的微观经济主体由于趋利行为的支配，而偏离政府的经济发展战略目标，从而达到宏观经济利益的最大化。另外，承接产业转移除了考虑经济因素外，还应该考虑到边疆安全、民族团结等，这是市场机制作用下的产业转移所无法达到的效果。因此，西部地区承接国内外产业转移应以政府调控为主，市场机制为辅，即在政府调控下实现产业转移的有序承接。

第七节　承接国内外产业转移的对策

一、进一步改善区域投资环境，营造诚信和谐的发展环境

借鉴国内外经验，尤其是我国东部地区招商引资的成功经验，西部地区应大力改善投资环境。

第一，不断完善交通、通信和物流等基础设施网络。构建政府引导、市场运作、社会参与的多元投资机制。进一步完善成渝、关中—天水、广西北部湾以及西部省会城市圈中心城市的水、气、热、电网和信息化基础设施的建设，

保证在产业转移的过程中,资金、技术、资源、人才等要素的快速流动,顺利承接产业转移。

第二,完善招商引资的法律法规体系建设。实施西部大开发,并不仅仅意味着投入资金,软环境的建设可以起到事半功倍的效果(蔡昉和都阳,2000)。合理利用外商投资,做到招商引资以及投资企业在顺利生产运营后,对于外资的管理有法可询、有法可依,不断营造西部招商引资以及外资管理上的公平、公正和公开的法律制度环境。

第三,继续推进政府职能转变。加快向服务型政府转变的进程,提高行政效率,不断改善信用环境,营造诚信和谐的发展环境。要加大制度供给,包括人才制度、资本市场制度等。发挥好政府在承接国内外产业转移中的协调和服务功能,营造一个政策稳定的投资环境。

值得一提的是,人居环境的优劣越来越成为继软、硬环境及产业配套能力之后影响区域投资环境的重要方面。良好的城市社会环境、较高的城市环境质量正在不断演化为影响吸引资金和高级专门人才的重要因素。因此,西部地区在改善投资环境方面以及吸引资金及人才上要多管齐下,方能取得事半功倍的效果。

二、积极引导外资企业向重点行业和领域投资

积极引导外商投资企业向特色优势产业投资。承接国内外产业转移,要充分考虑西部的资源和市场优势,围绕特色优势产业,以国家级高新技术开发区、经济技术开发区为主要载体,在全球产业价值链中准确定位,迅速融入产业价值链,实现产业链招商。

大型跨国公司的进入,往往会使得与其配套的关联产业追随跟进,可以较快地提高西部地区产业配套能力和竞争力。在引资机制和方式上不断创新,注重著名跨国公司及其科研总部的引入,鼓励跨国公司在有条件的城市设立地区总部、研发中心、采购中心、培训中心。充分利用跨国公司产品及配套体系的集聚效应,大力引导跨国公司投资配套产业,延伸核心产业链条。

三、推进产业集群化发展,不断增强区域产业配套能力

区域竞争力已不仅仅体现在硬环境和软环境的竞争,更多的是区域第三环境的竞争,即产业配套能力的竞争。波特的竞争优势理论认为,具有完善的相关和支持产业是获得区域竞争优势的必要条件之一。只有加强产业配套,实现

引资向"引产业"的转变,增强产业集群根植性,才能形成区域竞争力(罗建华和邱先裕,2005)。研究表明,产业集群不仅可以提高区域产业配套能力,而且其特有的集聚经济优势[①]也是吸引外资注入的重要因素,更是有效促进西部地区吸引外商投资、承接国内外产业转移的基础。西部地区要有针对性地围绕特色优势行业,推进产业集群化发展,不断增强产业配套能力。

具体而言,成渝经济区要在能源及化学工业、装备制造业、高新技术产业、特色农业及加工业、旅游产业等行业和领域推进集群化发展;关中—天水经济区要围绕重点领域和优势产业,积极引导企业向园区集聚,通过实施名牌战略带动关联产业,培育发展专业分工明确、协作配套紧密、规模效应显著的产业集群;广西北部湾经济区要围绕资源型加工业、出口加工贸易业、现代服务业、海洋产业等优势产业,推进产业集群化发展。

各省会城市圈也要依托高新技术产业开发区及经济技术开发区,创新思路,科学规划,严格标准,不断培育并壮大产业集群,增强区域产业配套能力。

四、积极参与国内外区域经济合作

以市场为导向,积极参与国内外区域经济合作,是促进劳动、资金及技术等经济要素有效流动,实现区域经济互利共赢、共同发展的有效途径。

要打破行政区划的限制以及东中西部市场分割的局面,大力引导中东部生产要素流向西部地区。建立健全各类跨区域的经济协作组织和行业性组织,通过中西部共建产业园区、"飞地"等形式,实现中东部的资金、技术及先进管理与西部地区土地资源、矿产资源及劳动力优势有机结合,切实加强人才开发、技术合作、信息交流等领域的合作,引导中东部的产业合理有序地向西部地区转移。在合作方式、合作机制等方面不断实现新突破,最终形成东中西部区域经济互动协调发展的新局面。

要利用边境口岸,积极参与我国与东南亚、东亚、中亚以及东北亚等国家和地区的经济贸易合作。广西北部湾经济区在西部乃至我国与东南亚国家和地区经贸往来中发挥着重要作用。西部地区要以此为突破口,要积极全面参与中国—东盟自由贸易区、上海合作组织、东盟—湄公河流域开发等区域合作。依托重要边境口岸,积极建设边境经济合作区等,建立出口加工区,促进西部地区能源、原材料、特色农牧产品等一批特色产品的顺利出口。不断加快"亚欧大陆桥"、"西南大通道"的建设步伐,依托我国边境地区,形成优势互补、共同发展的国际走廊,不断创新西部地区跨区域、跨国界经济合作机制。在条件

---

① 如企业经营成本的降低、溢出效应、规模经济等。

成熟的地区，可尝试在境外实现多渠道投资合作，在对外贸易、资源开发、产业合作以及人才、信息交流方面进行广泛合作，不断增强参与国际事务的能力，全面提高西部地区参与国内外市场的竞争能力。

五、加强人力资本的开发和引进

外国投资者在选择投资地时考虑的一个重要因素就是当地的教育水平。教育水平越高，所吸引的项目的附加值就越高（世界银行，2007）。国际经验表明，享有较高的基本教育、文化素质、基本技能的人才储备，具有符合企业所需的各类人才是外资进入的重要依据，丰富的人力资源能够增强一个国家或地区吸引外资的能力（胡鞍钢和吴群刚，2001）。可以通过当地培养和招聘引进等形式提高西部地区人力资本存量。一方面，国民教育投资属于公益性投资范畴，政府要加大基础教育和高等教育投资，同时通过政策引导，充分发挥私立学校在教育发展中的作用。另一方面，西部地区巩固人力资本储备的同时，还要出台相关优惠政策吸引优秀人才到西部创业、安家落户。

六、充分发挥各级各类开发区的作用

国家及省级经济技术开发区、高新技术产业开发区是西部地区承接产业转移、促进区域经济发展的重要载体。充分发挥国家及省级开发区的作用，是西部实现特色优势产业快速发展的有效途径。西部地区现有国家级经济技术开发区13个，高新技术产业开发区10个。2005年高新技术产业开发区的产业增加值占其所在城市工业增加值的份额在30%以上的有18个，其中西部地区就有5个（高新才，2008）。

各级各类开发区要做到规划先行，大力推进市场化进程，尤其要围绕区域特色优势，不断完善产业发展环境及基础设施建设，做好产业发展规划，在承接产业转移的过程形成自身的产业链条，不断增强承接产业转移的能力。

参考文献

安树伟.2011."十二五"时期的中国区域经济.北京：经济科学出版社：208-212.
蔡昉，都阳.2000.中国地区经济增长的趋同与差异——对西部开发战略的启示.经济研究，(10)：30-37.
曹邦英.2006.西部地区外商投资现状及对策分析.天府新论，(1)：79-81.
陈耀，安树伟，石碧华.2009.西部地区承接产业转移的若干问题研究.国家发展和改革委员会西部开发司委托课题研究报告.

高新才. 2008. 中国经济改革 30 年（区域经济卷）. 重庆：重庆大学出版社：82.

国家发展和改革委员会. 2011. 中华人民共和国国民经济和社会发展第十二个五年规划纲要.
http://www.ndrc.gov.cn/fzgh/ghwb/gjjh/P020110919592208575015.pdf.

国家发展和改革委员会. 2012. 西部大开发"十二五"规划.

国务院发展研究中心产业经济研究部"我国应对国际产业转移的战略研究"课题组. 2007-01-16. 中国承接国际产业转移的发展阶段与基本特征. 中国经济时报，3.

何军，石静. 2004. 西部地区利用外商直接投资（FDI）的现状与对策. 重庆工商大学学报（西部论坛），(2)：10-15.

胡鞍钢，吴群刚. 2001. 西部开发的外资政策选择. 开放导报，(10)：16-18.

胡永亮. 2006. 2004~2005 年中东部产业转移与西部产业集群分析. 见：韦苇. 西部蓝皮书：中国西部经济发展报告（2006）. 北京：社会科学文献出版社：147-154.

联合国贸发会议. 2011. 世界投资报告.

李惠茹，郑彩云. 2007. 西部地区利用外商直接投资的制约因素与对策. 开放导报，(2)：41-43.

陆燕. 2011. 世界服务贸易发展结构和趋势. 国际经济合作，(8)：11-16.

吕政，曹建海. 2006. 国际产业转移与中国制造业发展. 北京：经济管理出版社：127-128.

栾文莲. 2006. 新一轮国际产业转移的八大特点. 河北经贸大学学报，(2)：68-71.

罗建华，邱先裕. 2005. 国际产业转移与中国区域经济的发展. 山西科技，(1)：8-10.

莫建备，等. 2005. 大整合·大突破——长江三角洲区域协调发展研究. 上海：上海人民出版社：238.

潘叙迓. 2006. 国际产业转移的新趋势及广东应对策略. 外贸经济，(2)：17-19.

商务部外国投资管理司，投资促进事务局. 2011. 中国外商投资报告（2011）. 北京：经济管理出版社：71.

世界银行. 2007. 中国利用外资的前景与战略. 北京：中信出版社：3, 66.

温晓琼，周亚雄. 2005. 西部地区外商直接投资的现状及对策. 辽宁经济，(3)：37-38.

西安日报记者. 2006-04-06. 西安已经具备承接国内外产业转移的条件. 西安日报，3.

冼国义. 2004—10—11. 国际产业转移出现新趋势. 经济日报，6.

羊绍武. 2008. 产业转移战略论. 成都：西南财经大学出版社：261.

俞国琴. 2006. 中国地区产业转移. 上海：学林出版社：101.

周振华，陈维. 2006. 城市转型. 北京：社会科学文献出版社：158-160.

左东. 2009. 论西安承接东部产业转移的策略选择. 经济观察，(12)：32-39.

第十章 西部地区衰退产业退出与特色优势产业培育

对于任何一个区域而言,随着经济的发展,总会有一些产业成为衰退产业。这些产业的生产成本不断上升,竞争力不断下降,大量占有和消耗日益稀缺的土地、设备、厂房、淡水等资源,非但不能迅速提高或形成新的生产能力,反倒日益成为区域产业结构升级的障碍,与构建资源节约型社会的目标相悖。在目前进行的区域产业结构调整过程中,一种倾向是重进入、轻退出,即十分强调地区优势产业的培育,而对于衰退产业的退出不够重视。由于缺乏运行有效的市场退出机制,优胜劣汰机制难以正常发挥作用,行业结构难以动态调整,直接影响到区域经济效率的提高。另一种倾向是就优势产业论优势产业,没有很好地将区域衰退产业的退出与优势产业的培育结合起来。对于区域发展而言,如何促使资源要素从低效率的衰退产业转向优势产业,仍是各级地方政府面临的一个迫切需要解决的现实问题。

许多产业在西部地区有悠久的历史。尤其自新中国成立以来,西部地区的许多产业都得到了较快的发展。但是在全国经济快速增长的背景下,西部地区的产业发展出现了许多问题。比如,从抗日战争时期开始,尤其是新中国成立以来,西部有许多老工业基地曾经对地区、国家的经济发展起到了很大的推动作用,但现在许多产业出现了衰退的趋势,甚至已经处于衰退期,如何促使这些衰退产业的退出,释放出其所占有的各种资源,投入西部地区优势产业的培育,是西部地区特色优势产业发展所必须解决的问题之一。下文首先分析区域衰退产业识别,区域衰退产业退出战略及其影响力判别,区域衰退产业退出与特色优势产业培育的壁垒、基本原则与总体思路,区域衰退产业退出与特色优势产业培育的对策,然后以甘肃省为案例,对西部衰退产业退出与特色优势产业培育进行深入分析。

第一节 区域衰退产业识别

一、衰退产业的特征

产业衰退是一个国家和地区经济发展过程中的正常现象,任何一个产业都要经历形成、成长、成熟与衰退的过程。一般而言，衰退产业呈现出以下特点（史忠良和何维达，2004）：

第一，从产业在国民经济中的地位来看，衰退产业产品一般来说是传统产品，其产业所提供的增加值在 GDP 中的比重有下降趋势，虽然部分产业的产品在国民经济中仍具有不可替代性，但产品需求量从长期来看处于下降趋势。

第二，投入增加而产出下降，即产业的边际投入上出现低产出的增长特征，产业利润率持续下降。因为衰退产业中生产能力过剩、需求不足使企业竞相压价（垄断产业除外），最终可能导致产品价格小于边际成本甚至平均成本的恶性竞争发生。过度竞争必然使产业利润率下降甚至出现行业性亏损和财务不断恶化。

第三，退出现象大量发生。在产业衰退期之前，产业作为一个系统基本上处于一个吸纳资源阶段，或者是一个有净流入资源的过程。到了衰退期，产业则进入一个退出资源的阶段，产生大量企业转产的现象。

第四，"衰"而不"亡"。每一个产业是由众多的企业集合而成，产业的产品又是由众多的企业系列产品集合而成的。作为单个的产品可以走到生命的尽头在市场上消失，作为单个企业也可以破产从生产经营领域中退出，但作为产业却不会衰亡，就如同作为个体的人可以死亡，但作为整体的人类不会死亡一样。从区域角度来看，个别产业消亡的现象是存在的，但此消彼长的产业转移使产业整体不会衰亡。所以，大量的产业是"衰"而不"亡"，甚至会与人类长期共存。

第五，产业衰退过程可能出现"复兴"或"中兴"。从哲学上讲，产业"衰"而不"亡"本身就蕴藏着一种振兴的力量，只要抓住产业衰退的根本，采取有力的措施，激活产业内蕴含的复兴力量，不仅可以阻止衰退，而且会呈现出产业在成长期或成熟期的一些特征。

二、区域衰退产业识别模型的构建

（一）区域衰退产业识别方法

要完整地了解一个产业的兴衰状况，必须从两个方面来看：一是自然兴衰或绝对兴衰。即产业发展处于自身生命周期（形成期、成长期、成熟期、衰退期）的哪个阶段？它是在不考虑整个国民经济或其他产业影响前提下的某个产业的自然兴衰过程。二是相对兴衰。即相对于整个国民经济或其他产业发展水平而言，这个产业的发展水平、地位、作用等。

事实上，这两者既有区别又有联系。首先，前者是产业自身的兴衰变化，由自身相关因素决定,是绝对的;而后者是相对的,与整个国民经济和其他产业的发展水平相联系。但是,二者并不是孤立的,而是紧密联系的。前者对后者具有重要影响,是后者变化的主要原因。从相对兴衰的角度看,产业自然兴衰是内因,而其他产业和整个国民经济的发展只是外因(史忠良和何维达,2004)。

在实践中,产业兴衰的分析方法又可以分为两种:一是纵向比较,即在产业时间序列数据分析的基础上进行判定,具体来说就是根据一个产业产出的增长率及其在整个国民经济中比重的历史变化,来判别其自然兴衰和相对兴衰的历史演变不同阶段;二是横向比较,即在分析各个产业横截面数据的基础上来比较各个产业的兴衰状况,具体来说就是根据同一时期各个产业的产出增长率及其在整个国民经济中比重的大小,来判别整个国民经济中相对兴盛或衰退的产业群(宋胜洲,2005)。

我们认为,从产业兴衰区分为自然兴衰和相对兴衰的角度看,产业的衰退也应区分为自然衰退与相对衰退。相应地,对衰退产业的判别也应该分为两个方面:一是产业自然衰退的判别,即判定一个产业是否已经处于衰退期;二是产业相对衰退的判别,即判断什么样的产业才可能成为区域层面上的衰退产业。

1. 产业自然衰退的判别

一般认为,产业生命周期变化最主要的表现是产业产出水平及其变化(史忠良和何维达,2004)。在产业的衰退期,产出量或销售量开始萎缩,增长率大为下降且处于较低水平。因此,对于产业自然衰退的识别最主要就是选择一个能够充分反映产业产出水平的指标,而识别的标准也要充分体现出产业产出水平变化状况。我们认为,采用任何一个单一指标对产业是否具有衰退属性均有失偏颇,应该选择多个指标进行分析。

2. 产业相对衰退的判别

对产业相对衰退的识别可以从以下两个方面进行:一是纵向比较,即直接从一个产业的增加值占 GDP 比重的变化,来识别其在整个国民经济中的地位和作用;二是横向比较,即比较某一产业的增加值占 GDP 的比重与同期其他产业的增加值占 GDP 的比重,或者将该产业增加值的增长率与同期其他产业增加值的增长率及 GDP 增长率进行比较,或是将该产业的其他经济指标与相关的主要产业进行比较,由此来判定这一产业相对于其他产业而言,在整个国民经济中处于什么地位及对整个国民经济的发展起什么作用(史忠良和何维达,2004)。

(二) 区域衰退产业识别模型的构建

根据以上的分析,结合实际情况,通过以下指标体系来对区域衰退产业进行识别。

1. 定量分析

首先,是产业自然衰退的判别。对于产业自然衰退的判别一般利用产业的综合效益来判定,通过构建一个经济效益指数对此进行度量。

目前,关于工业经济效益的评价方法较多,但采用较多的是工业经济效益综合指数[①]。计算方法是以各项经济效益指标分别除以该项指标的全国标准值,乘以各自的权数,加总后除以总权数求得。计算公式为

$$工业经济效益综合指数 = \sum (某项经济效益指标报告期数值/该项指标全国标准值 \times 权数)/总权数$$

对于工业经济效益指标的选取,根据1992年国家统计局、国家计划委员会和国务院生产办下发的有关改进工业经济效益指标体系及考核办法的文件,选取了包括产品销售率、资金利税率、成本费用利润率、全员劳动生产率、流动资金周转率和净产值率(后改为增加值率)6项指标组成的考核指标体系。自1997年10月起,国家改进了工业经济效益评价考核指标体系的内容。新指标的选择和设置,主要从反映企业盈利能力、发展能力、偿债能力、营运能力、产出效率、产销衔接状况6个方面考虑,形成了由总资产贡献率、资本保值增值率、资产负债率、流动资产周转率、成本费用利润率、全员劳动生产率、产品销售率7项指标组成的新的指标体系。其中,对于各指标值权数的确定,首先是采用专家调查法,根据各项指标对经济效益的重要程度赋予不同的权数;然后根据特定时期各年度数据加权平均,计算各项指标的全国标准值。

在工业经济效益指数的计算公式中,总权数为100,在周密考虑各项指标对综合经济效益的影响程度和各项指标之间相关性强弱的基础上,1997年10月前采用的权数为:产品销售率为15、资金利税率为30、成本费用利润率为15、增加值率为10、全员劳动生产率为10、流动资金周转率为20;1997年10月后采用的权数为:总资产贡献率为20、资本保值增值率为16、资产负债率为12、流动资产周转率为15、成本费用利润率为14、全员劳动生产率为10、产品销售率为13。[②]

---

① 工业经济效益综合指数是衡量工业经济效益各个方面在数量上总体水平的一种特殊相对数,是反映工业经济运行质量的综合指标。

② 工业经济效益统计的变迁. http://www.flgw.cn/lunwen/jlwd/200608/87114.html. 2006-11-10.

在评价分析中，需要对各个具体指标数据进行标准化处理，并对分项评价指标进行适当地加权处理。参考以上工业经济效益指数的计算方法，考虑到数据的可获得性，下文拟采用总资产贡献率、工业增加值率、资产负债率、流动资产周转率、工业成本费用利润率、全员劳动生产率、产品销售率7项指标组成的指标体系构建一个产业的经济效益指数，对特定区域各产业的工业经济效益进行衡量（表10-1）。并将各指标值的权数确定如下：总资产贡献率26%、工业增加值率10%、资产负债率12%、流动资产周转率15%、工业成本费用利润率14%、全员劳动生产率10%、产品销售率13%。

表10-1　工业经济效益各指标及其含义

指　标	含　义
总资产贡献率	反映企业全部资产的获利能力，是企业经营业绩和管理水平的集中体现，是评价和考核企业盈利能力的核心指标
工业增加值率	指在一定时期内工业增加值占同期工业总产值的比重，反映降低中间消耗的经济效益
资产负债率	既反映企业经营风险的大小，也反映企业利用债权人提供的资金从事经营活动的能力
流动资产周转率	指一定时期内流动资产完成的周转次数，反映投入工业企业流动资金的周转速度
成本费用利润率	反映工业投入的生产成本及费用的经济效益，同时也反映企业降低成本所取得的经济效益
全员劳动生产率	反映企业的生产效率和劳动投入的经济效益
产品销售率	反映工业产品已实现销售的程度，是分析工业产销衔接情况、研究工业产品满足社会需求的指标

由于资产负债率为逆指标，在计算综合指数时需分别处理。如果指标值小于或等于60%，即可得权数12分；如果指标值大于60%，其权数按下面公式计算：

$$y = \frac{x-100}{60-100} \times 12 \qquad (10-1)$$

式中，x 表示实际值，y 表示权数。

根据衰退产业的特性，若一个区域的某产业在一定时期内经济效益指数持续下滑，则说明区域内该产业具有自然衰退的特征。

其次，是产业相对衰退的判别。对于产业相对衰退的判别，下文拟采用区域产业增加值占GDP的比重进行度量。

学者们曾采用产量、产值和销售收入等指标对产品的生命周期进行判定，这对于识别一种产品的生命周期而言是合适的，而用来识别产业的衰退存在一定的局限性。如采用产量指标，对于产品比较单一的产业如钢铁工业、煤炭工业，可以用钢产量、煤炭产量等来表示整个产业的产出水平，而对于产品比较复杂的产业如机械工业，就无法采用具体的产品产量指标来表示整个产业的产出水平；如果采用产值指标不仅会出现重复计算的问题，而且在市场经济条件下是不合适的，因为它与产量指标一样，都没有考虑市场因素；而采用销售收入指标，虽然考虑了市场因素，但依然存在与上面产量指标一样的重复计算问题。因而我们采用产业增加值指标。因为产业增加值指标是与 GDP 相对应的，它能够充分反映一个产业的产出水平及其变化特征，既考虑了市场因素又可以避免重复计算，而且还有利于进一步分析该产业在国民经济中的地位和作用。

一般而言，如果在一定时期内特定区域的某产业工业增加值占该区域 GDP 的比重持续下降，则说明区域内该产业具有相对衰退的特征。

2. 定性分析

用定量指标对于产业的定量分析不能够反映产业的全部信息，因此，还需要采用定量分析和定性分析相结合的方法。以定量分析为主，定性为辅，在对区域各产业进行定量分析的基础上，结合区域的实际情况，综合确定区域的衰退产业。

第二节 区域衰退产业退出战略及其影响力判别

一、区域衰退产业退出战略

（一）区域衰退产业退出战略选择的出发点

当确定了区域衰退产业以后，如何选择其退出战略？我们认为，区域衰退产业的退出战略的选择应该主要考虑以下两方面因素：

1. 产业对整个区域经济、社会的影响力

毋庸置疑，如果一个产业在区域经济中占有重要地位，对整个区域经济、社会有着较大的影响力，则该产业的退出将会对整个区域经济、社会造成较大的负面影响。产业地位越重要，其退出应该越慎重。

2. 产业竞争力

产业竞争力的强弱，体现着产业的发展能力。与其他区域同类产业相比，产业竞争力越大，该产业发展的空间与潜力越大；产业竞争力越小，该产业发展的空间与潜力越小。

（二）区域衰退产业退出战略的选择

按照衰退产业对区域的经济、社会影响力的大小和产业竞争力的强弱，可以把区域衰退产业的退出战略分为四种类型（图10-1）。

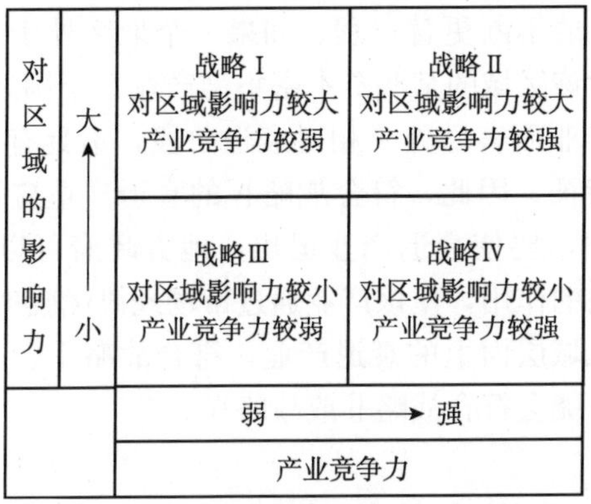

	弱 → 强	
对区域的影响力 大	战略Ⅰ 对区域影响力较大 产业竞争力较弱	战略Ⅱ 对区域影响力较大 产业竞争力较强
对区域的影响力 小	战略Ⅲ 对区域影响力较小 产业竞争力较弱	战略Ⅳ 对区域影响力较小 产业竞争力较强
	产业竞争力	

图10-1　区域衰退产业的退出战略

战略Ⅰ：这是该产业对整个区域经济、社会有着较大的影响力，而竞争力较弱，该产业退出对该区域具有较大负面影响。符合这样条件的产业多为当前区域的支柱产业。在这种情况下，虽然该产业在全国已不再具有竞争优势，区域性的退出已成必然。但为了避免其退出而引发的社会震荡，应采取分步退出战略。在退出时，政府应采取措施，尽量减缓由于其退出而对经济、社会造成的负面影响，使之局限在区域经济、社会的承受能力之下。

战略Ⅱ：这是该产业对区域影响较大，而且目前还具有较强产业竞争力的情况。符合这种情况的衰退产业较少。事实上，如果一种产业既对特定区域有较大影响力，又在全国具有较强竞争力，那么即使该产业属于区域层面上的衰退产业，目前也不宜过早退出，甚至在相当长一段时期内还应该鼓励该产业的发展。需要指出的是，既然该产业已呈现出区域性的衰退，则对于以该产业为支柱产业的区域应尽早培育接续产业，使区域经济能够持续、健康、稳定发展，避免遇到类似于目前许多资源型城市面临的产业结构转型的困境。

战略Ⅲ：这是产业对区域的影响力不大，产业竞争力较弱的情况。因为这种产业的退出，既不会对地区经济总量造成大的影响，也不会危及到社会的稳定。在这种情况下，应采取果断措施，实施快速退出战略。

战略Ⅳ：这是产业对该区域影响力不大，还具有一定程度竞争力的情况。符合这些特征的产业具有两种可能性：一种可能是该产业为新兴产业；另一种可能是该产业为特定区域的比较劣势产业,其原因在于该产业虽然与全国同类产业相比具有一定的竞争力,但与区域内其他产业相比,可能其他产业比全国同类产业更具有竞争力,也即在区域内该产业具有相对比较劣势。由此分析,这样的区域应该是一个发达区域。亦即,与其他区域相比较,该区域在多数产业上都具有绝对优势,但该衰退产业却并非是该区域的比较优势产业。比如,一般而言,一个区域的支柱产业一般经历"资源密集型—劳动密集型—资本密集型—知识密集型"的不断更替过程。如果一个地区处于知识密集型产业为支柱产业的阶段,虽然该区域的某些资本密集型产业在全国还具有一定竞争优势,但相对该区域其他产业而言已处于相对衰退阶段,不具有发展的潜力,则该产业即符合战略Ⅳ的特征。因此,符合战略Ⅳ的衰退产业应该是区域的相对劣势产业。在这种情况下,要使衰退产业退出,地方政府可以采取相机处置措施,又可以发挥市场机制的作用,使该产业通过市场规律优胜劣汰。

事实上,作为区域层面上的衰退产业,符合战略Ⅰ、战略Ⅲ的产业占大多数,只有少数产业可能会符合战略Ⅱ或战略Ⅳ。

二、区域衰退产业退出的影响判别

社会安定始终是一个地区的大事,关系着地区的兴衰与地方政府官员的政绩。不论是在西方发达国家,还是广大发展中国家,就业率的提高始终是中央和地方政府的基本目标之一,特别是目前情况下,我国正处于转型期,地区差距、城乡差距进一步拉大,公平与效率成为社会关注热点的背景下,就业问题更是各级政府工作的重中之重。能否在保证经济发展的同时,保持低失业率成为广大学者、政府官员、人民群众极为关注的问题。而如果一个产业的退出引发大面积的失业,无疑会对其所在区域的发展造成极为严重的后果,因此,一个产业从业人数是衡量该产业对区域社会影响的重要指标。

经济增长、社会发展也是地方政府追求的重要目标,产业的贸然退出,会影响区域 GDP 的增长。因此,一个产业对区域的 GDP 贡献的大小,应该作为衡量产业对区域经济影响力的另一个重要指标。

根据以上分析,可以选取以下两个指标对衰退产业对区域的影响进行测度:①该产业(工业)的增加值及占 GDP 的比重;②该产业从业人员数占社会就业人数的比例。

如果某产业(工业)的增加值及占 GDP 的比重较大,且该产业从业人员数占社会就业人数的比例较大,则说明该产业对整个区域经济、社会的影响力较大,该产业的退出将会对特定区域产生较大的影响;反之亦然。

第三节 区域衰退产业退出壁垒

一、区域衰退产业退出的一般壁垒

（一）沉淀成本

衰退产业退出时的沉淀成本主要是指企业进入某产业后又退出该产业时不能回收或损失的费用（于立等，2004）。衰退产业退出时的沉淀成本的形成主要是由于资产专用性和固定成本。

资产专用性也即固定资产功能上的不可变性。资产专用性使得不同行业间的资产转移存在障碍，衰退产业退出时这部分资产的投入不能收回，如企业用于某种专用设备的支出。经济越发达，产业分工越精细，资产专用性越强，资产专用性形成的退出壁垒也就越高。企业的固定成本是指企业在产业内所发生的经营成本，加上在别的产业上所放弃的机会成本。固定成本是与生产规模无关的，并对于某个较短的时间而言被锁定的成本，具体包括机器、厂房、法定权利、公关和广告以及雇员安置等成本。固定成本越大，产业退出壁垒也就越高，企业退出就越晚（陆国庆，2001）。

（二）人力资源

衰退产业退出必然伴随着人力资源的退出，这既包括各类高级人才，如企业家、高级管理人员等的退出，也包括普通劳动力的退出。现代经济中劳动分工精细，劳动技能和知识的专业化使劳动力在产业之间转移相当困难，转移成本较高。往往没有经过人力资源的再开发或再培训就很难转移，因此劳动力转移成了产业调整的主要障碍之一。

（三）制度障碍

由于受到经济体制等制度性因素的影响，我国产业退出还存在如下制度障碍：①国有企业目标多元化，使得国有企业预算软约束现象突出。转轨经济中国家普遍存在预算软约束的根源在于有软约束的企业承担了某种政策性负担（林毅夫等，2004）。多元化的企业目标使企业在产业发生衰退、市场过度竞争时仍长期在亏损状态下经营，缺乏自动退出意愿。企业退出决策成为公共选择，企业是否盈利不再成为决定是否退出的唯一因素。②"高就业、低工资"的就业制度和社会保障制度不健全形成的壁垒。我国长期以来实行"高就业、低工资、低效率"的就业制度，使在职"隐性失业"数量非常庞大，企业职工长期受到计划体制就业观的影响，不愿意面对再就业的选择，也往往阻挠企业退出。加之职工低收入缺乏抵御失业风险的能力，而社会保障体制又十分不健全，因此成为产业结构调整的一大障碍。③文化壁垒。产业结构调整离不开文化环境的支持。当今我国社会出现了主流文化断层，使现代企业制度建设遇到了较大的文化困扰；而且，我国文化是缺乏法律传统的文化，加大了资源配置的成本以及企业间不公平竞争，产业内企业的优胜劣汰不能实现，阻碍了产业调整的实施（陆国庆，2001）。

（四）其他壁垒

主要包括地方保护主义、体制原因、管理的忠诚度等。

1. 地方保护主义

一方面，大部分生产性企业都从属于自己的产业链，他们的退出会影响到整个产业链，对地方经济的发展造成较大的负面影响；另一方面，企业退出可能形成大量的失业人员。因人力的专用性使得退出企业的原就业人员不能得到较合理的转移，这又涉及劳动者家属的就业和生活等一系列社会问题，同时会诱发其他社会问题。为了避免这些负面效应，地方政府可能采取一些保护性措施延缓这些企业的退出。

2. 体制原因

一是宏观层面，完善的企业市场退出机制需要完善的市场经济体制。只有具备一系列的市场工具，企业的市场退出才具有操作性。二是微观层面，即只有那些遵循市场经济规律、自主经营、自负盈亏的现代企业才会考虑成本收益，当他们由于经营不善等原因导致企业无法生存时，市场就会发生作用，淘汰这些无效率的企业，而目前我国不管在宏观层面还是在微观层面，企业市场退出都有着很大的体制障碍（汪小军，2004）。张维迎等（2003）经过研究发现，企业负债成为制约企业生存与成长的重要因素。但是，企业净资产负债率对不同所有制企业退出的影响不尽相同，国有企业总体上不受其影响而且行政隶属关系越高，所受影响也就越小。

3. 管理的忠诚度

一旦企业被认定供应某种价值时,又提供另一种新的价值,或尝试同时提供两种不一致的事物时,便可能因欠缺可信度或使顾客感到迷惑,甚至伤害企业的声誉。这种管理上的忠诚度,会让企业即使在获利低或只赔不赚的情况下,仍然不愿主动退出某产业(波特,2003)。

二、西部地区衰退产业退出壁垒的特殊性

(一)观念和体制的制约

改革开放以来,特别是随着西部大开发的不断深入,西部人的市场观念有了很大提高,但思想观念的提高最终受制于地区的经济发展水平,西部的现状决定了思想观念的开放性、灵活性同东部的差距将是长期存在的,观念的滞后将对特色优势产业的发展产生制约。

此外,西部非国有经济发展滞后,国有企业所占比重较大。国有企业虽然具有规模、设备和技术等优势,但对市场机遇反应迟钝。因此,西部非国有经济发展的状况,将是西部衰退产业退出战略能否顺利实施和特色优势产业能否健康发展的关键之一。

(二)市场化程度低

根据樊纲等(2010,2012)的研究,在30多年的市场化改革过程中,西部地区无论是在经济发展方面还是在市场化进程方面都明显落后于东部沿海地区和中部地区,而且市场化程度的提高速度也明显低于其他地区。

(三)基础设施薄弱,软环境差

我国经济发达地区的成功经验也证明,产业带的开发需要发达的基础设施做支撑,基础设施包括交通、能源、通信、金融和贸易流通体系等,而重要产业带的形成更需要有强大的束状交通运输体系作为基础条件。经济越发展,运输需求越多样化,越需要各种运输方式去满足多种需要,因此网络化的基础设施是经济腾飞的关键。国家实施西部大开发战略以来,西部交通状况得到了很大的改善,交通的区域结构调整取得了巨大的成效,但受自然条件的限制,西部形成网络化的基础设施体系尚需时日。

近年来西部的软环境建设有了很大改善,但受传统体制束缚及西部长期形成的计划经济思想的影响,软环境的彻底改善仍需时日。如政策法规的制定、对外招商引资的承诺条件仍缺乏稳定性和透明性,制定的优惠政策的落实仍存在问题,机构过于庞大、办事效率低等问题也亟待解决。

(四) 产业结构层次低

2012年全国三次产业结构比例为10.1∶45.3∶44.6,西部地区为12.6∶50.1∶37.3,西部各省(自治区、直辖市)三次产业结构层次均比较低(表10-2)。

表10-2　2012年西部各省(自治区、直辖市)GDP构成　　(单位:%)

省(自治区、直辖市)	第一产业	第二产业		第三产业
		工业	合计	
内蒙古	9.1	48.7	55.4	35.5
广　西	16.7	40.5	47.9	35.4
重　庆	8.2	43.7	52.4	39.4
四　川	13.8	44.2	51.7	34.5
贵　州	13.0	32.4	39.1	47.9
云　南	16.0	33.5	42.8	41.1
西　藏	11.5	7.9	34.6	53.9
陕　西	9.5	47.4	55.9	34.6
甘　肃	13.8	36.7	46.0	40.2
青　海	9.3	47.3	57.7	33.0
宁　夏	8.5	37.5	49.5	42.0
新　疆	17.6	38.0	46.4	36.0

资料来源:国家统计局.2013.中国统计摘要(2013).北京:中国统计出版社

第四节　区域衰退产业退出与特色优势产业培育的基本原则、思路和对策

一、基本原则

(一) 有所为,有所不为

政府不能替代企业,政府的作用主要是营造一个适合产业结构合理化和高级化的经济环境。政府应该在市场力量被证明是无能为力的时候才采取行动,其目的在于帮助完善市场机制和市场体系(张平,2005)。调整援助政策或多或

少会导致企业的不当行为和减弱市场机制的作用。例如,当不存在结构调整援助政策时,如果生产设备过时或失去竞争力,企业就会淘汰和更新设备。但当政府推行退出援助政策,对淘汰和更新设备给予补助,企业就不会自动淘汰任何设备,而是向政府讨价还价,要求得到额外援助,其结果是本来有可能自行淘汰的设备和主动退出的企业反而继续滞留在行业内。结果是为了促进结构调整而推行的政策,变成了阻碍调整的原因(江小涓,1998)。

(二)衰退产业退出与优势产业培育相结合

制定衰退产业退出政策的目的在于在产业结构调整过程中,促进资源顺利地从低效率的衰退产业向高效率的特色优势产业转移,从而提高资源利用效率,促进优势产业快速成长,缓解社会利益矛盾(秦廷奎,2002)。因此,应该将区域衰退产业退出与优势产业培育相结合起来进行考虑。衰退产业的退出不是目的,重要的是将其所占有的资源转向优势产业的培育,以促进地区优势产业的发展。另外,衰退产业的退出与特色优势产业的培育一定要有效地衔接,避免出现产业的"空洞化"。

(三)区别对待与分类指导相结合

针对不同类型衰退产业的退出,采取不同的退出战略和政策,促进产业转型的顺利推进。衰退产业的退出政策不是对衰退产业实施简单的"一刀切"政策,也不是对衰退产业进行消极保护,延长其生命周期的被动政策,而是以"促进衰退产业有秩序的收缩"为基本出发点,以"有序调节衰退产业的资本和劳动力向高增长率产业转移"为直接目标的积极的、有计划的、平稳的撤让(邓伟根,2006)。

(四)经济效益与社会效益相兼顾

产业退出是一个系统工程,应考虑多方面的因素。衰退产业的退出,既要积极,又要稳妥,既要有利于经济的发展,又要有利于社会的稳定。

二、总体思路

(一)以市场为基础,以政府为主导

充分发挥市场配置资源的基础性作用。市场是优化资源配置、调整产业结构的基石,市场机制的完善是衰退产业顺利退出的基本要求,区域衰退产业的

退出与优势产业的培育政策的制定，必须坚持以市场为基础，充分利用市场机制，发挥市场对资源配置的基础性作用。

发挥政府的积极引导作用。由于退出障碍的存在，市场机制在克服产业退出障碍方面作用十分有限。在市场经济条件下，若期待单纯通过市场的自动调节来实现衰退产业退出与优势产业培育，其结果一方面会使生产要素在较长期内滞留在衰退产业中成为沉淀成本；另一方面，却使优势产业的发展缺乏要素供给，从而会延缓或阻碍产业结构升级的进程（王千红，1999）。再由于产业退出活动既涉及企业利益，也涉及社会福利，是具有较强外部性的活动。在产业间关联趋紧和开放经济条件下，产业退出产生的经济、社会影响大而深刻，不仅涉及资源配置等经济问题，还涉及劳动力就业、社会安定等广泛的社会政治问题（周新生，2003）。

各国的经验表明，发挥政府的积极引导作用，有助于衰退产业退出与优势产业培育，有助于产业结构的调整与优化，尤其是在转轨时期的中国更是如此。在市场机制还不完善的情况下，仅靠市场机制的自发调节难以迅速解决要素资源的退出所引发的种种问题，需要政府对其进行适当干预。

（二）以企业作为政策的切入点

企业是产业结构调整的主要载体，产业退出在微观领域表现为企业的退出，产业退出最终需要通过企业的退出来实现；而优势产业的培育，也需要通过企业才能实现。因此，衰退产业退出与优势产业培育政策的制定应该以企业为切入点。

（三）降低衰退产业退出壁垒与降低优势产业进入门槛并举

在降低衰退产业的退出壁垒的同时，要降低优势产业的进入门槛。即，一方面要形成一种推力，促使衰退产业的尽快、合理退出；另一方面又要形成一种拉力，促使衰退产业所占有的资源尽快实现向优势产业的有序流动。

三、对策

（一）加快市场化改革，完善社会主义市场经济体制

一种完全的市场制度是资源得到最优配置的基本前提，从而也是经济发展的基本平台（张培刚，2001）。继续推进社会主义市场经济体制改革，不断完善

市场机制，制定相应的法律、法规，规范市场竞争，完善和规范资本市场，加快培育和发展产权交易市场。使得市场配置资源的基础性作用能够有效发挥。

目前，我国资产市场和产权市场发育滞后影响了企业的市场退出（张平，2005）。要鼓励在西部组建区域性的企业产权交易市场，产权交易市场除了进行企业产权交易以外，还可以对企业产权的界定以及对产权的价值进行评估。建立规范企业产权市场、技术产权市场、土地产权市场、房屋产权市场等，为企业兼并、出售、拍卖、租赁、股权转让、资产调剂、国内外资本进入等市场行为提供良好的服务。企业关闭、转卖时，既可以采取拍卖、竞标的方式，也可通过中立的第三方资产评估公司对企业资产进行评估。为此，鼓励建立各种形式的信用良好的评估中介机构，同时，制定相应的法律、法规，规范其行为。

（二）加强政府引导，充分发挥政策导向作用

从世界各国的历史经验看，合理的产业政策有利于促进衰退产业的退出，促使生产要素尽快从衰退产业转移到优势产业中去。地方政府应为优势产业发展提供良好的发展环境和优惠政策，发挥政府产业政策在产业发展方面的导向作用，在信贷、财政、税收、外贸等方面给予相应的支持。

1. 制定地区产业发展规划

应制定本地区限制发展、鼓励发展的产业目录，并定期向社会公布，其中应包括在未来的一段时期内应该退出的产业目录。一个产业都有一些与其相关的前后向联系产业，该产业的退出必然影响到相关的产业，有计划、有步骤退出可以提前向关联产业发出告示，使相关产业做好准备，尽量减少对相关产业的负面影响。

2. 加大对优势产业的扶持力度

对于一些区域优势产业，由于各种原因使得其事实上的进入门槛较高，阻碍了要素的进入。因此，可以采取措施适当降低优势产业的进入壁垒，从而在一定程度上对于区域衰退产业的退出形成一种拉力，促进资源要素从低效率的衰退产业向高效率的优势产业的转移。可以运用税收等手段，对于进入优势产业的企业给予税收减免，加大对优势产业的投资扶持力度。

3. 搭建信息平台，为衰退产业中企业的退出提供相关信息服务

由于劳动力市场和闲置设备调剂市场等要素市场发育不完善，造成许多企业想退出而为企业人员、资产无法转移所困，欲退不能。地方政府可以搭建相

关的信息平台，为地区间、产业间的资产、要素流动和转移提供信息支持，减少信息的搜寻成本。

（三）培育真正意义上的市场竞争主体

企业是市场竞争的主体，是进行产业结构调整的载体。从现代市场的规范来看，参与市场竞争的应该是自主经营、自负盈亏的经济法人。而目前我国的许多地区尤其是西部地区，参与市场竞争的企业，尤其是国有企业，并没有真正做到完全意义上的自主经营、自负盈亏。比如，在我国的上市公司中，普遍存在再融资现象，而放任再融资开闸，则无异于将存量公司的劣汰机制取消（沈洪溥，2006）。因此，通过各种法律、法规，建立现代企业制度，培育真正意义上的市场竞争主体成为做好区域衰退产业的退出与优势产业培育的一个基本要求。

深化国有企业改革，解决国有企业的软约束问题，是我国目前面临的一个重大问题。剥离国有企业的政策性负担是硬化国有企业约束的一个重要条件（林毅夫和李志赟，2004）。因此，西部地区各级政府应进一步深化国有企业改革，通过立法、行政等手段剥离国有企业的政策性负担，建立具有产权明晰、权责明确、政企分开、管理科学的现代企业，培育真正意义上的市场竞争主体。

（四）鼓励企业间有选择地并购

1. 鼓励优势产业企业对于相关衰退产业企业的兼并

对于企业的兼并绩效而言，相关产业间的兼并成功率较高（波特，2003）。而在一个区域之内，有些优势产业的企业与衰退产业中的企业之间具有一定的相关性，比如二者之间可以是实现某些生产技艺的共享，也可以是实现营销渠道的共享等。地方政府可以制定一些优惠措施，鼓励地区优势产业企业兼并衰退产业中与之相关的企业，以实现资源的优化配置。

2. 鼓励部分衰退产业进行产业内资产组合优化

对既无产业竞争力，而该产业的退出对区域影响较小的产业，宜采取战略Ⅲ的产业，政府可以在金融和财政的支持下，以立法形式或行政手段使劣势产业停产、减产、限制与停止某些产品的生产，或促使其缩减生产能力。20世纪末期和21世纪初期，我国对纺织行业的"限产压锭"就是采用了这种手段（陈迅，2002）。而对于影响较大，暂不能全行业退出的、宜采取战略Ⅰ或战略Ⅱ的产业，可以鼓励进行行业内资产组合优化（波特，2003）。重组优化的手段有兼并、收购、托管、债务重组等。

3. 鼓励衰退产业中有条件的企业通过并购方式进入优势产业

对于宜采取战略Ⅰ或战略Ⅱ的产业，制定相应的优惠政策，采取减免税收、财政贴息或低息等措施，鼓励该产业中有条件的企业实行资产组合管理，使得这些企业可以通过产业延伸的方式进入优势产业，以减缓该企业的突然退出而引发的一系列社会问题。

(五) 做好失业人员的安置工作

1. 加强和完善对失业人员的培训

衰退产业的退出会带来失业人员的再就业问题，而失业人员中相当一部分人员的再就业能力低下，因此通过培训提高失业人员的再就业能力十分必要，这是降低衰退产业退出成本的重要途径。可以借鉴发达国家的经验，根据西部地区的具体情况，拟定失业人员培训法规，通过法律手段支持失业人员参加培训，建立社会培训体系和管理机制，保证失业培训工作真正有效地进行（于立等，2004）。地方政府要做好对失业人员的咨询与指导工作。多方筹集失业人员再就业基金，根据具体情况，由政府直接建立培训机构，或通过政府的减免税收、财政补贴等措施，引导企业、中介组织对失业人员进行培训。

2. 积极发展劳动密集型产业

衰退产业的退出会释放出大量剩余劳动力，而优势产业的发展很难全部吸纳这些剩余劳动力，这样会对社会造成较大的再就业压力。在目前劳动力地区间流动困难的情况下，应鼓励该类型衰退产业退出的同时发展有利于安置就业、劳动密集型的轻工业和具有较强服务功能的第三产业。引导各类资本，尤其是民间资本发展劳动密集型的产业以吸收一些剩余劳动力，减轻社会压力。为此，要出台一系列政策、措施，为区外资本、区内民间资本创办此类企业提供宽松的政策环境。

3. 完善社会保障体系

社会保障体系的完善与否直接影响到产业转型与升级，只有完善了社会保障制度，才能减少或消除在产业转型过程中结构性失业造成的社会不稳定，为产业结构转型的顺利进行提供保障（邓伟根，2006）。区域衰退产业的退出必然会带来失业，由于自身能力的限制、就业渠道不畅等问题，必然使一部分失业人员收入来源减少，生活质量下降，严重地还很可能陷入生存危机之中。因此，必须完善社会保障体系,实现社会公共服务的均等化,对于这一部分弱势群体给予必要的保护。

(六) 鼓励实行"有载体的破产"

"有载体的破产"的实质是通过实施"先租后破、先租后购、购在租中、租破购同步推进"的破产重组形式,最大限度地考虑了企业职工的再就业安置,在企业生产平稳过渡的情况下,稳步推进国有企业改革。这种破产形式主要适用于资产负债率过高、不适宜股份制改造的特困企业(郭春丽,2006)。因此,可以根据具体情况鼓励企业、尤其是国有企业实行"有载体的破产"。

第五节 案例研究:甘肃省衰退产业退出与特色优势产业培育

甘肃省地处黄河上游,深居西北内陆,总面积45.4万 km^2,2012年末总人口为2578万人,GDP5650.2亿元。甘肃省地貌复杂多样,地形以山地、高原为主;是我国矿产资源大省之一,有色和稀贵金属尤为丰富,并且有较为丰富的水能资源。改革开放尤其是国家实施西部大开发战略以来,甘肃省经济社会得到了长足的发展。但目前自然条件差、经济总量小、人均水平低的基本省情仍未改变,经济结构存在着许多不合理及扭曲,制约着经济的进一步发展,如何改善这一状况是甘肃经济发展中亟待解决的问题。

一、当前的发展基础和发展阶段

随着工业比重达到40%左右,城镇化率超过30%,甘肃已进入工业化和城镇化加速发展的重要阶段。但是,发展过程中长期积累的经济总量小、人均水平低、贫困人口多、结构矛盾突出等问题依然存在,特别是产业结构刚性强、调整缓慢,创新能力弱;基本公共服务供给和保障能力弱,城乡居民收入处于全国后位;城镇化水平低,城乡间和地区间发展差距继续扩大;资源环境约束增强,生态保护任务艰巨;非公有制经济规模小,市场化和对外开放程度低,影响加快发展的体制机制矛盾突出(甘肃省发展和改革委员会,2011)。

（一）自然条件差，经济总量小，人均水平低

甘肃省地处我国西北干旱区、青藏高原区和东部季风区三大自然区交汇处，是我国生态非常脆弱的省份之一。大部分地区生态环境对社会经济发展的承载力比较低，难以支撑高强度的人类社会经济活动（亚洲开发银行技术援助项目"甘肃发展战略研究"专家咨询组，2009）。2012年甘肃人均GDP21 978元，相当于全国平均水平的57.2%；城镇居民人均可支配收入17 157元，农村居民家庭人均纯收入4507元，分别相当于全国平均水平的69.8%和56.9%。

（二）产业发展结构性矛盾依然突出

甘肃工业增加值居于前6位的部门是有色金属冶炼及压延加工业、黑色金属冶炼及压延加工业、石油和天然气开采业、化学原料及化学制品制造业、煤炭采选业、石油加工及炼焦业，都是以原材料生产为主的部门。2008年，这6个工业部门的增加值占甘肃全省工业增加值的61.6%。这种发展态势是计划经济体制下重工业优先发展战略和国家生产力布局所形成的甘肃优势的延续，表现出很强的"路径依赖"。这种"路径依赖"促进了近年来甘肃经济的增长，但也带来了严重的问题：一是这些产业在全国范围内都面临着突出的产能过剩问题；二是除镍工业具有长期可靠的本地资源外，其他优势产业（如电解铝、炼油、石化和钢铁）已没有本省资源优势的支撑；三是这些优势产业基本上是高耗能、高污染行业（亚洲开发银行技术援助项目"甘肃发展战略研究"专家咨询组，2009）。

（三）市场化程度较低

甘肃省历来是我国市场化进程排序比较靠后的省份。在全国31个省（自治区、直辖市）的市场化排名中，2001年甘肃的排序是第27位，2005～2009年一直维持在第29位。在市场化指标体系中，除个别指标外，绝大部分指标的排序均居全国20位以后（樊纲等，2010，2012）。

二、衰退产业的识别

（一）产业样本的选取

参照《中国国民行业分类与代码》（GB/T 4754—94），结合甘肃省各行业数

据的可获得性，剔除电力蒸汽热水生产供应业、煤气的生产和供应业、自来水的生产和供应业这三个具有公益性与自然垄断性的产业，及有关数据缺失的木材及竹材采运业，共选取33类产业作为样本进行分析。

（二）对甘肃省衰退产业的定量分析判断

根据前面论及的区域衰退产业的识别方法，并对各产业的各项评价指标数据都以相应的各产业初始年份数据为标准对其进行标准化处理，分别计算出2000～2008年甘肃省各产业（工业）增加值占甘肃省当年GRP比重，及各产业（工业）经济效益指数。其中，服装及其他纤维制品制造，木材加工及竹、藤、棕、草制品业，家具制造业，文教体育用品制造业，塑料制品业，非金属矿物制品业，印刷业记录媒介的复制，电子及通信设备制造业等产业的这两项指标具有较明显的下降趋势（图10-2、图10-3）。因此，可以初步断定这些产业为甘肃省的衰退产业。

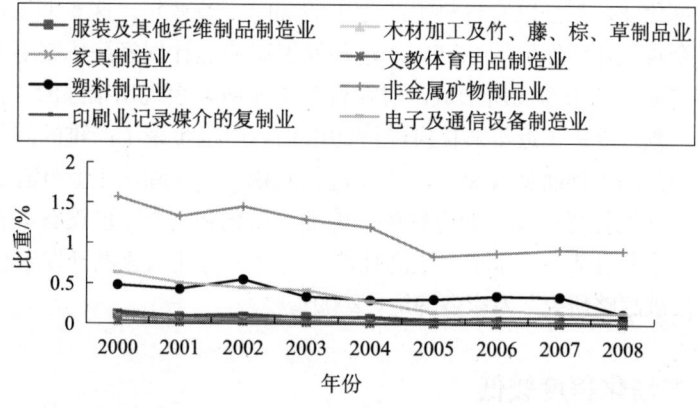

图10-2 2000～2008年甘肃省各衰退产业（工业）增加值占全省GRP比重变化
资料来源：根据《甘肃发展年鉴》（2001～2009）有关数据整理

三、特色优势产业的确定

（一）定量指标的确定

1. 行业地区专业化优势

分别计算出各工业行业2000年和2008年的区位商，对于2000～2008年区位商增加，且2008年区位商大于1的行业，将其专业化优势分类值设定为1；

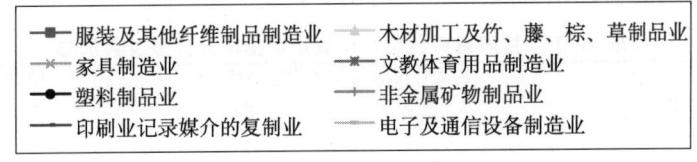
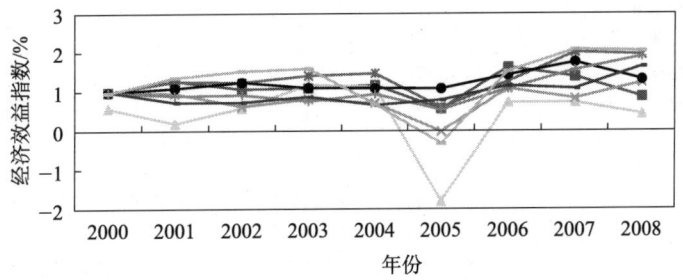

图 10-3 2000~2008年甘肃省各衰退产业（工业）经济效益指数变化
资料来源：根据《甘肃发展年鉴》（2001~2009）有关数据整理

其他不符合条件的行业分类值设定为0。

2. 对区域经济带动作用

分别计算出2000年和2008年工业各行业占GDP的比重，如果某行业2000~2008年占GDP的比重上升，且2008年占GDP的比重大于1%，则将此行业的分类值设定为1；反之，则设定为0。

3. 行业竞争力

如前所述，考虑到数据的可获得性，采用2008年各行业（工业）的增加值与全国相应产业（工业）的增加值数据，使用偏离份额分析法计算出甘肃省各产业的竞争力分量，若其中的竞争力分量为正值，则将竞争力分类值确定为1；否则，确定为0。

4. 行业发展潜力

分别计算2000年和2008年地区行业（工业）增加值占全国相应行业（工业）增加值的比重，如果该值上升，则将发展潜力分类值取1；若下降则取0。

5. 定量指标确定的特色优势产业

计算出上述四项指标的分类值，然后将四项分类值加总（表10-3）。将符合两项标准的行业确定为特色优势产业。符合这一标准的产业包括煤炭采选业、石油和天然气开采业、黑色金属矿采选业、食品加工业、烟草加工业、皮革毛皮羽绒及其制品业、石油加工及炼焦业、化学纤维制造业、黑色金属冶炼及压延加工业、有色金属冶炼及压延加工业。

表 10-3　甘肃省特色优势产业定量指标分类值及其加总

行　业	行业地区专业化优势	对区域经济带动作用	行业竞争力	行业发展潜力	加总值
煤炭采选业	1	1	1	1	4
石油和天然气开采业	1	1	1	1	4
黑色金属矿采选业	1	0	1	1	3
有色金属矿采选业	1	0	0	0	1
非金属矿采选业	0	0	0	0	0
食品加工业	0	1	1	1	3
食品制造业	0	0	0	0	0
饮料制造业	0	0	0	0	0
烟草加工业	1	1	1	1	4
纺织业	0	0	0	0	0
服装及其他纤维制品制造业	0	0	0	0	0
皮革毛皮羽绒及其制品业	0	0	1	1	2
木材加工及竹藤棕草制品业	0	0	0	0	0
家具制造业	0	0	0	0	0
造纸及纸制品业	0	0	0	0	0
印刷业记录媒介的复制业	0	0	0	0	0
文教体育用品制造业	0	0	0	0	0
石油加工及炼焦业	1	1	0	0	2
化学原料及制品制造业	0	1	0	0	1
医药制造业	0	0	0	0	0
化学纤维制造业	0	0	1	1	2
橡胶制品业	0	0	0	0	0
塑料制品业	0	0	0	0	0
非金属矿物制品业	0	0	0	0	0
黑色金属冶炼及压延加工业	1	1	1	1	4
有色金属冶炼及压延加工业	1	1	0	0	2
金属制品业	0	0	0	0	0
普通机械制造业	0	0	0	0	0
专用设备制造业	0	0	0	0	0
交通运输设备制造业	0	0	0	0	0
电气机械及器材制造业	0	0	0	0	0
电子及通信设备制造业	0	0	0	0	0
仪器仪表文化办公用机械制造业	0	0	0	0	0

（二）最终特色优势产业的确定

以上通过定量的方式对甘肃省特色优势产业进行了确定，但这些指标并不能充分反映甘肃特色优势产业的全部情况，甘肃省的某些产品如新材料、生物医药制品，目前尚未形成较大规模的需求，但随着社会经济的不断发展，生产工艺的不断改进，这些产品的需求将会不断扩大，有可能成为甘肃省新的支柱产业；甘肃省旅游资源丰富，旅游业也将成为甘肃特色优势产业之一。

根据以上的分析，我们认为，甘肃省的特色优势产业应为：①特色农业及农产品深加工。包括特色轻纺工业、皮革毛皮羽绒及其制品业、食品工业、烟草工业。②能矿资源的开发及高耗能产业。包括石油和天然气开采业等采掘工业、石油加工及炼焦业、电力工业、黑色金属冶炼及压延加工业、有色冶金、建材、石化和化学工业。③高新技术产业。包括航空航天、中医药等产业。④旅游业。

四、衰退产业的退出战略选择

（一）甘肃省各产业对区域的影响力的判别

如前所述，分别计算出甘肃省各衰退产业增加值及占GRP的比重，并将其排序（表10-4）；计算各产业从业人员数、占全部从业人员的比重，并排序（表10-5）。

表10-4　2008年甘肃省各衰退产业（工业）增加值、占GRP比重及排序

行　业	增加值/万元	增加值占GDP比重/%	排序
服装及其他纤维制品制造业	4 199	0.01	30
木材加工及竹藤棕草制品业	3 498	0.01	32
家具制造业	3 887	0.01	31
印刷业记录媒介的复制业	23 427	0.07	26
文教体育用品制造业	1 175	0.00	33
塑料制品业	41 771	0.13	22
非金属矿物制品业	310 434	0.91	9
电子及通信设备制造业	45 824	0.14	20

资料来源：根据《甘肃发展年鉴（2009）》有关数据整理

表10-5　2008年甘肃省各衰退产业从业人员数、占全部从业人员数的比重及排序

行　业	从业人员数/人	占全部从业人员数的比重/%	排序
服装及其他纤维制品制造业	2 102	0.05	28
木材加工及竹藤棕草制品业	872	0.02	31
家具制造业	1 168	0.03	29
印刷业记录媒介的复制业	4 155	0.10	25
文教体育用品制造业	200	0.01	33
塑料制品业	9 606	0.24	19
非金属矿物制品业	40 881	1.03	5
电子及通信设备制造业	9 526	0.24	20

资料来源：根据《甘肃发展年鉴（2009）》有关数据整理

(二) 对甘肃省各产业竞争力的判断

j 地区 i 产业的竞争力分量 (吉新峰, 2007) 为:

$$D_{ij}=E_{ij}(t_0)\left[\frac{E_{ij}(t)}{E_{ij}(t_0)}-\frac{E_i(t)}{E_i(t_0)}\right]=E_{ij}(t)-\frac{E_i(t)}{E_i(t_0)}\times E_{ij}(t_0) \quad (10-2)$$

考虑到数据的可获得性及可比性,基期取为 2000 年,报告期取为 2008 年,E_{ij} 为当年甘肃省各产业 (工业) 的增加值,E 为当年全国相应产业 (工业) 的增加值。

经计算,甘肃省各产业竞争力分量值见表 10-6。

表 10-6 甘肃省各产业竞争力分量值

行 业	竞争力分量值	行 业	竞争力分量值
煤炭采选业	9 745.5	石油加工及炼焦业	−289 195.6
石油和天然气开采业	1 052 013.4	化学原料及制品制造业	−223 096.4
黑色金属矿采选业	7 049.5	医药制造业	−145 807.2
有色金属矿采选业	−312 766.7	化学纤维制造业	14 204.1
非金属矿采选业	−229 935.3	橡胶制品业	−6 644.6
食品加工业	14 492.5	塑料制品业	−207 557.2
食品制造业	−72 807.0	非金属矿物制品业	−464 253.2
饮料制造业	−102 317.7	黑色金属冶炼及压延加工业	289 635.8
烟草加工业	138 536.7	有色金属冶炼及压延加工业	−1 729 356.0
纺织业	−195 253.3	金属制品业	−124 802.4
服装及其他纤维制品制造业	−48 696.9	普通机械制造业	−169 246.4
皮革毛皮羽绒及其制品业	1 980.4	专用设备制造业	−47 878.3
木材加工及竹藤棕草制品业	−17 981.2	交通运输设备制造业	−29 512.6
家具制造业	−65 666.5	电气机械及器材制造业	−135 620.6
造纸及纸制品业	−64 223.5	电子及通信设备制造业	−261 998.1
印刷业记录媒介的复制业	−34 423.7	仪器仪表文化办公用机械制造业	−28 192.4
文教体育用品制造业	−14 560.4		

资料来源:根据相关年份《甘肃发展年鉴 (2009)》和《中国统计年鉴 (2009)》有关数据计算

(三) 甘肃省衰退产业退出的战略选择

根据以上甘肃省各衰退产业对区域影响及各产业竞争力的测算,总体来看,退出战略宜采取战略Ⅰ的行业有非金属矿物制品业、塑料制品业、电子及通信设备制造业 3 个产业;宜采取战略Ⅲ的产业有服装及其他纤维制品制造业、木材加工及竹藤棕草制品业、家具制造业、印刷业记录媒介的复制业、文教体育用品制造业 5 个产业;目前没有适宜于采用战略Ⅱ及战略Ⅳ的产业。

为深入研究甘肃省衰退产业退出与优势产业培育的战略与对策,下文分别选取非金属矿物制品业、家具制造业作为可采用的退出战略的样本,对其进行剖析。

五、衰退产业的退出战略及优势产业培育思路

(一) 非金属矿物制品业

1. 发展现状

2010年,甘肃省非金属矿物制品业共有规模以上企业216家,其中亏损企业33家,实现工业总产值169.07亿元;从业人员4.3万人,占全部从业员总数的5.9%。2008年甘肃省非金属矿物制品业实现增加值31.04亿元,其增加值占全部国有及限额以上非国有工业企业增加值的比重为2.73%,占甘肃省GRP的比重为0.98%,在33个行业中居第9位,实现利润总额为8.29亿元,全员劳动生产率为72 375元/(人·a),产品销售率为97.66%。

2. 退出战略选择

根据以上的分析,甘肃省非金属矿物制品业的产业竞争力较弱,而该产业的退出对甘肃省具有较大的负面影响,其退出宜采取战略Ⅰ,即应采取分步退出战略。在退出时,政府应采取措施,尽量减轻由于其退出而引发的社会震荡。

3. 退出对策

除前述可采取的对策之外,一是鼓励行业内资产组合优化。非金属矿制品业包括水泥、石灰和石膏的制造,水泥及石膏制品制造,砖瓦、石材及其他建筑材料制造,玻璃及玻璃制品制造,陶瓷制品制造,耐火材料制品制造,石墨及其他非金属矿物制品制造等,是规模经济较为明显的产业。而甘肃省该产业中的许多企业规模较小,没有发挥产业规模经济的优势。制定相应的产业政策,鼓励行业内资产组合优化,使之能够通过资产重组、优化组合,保留少数龙头企业,有步骤地推进产业的有序收缩。二是积极发展产业集群,鼓励相关产业的集中。鼓励非金属矿制品相关产业的集中,在条件适宜地区建立工业园区,发展产业集群,发挥集聚经济优势。转变经济发展方式,走循环经济的路子,不仅要关注上游的能源原料供给和下游加工业的市场需求之间的联系,而且要重视该产业所产生的废气、废水、废渣等废弃物质的综合利用与产业开发,将上游产业的污染排放物作为原料进行加工,实现循环利用。

（二）家具制造业

1. 发展现状

2010年，甘肃省家具制造业共有规模以上企业4家，实现总产值1.15亿元，从业人员980人，实现利税380万元；2008年，家具制造业实现增加值3887万元，占甘肃省GRP的0.01%，在33个行业中居第31位；实现利润总额为403万元，全员劳动生产率为31715元/（人·a），产品销售率为100.39%。

2. 退出战略选择

根据以上的分析，甘肃省家具制造业既无产业竞争力，而该产业的退出对区域影响又不大，退出宜采取战略Ⅲ。应采取果断措施，实施快速退出战略。

参考文献

陈迅.2002.重庆劣势产业退出政策探讨.探索，（3）：110-112.

邓伟根.2006.产业转型：经验、问题与策略.北京：经济管理出版社.

樊纲，王小鲁，朱恒鹏.2010.中国市场化指数——各地区市场化相对进程2009年报告.北京：经济科学出版社.

樊纲，王小鲁，朱恒鹏.2012.中国市场化指数——各地区市场化相对进程2011年报告.北京：经济科学出版社.

甘肃省发展和改革委员会.2011.甘肃省国民经济和社会发展第十二个五年规划纲要.

郭春丽.2006."有载体的破产"：国企破产重组的有效形式.宏观经济研究，（4）：56-58.

吉新峰.2007.西部地区衰退产业退出与优势产业培育研究.临汾：山西师范大学硕士学位论文.

江小涓.1998.市场化进程中的低效率竞争——以棉纺织行业为例.经济研究，（3）：40-50.

林毅夫，李志赟.2004.政策性负担、道德风险与预算软约束.经济研究，（2）：17-27.

林毅夫，刘明兴，章奇.2004.政策性负担与企业的预算软约束：来自中国的实证研究.管理世界，（8）：81-89.

陆国庆.2001.产业调整的壁垒及其克服途径.经济评论，（1）：72-74.

迈克尔·波特.2003.竞争论.北京：中信出版社.

秦廷奎.2002.区域劣势产业退出政策研究——以重庆劣势产业退出政策研究为例.重庆：重庆大学硕士学位论文.

沈洪溥.2006-04-14.股权分置改革之后会怎样.经济学消息报，6.

史忠良，何维达.2004.产业兴衰与转化规律.北京：经济管理出版社.

宋胜洲.2005.论产业的自然兴衰与相对兴衰.产业经济研究，（5）：70-75.

汪小军.2004.中国金融企业市场退出机制分析.商场现代化,(14):53-54.
王千红.1999.试论产业退出与经济增长.经济理论与经济管理,(5):19-23.
亚洲开发银行技术援助项目"甘肃发展战略研究"专家咨询组.2009.甘肃省发展战略研究.
　　北京:科学出版社:5,10-11.
于立,孟韬,姜春海.2004.资源枯竭型国有企业退出问题研究.北京:经济管理出版社.
张培刚.2001.发展经济学教程.北京:经济科学出版社.
张平.2005.中国区域产业结构演进与优化.武汉:武汉大学出版社:10.
张维迎,周黎安,顾全林.2003.经济转型中的企业退出机制——关于北京市中关村科技园区
　　的一项经验研究.经济研究,(10):3-14.
周新生.2003.产业衰退及退出产业援助机制.产业经济研究,(5):52-57.

第十一章 发展西部地区现代产业体系

西部大开发以来，西部地区产业发展水平显著提高，特色优势产业在全国的地位明显上升，产业发展的基础设施条件明显改善（刘卫东等，2010）。未来十年，西部地区要以培育特色优势产业为龙头，大力发展农牧业、现代工业和服务业，深入实施以市场为导向的优势资源转化战略，推进自主创新，努力形成传统优势产业、战略性新兴产业和现代服务业协调发展的现代产业体系。

第一节 发展现代产业体系的必要性

产业体系包含了不同的产业间关联与产业内部竞争合作的关系。在经济全球化及区域经济一体化的背景下，产业体系在本质上体现出产业分工的要求。随着经济社会发展环境的变化，任何区域的产业结构都存在优化升级的问题。现代产业体系是经济发展到一定阶段的必然结果。

现代产业体系是以高科技含量、高附加值、低能耗、低污染、强自主创新能力的有机产业群为核心，以技术、人才、资本、信息等高效运转的产业辅助系统为支撑，以环境优美、基础设施完备、社会保障有力、市场秩序良好的产业发展环境为依托，并具有创新性、开放性、融合性、集聚性和可持续性特征的新型产业体系。针对国际产业分工变化的新形势及我国产业结构中存在的突出问题，党的十七大报告提出要发展现代产业体系。《中华人民共和国国民经济和社会发展第十二个五年规划纲要》指出："坚持走中国特色新型工业化道路，适应市场需求变化，根据科技进步新趋势，发挥我国产业在全球经济中的比较优势，发展结构优化、技术先进、清洁安全、附加值高、吸纳就业能力强的现代产业体系。"（国家发展和改革委员会，2011）

现代产业体系的构建过程是在科技进步的推动下，经济不断发展、产业结构逐步优化升级的过程。发展现代产业体系是促进区域经济协调发展的重要途径。西部地区以资源型为主的产业结构，决定了经济的快速发展在相当程度上是依靠资金、劳动力和自然资源的高投入实现的。这些高耗能行业的增长，使西部地区面临着较大的资源环境压力。在不断变化的国内外经济环境中，国家间、区域间竞争更趋激烈，西部地区目前的传统产业体系越来越难以适应国际化竞争的要求。因此，应充分发挥资源要素的差异化优势，加快建设现代农业，全力构筑新型工业体系，大力发展现代服务体系，加快发展具有区域特色且富有竞争力的现代产业体系。

第二节 提升传统特色优势产业

一、特色农牧业及其加工业

西部地区农牧产品资源丰富，突出特点是天然和绿色，适合现实市场消费水平升级和多样化的要求，具备开发和培育绿色产品、特色产品和名优产品的资源基础。但西部特色农牧业的发展，依赖于西部农产品加工业的发展，二者相互依赖，共同发展。[①] 特色农牧业是农产品精深加工的基础，而精深加工业的发展，又为西部特色农业向深度和广度的发展创造了条件。

（一）发展现状

农业是西部重要的基础产业。西部大开发以来，基础设施建设和生态环境工程有了较大改善，为西部农业发展创造了条件，促进了优势农产品布局的形成和农业发展方式的转变，从而使西部农业告别自然经济和粗放式发展从而迈向现代农业有了可能。西部地区地域辽阔，光、热、水、土资源丰富，物种资源多样，具有发展特色农牧业的优势和潜力。2008 年西部地区耕地面积 4495.05 万 hm^2，占全国的 37.0%。发展特色农牧业也是巩固西部地区农业基础地位，保障西部大开发取得成效的重要举措，也有助于带动农牧民增收。

2012 年西部地区粮食产量 15 495 万 t，占全国的 26.3%；棉花产量 370.5 万 t，占全国的 54.2%，为全国四大区域之首[②]；油料产量 933.5 万 t，占全国的 27.2%。西部各省（自治区、直辖市）因地制宜，采取有力措施，积极将地域辽阔、物种丰富、生产条件独特多样的资源优势转化为产业竞争优势，不断加快了特色农牧业发展步伐，培育了一大批在国内外闻名、具有举足轻重地位

---

① 发达国家农牧产品加工业产值为农业产值的 2～3 倍，我国大约只有 80%。
② 其中，2012 年仅新疆棉花产量就达 353.9 万 t，占全国的 51.8%。

的特色农牧产品。西部各地还围绕棉花、糖料、烟叶、水果、肉类、奶类、花卉、中药材等农牧产品，推进农业产业化经营，发展特色农牧业和农副产品加工业。例如，新疆的棉花基地，广西、云南的甘蔗基地，内蒙古、新疆的甜菜基地，云南、贵州的烟叶基地，西北地区苹果、葡萄等优质水果基地，西南地区热带、亚热带水果基地，云南等地的花卉基地，内蒙古等地的畜牧业基地，中药材及民族药材的种植基地，在全国优质农牧产品布局中的重要地位已经形成，西部特色优势农牧产品及其深加工正在成为西部农牧业乃至区域经济发展新的增长点（表 11-1）。

表 11-1　2011 年西部地区规模以上农副食品加工业主要经济指标

地　区	企业单位数/个	工业总产值/亿元	主营业务收入/亿元	利润总额/亿元	全部从业人员年平均人数/万人
内蒙古	527	1 269.81	1 236.91	78.23	7.40
广　西	488	1 483.58	1 377.40	168.85	13.80
重　庆	296	466.78	455.14	24.99	4.68
四　川	1 009	2 342.85	2 294.17	139.51	23.69
贵　州	117	126.13	111.84	5.52	1.07
云　南	250	300.16	298.57	43.72	5.04
西　藏	5	2.06	1.95	0.22	0.03
陕　西	307	537.50	505.25	27.91	4.80
甘　肃	179	220.40	189.38	8.19	2.69
青　海	29	27.49	21.36	0.64	0.23
宁　夏	68	56.42	56.71	4.08	0.69
新　疆	256	267.97	271.96	13.86	2.71
西部合计	3 531	7 101.15	6 820.64	515.72	66.83
全　国	20 895	44 126.1	43 848.58	2 795.22	360.71
（西部/全国）/%	16.9	16.1	15.6	18.5	18.5

资料来源：整理自：国家统计局工业统计司.2012. 中国工业经济统计年鉴（2012）. 北京：中国统计出版社

但是，西部的农牧产品精深加工不够，产业链短，产品附加值低；缺乏龙头企业，企业管理水平不高，竞争力较弱；品牌意识不强，产品质量不稳定，不能完全适应群众生活水平提高的需要。

（二）发展方向和重点地区

结合西部的资源特点、未来的市场需求及地区发展的经验，西部的特色农牧业及农产品精深加工发展，要充分发挥西部地区独特的农牧业资源优势，加快建设并形成一批特色农副产品深加工产业基地。着力延长农业产业链条，大力发展品种优良、特色明显、附加值高的优势农牧产品，积极培育一批知名品牌；适应食品工业方便化、工程化、功能化、专用化、国际化的趋势，重点扶持一批带动力强的龙头企业；支持建设一批国家农业科技创新基地和区域性农业科研中心。

1. 畜牧业及其相关加工业发展的重点地区

西北的内蒙古、新疆是发展畜牧业及其相关加工业的重点地区，并且依托畜牧业的发展，重点发展毛纺业、奶业、肉食品加工业。当前，内蒙古的畜牧业及其相关加工业发展已具有良好的基础，对经济的带动作用明显；新疆也具有发展畜牧业的良好条件。如果能够培育出同内蒙古相类似的农牧产品加工龙头企业，则对新疆经济的带动作用很大。

西南的重庆、四川是我国重要的生猪生产地区，在川渝两省（市）发展猪肉的深加工具有广阔的发展前景。

2. 特色医药产业发展的重点地区

西部地区药用植物资源十分丰富，如内蒙古、宁夏的枸杞、甘草、肉苁蓉、麻黄，陕西的天麻、杜仲、丹参、党参、金银花、黄芩、黄芪、连翘，甘肃的党参、大黄、当归、黄（红）芪，青海的虫草、雪莲、贝母，新疆的红花、枸杞，广西的田七、金银花、茯苓、半夏，贵州的天麻、杜仲、山茱萸、黄连、石斛等，在全国占有重要地位，云南更是全国药用植物资源最多的省份。因此，依托各省级行政区的植物资源，通过建立先进的生产工艺，发展各具特色的现代中药产业，将成为西部地区发展现代产业体系的重要方面。

3. 其他特色产品的生产

除畜产品加工和特色医药产业外，西部的某些省级行政区独具的特色产业，如云南的烟草、花卉产业，新疆的棉花，广西的蔗糖，贵州的烟酒，也具有较强的竞争优势，应大力发展。

（三）对策措施

1. 建立特色农牧产品的生产、培育基地

充分利用西部地区光、热、水等资源优势，逐步建立面向东、中部地区和国际市场的特色农牧产品生产基地，变资源优势为商品优势。西部特色畜产品的深加工具有良好的发展远景，但粗放的生产方式显然不能满足现代化生产对原料的需求。加之，粗放式的经营，对生态环境也将产生不可逆的影响。因此，建立特色农牧产品的生产、培育基地，将为西部特色农牧产品向深度和广度的发展提供稳定的基础。坚持畜牧业发展与生态环境保护和建设相结合的原则，调整畜群品种结构,大力推广生长快、肉质好、饲料利用效率高的肉牛、肉羊等优良品种,提高优质牛、羊品种的比重,实行舍饲与放牧相结合,建设基本草场,进行划区轮牧,实现草畜平衡。

2. 因地制宜地发展农牧产品加工业

西部地域面积广阔,自然环境差异很大,因此,特色农牧产品加工业的发展一定要因地制宜,要抓住本地区最具优势、同时又具有良好市场前景的产品,加以重点培育,形成本地区最具竞争优势的产品。把农牧产品资源优势转化为特色加工产品优势,大力培育西部地区支柱产业和拳头产品,努力开发新产品,积极发展优质名牌加工农牧产品,形成以粮油、肉、水产、果蔬、饮料、中草药制成品等为主,具有地方特色和民族特点的农牧产品加工体系。

3. 建立严格的质量规范

随着人民生活水平的不断提高,对食品安全、产品质量的要求日益提高,只有高质量的特色产品才能持久占有市场。因此,建立严格的质量规范是西部农牧产品加工业持久发展的重要保证。

二、重要矿产资源开发及加工

西部地区成矿条件优越,矿产资源丰富,是世界上能源、金属和盐湖矿产资源相对较为富集的地区。但过去地质勘查工作程度较低,通过进一步调查评价和勘查,发现新矿产地的潜力巨大。总的来看,西部地区矿产资源开发利用程度不高,具有较大潜力,加快这些资源的合理开发利用,是西部大开发下一阶段的主要任务,是促进西部地区社会经济发展的基础和关键途径之一,对于缓解我国战略资源紧缺状况,优化西部乃至全国经济结构,以及引导基础设施建设都具有重要意义。

(一) 西部地区拥有丰富的矿产资源

西部地区矿产资源比较优势突出,分布集中,具备形成特色优势产业的资源基础。全国已有的172种矿产在西部地区均有发现,全国已探明储量的156种矿产中,西部地区有138种。在16种主要矿产资源中,天然气、锰矿、铬矿、钒矿、原生钛铁矿、铅矿、锌矿、铝土矿、硫铁矿、磷矿共10种,储量占全国的一半以上(表11-2)。我国15种国民经济支柱性矿产中,有9种矿产(煤、天然气、铜矿、铅矿、锌矿、钾盐、钠盐、硫铁矿、磷矿)在西部地区具有绝对优势，有4种（水泥石灰质原料、金矿、石油、铀矿）具有比较优势；我国9种短缺矿产中，西部地区有6种（天然气、铬矿、锰矿、铜矿、铂族金属、钾盐）具有绝对优势，1种（石油）具有比较开发优势（曹玉书等，2009）。

表11-2 2011年西部地区主要矿产资源基础储量及占全国的比例

矿产种类	全国基础储量	西部基础储量	（西部/全国）/%
石油/万 t	323 967.9	117 565.3	36.3
天然气/亿 m³	40 206.4	33 796.3	84.1
煤炭/亿 t	2 157.9	886.7	41.1
铁矿（矿石）/亿 t	192.8	60.7	31.5
锰矿（矿石）/万 t	18 240.9	13 282.6	72.8
铬矿（矿石）/万 t	413.3	408.7	98.9
钒矿/万 t	1 230.6	953.0	77.5
原生钛铁矿/万 t	24 585.4	22 582.8	91.9
铜矿（铜）/万 t	2 812.4	1 254.8	44.6
铅矿（铅）/万 t	1 291.7	870.4	67.3
锌矿（锌）/万 t	3 124.4	2 310.5	74.0
铝土矿（矿石）/万 t	105 064.3	69 649.1	66.3
菱镁矿（矿石）/万 t	185 163.4	236.4	0.1
硫铁矿（矿石）/万 t	136 900.6	69 290.3	50.6
磷矿（矿石）/亿 t	28.9	15.8	54.7
高岭土（矿石）/万 t	37 764.6	16 188.1	42.9

资料来源：根据《中国统计年鉴（2012）》整理

西部地区矿产资源储量潜在价值①远高于东部和中部地区。西部地区全部矿产资源保有储量的潜在价值总计达61.9万亿元，占全国的66.1%，分别是东部、中部地区的7倍、2.7倍；人均潜在价值17.2万元，分别是东部、中部地区的9倍、3.1倍（图11-1、图11-2）。西部地区有7个省级行政区矿产保有储量潜在价值居全国前10位，有9个省级行政区人均矿产保有储量潜在价值居全国前10位。

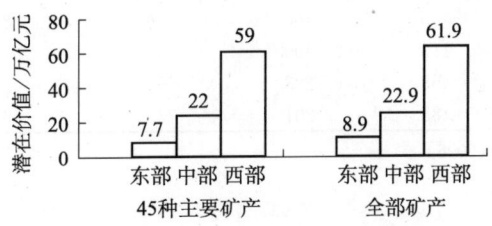

图11-1 东部、中部、西部矿产资源保有储量潜在价值对比
资料来源：根据姚建华等（2000）整理

---

① 矿产储量潜在价值，是指探明的可利用储量按其初级产品价格折算的价值。这种指标未扣除矿产资源采选损失及勘查、开采的要素成本，仅用以在宏观上反映一个国家或地区矿产资源实力。

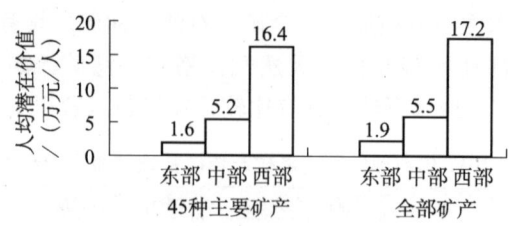

图 11-2　东部、中部、西部矿产资源保有储量人均潜在价值对比
资料来源：根据姚建华等（2000）整理

当然，也应该看到，在经济全球化趋势和产业结构及空间布局不断强化的今天，矿产资源开发利用的外部环境已经发生根本变化，资源的替代性和空间移动性明显加强。以矿产资源开发为基础的重化工产业的生产能力大部分已经饱和，市场竞争已成为能否开发利用的关键因素。西部多数资源的开发利用条件比较差，运输距离也比较长，加之国内外市场变化和一系列技术难题等因素，许多矿产虽然资源优势明显，但经济优势偏弱（表 11-3）。如何客观认识西部地区资源的比较优势，选择正确的开发利用方向，是西部地区发展现代产业体系所必须考虑的问题。

表 11-3　西部地区矿产资源竞争力指标

地区	资源优势指标	开采成本指标	区位条件指标	区域环境指标		环境成本指标
				基本建设投资	R&D 科技投入	
内蒙古	467	60	356	32	20	139
广西	23	75	97	9	25	167
重庆	—	69	63	6	18	235
四川	339	74	78	19	38	116
贵州	103	60	91	11	7	573
云南	139	169	162	25	20	323
西藏	38	179	409	1		35
陕西	511	67	114	125	216	122
甘肃	90	65	166	76	87	119
青海	323	112	400	165	376	92
宁夏	324	58	228	—	8	171
新疆	126	188	201	723	420	149

资料来源：于瑞祥等（2006）

（二）矿产资源开发利用状况

丰富的矿产资源为我国西部的矿业开发奠定了物质基础。西部地区曾经是 20 世纪 50 年代至 70 年代初期我国经济和国防建设的重点地区所在，西部大开发中，国家加强了国土资源评价，明确了西部优势矿产资源开采及加工业的总

◆ 第十一章
发展西部地区现代产业体系

体思路,即依托现有的产业基础,着力建设有色金属、稀土、钾盐等优势矿产资源开采加工基地,培育若干以重要资源开发加工为主的矿业经济区,集约发展优势矿产资源开采及加工业(曾培炎,2010)。经过几年努力,西部已经建成了全国一大批重要矿业生产基地,如四川的天然气、西藏的铬铁矿、甘肃金川的铜镍矿、西和—成县地区的铅锌矿、广西平果的铝土矿、青海锡铁山铅锌矿、云南个旧锡矿、四川攀枝花钒钛磁铁矿、云南和贵州的磷矿及青海的钾盐矿等。攀枝花、金川、六盘水等依托开发优势资源而立市,并已发展成为地区经济中心,促进了地区的工业化和城镇化进程,已经成为全国重要的矿产资源基地,2010 年西部地区规模以上采矿业工业企业主要经济指标占全国的 30.0%左右(表 11-4)。

表 11-4 2010 年西部地区规模以上采矿业主要经济指标

地 区	企业单位数/个	工业总产值/亿元	主营业务收入/亿元	利润总额/亿元	全部从业人员年平均人数/(万人/a)
内蒙古	608	1 091.25	3 582.18	774.19	35.63
广 西	539	401.00	319.02	44.85	7.53
重 庆	384	257.48	503.71	41.15	19.69
四 川	658	1 418.94	2 284.62	200.12	52.56
贵 州	146	77.30	638.93	90.78	28.45
云 南	273	380.84	564.08	84.91	21.81
西 藏	24	14.01	14.83	5.58	0.41
陕 西	331	1 406.02	2 745.68	853.67	32.30
甘 肃	174	374.35	443.08	98.29	12.82
青 海	56	315.58	462.59	92.19	5.34
宁 夏	11	5.07	262.78	54.02	6.24
新 疆	203	1 306.74	1 575.29	527.34	19.06
西部合计	3 407	7 048.58	13 396.79	2 867.09	241.84
全 国	16 281	25 903.66	47 203.61	8 214.54	812.23
(西部/全国)/%	20.9	27.2	28.4	34.9	29.8

资料来源:整理自:国家统计局工业统计司.2011.中国工业经济统计年鉴(2011).北京:中国统计出版社

西部地区矿产资源开发中存在的主要问题有:一是开采和利用条件差,运输成本高。二是资源综合利用水平不高,初级产品、中低档产品比重过大,产品的质量档次和附加值不高,大量优势资源难以形成整体产业优势和发挥应有的经济效益;一些资源开采装备水平低,劳动生产率不高;采、选、冶的总回收率很低,矿产资源开发浪费非常严重。① 至于无证开采、滥采乱挖、采富弃贫等严重浪费资源的现象更是时有发生,特别是在乡镇个体矿石中尤为突出(曹

---

① 如青海省煤炭回收率只有 70%左右,石油回收率大部分不足 30%,天然气回收率也只有 50%左右。

文虎等,2004)。三是加工深度不够,产业链条较短,资源综合开发利用能力较低。四是资源枯竭逐渐显现,经过几十年的强化开采,部分资源大幅度减少,有的已接近枯竭。根据甘肃省国土厅统计,甘肃主要矿种的资源储量占用率一般达到50%～90%,其中有色金属和部分非金属矿种的占用率达到85%以上,高出西部其他省(自治区、直辖市)10～20个百分点。铜、锌、镍、钨和铅的资源储量占用率分别为86.5%、86.2%、90.4%、93.5%和73.2%,后备储量有限,维持比较优势难度很大(亚洲开发银行技术援助项目"甘肃发展战略研究"专家咨询组,2009)。五是面临着激烈的市场竞争。目前国际市场上煤炭、铁矿石、有色金属等资源性产品因供大于求,有些矿产品到岸价格甚至低于西部地区产品价格,沿海地区凭借区位优势,兴建临港的能源、原材料加工企业,大大降低了对西部资源的依赖程度。六是矿产资源补偿费过低。根据《矿产资源补偿征收管理规定》,矿产资源补偿费按照矿产品销售收入的一定比例计征,根据不同的矿产资源,按其销售收入的0.5%～4%征收。而国际上多数国家、多数矿产资源的权利金费率都保持在2%～8%。中国的石油、天然气、煤炭、煤层气等重要能源的补偿费都只有1%,而国外石油、天然气矿产资源补偿费征收率一般为10%～16%,即使是美国这样一个矿产资源远比中国丰富的国家,其石油、天然气、煤炭(露天矿)权利金费率也高达12.5%,澳大利亚、马来西亚为10%。七是破坏生态环境。面对西北地区脆弱的生态环境,矿产资源的开发不可避免地导致生态环境破坏。最常见的是对草原植被的破坏,对水源和地表水体的污染,粉尘及有害物质对空气的污染,以及矿山开采引发的地表沉降等(曹文虎等,2004)

在这种形势下,西部地区矿业发展模式必须改变过去就资源论资源的发展模式,不但要考虑资源开发的可能性,更重要的是要预测市场需求,积极开发有市场需求的矿产资源;而对有些在现有经济技术条件下难以获得经济效益的优势资源,应实行资源储备战略,不宜盲目开发。

(三)矿产资源开发的方向和重点

1. 开发利用方向

西部地区矿产资源的开发与相应的产业发展应建立在比较优势评价的基础上,以市场为导向,以效益为中心,以企业为主体,以科技创新为支撑,以提高资源综合利用水平和效率为目标,以生态环境保护为前提,以规模化集约经营为起点,构建我国资源保障与支撑体系,走出一条合理利用和节约资源的"绿色矿业"新型发展之路。

在保护中开发,在开发中保护。我国是一个人口众多、人均资源短缺、生态环境相对脆弱的国家。经济的高增长不可能长期建立在大量消耗能源和原材料的基础上。在能源、铁矿石、土地、森林和水等自然资源供给不足的情况下，如何实现工业化和现代化，是我们面临的与"三农"问题并列的又一个突出矛盾（吕政，2004）。实施西部大开发战略，发展现代产业体系，加强矿产资源的综合开发与利用，必须坚持"在保护中开发、在开发中保护"的方针，在国家宏观调控的指导下，充分发挥市场对资源配置的基础性作用，正确处理好当前与长远、整体与局部的关系，依靠科技进步和科学管理，合理开发，有效保护，使资源优势转变为产业优势和经济优势，促进西部地区社会经济持续、快速、健康发展。

要充分认识到西部矿产资源开发利用的不利因素和生态环境的脆弱性，充分考虑到矿产资源综合开发的高效益和可持续发展，开矿建厂要与生态建设同步，原材料生产要与高附加值深加工配套，既要高质高效，又要可持续增长。作为西部大开发的特色优势产业发展重点的矿产资源开发，既要与基本建设的发展相适应，又要坚持稳妥的方针，防止一哄而起和低水平重复建设，要在创新的基础上做到经济、环境效益双赢。

充分发挥矿产资源的比较优势。尽管西部地区矿产资源丰富，但绝不能有什么资源就建什么工厂，有多大储量就上多大规模，而必须充分发挥矿产资源的比较优势。一要以市场需求为导向，要有科学的市场预测；二要高起点，以技术为支撑达到高效益和较强的竞争力；三要十分注意环境保护及资源开发的可持续性。

坚持高起点开发。西部大开发是一项系统工程，特色优势产业发展、矿产资源综合开发利用是该系统工程中的一环，单纯的原材料基地无法实现本地区经济腾飞。西部地区特色优势产业的发展、矿产资源的开发要坚持高起点，依靠科技投入，根据当地的气候、地理环境和矿产资源条件，着力在高起点上发展有自己特色的优势产业。

2. 开发利用重点

西部地区矿产资源开发及原材料工业的发展重点，应由简单地扩大生产规模向资源深加工、资源综合回收和循环利用的方向转变。不可再生资源尤其是战略性资源的开采规模，应根据西部地区自身和国内加工工业需求控制在经济合理的范围之内。从国家国防、经济安全和经济竞争的要求出发，应限制国民经济发展所需关键资源的直接出口，禁止战略性资源的出口，彻底改变过去那种竞相低价向国外"倾销"矿产资源产品的局面。原材料工业发展的重点，应转向资源的综合回收和循环利用、产品的精深加工，延长工业产业链和提高产品附加值方向转变，按照资源节约型、生产集约型、环境友好型的可持续发展理念规划配置资源开发及其加工工业。

按照产业特点、资源条件、市场需求和经济发展需要,以产业基地和特色园区为载体,按照产品生产、公用设施、环境保护、物流配送和服务管理需求,合理布局重大资源转化项目和配套产业发展,提高产业发展的集聚度(刘卫东等,2010)。

(四)矿产资源开发及加工业发展的对策

1. 整合矿山企业资源

面对与国际接轨的市场环境,西部矿山企业要整合各方面资源,通过企业重组、并购等方式,改变目前矿山企业"小而多"的局面,最终实现矿产资源的统一、集约利用;要深化内部改革,采用规范的市场运作模式,科学管理,走现代企业之路;要依靠科技进步,采用先进的生产工艺,注重资源的综合利用,提高矿产品的附加值,提高经济效益;要发展并扩大对外贸易,国家应在税费减负方面为西部矿业企业营造良好的经营环境,提高企业对市场供需变化的应变能力和国际竞争力;要规范矿山企业发展,规范发证开采,防止乱采乱挖和资源浪费(曹玉书等,2009)。

2. 提高勘查开发效率

目前,新的矿产资源调查评价管理体制和运行机制正逐步确立,公益性和商业性地质工作分体运行。针对西部现状,国家应增加投资,加大公益性资源调查、评价力度,提高研究程度,查明区域矿产资源潜力,降低矿业投资风险。

在西部地区未来矿产资源勘查方面,应继续深化矿产资源调查评价与勘查投资体制改革,通过法律手段和政策支持实现勘查投资多元化;继续研究开发、推广使用地质矿产勘查的新技术、新方法;在勘查矿种选择上,应以石油、天然气、铜、富铅锌、富铁、优质锰矿、铀矿、铬矿、钾盐、钨、锡等涉及国计民生的战略性矿种为勘查评价重点;在勘查区域选择上,应配合西部大开发战略,选择矿产资源集中、具有较大市场开发前景、国家重点工程建设区域为勘查评价重点(曹玉书等,2009)。

3. 建立资源开发和生态环境补偿机制

建立对资源地环境治理和生态保护专项转移支付补助机制,以满足资源地环境保护和生态治理支出需求,造福资源地人民群众,更好地构建和谐社会。

建立对资源地"西气东输"稀有资源开发的专项转移支付补偿机制。建议中石油、中石化两大油田公司在资源地就地建厂加工油气资源,促进当地化工企业的发展；留出一定量的原气资源供应资源地招商引资化工企业的生产加工，以培植资源地后续财源，支持地方经济发展和就业。

上游治理污染的任务特别艰巨，不仅资金安排捉襟见肘，而且加大了发展与治理的矛盾。上游西部地区不仅要肩负起超负荷的环保重担，同时还会使正处在原始工业经济积累阶段的地方工业更加举步维艰。东部不仅可以减轻诸如洪灾等直接经济损失，还包括间接受益如健康、生活、生产等。既然是甲方支付成本，乙方连带受益，按照公平原则，乙方不能坐享其成。国家都应该对受益方增收资源调剂税、环保受益税等税种，用以补偿支付成本方的"超正常收益的损失"。

三、能源开发及高载能产业

（一）煤炭工业

中国"富煤贫，油少气"的能源储备特征和进入"重化工业主导型"经济发展阶段的特点，决定了在较长的时期内煤炭在一次能源消费结构中占主导地位的格局将长期保持不变（宋斌等，2010）。从短期看，西部煤炭受制于运力等因素，很难对国内煤市造成较大冲击；从长期来看，西部有超过资源濒临枯竭的东部和发展相对乏力的中部，成为我国煤炭资源最主要供应基地的趋势（杨凯，2009）。

1. 西部煤炭资源极为丰富

我国西部煤炭资源丰富，煤种齐全、煤质优良、煤炭开采条件优越，可采量占全国煤炭储量的62%。2011年，西部煤炭资源基础储量为886.7亿t，占全国的41.1%。其中，仅贵州、陕西、新疆和内蒙古四省（自治区）基础储量683.6亿t，占西部总基础储量的77.1%。

2. 在全国地位日益重要

西部大开发以来，西部煤炭工业发展迅速，2005～2009年原煤产量由8.1亿t增加到14.1亿t，占全国的比重由36.9%提高到47.8%；2011年西部地区规模以上煤炭开采和洗选业主要经济指标占全国的30%～47%（表11-5）。尤其是内蒙古、陕西、甘肃、宁夏地区，不仅煤炭资源储备充足，具有较好的煤炭工业基础，而且与中东部地区距离较近，对于交通运输条件建设的压力较小，是西部最具发展条件的煤炭产区，"十二五"期间该区域将成为国家煤炭工业发展的重点区域。2009年，内蒙古原煤产量达6.37亿t，成为全国第一大产煤省级行政区;陕西省 2.96 亿 t,稳居全国第三大产煤省级行政区。

表 11-5 2011 年西部地区规模以上煤炭开采和洗选业主要经济指标

地 区	企业单位数/个	工业总产值/亿元	主营业务收入/亿元	利润总额/亿元	全部从业人员年平均人数/万人
内蒙古	398	3 718.54	3 373.30	877.93	25.51
广 西	13	29.02	16.27	3.07	1.57
重 庆	392	373.67	329.08	36.79	15.83
四 川	928	1 345.54	1 194.19	126.37	35.10
贵 州	743	1 015.80	657.48	119.75	26.30
云 南	402	353.58	294.10	49.84	13.73
西 藏	—	—	—	—	—
陕 西	441	1 869.15	1 557.99	657.04	19.75
甘 肃	70	240.73	183.74	30.36	6.04
青 海	25	131.86	132.04	47.69	1.15
宁 夏	65	373.96	301.33	68.66	5.96
新 疆	109	175.61	146.08	28.57	5.58
西部合计	3 586	9 627.46	8 185.60	2 046.07	156.52
全 国	7 695	28 919.81	27 299.00	4 560.86	520.98
(西部/全国)/%	46.6	33.3	30.0	44.9	30.0

资料来源:整理自:国家统计局工业统计司.2012.中国工业经济统计年鉴(2012).北京:中国统计出版社

随着铁路建设的提速,国内大型煤炭开采和化工企业加速在新疆布局,新疆的煤炭资源利用进入实质性开发阶段。2009 年兰新铁路第二双线开工建设,在新疆、甘肃、青海三省(自治区)之间将形成一条新的大能力快速铁路运输通道,这不但满足新疆"西煤东运"基地的外运需求,也促使煤炭供应格局发生变化。目前神华、兖矿、鲁能等 60 多家国内大企业集团已加快开发新疆煤炭资源力度,在新疆开发煤电、煤化工项目的投资加大(于祥明,2010)。

2009 年内蒙古、陕西、宁夏、新疆 4 省(自治区)合计比 2008 年增加原煤产量 2.26 亿 t,占全国新增原煤产量的 65.9%。

3. 煤炭开发也给资源地带来了较严重的环境安全问题

西部地区的生态环境本身脆弱,随着煤炭产能越来越向内蒙古、陕西、宁夏、新疆等地区集中,西部地区环境承载力受到严重挑战。内蒙古由于煤炭开发而受扰动的土地面积达 6.87 万 hm^2,以 $2000hm^2/a$ 的速度递增,全区荒漠化土地面积超过 60%。神东公司的 3 个矿区形成的采空区面积超过 $24km^2$,已全部塌陷,造成 10 条地表径流断流,20 多个泉眼干涸。宁东大型煤炭基地石嘴山经过 40 多年的开采,2006 年已形成了总面积达 34.33 km^2 的采空沉陷区。每年因地表下沉,矿区基础设施如铁路、公路、供水管线、供电线路等的维修费用高达 1200 万元(党明等,2008)。

4. 煤炭开发的方向和重点

西部地区煤炭资源开发的方向是，合理开发利用煤炭资源，加快西部地区煤炭和煤层气资源勘查，稳步推进神东、陕北、云贵、黄陇、宁东和新疆等大型煤炭基地建设。加快煤矿整合改造，重点建设现代化露天煤矿和千万吨级安全高效矿井。鼓励建设坑口电站，配套建设电网。合理发展煤化工，加强煤层气开发利用。

新疆、内蒙古、陕西、宁夏、贵州等地区有丰富的煤炭资源，从新中国成立到西部大开发之初，这些地区的煤炭工业有了一定程度的发展，但总体上现代化水平不高。在西部地区选择资源条件好、且具有发展潜力的矿区，尽快建设一批大型煤炭基地，既符合国家能源发展战略，又能带动地方经济发展。

重点开发内蒙古、陕西、宁夏和贵州的煤炭资源。未来西部应集中力量加快内蒙古、陕西、宁夏、贵州煤炭工业的发展，巩固其作为全国能源基地的地位，稳步推进神东、陕北、云贵、黄陇、宁东和新疆等大型煤炭基地建设。① 内蒙古、陕西的煤炭资源储量大、开采条件良好，同时又接近东部经济发达地区，不论是输煤还是输电，都十分便利；宁夏的煤炭资源从规模来讲，难以同内蒙古、陕西相比，但宁夏的煤炭资源质量好，石嘴山等地的太西煤是世界煤炭珍品，广泛应用于冶金、化工、建材等行业。加快内蒙古、陕西、宁夏等省（自治区）的煤炭资源的开发，是国民经济持续发展的重要保证。

我国南部煤炭资源总体上储量少且开采条件较差，而贵州的煤炭资源具有分布集中、储量大的特点。集中力量建设好贵州煤炭基地，对全国经济的均衡、持续发展具有重要的战略意义。

适当增加区域性的煤炭基地的投资。西南地区的煤质较差，近年来增长速度较慢。但国际能源形势的变化，将使这些地区的煤炭工业对经济发展的作用日益重要。进一步增加这些地区煤炭工业的投资，对西南地区的发展具有重要意义。要调整和优化建设布局，突出优质煤炭资源开发，加快在建煤炭项目建设和老矿区转产与技术改造步伐，做好一批优质动力煤矿区开发的前期工作；重点建设陕西、内蒙古、贵州等地的大中型煤炭生产基地和配套选煤厂；推广应用洁净煤和水煤浆等技术，加快煤炭液化技术开发与产业化步伐。②

建设新的运煤通道，推进煤炭就地转化。西部地区煤炭具有成本优势，但与经济发达、煤炭消耗量大的东部地区距离太远，运力不足是现实问题。若兰新客

---

① 2006年3月，《国家大型煤炭基地建设规划》确定的全国13个大型亿吨级煤炭建设基地中，西部有神东、陕北、黄陇、云贵、蒙东、宁东6个基地。

② 神东煤炭化工基地已建成的煤液化生产线建设规模年产500万t油品，实现了世界上首次将煤炭直接液化为石油产品的商业化应用。

运专线建成,现有兰新铁路成为货运专线,哈密—兰州距离达 1339km,而目前我国西煤东运的两条大通道大秦线 658km、朔黄线 489km。按目前出疆铁路的网线,以乌鲁木齐北站到徐州站的距离为平均距离,新疆煤炭到内地市场距离长达 3500km 左右,运距劣势显而易见。若将新疆煤炭运到兰州,而甘肃省并非煤炭消耗大省,煤炭需要继续向东、向南输出。这就需要新的运煤通道和更大的运力,同时也产生了更长的运距和更高的运输成本。因此,从运输角度看,西部煤炭开发应强调就地转化。这样,在节省运力的同时,也可在资源产地创造更多的产品附加值,使相对贫困的地区从煤炭资源开发过程中获得更多的收益(杨凯,2009)。

因此,西部地区丰富的煤炭资源利用,应以大型煤炭、化工和电力等工业企业为主体,根据市场条件,适当发展煤炭—电石法乙炔化工、PVC 产业,重点发展现代煤化工—能源—体化产业,如煤炭气化联合循环发电等。在水资源相对较丰富、煤炭资源的主要赋存地区,如贵州、新疆、陕西和内蒙古等地,建立煤炭资源—化工转化综合利用研发示范与生产基地(刘卫东等,2010)。

整合煤炭资源,提高产业集中度。一方面,坚决关闭所有不具备安全和科学可采条件的企业;另一方面,由政府牵头,按照市场化运作方式,将大量分散的煤炭开采企业以股份制的方式,组建大型煤炭集团和基地,实行统一开采、管理和销售。增强煤炭资源集中度是"十二五"规划的重点之一,国家将"大力推进煤矿企业兼并重组,淘汰落后产能,发展大型企业集团,提高产业集中度,提升安全保障能力,有序开发利用煤炭资源,有效保护矿区生态环境。通过兼并重组,全国煤矿企业数量控制在 4000 家以内,平均规模提高到 100 万吨/年以上"(国家发展和改革委员会,2012)。[①]

(二)石油工业

1. 西部地区蕴藏着丰富的石油资源

西部石油资源储量可观,开发投资规模不断扩大。西部地区油气形成条件好,油气资源远景大,油气资源量及开发利用在我国占有重要地位。随着油气勘探开发的进一步扩大和深入,西部将会逐步成为我国东部油气开发的接替区。西部地区共有石油资源量 412.19 亿 t,占全国石油资源总量的 40.4%;西部最终可采石油资源量高值为 49.07 亿 t,最低值为 40.79 亿 t,主要集中在准格尔地区和塔里木地区(表 11-6)。

---

① 2000~2009 年,内蒙古煤矿总数已由 2009 处减少到 501 处,全区现有煤矿平均生产能力由原来的 14 万 t 提高至 100 万 t。其中,国有重点煤矿单井生产能力达到 350 万 t;煤炭回收率由原来的 30%提高至 60%以上,采煤机械化水平由原来的 25%提高至 80%以上。

表 11-6　西部部分油气区石油资源分布状况

含油区域	沉积岩面积/万 km²	石油资源量/亿 t	可采资源量最高值/亿 t	可采资源量最低值/亿 t
鄂尔多斯盆地	25	66.38	7.94	6.72
四川盆地	18	11.35	0.69	0.60
渭河盆地	4	3.01	0.20	0.19
准格尔地区	27	116.39	17.98	14.78
塔里木地区	58	111.60	13.76	11.90
柴达木地区	178	29.70	3.09	2.47
河西走廊—北山地区	27	44.99	3.73	2.75
滇黔地区	13	11.94	0.74	0.58
湘桂地区	10	8.50	0.47	0.40
西藏	20	8.33	0.47	0.40
合计	380	412.19	49.07	40.79

资料来源：姚慧琴和任宗哲（2008）

2011 年，西部石油总基础储量为 11.76 亿 t，占全国的 36.3%。其中，新疆、陕西、甘肃和内蒙古四大重点省（自治区）的基础储量为 11.02 亿 t，占西部基础储量的 93.7%。油气资源关系到国民经济和国家经济安全，随着经济持续发展和居民生活水平的提高，对石油的需求会越来越大，西部作为我国一个主要的石油供应区，开发建设规模不断扩大，在全国具有重要地位（表 11-7）。2005~2012 年，西部原油产量由 4502.4 万 t 增加到 6495.3 万 t，占全国比重由 24.8% 提高到 31.3%。

表 11-7　2011 年西部地区规模以上石油和天然气开采业主要经济指标

地区	企业单位数/个	工业总产值/亿元	主营业务收入/亿元	利润总额/亿元	全部从业人员年平均人数/万人
内蒙古	14	111.51	105.96	26.68	0.65
广西	—	—	—	—	—
重庆	1	10.06	8.55	0.45	0.12
四川	18	618.78	756.78	29.83	7.56
贵州					
云南					
西藏					
陕西	30	1 605.31	1 528.68	535.55	13.10
甘肃	7	450.31	280.58	123.21	2.21
青海	1	249.86	161.88	52.72	1.64
宁夏	2	1.96	1.84	0.60	0.02
新疆	25	1 542.12	1 601.63	691.14	11.94
西部合计	98	4 589.91	4 445.90	1 460.18	37.24
全国	271	12 888.76	12 882.26	4 299.60	110.98
（西部/全国）/%	36.2	35.6	34.5	34.0	33.6

资料来源：整理自：国家统计局工业统计司. 2012. 中国工业经济统计年鉴（2012）. 北京：中国统计出版社

西部地区非常规石油储量丰富，开发和加工日益成熟。我国煤层气资源主要分布在鄂尔多斯、沁水、准噶尔、滇东黔西、二连、吐哈、塔里木、天山、海拉尔9个含气盆地群；油页岩主要分布在陕西、新疆等省（自治区）；油砂资源主要分布在新疆、青海、内蒙古等省（自治区）（杜小武等，2008）。我国非常规石油资源的研究、开发和加工日趋成熟，并形成相当大的开采规模。目前，已经建立了辽河油田、新疆油田、胜利油田、河南油田以及海洋油区5大重油开发生产区；在抚顺、山东龙口等地开采油页岩，为我国能源多元化探索出新的途径（牛嘉玉和洪峰，2002）。

2. 石油资源开发中存在的问题

一是西部油气田单位面积储量普遍较小，低品位油田居多，埋藏较深、类型复杂、品质较差、工艺技术要求高。在剩余可采储量中，优质资源不足，低渗或特低渗油、稠油和埋深大于3500m的超过50%，而且主要分布在西北和东部地区。同时，西部地区的地表及地质条件复杂，多为沙漠、山地和黄土沟壑。这些条件都能影响石油的开发难度（黎玉战和徐传会，2004）。

二是环境与安全问题。油气资源的勘探开发、油气长距离输送以及油气加工过程等都会对环境带来破坏和影响，有的还非常严重，致使土质严重酸碱化，并且产生了水质和空气污染，影响了局部地区的土壤和生态环境。

三是开发中的利益分配关系并未理顺。[①] 在油气资源一级所有、一级开采的矿权体制下，由于国家拥有油气资源的所有权、开发利用权以及资源收益权，而资源地政府不是产权主体，既不能获得所有权收益，又不能获得开发收益，唯一能够获取资源收益的方式就是油气资源税的分享。2000~2004年油气资源开发行业对西部各省（自治区、直辖市）GDP的贡献率基本保持在较高水平上，尤其是陕西和新疆，除2001~2002年外，油气资源开发行业对两省（自治区）GDP的贡献率基本保持在45%以上。地方政府从油气资源开发中所分享到的税费却相当有限，除个别地方、个别年份外，对地方财政收入的贡献基本上低于15%（胡健等，2007）。

此外，由于长期以来实施违背比较优势原则的区域经济发展战略，限制了西部地区油气资源采掘业向下游产业延伸的能力，割裂了油气资源采掘业和加工业之间的链条，使西部地区形成了石油经济单一产业发展的模式和上游大、下游小的"锤形"产业链条布局（表11-8），不仅导致资源和利润的双重流失，而且极大地阻碍了西部地区油气资源优势的发展及其对区域经济的拉动作用（胡健等，2007）。

---

① 西部天然气开发过程中也存在这一问题，在此一并阐述。

表 11-8　2002～2004 年西部地区油气资源开发行业上下游总产值

地区	2002年			2003年			2004年		
	上游行业/亿元	下游行业/亿元	上游/下游	上游行业/亿元	下游行业/亿元	上游/下游	上游行业/亿元	下游行业/亿元	上游/下游
陕西	303.7	130.9	2.32	437.67	187.6	2.33	620.9	323.9	1.92
四川	124.2	19.4	6.40	134.8	58.3	2.31	178.5	80.25	2.22
新疆	329.3	264	1.25	441.3	347.66	1.27	792.1	491.2	1.61
青海	60.8	0.14	434.3	84.5	0.26	325.0	119.9	0.31	386.8

资料来源：胡健等（2007），略有修改

3. 开发重点

加强勘探工作和提高勘探技术，着力提高石油探明储量。勘探工作和技术是储量快速增长的保障。西部地区石油采储比较低，加之西部地区地形复杂，为了增加石油的剩余采储量和探明更多的石油，应加强对勘探技术攻关，尤其是对于非常规石油而言，更需要开发或引进新的技术。加强陆地新区和塔里木、鄂尔多斯等盆地油气资源勘查，努力增加探明储量，实施精细开发。

有计划地开发西部石油资源。在"寸油寸金"的石油时代，要格外珍惜西部地区丰富的石油资源。着眼于可持续发展，合理有计划地开发利用西部的石油资源，保证一定的储采比。对石油开采环节要严格把关，采取严格的审批进入限制，并对开采企业征收资源税，以促进其提高资源利用效率的意识，做到物尽其用。

加强非常规石油的开发力度。石油需求不断攀升、常规石油资源过度开采等问题再度引起世人关注（李若平，2006）。由于常规石油资源已不能满足石油需求的快速增长，人们纷纷把目光转向非常规油气资源。[①] 我国非常规油气资源丰富、分布集中、开发技术日趋进步等特点逐步成为世界石油市场的新宠。非常规资源的发展必将成为未来油气资源勘探开发的主战场之一。西部地区要加大非常规油气资源勘探开发力度，弥补常规油气资源不足。

在西部建立多元化的石油储备制度。加强同中亚、东南亚、南亚等区域战略合作，建设进口油气资源战略通道和出口基地。就世界各国建立石油储备的筹资经验看，都有商业石油公司、民间组织机构的参与，并占据着较大份额。例如，日本在 166 天的石油储备天数时，民间储备为 77 天（朴光姬和郝吉，2008）。中国应首先在西部建立多元化石油储备制度，充分考虑各种力量，避免政府的大包大揽，尽量引入市场化因素，鼓励私人部门的积极参与，打造多元化的石油储备筹资模式。这样不仅有利于减轻国家财政负担，更有利于降低储油成本。

[①] 非常规油气资源包括煤层气、油砂、油页岩、天然气水合物、致密砂岩气等。

积极调整西部油气资源开发中中央和地方的利益关系。建立市场化的、合理的企业资源矿权制度及与其相适应的石油税费制度和矿业用地制度，切实转换西部油气资源开发利用模式，将为促进西部油气资源的合理开发和利用、协调资源利益各方的关系提供制度保证，同时也将带动资源地经济的快速成长，实现西部油气资源开发利用与区域经济的协调发展（胡健等，2007）。

（三）天然气工业

1. 西部地区天然气开发在全国占有极为重要的地位

我国天然气的生产在很长一段时间内并未受到重视，但在西部的四川，天然气生产一开始就成为其主要产业。1980年以后，国家"重油轻气"的方向开始转变，在渤海湾盆地有了较大的储量发现，随后在鄂尔多斯盆地和新疆等地又有新的发现，使西部的天然气生产一直占据全国主导地位。

天然气资源储量可观，开发投资规模不断扩大。2011年，我国天然气基础储量达40 206.4亿 m^3，其中西部为33 796.3亿 m^3，占全国的84.1%；2012年，全国天然气产量达1072.2亿 m^3，其中西部为870.3亿 m^3，占全国的81.2%。

西部天然气资源作为我国天然气的主要开发供应区，开发建设规模不断扩大。至今，塔里木油田高效开发了轮南、东河、塔中、哈得、克拉、牙哈、桑吉、英买力、柯克亚、迪那10个主要油气生产区，截至2010年3月，累计生产天然气780亿 m^3。2008年和2009年油气当量连续超过2000万t，成为我国第四大油气田。20世纪末，国家启动了"西气东输"工程，塔里木油田公司作为西气东输的主力气源地，已开发克拉2气田，牙哈、桑吉、英买力、迪那2凝析气田。

根据全国油气资源评价结论，新疆准噶尔盆地的天然气资源量为2.5万亿 m^3，目前探明的不到10%。川气东送主体普光气田已探明储量3500亿 m^3，主体已建成年产105亿 m^3 混合天然气生产能力。

骨干管网建设不断完善。我国天然气分布不平衡，使生产和消费区域分离。随着第一条跨国天然气管道（中亚天然气管道）、西气东输二线、兰（州）郑（州）长（沙）成品油管道等一批重要油气管道开工建设和建成投产，一个覆盖全国的油气骨干管网正在逐步形成。现有天然气管网已将四川、长庆、塔里木和青海四大气区以及中亚地区天然气与国内主要消费市场连接起来。

非常规天然气储量丰富，开发正在起步。我国在致密气开发方面走在世界前列，其资源量约为12万 m^3。2009年致密气产量达150亿 m^3，其中大部分来自鄂尔多斯和四川盆地。而我国煤层气开采的潜力更是巨大，埋深2000m内可开采的煤层气资源量为 36.8 万亿 m^3；1500m 内可采的煤层气资源量为 10.9 万亿 m^3。2009 年年底，我国累计探明煤层气储量 1700 亿 m^3，资源探明率仅为 3.2‰。总体看来，西部煤层气、页岩气的开发利用正在起步，天然气水合物等资源的基础研究工作也逐步展开。

天然气开发难度大，成本高。目前，西部已开发的气田规模普遍偏小，丰度偏低；气层的埋深偏大，西部大部分储量埋深在 3000m 左右或更高，特别是塔里木相当部分埋深在 5000m 左右。钻井及其相关投资与深度的关系是呈某种正指数相关的。另外，西部的主要气田地表条件差，多为山地、沙漠和黄土沟壑。天然气探明程度不到 10%，气藏储量的品质变差，如探明的低渗透气藏、致密砂岩气藏、异常高压气藏、凝析气藏、中高含硫气藏、疏松砂岩气藏及深层气藏等复杂类型气藏。这些条件都造成天然气勘探开发难度大、成本普遍加大。

天然气开发给资源地带来了环境与安全问题。大规模、全方位、高强度的天然气开发给资源地带来一系列的环境和安全问题。以四川省达州市为例，普光气田等的开发造成了环境与民生方面的众多问题：一是造成植被破坏。勘探钻井、铺设管网和集气场站、净化厂建设都将不同程度地砍伐树木、破坏植被。二是威胁地下水源。在天然气管网铺设过程中，已造成宣汉县上峡乡、开江县天师镇、甘棠乡等乡镇的地下水源破坏，造成 4 个村 1800 多人饮水困难。三是失地农民增多。普光净化厂占地 226.7hm^2，拆迁群众 7564 人，目前仅仅是新建住房和给予了一定的货币补偿，但农民的长远生计问题尚未得到根本性的解决。四是环境污染。仅 2005 年 12 月~2006 年 10 月，达州市先后发生了 4 起与天然气勘探开采有关的环境污染事故，均属于河流水质污染，严重影响了当地群众生产生活。五是潜伏安全隐患。1995 年以来，达州市及周边地区在天然气开采过程中，先后 4 次发生天然气井喷事故，给人民群众生命财产造成巨大损失。

2. 开发重点

强化四大气田的勘探工作。第一，加强在鄂尔多斯盆地上古生界高产富集区的圈闭、区带勘探，做好在古潜台气田外围地区下古生界的勘探准备，为西气东输寻找第二气源；第二，结合忠（县）武（汉）输气管线建设安排，重点加强川渝盆地的飞仙关、鲕滩地区的评价勘探，深化川西浅层、川东古炭系的圈闭勘探，准备川西中须家河、川中古隆起下古生界的预探工作；第三，根据涩（北）（西）宁兰（州）输气工程建设的需要，加强对柴达木盆地的预探和控制，立足于三湖第四系、柴北缘、一里坪、柴西第三系的勘探工作；第四，加快塔里木库车坳陷等的勘探工作。

建设三大油气管线，快速发展"近源市场"。骨干管网的建设，缓解了天然气供给与需求直接的空间分隔。未来几年,要重点建设三大油气管线:一是"西气东输"二线油气管道。① 西起新疆霍尔果斯,经西安、南昌,南下广州,东至上海,主要满足东部和南方地区对清洁能源消费增长的需求。二是"川气东送"管线工程。包括一条通往上海的干线、一条通往河南的支干线和分别通向四川、重庆和江苏的三条支线,主要满足长江中下游地区对清洁能源的需求。三是中缅油气管线。这是我国西南油气大通道建设的主体工程,也是目前西部地区仅次于"西气东输"的国际油气通道工程,西起缅甸西海岸石兑港,输送缅甸西海岸的天然气,经保山、大理、楚雄、昆明、曲靖进入贵州,最终到达广西南宁,以满足西南地区对清洁能源的需求(刘卫东等,2010)。

进一步增大天然气开发投资规模。2010年6月,国家发展和改革委员会宣布上调国产陆上天然气出厂基准价,这对于天然气开发投资有很大的激励作用。近年来,全球能源消费量不断增长,各国都将天然气的开发摆在了战略地位,2000~2012年,我国天然气产量由272.0亿m^3增长到1072.2亿m^3,年均增长率达到12.1%。目前世界能源消费结构中,天然气消费占能源消耗总量的24.1%,而2012年我国只有5.3%。西部具有天然气的资源优势,要抓住时机发展天然气工业,推进资源优势转化为经济优势。

加大非常规天然气的开发力度。全球能源消费量不断增长,油气价格持续上涨,油气供需矛盾为非常规天然气的开发利用提供了巨大的发展空间。中国非常规天然气资源量约为常规天然气总量的5倍。与常规天然气相比,非常规天然气分布较广、储量大,是能源供应安全的有力保障。致密砂岩气、页岩气、煤层气等非常规天然气的开发正日益受到各大油气公司的重视,成为未来天然气供应的一个重要力量。目前全球非常规天然气资源产量已经迅速上升到3242亿m^3,成为一支不容忽视的能源力量。非常规天然气资源作为最现实的低碳资源,技术成熟后即可转化为常规资源开发。

加强勘探开发技术攻关,提高天然气探明储量。勘探技术进步是储量快速增长的保障。近年来,油气田的发现和储量增长都建立在地质认识深化的基础上,很大程度上取决于勘探技术的进步。目前开发的气藏类型较为复杂,低品位天然气占较大比例,开采技术难度较大。针对不同类型的气藏采用不同的开发技术,保证天然气的开发效率。尤其是非常规天然气开发面临的最大难题就是技术问题造成的开发难度大,低成本技术体系和管理体系是开发非常规天然气的唯一选择。要利用钻井、完井工程技术和油气井增产工艺,通过优选目的层段,加快钻井速度,提高单井产能,延长开采期限。

---

① "西气东输"一线工程,主干线西起新疆塔里木油田轮南油气田,向东依次往酒泉、兰州、西安、洛阳、合肥、南京等城市,全长4200km,最终到达上海市。2002年7月正式开工,2004年10月1日全线建成投产。

(四) 水能开发

根据《中国能源发展报告 (2009)》，我国水能资源理论蕴藏量 6.89 亿 kW，技术可开发量 4.93 亿 kW，经济可开发量 3.95 亿 kW。西部地区可开发水电装机容量 2.91 亿 kW，占全国可开发水能资源的 76.9%。但是开发程度却很低，我国水能资源开发利用程度只有 36.5%，西部仅为 11.5%。[①]

1. 西部地区水能资源开发在全国占有极其重要的地位

我国正处于工业化中期阶段，对能源的需求量不断上升，开发利用水能是中国经济社会可持续发展的必然选择。

水能资源丰富，但开发程度较低。西部地区分布着雅鲁藏布江、怒江、澜沧江、金沙江、雅砻江、大渡河和岷江等河流。全国 12 大水电基地有 8 个位于西部，分别是金沙江、嘉陵江与岷江、雅砻江、大渡河、乌江、长江上游、南盘江与红水河、黄河上游，这八大水电基地的总装机容量占全国的 80.0%，具有集中开发与规模外送的条件（刘卫东等，2010）。

综合效益明显。通过开发水能资源，西部地区不仅可以发挥资源优势，自身获得经济效益，还能满足东中部地区对资源的不断需求，同时优化我国能源结构，实现经济社会可持续发展。另外水能开发不仅可以发电、防洪、灌溉，还可以发展旅游业，而水能资源本身的开发利用也可以拉动相关产业的发展，提高就业水平。

水能资源带来了诸多生态和经济问题。西部大开发以来，受多方利益驱使，西部地区水能开发明显提速，有的已经达到了近乎失控的状态。根据初步统计，目前仅长江上游的干流（金沙江）及主要支流（如大渡河、雅砻江、乌江和嘉陵江）在建和规划的大型水电站装机容量接近 1.4 亿 kW，约占全国同类在建和规划水电站装机容量（4 亿 kW）[②] 的 35%。问题的严重性在于，西部地区多为我国生态承载力较低、系统发育相对脆弱的地区，由于缺乏严格的项目总体评估和施工监理，如此大规模的水能资源开发对于所在流域生态系统发育的稳定造成扰动，从而导致生态退化。同时，水利枢纽及配套工程建设也对所在地区的水文地质条件、库区水位、水温以及下游河流的水文条件产生重大影响，并可能诱发各类地质灾害，破坏部分珍稀物种的生存环境，甚至导致某些物种的绝灭（刘卫东等，2010）。西部水能资源开发所牵涉的地区主要少数民族聚居的

---

① 美国水能资源已开发约 82%，日本约 84%，加拿大约 65%，德国约 73%，法国、挪威、瑞士约在 80% 以上。

② 尚不包括其他中小型水电站和抽水蓄能电站。

地区，其资源环境就是当地各民族生存发展的环境条件和各民族文化存续的空间，而水能资源的开发方式还不可避免地因库区淹没而导致移民生存空间的变迁，并影响到民族文化的演进方式以及文化传统的存续（王文长，2010）。

此外，远距离的"西电东送"还对未来电力系统的安全运行造成严重挑战。美国的《国家安全战略报告》指出，如果一个地区的电力供应主要由大规模、远距离电力输送满足，这将使其处于非常脆弱的状态，很容易受到外界力量的干扰，如气候、环境、恐怖袭击、运行问题等。[①] 随着西部地区水能资源开发强度的不断增大和在国家电力系统输送中比重不断提升，电力系统的输电损耗和运行安全将面临更多挑战。

水电开发未能有效带动当地群众脱贫致富。中共中央党校课题组的调查报告指出，黄河上游青海河谷的水电开发不但没有富了当地群众，反而加深了当地贫困。根据实地调查，在青海黄河河谷龙羊峡以下共计划修建大小梯级电站 13 座，装机容量 1172 万 kW，总投资预计为 500 亿元。截至 2006 年，建成和在建的水电站已经征用耕地 1.42 万亩，还有林地、草场、果园、宅基地等，涉及人口 8800 人。水库水位上涨后，库边许多农牧民又进行二次搬迁，而国家补偿很少，农牧民损失很大，越搬越穷。原因是，一方面搬迁后耕地的质量下降，平地改变为坡地，交通方便的地方变成了交通不便的地方；另一方面，原来的自流灌溉变成了电力提级灌溉，种粮成本大为上升。同时，耕地的海拔上升，气候环境变化后，一些优质特色农产品无法继续种植；另外由于没有形成造血机制，拆迁补偿所得的钱在几年中就很快用完，当地部分群众又变成了贫困户（戴媞，2006）。

2. 开发重点

"十二五"及未来时期，西部地区要加强江河水能资源勘查，制定和完善流域水电开发规划，做好水电开发的战略接替准备。适应西电东送及西部经济社会发展的电力需求，有序推进重点流域大型水电站项目建设，因地制宜建设中小型水电站，妥善处理生态保护和移民安置问题。

一是要有序推进重点流域大型水电站项目建设。主要包括金沙江水电基地、雅砻江水电基地、大渡河水电基地、乌江干流、长江上游干流、澜沧江水电基地、黄河上游水电基地七大水电基地。

二是因地制宜建设中小型水电站。小型水电站的发展前景十分广阔。由于大型水电站会对土壤、流水、植被、生物、气候及人类活动造成很大影响，而小水电站成本低廉，对生态环境负面影响小，发展前景十分广阔。美国和欧盟已相继

---

① 2008 年年初，我国南方的雨雪冰冻灾害造成南方地区远距离输送电缆的中断，就使部分地区原有的"西电东送"改变为"东电西送"。

宣布装机容量在1.5万kW以上的水电不再被认为是可再生能源，进一步使得水电开发重点由大水电转向小水电。根据《中国能源发展报告（2009）》，中国小水电站可开发量约8700万kW，约占全国水电资源经济可开发量的22%，居世界第一位。2010年，全国小水电站装机容量达到5000万kW。我国小水电资源主要集中在中西部，其中西部小水电技术可开发量占全国的67.6%。据2008年《全国单河水力资源调查成果》，在西部地区可开发量为1万kW以下的河流，西南地区小水电资源已开发和正在开发量为2906.4万kW，开发程度为51.2%；西北地区已开发和正在开发量为454.8万kW，开发程度为26.8%。

小水电促进了经济社会的全面发展，对水资源综合利用、保护森林植被、改善生态环境起到了重要作用。所以要在保护生态环境的基础上合理规划，根据流域和河段的特征和水资源综合利用要求，有序开发水能资源。遵循流域梯级滚动开发、大中小电站结合的原则做好水电开发的前期规划和可行性论证，合理开发中小水电站，弥补大水电站的不足，以优化资源配置。

三是加强生态环境测评。我国水电建设技术虽已经达到国际先进水平，可以在复杂条件下规划、设计、建设各种类型的大坝和水电站，但在与水电建设有关的生态、环境问题等方面与国际先进水平还有相当差距。应当看到，西南地区水电站的建设多位于长江、红水河、澜沧江、怒江等大江、大河的上游，这些地区生态资源既丰富又脆弱，水电工程的建设不可避免地使库区生态受到一定程度破坏，有些甚至是不可逆的破坏，最终水电工程发挥的效益往往同理论上的预期差距很大，而水电工程一旦建成，就已成为永久性建筑，原有的生态平衡不可能恢复。对于大水电站，若不综合考虑经济社会和生态，则会造成不可逆转的损失；对于小水电站，不考虑环境的无序开发不仅难以发挥应有效益，反而会破坏生态环境，危及河流健康生命。所以，应该加强生态环境测评技术，规范审批制度。

四是确立规范的西部水能资源开发权、责、利结构。明晰水能开发的产权关系，明确库区居民在水能开发所有权权益中的地位，纠正产权关系的约束倒置现象，保障产权关系中所有权的主导地位和对经营权的监督，以库区居民生存发展的长期利益约束水能资源开发的短期行为，使库区居民在股权分红或者国家所有权剩余索取的分配中充分体验到与水能开发利益的一致性（王文长，2010）。只有这样，才能做到水电开发与当地经济统筹融合。具体而言，在水电开发的同时，要进行农业水利灌溉配套项目建设，发展节水和特色农业；调整水电税收分成比例，增加当地县级财政收入（周天勇和张群，2007）。

（五）高载能产业

高载能产品是在产品价值构成中能源价值比较高的工业产品。从产业的角度考察，生产高载能产品的产业或工业，就是高载能产业或高载能工业①（方行明等，2006）。一般来说，黑色金属工业、有色金属工业、石化和化学工业是高载能产业最密集的三大行业。下文主要分析有色金属工业、钢铁工业、石化和化学工业。

1. 有色金属工业

西部地区是我国有色金属工业的主要接替区。目前我国生产和在建的大中型有色金属矿山一半以上处于西部地区，尚待开发的有色金属矿山也一半以上蕴藏在西部地区。西部地区10种常用有色金属产量已占到全国总产量的41.3%，成为我国有色金属工业主要接替区。其中，甘肃、云南、贵州、广西、青海等已成为主要的有色金属生产基地，有色金属工业成为当地的支柱产业，在有色金属矿产资源开发利用方面走在全国前列，为国民经济建设和地方经济的发展做出了重大贡献（表11-9）。

表11-9 2011年西部规模以上有色金属冶炼及压延加工业主要经济指标

地区	企业单位数/个	工业总产值/亿元	主营业务收入/亿元	利润总额/亿元	全部从业人员年平均人数/万人
内蒙古	172	16.00	1 619.84	1 605.79	151.69
广西	132	42.00	832.58	762.80	49.72
重庆	90	8.00	488.80	440.91	22.98
四川	192	37.00	822.95	814.57	35.71
贵州	78	31.00	299.07	272.76	12.71
云南	195	63.00	1 286.88	1 312.62	81.75
西藏	—	—	—	—	—
陕西	152	25.00	925.21	929.76	55.02
甘肃	39	5.00	985.96	1 737.76	59.68
青海	35	11.00	461.00	443.36	20.32
宁夏	19	3.00	289.19	277.23	9.51
新疆	27	4.00	125.55	118.98	7.07
西部合计	1 131	245.00	8 137.03	8 716.54	506.16
全国	6 765	885.00	35 906.82	36 869.42	20 67.38
（西部/全国）/%	16.7	27.7	22.7	23.6	24.5

资料来源：整理自：国家统计局工业统计司.2012.中国工业经济统计年鉴（2012）.北京：中国统计出版社

---

① 高耗能产业是指生产过程中，所消耗的一次能源或二次能源比重较高，能源成本在产值中所占成分比较高的产业，也可以称为消耗能源密集型产业。一般将单位产品耗电超过3000kW·h/t，耗电成本占生产成本比重在20%以上的产业归类为高耗能产业。实际上，高载能与高耗能并无本质上的区别，高载能生产过程必然伴随着高耗能，所以高载能工业本质上就是高耗能工业。当然，高载能与高耗能只有一字之差，却反映了不同的含义。"耗"仅仅体现出减损消耗，既含有贬义，又没有将其对能源价值的转换体现出来；而"载"则包括更多的内容，具有加工过程和价值承载的含义，体现了能源运动的规律和价值转换的特点（方行明等，2006）。

同时，还应注意到西部有色金属工业也存在一些无序发展的现象，特别是21世纪初有色金属工业管理体制调整以后，电解铝工业出现了盲目建设的势头，生产能力严重过剩，企业亏损普遍，给发挥西部能源优势和促进当地经济发展带来了负面影响（夏农，2005）；与全国相比，西部多数省级行政区有色金属加工业发展明显滞后（图11-3）。未来西部有色金属工业的发展，要做好如下几方面工作。

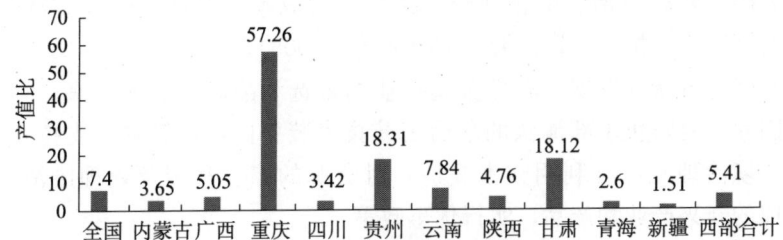

图11-3 2010年西部规模以上有色金属冶炼及压延加工业与有色金属矿采选业产值比

注：西藏无有色金属冶炼及压延加工业，宁夏无有色金属矿采选业

资料来源：整理自：国家统计局工业统计司.2011.中国工业经济统计年鉴（2011）.北京：中国统计出版社

一是进一步加强对西部有色金属资源的开采和管理的力度，完善产品结构，向精深加工方向发展。西部地区蕴藏的铜、铅、锌、锡、铝等有色金属资源，是国民经济中重要的原材料，受经济利益驱动，部分有色金属产品生产、流通秩序混乱。甘肃、陕西、广西、云南、贵州等省有色金属资源无证开采屡禁不止，浪费严重；同时为获得局部的经济利益，稀土、锡、锑、钨、镁等初级产品大量出口、无序竞争，给国家造成极大经济损失。因此加强西部有色金属矿产资源的开采和管理力度十分必要。为确保西部矿产资源的合理开发和利用，国家应采取优惠政策和措施，大力支持矿产资源的规模化开采，实现资源开发的良性发展。

当前西部应集中力量发展目前国内大量进口的有色金属深加工产品并使其尽快实现产业化，不少高新技术产品、高精度产品[①]满足不了国民经济各行业发展的需求，应尽快实现这些新材料的产业化。

二是对冶炼企业进行整合。目前西部有色金属冶炼企业规模普遍较小，即使某些规模相对较大的企业，同国外相比规模上也处于劣势，从长远看在竞争中处于不利地位。因此，加快有色金属冶炼企业的联合重组，提高产业集中度

---

① 如高精度铝板带、高档铝箔、电解铜箔、引线框架材料、电站用超长铜冷凝管、高纯金属材料、大直径单晶硅、航空航天材料、半导体及高纯材料、超导材料、储氢材料、高性能电池材料、粉体及微孔材料等。

是今后发展的必然方向。应根据区域资源特色①组建若干具有比较优势的区域性集团，生产高附加值产品；创建一批以新材料产业化为主的高新技术企业；中小企业以专业化生产为主，向特、精、深、新方向发展。

三是尽可能搞冶电联营。铝和水能联营，既环保，又可有效利用西部水能资源，是电解铝产业发展的方向。按照优化产业链的要求，推进行业内采选、冶炼、加工企业通过联合实现一体化经营或组成战略联盟，鼓励铝电联产。打破行业界限，实行电冶、电化联合，减少运营成本；促进铝电双方优势互补、利益共享、风险共担、协调发展（方行明等，2006）。

四是坚持可持续发展。有色金属行业的采选和冶炼一般能耗高，环境污染严重，因此，要防止东部淘汰的落后工艺技术装备向西部转移；支持企业节能降耗、环境治理及综合利用技术改造；对资源的综合利用及处理废渣、废水、废气形成的新兴产业和产品，实行优惠政策。

此外，应加强执法力度，禁止有色金属矿产资源的无证开采和乱采滥挖；取缔污染严重、对人民生命财产安全造成危害的土法炼砷、汞、铅、锌、锡、锑等；对钨、锡、锑和稀土等矿产资源实行保护性开采；加强有色金属废杂回收和来料加工贸易管理。

2. 钢铁工业

2005~2012年，西部粗钢产量由4555.4万t增加到10 290.1万t，占全国的比重由12.9%提高到14.3%。西部钢铁工业主要分布在四川、内蒙古和甘肃三省（自治区）。西部钢铁企业大多是"三线"建设时期的产物，多为中小型企业，技术更新换代慢。西部钢铁工业规模小且分散，企业平均规模仅为全国平均水平的70%，除攀钢集团有限公司和包头钢铁（集团）有限责任公司外，其他钢铁企业目前都很难发挥真正的规模效应。而且区内重复建设比较严重，产品结构老化；钢铁产业能耗高、环境污染严重的状况没有得到根本改善（方行明等，2006）。

未来西部钢铁工业的发展要适应国际钢铁工业将加快兼并重组、横向和纵向战略联盟将进一步加深、钢铁生产重心将逐步由发达国家向发展中国家转移、板带材等高附加值产品将成为竞争焦点、新材料替代部分钢材会进一步增加等发展趋势（厉无畏和王振，2005），在调整布局的同时，调整品种结构，处理好发展与环境保护的关系。

调整钢铁工业的布局结构。根据《国家钢铁产业发展政策》产业布局调整

---

① 如内蒙古的稀土，攀枝花的钒钛，广西、贵州、云南的铝，甘肃的镍，宁夏的钽、铌、铍深加工，贵州的锰及新材料，青海的镁、锂等资源。

中"西南地区水资源丰富,攀枝花—西昌地区铁矿和煤炭资源储量大,但交通不便,现有重点骨干企业要提高装备水平,调整品种结构,发展高附加值产品,以矿石可持续供应能力确定产量,不追求数量的增加",以及"西北地区铁矿石和水资源短缺,现有骨干企业应以满足本地区经济发展需求为主,不追求生产规模的扩大,积极利用周边国家矿产资源"的要求,西部地区钢铁工业要结合各地实际,根据资源特色和区位优势因地制宜调整布局,主要以包头钢铁(集团)有限责任公司、攀钢集团有限公司、重庆钢铁(集团)有限责任公司、酒泉钢铁(集团)有限责任公司、新疆八一钢铁股份有限公司、昆明钢铁控股有限公司、柳州钢铁(集团)公司为支撑谋发展(汪春伟,2008);对于第二层次的钢铁企业,应积极整合,组建钢铁企业战略联盟。攀钢集团有限公司的重组工作已实现成功运作,应充分利用这项重组所取得的经验,在西部加以深化和推广。

调整品种结构。国内钢材的长材等普通产品的市场容量相对狭小,竞争已经非常激烈。紧密结合西部大开发的需要,利用西部地区锰矿、铬铁矿、镍矿、钒钛磁铁矿、稀土等特色资源优势,开拓和发展具有本地特色和优势的钢铁产品,以特色产品参与国内和国际市场的竞争(汪春伟,2008)。加大现有企业高速铁路用重轨、优质无缝钢管、优质合金钢材和精密合金钢材生产线的配套改造,以及国家已批准板带生产线的建设力度,提高产品实物质量。西部地区冶金工业的发展应以本地资源为主,对开采条件较好的铁矿、锰矿加快开发建设,同时还要合理利用国外的废钢、氧化球团资源。进一步做好攀枝花钒钛资源的综合利用,形成新的经济增长点。

加快淘汰落后产能,防止小钢铁死灰复燃。坚决淘汰落后生产工艺装备,推动技术进步;为防止地方政府以"增加地方税收、发展经济"的名义,置国家政策于不顾,批准或支持"小钢铁"发展,必须对西部钢铁行业提出规模、能源和水资源消耗,以及环保等方面的准入要求。同时,积极采用规模型、环保型的生产设备和生产工艺,提高钢铁企业的装备水平,使大型钢铁企业的技术装备达到国际水平(方行明等,2006)。

3. 石化和化学工业

从发展石化和化学工业的角度看,西部最大的比较优势是天然气和化学矿资源丰富。石化和化学工业在西部有一定的基础,西部基本化工产品在全国占有重要地位,将是西部未来重要的支柱产业之一。

目前,西部石化和化学工业发展中存在的问题是:基本化工能力较强,石油化工、天然气化工及精细化工薄弱,初级产品占主导地位;总体规模较大,但竞争力低,个体规模较小;特色不明显。西部石化和化学工业对西部特有资源的开发相对薄弱，如西北的盐化工资源、西南磷化工资源和天然气资源，西北、西南的煤化工资源的开发。总之，依托特有资源，生产具有西部特色的化学和石化产品在西部尚处于起步阶段。

今后，西部石化和化学工业的发展方向和重点发展地区为：立足于已有的产业基础，在已有的基本化工基础上，提升具有地方特色化工产品的规模和水平，向深加工方向发展。例如，云贵地区磷矿资源丰富，应加快磷矿资源深加工业的发展，使之尽快形成我国重要的磷肥、磷复肥生产基地和磷精细化工产业基地；青海盐湖资源丰富，依托盐湖资源，加快形成包括钾肥加工业，金属镁、锂、锶等深加工利用在内的大盐湖产业链；利用四川丰富的天然气资源，发展天然气化工。

当前及今后一段时间，由于环保压力、运输和劳动力价格等因素，初级化工产品、大宗石化产品及传统化工产品有可能向拥有广阔市场、原料丰富和廉价劳动力的西部转移。因此，西部石化和化学工业的发展既要抓住机遇，又要重视可持续发展，要有选择地接受大型化工生产装置的转移，一定要严防把国外和我国东部受到限制、高能耗、高污染的化工产业向西部转移。

四、重大装备制造业

装备制造业是为国民经济发展和国防建设提供技术装备的基础性产业（国务院，2006）。根据《国民经济行业分类（2002）》标准，装备制造业主要指工业40个行业中涉及制造业的28个行业中的8个制造行业，分别是金属制品业，通用设备制造业，专用设备制造业，交通运输设备制造业，武器弹药制造业，电气机械及器材制造业，通信设备、计算机及其他电子设备制造业，仪器仪表及文化、办公用机械制造业，8个大类行业又包括了46个中类、178个小类行业。[①] 各工业化国家经济发展的历程表明，没有强大的装备制造业，就不可能实现国民经济的工业化、现代化和信息化。

（一）发展现状

西部装备制造业在全国占有不可替代的重要地位。除西藏、青海和宁夏之外，其他各省的装备制造业门类均比较齐全，但主要集中在四川、重庆、陕西和广西，尤其是四川和重庆，2011年集中了西部规模以上装备制造业企业数量的61.3%、工业总产值的59.8%、主营业务收入的60.2%、利润总额的58.4%、全部从业人

---

① 由于统计资料的限制，后文的分析基本不涉及武器弹药制造业。

员的56.6%，在西部装备制造业中居于主导地位（表11-10）。

表11-10　2011年西部地区规模以上装备制造业主要经济指标

地区	企业单位数/个	工业总产值/亿元	主营业务收入/亿元	利润总额/亿元	全部从业人员年平均人数/万人
内蒙古	415	1 261.45	1 221.42	61.59	10.52
广　西	1 007	3 124.11	3 016.48	253.94	33.87
重　庆	2 001	6 070.06	5 815.53	322.49	66.50
四　川	3 075	8 231.65	8 000.14	523.99	99.87
贵　州	198	446.44	408.24	18.92	10.07
云　南	265	477.05	470.36	31.27	7.72
西　藏	1	0.72	0.75	0.04	0.01
陕　西	867	3 225.70	3 017.43	156.96	50.44
甘　肃	195	509.41	395.99	20.91	7.75
青　海	29	50.43	45.16	1.81	0.91
宁　夏	92	182.30	172.12	15.81	3.10
新　疆	142	339.82	370.74	41.78	2.97
西部合计	8 287	23 919.14	22 934.36	1 449.51	293.73
全　国	106 695	276 598.87	273 393.38	18 983.82	3 252.50
（西部/全国）/%	7.8	8.6	8.4	7.6	9.0

资料来源：整理自：国家统计局工业统计司．2012．中国工业经济统计年鉴（2012）．北京：中国统计出版社

（二）特色和问题

西部装备制造业有五大特色（振兴西部装备制造业课题组，2008）：门类齐全，各有特色，个别行业在各省（自治区、直辖市）之间形成互补，从而构建了合作的基础；国防工业实力雄厚，军事装备制造位居全国第一，西部国防科技工业已发展成为覆盖航天、航空、兵器、核、船舶等行业的完整体系，在航空、航天、核电、电子等高新技术领域具有较强的跟踪研究和自主开发能力；有一定的科技优势，自主研发能力较强；国有经济成分比重大；初步形成了组团式布局，产业集聚度比较高。

但是，西部装备制造业总体竞争力不强（表11-11）。除重庆、陕西之外，西部其余省（自治区）制造业的"新型化"程度均居全国下游水平。与东部和中部地区相比，各装备产业部门发展的均衡程度最低。李廉水（2009）根据1988～2005年装备制造业的信息熵，把全国28个省（自治区、直辖市）装备制造业的演化状况划分为均衡收敛类型区、过渡类型区、非均衡收敛类型区、非均衡演化类型区四类，西部各省级行政区更多属于非均衡收敛类型区和非均衡演化类型区（表11-12），装备制造业发展的畸形结构明显，较严重的地区、部门、行业分割，严重限制了装备制造业的快速发展。

表 11-11 2007 年西部各省（自治区、直辖市）制造业新型化程度在全国的位次

地 区	经济创造能力	科技创新能力	环境资源保护能力	新型化程度综合评价
内蒙古	17	30	23	24
广 西	24	26	24	26
重 庆	22	7	17	18
四 川	12	16	26	23
贵 州	19	27	28	30
云 南	13	15	21	21
西 藏	—	—	—	—
陕 西	26	25	12	17
甘 肃	27	20	18	20
青 海	10	29	25	27
宁 夏	28	28	27	29
新 疆	29	9	13	22

资料来源：根据李廉水（2009）整理得到

表 11-12 西部地区各省级行政区装备制造业类型区

装备制造业类型区	包括省级行政区	装备制造业特征与发展方向
均衡收敛类型区	四川	装备制造业基础设施相对完善、潜在优势明显，但装备产业结构呈趋同化现象，造成地区之间缺乏产业经济特色和合理的经济梯度，区域资源得不到优化配置；发展方向是充分挖掘装备制造业自身发展条件和发展潜力，突出特色，在要素合理流动的基础上实现资源优化配置
过渡类型区	广西	具有一定的装备制造业基础，但区域优势不突出，各装备产业部门规模相对较小，高新技术装备产业发展缓慢，传统装备制造业呈现"结构性衰退"趋势；发展方向是进一步发挥区域传统装备制造业优势，优化产业结构，促进高新技术装备产业的发展
非均衡收敛类型区	陕西、贵州	装备制造业各部门先是比较均衡，随着区域竞争力加剧、国家产业政策调整和沿海工业的迅速发展，逐步向非均衡方向发展；发展方向是充分利用资源优势，发展关联产业，努力参与国际分工，突出专业化职能
非均衡演化类型区	内蒙古、云南、甘肃、青海、宁夏、新疆	装备制造业体系大多是在"一五"和"三线"建设时期形成的，布局不合理，由于政府投资出现了较严重的地区、部门、行业分割，自我封闭性强，社会化程度低，效率低下；发展方向是重点扶持优势装备产业部门，突出特色产业，实现区域资源的优化配置

注：表中西部各省级行政区不含西藏；各省级行政区装备制造业的信息熵时段为 1988～2005 年，故重庆市并入四川，不再单独列出

资料来源：根据李廉水（2009）整理得到

西部装备制造业还存在如下问题（曾昭宁等，2008）：门类比较齐全，但缺

乏成套设备供应能力，产业链条比较短；有一定的研发能力，但缺乏核心技术和自主知识产权；资本结构单一，对市场经济的适应能力弱，历史包袱沉重；产业组织程度低，大企业不大不强，小企业不特不精，产业协作较差；对内对外开放力度不够，规模小，档次低；人才流失严重，高级技能人才缺乏。

除上述共同问题之外，西部装备制造业发展还面临着一些省份自有的问题（巩前胜，2009）。例如，四川的大件运输问题，产品有市场，但运输成本极高；重庆市装备制造业内部发展不均衡，汽车、摩托车以超常规速度发展；贵州省对军事装备工业的过度依赖。

西部的国防科技工业企业存量资产大、技术门类全，在多方面具有专业开发和制造的优势，但这些优势随着国家投资重点的转移和社会主义市场经济发展，并没有得到有效的加强和发挥。随着经济不断发展，西部装备制造业体制性、结构性矛盾日益突出，发展极其艰难。振兴以国防科技工业为主体的西部装备制造业势在必行，这不仅是盘活存量资产、推进国有经济结构调整、促进工业结构优化升级、提高西部装备制造业国际竞争力的迫切需要，而且也有利于改善全国经济布局、缩小东西部差距及加快西部发展步伐。

（三）发展方向

西部的装备制造业多是国家建设和产业升级所必需的关键装备。依托重点工程和重大项目来推进技术装备自主化，实现重大技术装备的突破，是我国发展装备制造业的一条重要经验（曾培炎，2010）。适应国际装备制造业新技术和新理念催生新的制造业全球化方式、智能工厂替代传统的制造工艺、工业服务化的趋势催生了"虚拟企业"等趋势（厉无畏和王振，2005），根据西部地区装备制造业的基础、发展条件及市场需求，未来5~10年内，要依托重大项目，推进技术装备自主化，实现核心技术和关键共性技术重点突破，提高西部地区重大装备制造研发设计、核心元器件配套、加工制造和系统集成的整体水平，逐步形成一批竞争力较强的重大装备制造业基地和国家级研发生产基地。重点发展核电装备制造、重型燃机、大型冶金化工成套设备，重型机械和大型工程施工成套设备，汽车、摩托车、内燃机、环保成套设备，输变电成套设备，大型数控机床、数字智能型仪器仪表，重大医疗仪器设备，轨道交通设备，工程机械，农业机械，清洁高效发电设备等装备制造业。

（四）发展重点

1. 机械工业

对基础较好的重点地区实施重点支持，努力形成机械工业产业集群。重点支持形成昆明、重庆、关中三大机床工业产业集群,以重庆、贵阳为中心的汽车、摩托车生产产业集群,成都、德阳、自贡的电站设备及重型机械产业集群。

扶持新兴的机械工业产区。例如,贵州低压电器、仪器仪表以及精密光学仪器的生产具有雄厚的基础,贵航集团是我国重要的歼击机生产基地,设备先进,具有较强的精密加工能力。充分利用这一基础,以军转民为契机,发展大型设备的零配件、飞机零配件、精密光学仪器、特种专用电机、消费类机电产品以及应用数字化、智能化工业控制和仪表系统、新型机械基础件产品、精密制造技术、工业智能技术等,全面提升贵州机械工业的整体实力。

2. 电子信息工业

西部的电子工业主要集中在四川和陕西,两省的电子工业都是以科研实力雄厚的科研院所和军工企业为基础发展起来的,在两省和西部经济中占有重要地位。需要引起高度重视的是,四川、陕西的电子信息工业都面临着相对逐步萎缩的问题。这一问题的产生是由于产品创新能力不足,但深层次的原因是体制创新滞后。因此,加快体制创新和技术创新,是两省电子信息产业发展的重点所在。

西部电子信息产业的发展,应将重点集中在四川和贵州两省。随着四川长虹产业多元化和家电产品和信息技术的高度融合战略的确定,以及中芯国际在成都投资的不断深入,成都—绵阳经济带不但在西部具有重要意义,而且也将成为引领我国家电工业、信息工业的重要龙头。

20世纪80年代至90年代初,陕西省的电子工业在曾有过辉煌,之后家电产品在市场上的份额逐渐减少,已基本退出市场。但近年涌现出了以大唐电信为代表的一批以生产信息产品为主的高新技术企业,成为陕西省电子工业新的增长点。陕西省电子信息产业的发展,在扩大、完善传统电子元器件的基础上,重点发展具有自主知识产权的新型电子元器件,培育具有一批具有自主知识产权的骨干企业与知名品牌;依托国家集成电路设计西安产业化基地,重点发展集成电路设计、集成电路制造、集成电路封装与测试、集成电路设备等重点产业,健全集成电路产业链;依托西安高新区,重点发展以下一代互联网、第三代移动通信技术、嵌入式软件技术、卫星导航技术为基础,以专用芯片、通信设备与通信部件为支撑的通信设备产业体系;依托西安国家软件产业基地和软件出口基地,重点发展行业应用软件、嵌入式软件、商业流程外包等产业(杜跃平,2010)。

(五)发展措施

1. 处理好引进技术和自我发展的关系

西部装备制造业有一定基础,但总体上与国外先进水平尚有一定差距,同国外大企业的交流和联合是提高西部装备制造业水准的必由之路，但国外核心技术的引进是非常困难的。因此，立足于现有基础，通过引进国外先进技术和信息，不断开发出具有自主知识产权的机械产品，是形成西部装备制造业核心竞争优势的关键。

2. 加强同地方科研院所的联系

西部的地方科研院所具有雄厚的科研开发实力，如果将这些研究实力同西部企业的生产能力相结合，将产生巨大的生产力。企业要加强同这些科研院所以及全国其他地区相关科研院所的联系，以提高企业的创新能力。

3. 优化投资软环境，吸引国内外生产要素参与西部装备制造业

投资环境是西部经济发展的生命线。影响投资软环境的主体较多，政府是营造投资软环境的最大主体。当前西部投资软环境的主要问题是政策落实难，背后是部门和地方政府利益驱动下的"有法不依"和"上有政策、下有对策"，以县（处）以下的执法部门、垄断行业和挂靠行政部门的社会中介机构最为突出。一是政府改革要提速，由计划体制下的"管理型"政府向"落实型"政府和"服务型"政府转变；二是各级政府要克服局部的利益驱动，大力加强诚信建设，为全社会的信用体系重建做出表率；三是优化装备产业集群成长的产业配套环境，包括把现有的适用于龙头企业和骨干配套企业的优惠政策顺延给为其配套协作的中小企业，在技术水平、设备更新、精加工能力、管理水平等方面提高民营中小企业的配套能力，加快社会化中介服务体系建设等（曾昭宁等，2008）。

积极引导民间资本进入装备制造业领域。装备制造业范围广泛，除大型的装备制造业需要资金的高投入民营资本尚难进入外，具有一定积累的民营企业，已具备进入其他门类产品的条件。当前，西部民营经济发展迅速，资金积累已具有一定规模，已初步具备向资金密集型企业投资的能力。机电一体化产品的生产，为各种机械产品配套的先进零部件、组件的生产，只要通过适度的投资就可以获得相当的效益。因此，引导民营企业投资于西部具备条件的装备制造业，将是西部装备制造业发展的重要推动力量。

第三节　培育发展战略性新兴产业

战略性新兴产业是以重大技术突破和重大发展需求为基础，对经济社会全局和长远发展具有重大引领带动作用，知识技术密集、物质资源消耗少、成长

潜力大、综合效益好的产业。2010年10月，国务院《关于加快培育和发展战略性新兴产业的决定》指出，我国"现阶段重点培育和发展节能环保、新一代信息技术、生物、高端装备制造、新能源、新材料、新能源汽车等产业"（国务院，2010）。根据西部地区的实际情况，未来5～10年西部重点培育和发展的战略性新兴产业主要有高新技术产业、新能源产业、新材料产业[①]等。

一、高新技术产业

（一）发展条件和基础

高新技术产业作为国民经济的战略性、先导性产业，成为驱动经济发展的重要力量。一个国家、一个地区要提高自己的竞争力，必须发展高新技术产业，西部地区也不例外。高技术产品附加值高，而且相对传统产品物流成本占商品价值比重较小，其发展较少受到地域限制，是西部地区突破地理区位制约，优化产业结构，不断提高竞争力，实现跨越式发展的关键。

国家曾在西部地区布局了一批科研机构和重要高技术军工项目，形成了生产门类比较齐全、军工与民用兼容、生产和科研配套的研发生产体系。西部的航空、航天生产能力占全国的60％，电子、兵器占全国的50％，核工业占全国的2/3（曾培炎，2010）。西部大开发以来，国家科技基础设施在西部地区的布局建设缓解了西部自主创新基础能力薄弱的问题，为其开展原始性创新活动提供了必要的物质基础和条件保障，吸引和培养了高端人才，支撑了产业结构优化升级和经济社会可持续发展。国家科技部加强了西部的国家重点实验室、国家工程技术研究中心、重大科学工程、野外观测台站、科技基础设施共享平台等建设工作。截至2008年，西部省级行政区建有国家重点实验室33个，占全国的15.6％；省部共建实验室15个，占全国的34％；企业国家重点实验室5个，国家重大科学工程3个。到2008年年底，西部共有国家工程技术研究中心41个，占全国的20.6％；国家野外科学观测站39个，占全国的37.1％。还建设了国家X射线数字化成像仪器中心、国家减灾防灾分析测试中心和西安加速器质谱中心等科技条件基地。国家科技图书文献中心（NSTL）在乌鲁木齐、西安、成都等城市设立了镜像站点（科学技术部，2009）。

"十一五"以来，西部地区进一步转变思想观念和深化科技体制改革，加强科学普及，为引进吸收、推广应用先进技术创造了良好的社会环境和体制条件

---

① 鉴于高新技术产业与新材料产业有相当的一致性，下文在分析高新技术产业时，一并对新材料产业进行分析。

(表11-13)。在科研院所集中、科技实力较强的地区形成了具有局部优势的高新技术产业,如以西安、成都－绵阳、重庆为中心的地区,集中了我国大量的航天、航空、电子专业人才和科研设施,重点发展集成电路、软件、网络通信设备、新型电子元器件、数字音频视频产品等信息产业,生物医药、生物能源产业,有色金属和稀土等高性能材料产业,现代农业,航空航天产业,新能源产业。十年来,西部地区累计实施高技术产业化项目约800项,总投资500多亿元,其中中央投资近50亿元(曾培炎,2010)。

表11-13　2011年西部各省(自治区、直辖市)科技发展情况

地 区	大中型工业企业 R&D人员全时当量/(人·a)	大中型工业企业 R&D经费 /亿元	大中型工业企业 新产品销售收入 /亿元	专利授权数/件	技术市场成交额/亿元
内蒙古	17 645	70.16	518.89	3841	22.67
广 西	20 155	58.68	1 226.09	8 106	5.64
重 庆	27 652	94.40	3 028.03	32 039	68.15
四 川	36 839	104.47	2 100.32	49 734	67.83
贵 州	9 564	27.52	444.21	8 351	13.65
云 南	10 335	29.93	380.82	7 150	11.71
西 藏	22	0.16	1.77	263	0.00
陕 西	30 829	96.68	965.71	32 227	215.37
甘 肃	9 307	25.79	502.69	5 287	52.64
青 海	1 833	8.20	8.65	732	16.84
宁 夏	3 967	11.89	138.59	1 079	3.94
新 疆	6 723	22.34	256.15	4 736	4.38
西部合计	174 869	550.21	9 571.93	153 545	482.82
全 国	1 939 075	5 993.81	100 582.72	1 504 670	4 763.56
(西部/全国)/%	9.0	9.2	9.5	10.2	10.1

资料来源:整理自《中国统计年鉴(2012)》

西部地区多数高新技术产业开发区已经成为区域经济新的增长点,为培育所在城市的新兴支柱产业和带动区域经济发展做出重要贡献。这些高新技术产业开发区已基本完成了初创阶段的主要任务,初步建立了适合高新技术产业发展的经营管理体制和市场推进机制,奠定了产业发展基础,比较明显地体现了创新资源的聚集优势。2011年西部20个国家级高新技术产业开发区拥有高新技术企业8353个,从业人员达171.20万人,实现产值16 490.92亿元,总收入18 990.67亿元,出口总额302.16亿美元,分别占全国的14.6%、15.9%、15.6%、14.2%和9.5%(表11-14)。随着国家鼓励自主创新政策的不断完善,高新技术产业开发区的扩散效应将进一步提升,对区域经济发展的拉动力亦不断上升。

表 11-14　2011 年西部国家级高新区高新技术企业主要经济指标

高新区	企业数/个	从业人员/万人	总产值/亿元	总收入/亿元	出口总额/亿美元
包头	475	11.24	1 310.96	1 294.71	17.86
南宁	626	11.58	698.25	820.61	10.14
桂林	303	7.32	510.08	461.65	6.31
成都	1 484	26.26	2 809.71	3 442.56	114.55
重庆	453	13.22	1 007.29	1 236.77	15.08
绵阳	109	11.51	966.44	801.53	10.94
贵阳	154	12.61	789.10	928.55	21.76
昆明	225	6.50	888.86	1073.57	4.96
西安	2 866	28.59	3 293.41	4 288.01	64.47
宝鸡	415	12.00	1 150.16	1 152.72	6.13
杨凌	121	1.44	63.35	96.06	0.35
兰州	422	8.58	796.70	1 021.44	1.20
乌鲁木齐	249	4.63	235.52	346.15	11.03
渭南	47	1.99	234.88	229.85	2.78
青海	48	0.97	74.51	53.77	0.22
昌吉	56	0.78	107.31	112.44	1.39
白银	39	1.39	103.70	98.96	2.17
柳州	165	7.54	1 085.36	1 184.04	6.65
宁夏	38	0.76	80.94	81.64	1.81
自贡	58	2.33	284.41	265.64	2.34
西部合计	8 353	171.20	16 490.92	18 990.67	302.16
全国	57 033	1 073.64	105 679.63	133 425.13	3 180.60
(西部/全国)/%	14.6	15.9	15.6	14.2	9.5

资料来源：整理自《中国统计年鉴（2012）》

为了推动西部地区特色优势产业的发展，科技部在西部地区建设了 25 个国家级高新技术产业化基地。这些基地在国家和地方投资引导下，吸引社会资金投入，提高园区服务功能，完善园区规划政策，引导高技术人才向园区集中，培育了一批骨干企业，形成了具有明显优势和特色的新能源产业、新材料产业、先进制造业、生物医药和信息产业等，推动了西部地区优势高新技术产业的发展，带动了西部产业升级和结构优化。例如，新疆金风科技股份有限公司在国家各类科技计划的支持下，先后开发了 600kW～3MW 的系列风力发电机组产品，2008 年在国内风电市场的占有率达到 25%，居全国第一。包头稀土高新区稀土永磁材料、稀土储氢材料以及稀土抛光材料三种稀土功能材料已形成规模，2008 年包头高新区规模以上稀土企业达到 26 家，实现产值 44.5 亿元，占高新区规模以上工业企业总产值的 17%，占全市稀土产业工业总产值的 45%。国家级"兰（州）白（银）金（昌）有色金属新材料产业化基地"发挥产业聚集和辐射带动作用，带动产业技术创新能力和水平的快速提升，2007 年园区内主要企业完成销售收入 650 多亿元，实现税收 52 亿元、利润 66 亿元。

同时，科技部在四川、内蒙古、陕西、贵州、甘肃、宁夏、重庆、新疆 8

个省（自治区、直辖市），建立起灵武羊绒、白银有色金属、克拉玛依石油石化、成都电子信息、西安高新区生物医药、宝鸡钛产业等12个国家火炬计划特色产业基地，为依靠科技带动当地高新技术产业发展、推动传统产业升级转型搭建了良好平台。到2008年年底，西部地区9个火炬计划特色产业基地内共有企业830家，实现工业总产值892.53亿元、工业增加值211.30亿元、缴税37.01亿元（科学技术部，2009）。

（二）发展方向和重点

适应国际信息产业分工继续深化、产业价值继续转移，模块的虚拟再整合产业组织模式将成为主流，信息产业向其他产业的融合渗透作用将越来越强，合作竞争和标准竞争将成为IT产业竞争的突出特征等趋势（厉无畏和王振，2005），未来一段时期内，西部地区高新技术产业发展的方向为：结合西部地区科技发展水平、高技术产业基础、技术状况和人才特点，积极推进产学研相结合、军民结合，大力营造高新技术发展环境，着力发展先进装备制造业和中高档耐用消费品制造业；积极发展电子信息技术产业和软件产业；着力提升生物医药产业水平，提高产品档次，增加产品品种，扩大生物医药产业规模；大力开发化工、稀土和生物新材料，做强做精新材料产业（刘卫东等，2010）

专栏 11-1

西部高新技术产业发展的重点领域

——光机电一体化、智能化、数字化的先进装备，航空航天装备，精密仪器仪表，新型耐用消费品；

——电子通信产品、智能化与数字化视听产品、大规模和超大规模集成电路、电子计算机硬件及数字外围设备、基础电子元器件等；

——计算机软件产品、软件工程产品和嵌入式应用软件产品等；

——中成药新产品、生物新特药、生物新型材料与制品、诊断试剂、生物芯片、遗传改良生物技术等；

——新型稀土材料和特种工程材料、钒钛材料、纳米材料、新型半导体材料、太阳能光伏材料、环保材料等。

资料来源：刘卫东等（2010）

除上述五大领域外，西部高新技术产业的发展还需要用现代手段对西部特有的自然资源进行深加工。将高科技用于对西部特有的自然资源进行深加工，是应用高科技带动西部经济发展的另一条重要途径。例如，内蒙古稀土资源丰富，利用高科技手段发展新型稀土功能材料，可以使内蒙古成为全国最大的稀

土材料生产出口基地；宁夏有丰富的枸杞、甘草、沙棘、麻黄等生物资源和动物骨胶资源，利用生物技术可以将这些资源转化为高效、无副作用生物药品和保健药品，使宁夏成为中国西部重要的医药生产基地。

按照"分类指导、因地制宜"的原则，用高新技术改造传统产业。对于产品有市场前景、因技术落后而丧失竞争力的，要通过技术改造、增加技术含量而达到改造的目标；对于产品无市场前景、污染较严重的，可通过高新技术工业群形成中的兼并手段，进行产品结构和所有制结构调整，如改造没有可能则应解决淘汰。

率先进入高新技术产业链中劳动力使用比较多的区段。产业链包括总部、研究开发、产品设计、原料采购、零部件生产、装配、成品储运、市场营销、售后服务等诸多环节，但并不是每一个环节都属于劳动密集型产业，其中的零部件生产、装配、成品储运是典型的劳动密集型产业。对于西部多数地区而言，直接进入高新技术产业的总部、研究开发、产品设计等环节有许多困难，比较现实的选择是首先进入使用劳动力比较多的区段，积极创造条件向产业链的两端延伸。

（三）支撑条件

1. 提高西部技术创新能力

以加强呼（和浩特）包（头）银（川）、成都、绵阳、攀枝花、重庆、贵州等重点地区制造业技术创新能力为主，加大资金投入，加快体制创新，使上述地区成为具有创新活力的地区。

充分发挥西部地区科研院所及综合性大学的作用。西部地区的西安、成都、重庆、兰州等地是我国科研院所和大学的集中地区，许多院所和高校的研究设备和研究成果具有世界领先水平。但是由于企业和研究机构之间缺乏有效的联系机制，许多研究成果难以得到有效的推广和应用。因此，西部地方政府应主动参与到创新活动当中，充分发挥政策的引导作用，协调和引导研究机构、高校和企业之间的联系，推进西部工业的技术创新。

依靠技术进步，增强企业竞争力。继续按照同等优先的原则，将国家贴息的技术改造资金向西部倾斜。促进企业技术进步，优化升级产品结构。同时，扶持一批市场前景好、发展潜力大的企业。要加快形成企业自主创新能力，培育企业核心竞争力，使企业有能力不断研发满足市场需求的产品。采取产学研联合的形式，对具有比较优势的企业加大投入力度，建立国家级技术开发中心，创建国家相关的产业技术创新基地；对于具有资源优势的企业，加大技术推广力度，为使资源优势转化为产业优势和市场优势创造条件。

鼓励企业加大研究开发经费的投入,企业研究开发经费按实际发生额计入生产经营的成本费用。此外,在财政拨款、银行贷款等方面实行优惠政策,以支持企业技术创新。

2. 充分发挥高新技术产业开发区的作用

西部地区老工业基地传统产业比重大,需要高新区大力培育新型产业;国有经济比重大,需要高新区大力培育民营经济;技术进步的贡献率低,需要高新区大力培育创新能力;传统体制束缚较重,需要高新区大力进行观念和体制创新;人力资源优势发挥不够,需要高新区大力营造人才强区环境;资源型城市产业转型问题突出,需要高新区大力发展接续产业。除20个国家级高新技术产业开发区外,西部地区还有许多省级高新技术产业开发区。要充分发挥这些高新区在技术创新、产业集聚、体制和技术等方面的功能,提高技术创新能力,使创新成为西部经济发展的根本动力;进一步壮大高新技术产业,改造传统产业,培育接续产业,使高新区成为西部新型工业化的主要基地。充分发挥和提高西部地区各类高技术产业园区的创新能力和孵化能力,着力提升产业技术水平和整体实力,以此作为西部地区工业发展的突破口,使西部地区在高新技术产业的某些方面超过东部(申社芳,2003)。

为此,要进一步完善西部高新区"充分授权、集中管理、追求高效"的管理体制;支持组建产业技术联盟,增强技术创新能力;积极进行融资创新,完善金融支持体系;建立高新区与传统城区的新型经济联系,发挥高新区的辐射作用。

3. 进一步加强西部地区科技基础条件建设

加强国家科技基础设施在西部的布局。结合西部地方的特色优势领域,推动建立省级和部门的重点实验室、工程技术研究中心;加大用于支持文献、数据、种质等资源采集,仪器设备购置和基本建设等科技基础条件资源建设的经费投入力度;加强科技基础条件平台的共享机制,建立大型仪器服务平台、科技图书文献资源共享平台等。

二、新能源产业

新能源又称非常规能源,是指传统能源之外的各种能源形式,指刚开始开发利用或正在积极研究、有待推广的能源,如太阳能、地热能、风能、海洋能、生物质能、核聚变能、氢能和煤的洁净利用等(王勇,2010)。开发新能源的单位和企业所从事工作的一系列过程,叫新能源产业。国务院《关于加快培育和发展战略性新兴产业的决定》指出："积极研发新一代核能技术和先进反应堆，发展核能产业。加快太阳能热利用技术推广应用，开拓多元化的太阳能光伏光热发电市场。提高风电技术装备水平，有序推进风电规模化发展，加快适应新能源发展的智能电网及运行体系建设。因地制宜开发利用生物质能。"（国务院，2010）根据西部地区的实际情况，下文着重分析风能和太阳能。

（一）风能

我国风能蕴藏量相当丰富，可开发风能总量达1.6亿kW，风能资源最丰富的地区包括内蒙古中西部边境一带和浙闽沿岸带，其次为新疆的北疆、东疆和东北松花江下游地区（吴传钧，1998）。风能发电不仅是清洁能源，而且由于风速的变化（冬春特强）和昼夜变化（午后开始到夜里风力特强），有利于和水电的季节调节和一日之内的负荷调节。我国真正适合建风电场的地点并不多（姚红和曾毅，2008），目前我国风电场主要分布在以新疆、内蒙古、辽宁为代表的北部边远地区，和以浙江、广东、海南为代表的沿海地区。

西部地区风能资源丰富，利用前景广阔。截至2008年，西部地区风电装机容量542.29万kW，占全国的44.6%（表11-15）。近年来，西部地区风电发展非常迅速，2010年11月，我国首个千万千瓦级风电基地一期工程在甘肃省瓜州县竣工，按照规划到2015年酒泉风电基地装机容量将达到1270万kW。新疆是中国风能开发潜力最大的省级行政区之一，仅哈密的风能资源技术开发量约7500万kW，2009年哈密的风电装机容量约10万kW，5年后风电装机容量将达1080万kW。内蒙古风能储量居全国首位，可开发容量超过1.5亿kW，近年来内蒙古风电装机规模连年居全国首位。截至目前，内蒙古风电装机规模已达800万kW，规划到2020年蒙西和蒙东风电装机达到5780万kW。2010年国电陕西定边繁食沟风电场首台风电机组并网发电，未来5年国电集团将在陕北规划建设100万kW风场。2010年6月，中广核与云南省签订协议，双方将在5年内合作建设的风电装机容量将达到280万kW。①

表11-15 2008年西部各省（自治区、直辖市）风电装机容量

省（自治区、直辖市）	2008年新增装机容量/万kW	2008年累计装机容量/万kW
内蒙古	217.23	373.54
甘肃	29.87	63.70
新疆	27.75	57.68
宁夏	3.80	39.32

---

① 世界风力发电网．西部新能源发展领跑我国新能源产业．http://www.cceec.com.cn/html/New-Energy/News/2010/1226/32535.html. 2010-12-26.

续表

省（自治区、直辖市）	2008年新增装机容量/万 kW	2008年累计装机容量/万 kW
云南	7.88	7.88
重庆	0.17	0.17
西部合计	286.70	542.29
全国	624.64	1215.28
（西部/全国）/%	45.9	44.6

资料来源：王军生等（2010）

西部地区风电具有良好的发展前景。2009年我国新增风电装机10129台、装机容量1380.32万kW，累计风电装机容量2580.5万kW，居全世界第二位（章轲，2011）。据预测，到2020年中国风电装机容量将达到1亿kW以上；2030年以后，近海风电将进入大规模开发时期，风电装机容量可能达到2亿kW（王军生等，2010）。在国家规划的6个千万kW级风电基地中，西部地区有4个；11个百万kW级风电基地中，西部地区有7个（表11-16）。

表11-16 国家规划的大型风电基地

千万千瓦级风电基地	百万千瓦级风电基地
新疆、甘肃酒泉地区、内蒙古西部地区、内蒙古东部地区、河北、沿海地区	内蒙古四子王旗、包头、巴彦淖尔乌拉物中旗、辉腾锡勒、通辽地区、赤峰地区、西蒙辉腾梁、吉林白城地区、辽宁阜新地区、河北承德地区、张家口地区

资料来源：王军生等（2010）

我国风电市场存在的主要问题：一是国内风电设备制造水平相对落后。国外主流风电机组已达到兆瓦级[①]，2008年国内能够批量生产的最大风电机组为1.5MW，但主力机型还是600kW、750kW（姚红和曾毅，2008），主要原因是风电机组整机设计的核心技术尚未掌握，需要积累现场运行经验，认真消化吸收引进的技术（王仲颖等，2009）。二是一次性投入过高。目前国内新建风电场单位千瓦造价一般在8000元左右，与煤电的5000元左右相比高60%。因此，风电短期内难以获得经济效益，融资条件差。风电的税赋水平也相对较高，虽然优惠的风电增值税减半征收（即8.5%），但风电机组整机的进口关税为5%，进口环节增值税17%，两者合计的税率达22%，仅此就将风电场造价提高了将近1000元/kW（《中国能源发展报告》编辑委员会，2007）。三是电网条件的制约。风力发电是一种间歇式电源，在技术上要研究大规模风电并网的输出、销纳和保持电网稳定运行的问题。在管理上急需制定激励电网企业的政策，由被动接受转为主动接受风电，否则风电越多，电网企业的效益越差，容易形成抵触（王仲颖等，2009）。

西部地区的风能利用，要进一步加大招商引资力度，围绕如何提高风电有

---

① 丹麦为2.0~3.0MW，美国为1.5~4.5MW。

效利用系数等关键技术的突破,加快与国内外知名发电企业及科研机构的联合攻关。按照集中连片开发、分期建设的原则,大力发展风能发电。

(二) 太阳能

我国太阳能资源比较丰富,各地辐射量为 930~2330kM/($m^2 \cdot a$),全国有 2/3 以上的地区年日照时数在 2000h 以上,而以西部及内蒙古中西部、青藏高原地区最为丰富(吴传钧,1998)。我国对太阳能的利用刚刚进入起步阶段,潜力很大。西部地域广袤,太阳能资源丰富,开发利用太阳能的空间广阔,必须重视其开发利用,为今后我国的能源提供更多的选择。迄今为止我国仍有 2800 多万无电人口,分散居住在边远落后的贫困地区。由于能源短缺,至今没有解决引水和灌溉问题,特别是西北地区,由于气候干旱,土地荒漠化、草原退化的情况越来越严重,生态环境日益恶化,严重阻碍了农村经济的发展。西北地区地下水资源丰富,但利用率不高,主要原因是缺乏电力供应。但西北地区的太阳辐射强,日照时间长,太阳能资源丰富。因此,利用太阳能光伏扬水与照明综合系统,开发丰富的地下水资源,解决这些贫困无电地区的饮水、农牧业用水及照明问题,是一条既经济又可行的途径。1985 年我国在甘肃榆中县建成第一座 $10kW_p$ 光伏电站,为 200 余户农民提供照明用电;1986 年以来,青海省已推广 2.1 万套户用光伏系统;1992 年新疆巩留县城示范区全部采用太阳能光伏电源供电,迈出了利用太阳能消灭无电状况的第一步;西藏已建造及计划建造的光伏电站共 6 座(王勇,2010)。

目前,我国太阳能利用主要限于两个方向——光伏产业和光热产业。2005~2008 年,中国多晶硅材料总产量从 30t 增加到近 5000t,产能从不足 200t 上升到 6000t 以上(章轲,2011);2008 年我国太阳能电池产量已达到 $2600MW_p$,占全世界的 16%,居世界首位。目前,我国太阳能光电系统多数用于交通信号、通信和阴极保护等多方面,约占 60% 以上。太阳能热水器在我国经过 20 多年的应用发展,已成为我国阳光经济产业的支柱行业,被广泛应用于家庭、厂矿、机关、公告场所等。2008 年,中国生产了 3100 万 m^2 的太阳能热水器,占全世界产量的 80% 左右,成为世界上生产和使用太阳能热水器最多的国家(章轲,2011)。太阳能供热采暖尚处于工程试点状态的起步阶段(王军生等,2010)。

近年来,西部地区光伏发电进展很快。格尔木市开展太阳能热电站前期工作的企业有 2 家,总装机 1100MW;开展太阳能光伏电站项目前期工作的企业共 25 家,总装机 2950MW,总投资额超过 500 亿元。全市 6 个光伏电站项目已进入全面开发建设阶段,其中两个光伏电站已基本建成,具备并网条件;开展风电项目前期工作的企业有 4 家,其中青海力腾新能源投资有限公司格尔木小灶火风电场（一期 49.5MW）已经开工建设。武威市人民政府与国家 863 计划攻关联合体、大唐甘肃发电有限公司签订协议，在林业部甘肃濒危动物研究中心共同建设武威兆瓦级太阳能并网光伏电站。该项目的建设填补了我国光伏发电大型并网逆变吕和跟踪系统的研发空白，为我国建设荒漠并网光伏电站积累了宝贵的经验。

我国光伏发电主要存在两个问题：一是技术障碍。光伏产业生产链中各环节发展不协调、不平衡，不仅每个生产环节都需要从国外引进设备，而且还出现上游下、下游大，即生产链上游（包括太阳级硅材料、硅锭、硅片和器件）比下游薄弱。二是市场障碍。与快速发展的光伏产品市场形成鲜明对比的是，中国光伏发电产品的市场应用还很少，目前主要用于解决偏远地区无电人口和特殊行业用电问题。在缺乏政策支持的情况下，市场很难得到快速发展。尽管光伏发电在解决边远无电地区人民生活用电方面今后几年的市场潜力还比较大，但是还存在许多问题。如光伏电站建成后的维护和管理问题，当电站收费不足以维持电站运行和维护时，谁来承担这部分差价，这直接关系到光伏市场是否能够可持续发展和商业化运作（《中国能源发展报告》编辑委员会，2007）。①

我国西部地区太阳能资源极为丰富，许多国家和国际公司看好我国西北的太阳能利用市场，各种援助计划、示范应用陆续进行（王勇，2010）。这对我国太阳能产业既是大好机遇，也是严峻挑战。要加强规划引领和主导企业培育，加大综合协调服务，按照"大集团引领、大项目支撑、集群化发展、园区化承载"的思路，率先建成一批技术先进、示范效应强的太阳能并网光伏电站，把西部地区作为我国太阳能开发利用的重要基地，将西部得天独厚的太阳能资源优势转化为产业优势，推动我国新能源产业的发展。

（三）推进西部新能源产业发展的措施

1. 做好整体规划，统筹新能源发展

在西部地区开发新能源是加快推进农牧业发展方式转变、推进生态文明建设、推进产业结构调整、提升农牧业现代化水平、增强农牧业可持续发展能力的有效途径。建议选择综合条件好的地区确定为新能源试验和示范基地，努力探索符合我国实际的新能源产业发展途径。

2. 加快建设新能源富集地区的输出通道

新能源是地球上最宝贵的资源，综合调度新能源发电是实现新能源良性发

---

① 这也是西部地区光伏发电存在的问题。

展的根本出路。① 建议国家实施新能源电力送出网络建设和电价分摊制度,确保在火电深度调峰下新能源发电全部接入国家电网,真正实现新能源全国共享。

3. 积极支持民营企业投资新能源领域

建议国家制定相关扶持策,鼓励和引导广大民营企业投入新能源的综合开发建设,为促进西部少数族欠发达地区经济社会科学发展,为建设资源节约型、环境友好型会,为实现我国提出的节能减排和循环经济的目标做出应有贡献(田震,2010)。

第四节　加快发展现代服务业

现代服务业是指在工业化较发达阶段产生的,主要依托电子信息等高技术和现代管理理念、经营方式和组织形式而发展起来的服务部门。它有别于商贸、住宿、餐饮、仓储、交通运输等传统服务业,以金融保险业、信息传输和计算机软件业、租赁和商务服务业、科研技术服务和地质勘查业、文化体育和娱乐业、房地产业及居民社区服务业等为代表,是伴随着信息技术和知识经济的发展产生,用现代化的新技术、新业态和新服务方式改造传统服务业,创造需求,引导消费,向社会提供高附加值、高层次、知识型的生产服务和生活服务的服务业。前文"西部地区产业结构调整与特色优势产业发展"对西部地区发展生产性服务业进行了分析,下文从发展特色经济和优势产业的角度,对西部旅游产业发展的条件、方向和对策等进行分析。

一、西部拥有高品位的旅游资源

西部旅游资源的综合优势度、人均旅游资源拥有量综合指数、旅游资源总丰度等指标明显优于东部地区,是中国颇负盛名的旅游资源富集区域,具有"世界民族文化博物馆"和"世界天然博物馆"的双重美称。按照《中国旅游资源普查规范》,西部6大类旅游资源俱全,74种资源中拥有73种,占全国旅游资源种类的99%以上(李树民等,2009)。截至2007年年底,西部拥有国家级重点风景名胜区64个,占全国的34.2%;国家级自然保护区141个,占全国的

---

① 建一座1000万 kW 的风电场,年发电量至少250亿 kW·h,可节约原煤至少0.2亿 t,相当于6000列运煤专列的运力。

45.9%；截至 2009 年 2 月，西部拥有国家级森林公园 232 个，占全国的 32.7%；国家级地质公园 52 个（中国西部国际博览会组委会办公室等，2009）。

西部地区拥有一批闻名遐迩、具有国际影响力的世界自然遗产和文化遗产、国际生物圈自然保护区，以及众多具有世界级和国家级品牌的风景名胜区、历史文物和古人类遗址等。截至 2007 年 9 月底，西部地区共有 5A 级旅游景区 24 个，占全国的 36.4%（表 11-17）；截至 2008 年年底，拥有 4A 级景区 312 家，占全国的 26.9%；截至 2013 年 6 月，拥有世界文化自然遗产 16 处，占全国的 1/3 多（表 11-18）。西部也是世界上自然景观最壮观、最奇特的地方，许多世界之最、中国之最及世界奇迹都分布在这里[①]，这充分表明了西部旅游资源的高品位特征。

表 11-17 西部地区的 5A 级景区

省（自治区、直辖市）	5A 级景区
内蒙古	鄂尔多斯响沙湾旅游区、阿拉善盟腾格里沙漠月亮湖旅游区
广　西	桂林乐满地度假世界、漓江景区
重　庆	重庆大足石刻艺术博物馆、重庆小三峡—小小三峡
四　川	峨眉山景区、九寨沟旅游区、青城山—都江堰旅游景区
贵　州	黄果树大瀑布景区、龙宫风景名胜区
云　南	石林风景名胜区、玉龙雪山国家级重点风景名胜区
西　藏	布达拉宫、林芝巴松措旅游区
陕　西	秦始皇兵马俑博物馆、华清池
甘　肃	嘉峪关文物景区、平凉崆峒山国家级风景名胜区
青　海	塔尔寺旅游区
宁　夏	宁夏沙湖旅游景区、沙坡头旅游区
新　疆	吐鲁番葡萄沟风景区、新疆天山天池风景名胜区

资料来源：根据中国旅游网整理

表 11-18 西部地区的世界文化、自然遗产

遗产类型	遗产名录
文化遗产	敦煌莫高窟、秦始皇陵及兵马俑博物馆、拉萨布达拉宫、丽江古城、大足石刻、都江堰—青城山、内蒙古元上都遗址、云南澄江帽天山化石地
自然遗产	中国南方喀斯特、四川大熊猫栖息地、九寨沟、黄龙风景名胜区、三江并流、中国丹霞*、新疆天山
文化和自然双遗产	峨眉山—乐山大佛

* 与东部、中部地区共同拥有

西部地区还有丰富多彩的文化资源。三大史诗《格萨尔王传》、《江格尔传》、《玛纳斯》世界闻名，民间歌舞、戏曲、剪纸、刺绣、民居、岩画和民间故事、民间文学、宗教艺术等多姿多彩（余洁，2010）。此外，西部旅游资源大

---

① 如世界最高峰珠穆朗玛峰，中国最大的"植物王国"、"动物王国"（云南），世界上唯一被同时纳入《世界遗产名录》和"人与生物圈计划"的九寨沟，中国最大的瀑布群黄果树瀑布，中国最大的咸水湖青海湖，世界上海拔最低的盆地吐鲁番盆地等。

都保留了未经雕饰的原始风貌，景观独特，神秘感强，给人以强烈的对比和新奇的刺激，发展旅游产业的资源条件极为优越。

二、西部旅游产业加快发展的条件基本具备

西部大开发以来，基础设施得到巨大改善，在很大程度上缓解了西部交通落后的局面，打破了交通对资源开发的瓶颈制约，极大地提高了西部丰富旅游资源的可及性，有力地支持了区域旅游业和经济社会的发展，为西部大开发提供了前提和便利。同时，西部的综合接待能力显著提高，为旅游业的大发展奠定了坚实基础。2008年，西部拥有各类旅游企业13 698家，占全国的28%。1999~2008年，西部地区星级饭店从1663座增加到3885座；旅行社从1833家增加到4129家，其中国际旅行社从310家增加到492家（国家旅游局，2009）。

西部各省（自治区、直辖市）的中心城市及一大批历史文化名城，多数本身就是享有相当知名度的旅游城市，同时又是与其他旅游景区相连接的交通枢纽。这些城市在挖掘本地区旅游资源的同时，不断向周边旅游资源区延伸，以形成一批区域性旅游产品供给链和一批经典旅游线路，从而构成西部旅游产业开发和发展的核心依托。

区域旅游合作全面提升。2009年3月，西部24个旅游城市签署了《中国西部旅游城市合作协议书》，启动了西部旅游合作保障机制；2009年6月，西部12省（自治区、直辖市）签署《中国西部旅游合作框架协议书》，首次开展中国西部旅游的全面合作，建立信息互换制度；打造可共享的旅游招商项目库；不定期召开旅游产业政策、旅游资源及旅游产品开发研讨会。同时，还将建立省际旅游信息系统和信誉披露制度；建立旅游突发事件的应急处理机制等，为构建西部旅游市场一体化，实现西部旅游业的共同发展与繁荣奠定了基础（中国西部国际博览会组委会办公室等，2009）。

2012年，我国人均GDP达到38 420元，按当年平均汇率计算，达到6088美元，相当一部分城市已经超过12 000美元。随着人民收入水平的提高和休闲时间的增多，人们对旅游的需求越来越大。随着对外开放的扩大，国外来华旅游人员也日益增多，为西部地区发展旅游业提供了良好机遇。从国内外旅游市场的导向分析，中国旅游业向深层次推进，必须积极开发西部的旅游资源，开发新的具有强大市场吸引力的旅游景区景点。

三、旅游产业已经成为西部地区的支柱行业

旅游产业在西部发展中优势突出，优先发展旅游产业，是西部开发战略中

的亮点，也是主体功能区建设背景下的战略选择。目前西部旅游业的发展取得了很大成绩，产业规模不断壮大，旅游产业粗具规模。在旅游重点景区，初步形成了住、游、食、行、购、娱于一体的综合产业体系；在特色旅游产品、重点旅游景区和区域旅游热线开发三个层面上都不同程度地取得进展，各地已形成了自己的品牌旅游产品，市场竞争能力明显提高。

旅游产业规模不断扩大。2002~2008年，西部旅游总收入从1656亿元增加到5279亿元，年均增长21.3%，高于同期西部GDP的增长率；部分省级行政区的旅游总收入占GDP的比重超过或接近10%（国家旅游局，2009）。1999~2011年，西部入境旅游者从438万人次增加到1628.7万人次，年均增长11.6%；1999~2012年，旅游外汇收入从13.60亿美元增加到83.88亿美元，年均增长15.0%。

生态旅游生机勃勃。目前，西部已经拥有170多个国家级生态园区①、数百个省级生态园区。很多地方都已发展成知名的旅游景区，如四川九寨沟、黄龙、峨眉山，贵州黄果树瀑布，云南西双版纳，内蒙古牧吉湿地，广西花坪、猫儿山等，形成了生态环境改善与旅游发展的"双赢"局面。

四、旅游产业的发展方向和重点

为了有效避免"一流资源、二流开发、三流产品"，未来西部地区在旅游产品开发上应依托丰富的自然、历史、民族风情、宗教文化等特色旅游资源，发展以观光型产品为主、以专项产品为补充的旅游产品。在世界屋脊、荒漠腹地等常规旅游难以触及的特殊区域，以专项旅游、特色旅游为主要方向。在深化自然与历史文化观光览胜、宗教朝圣旅游的基础上，积极开发科考探险、民族民俗风情、生态休闲、文化修学、体育训练、边境跨国旅游等具有休闲性、参与性和"新、奇、险、特"的旅游活动。在空间布局上，形成旅游中心城市、专项旅游热线、旅游风景区和度假区有机结合、协调发展的多层次、多功能的网络体系。培育和开发具有西部特色优势的国内外知名旅游景区和线路，加快旅游基础设施和信息化建设，推进跨区域旅游资源整合，并在旅游资源的深度开发和合理保护、注重文化内涵和整体效益等方面找到合理的平衡点。

西部地区旅游产业发展的方向是：以丰富的自然、历史、民族风情、宗教文化等特色旅游资源为基础，以旅游产品的开发为主体，以打造世界级旅游品牌为核心，全力营造良好的旅游发展氛围，改善旅游投资环境和保护好风景旅游资源与环境，大力延伸旅游产业链，不断提高旅游产业的综合竞争力和产出效益，发展大旅游，构建大产业，形成游、食、住、行、购、娱综合配套协调

---

① 包括国家级自然保护区、国家级森林公园和国家级重点风景名胜区。

发展的格局，使旅游产业成为西部国民经济的支柱产业，创造更多的就业机会，丰富西部现代产业体系，把西部地区从 20 世纪中国旅游业的战略后备基地转变为我国知名的旅游胜地（刘卫东等，2010）。

西部旅游产业的发展重点包括如下 4 点。

1. 实施旅游品牌带动战略，着力开拓国内外两大市场

西部旅游发展的实践证明，旅游产业市场化、国际化程度越高，区域旅游合作越紧密，国际竞争力就越强。因此，在推动旅游支柱产业形成过程中，需要有一批具有市场竞争力的旅游精品、一批具有国际市场竞争力的旅游品牌作支撑，要避免模仿、跟风现象。旅游产品要突出主题、内涵和文化，努力开拓国内高端市场和境外度假市场，有重点、有层次、有步骤集中力量协作打造具有国内外影响力的旅游精品，高起点推出一批具有世界吸引力的新兴旅游品牌。西部各省（自治区、直辖市）还应根据自身的资源禀赋和市场条件，围绕区域旅游精品，着手打造在国内外市场上能够代表本地的主导品牌，推出在国内外具有较高知名度和较强吸引力的主打线路，并注重与西部乃至全国的主要国际旅游线路相衔接。同时，要坚持扩大对外开放，加强国际旅游市场的开拓力度，提高消费需求（中国西部国际博览会组委会办公室等，2009）。

2. 积极开发、推广旅游新业态

旅游产品是旅游经营者为了满足旅游者在旅游活动中的各种需求，而向旅游市场提供的各种物质产品、精神产品和旅游服务的组合。精心打造旅游品牌，重点发展休闲康体和文体娱旅游、丝绸之路游、青藏高原探险游、西北大漠草原游、滇桂民族风情游、热带风光边境游、川滇藏香格里拉生态游、北部湾滨海度假游、世界遗产游、红色文化游等，完善旅游产业体系。

兼顾国内庞大的市场需求，针对老百姓需要，从"精细化、透明化、人性化和参与性"着力，衍生和开发出新的旅游产品；参照国际一流休闲度假目的地的标准，从产品研发、项目规划、宣传促销、服务配套设施等诸多方面给予重点扶持和建设，发展高端旅游产品。

以特色吸引为着力点发展大众化旅游产品。一是在广度上拓展旅游产品。大力发展会展旅游，推出"会议、展览、考察、培训、拓展、观光或度假"等复合型旅游产品；组织婚庆蜜月节、各类文化体育娱乐竞赛和节庆活动，推出"蜜月、康体、婚庆、度假"等旅游产品。二是在深度上挖掘旅游产品。针对不同国籍、民族、宗教信仰、年龄、性别、文化、消费水平游客的不同需求，在同类产品的消费过程中进行差异化创新，在产品中更多地融入"新奇、娱乐、保健、生态、知识、时尚、浪漫、情调"等元素。

个性化旅游需求将推动中国旅游走向主题化,主题旅游线路、主题旅行社、主题旅游宾馆度假村、主题性旅游项目将蓬勃发展(厉无畏和王振,2005)。西部地区要适应这种趋势,大力发展分时度假和产权酒店①。随着人们生活水平的进一步提高,以及消费观念的进一步拓展,它将成为旅游产业发展中的一个新增长点。

3. 健康发展文化旅游产业

西部文化旅游资源的开发存在三方面突出问题(余洁,2010):一是低水平重复开发。在经济利益的驱动下,民族旅游项目日益庸俗化、伪民俗化,一些异地集锦仿制型的民族文化村离开了原生的自然社会环境,将民族文化的精华和糟粕一起包装,搬上舞台,以致失去了民俗的本色与乡土气息,缺乏真实的环境感受。二是无限制地过度开发。三是许多传承的非物质文化遗产濒危消失。

西部文化旅游资源的开发,既不能以牺牲珍贵文物为代价,换取旅游产业的发展,也不能因为要保护文物而拒游客于门外。而是要在切实保护和管理好文物的前提下,充分发挥遗产地的重要作用,将有效保护与合理利用结合起来,把开放给文物带来的破坏降低到最低程度。西部旅游产业的发展要紧紧抓住国家加快旅游产业发展的机遇,在巩固和改进原有旅游资源项目的同时,积极开发新的特色文化旅游项目,以适应旅游市场需求个性化、多元化的趋势,尽快形成以民族风情、文化历史观光为主的特色旅游经济,在体现特色中实现与东部地区的互补(张丽君,2007)。

4. 大力发展休闲旅游

在国内旅游选择上,观光旅游曾经在相当长的时间内一支独大,随着市场的扩大及消费者的增多及日臻成熟,不仅旅游目的地越来越多样,消费需求越来越多样,而且消费者对产品的深度要求也越来越凸显(刘德谦,2010)。随着我国人均可支配收入不断提高,广大居民开始关注享受型消费,国内旅游市场也开始从观光游向观光游和休闲游并重转变。在节假日和休假政策的带动下,以城市周边为目的地的旅游休闲消费成为城市居民的重要消费方式之一。自驾游、自助游、房车游、定制游、无景点旅游、互助游等各种新兴的出游方式层出不穷,改变了之前以旅游团队为主的格局,这些强调自主、自由、随意、放

---

① 分时度假最初是指人们在度假地购买房产时,只购买部分时段产权,几户人家共同拥有一处房产、共同维护、分时使用的度假形式,后来逐渐演变成每户人家在每年拥有某一时段的度假地房产使用权,并且可以通过交换系统对不同房产的使用权进行交换。产权酒店是分时段度假产品的一种特殊模式,是指投资者买到酒店设施的所有权,除部分时间自己使用外,统一将其他时间的住宿权委托酒店经营,自己获取红利。

松、新潮、深度、多元的旅游需求，是国民休闲意识在旅游市场中的最佳体现，这也说明旅游作为一种主要的休闲方式更加趋于多元化（中国社会科学院财政与贸易经济研究所课题组，2010）。西部要充分利用未经雕饰、保留原始风貌的丰富旅游资源，着力开发滨海、温泉、湿地、会展、养生康体、葡萄酒庄等高端产品，加快旅游度假区建设；引导各地因地制宜，突出田园风光，利用自然生态和乡村文化等发展乡村旅游；大力发展观光农业、体验农业、高科技农业、休闲渔业等乡村旅游产品；规划开发以乡村旅游为主体的环城市旅游休憩带。

五、加快旅游产业发展的对策

（一）增强区域旅游合作

随着西部产业格局的不断调整，作为第三产业龙头的旅游产业正在逐步成为西部各地经济发展中新的增长点。过去那种"圈地成园"、"立门收钱"的简单区域旅游现象将不会再有市场，而只有将旅游品牌做精、做大才能有生命力。走西部区域旅游合作之路，才能将区域旅游的发展推向一个新的阶段（李树民等，2009）。因此，西部各地要转变观念，从大区域、大产业的角度出发，实行区域间的联合，强化旅游资源的整合，共享外部客源，增进区内流动，突出主题，立足于西部整体进行旅游产业的布局，打破地域界限，整合旅游线路，从而形成西部旅游的整体品牌，增强西部旅游市场的竞争力。

（二）继续加强旅游基础设施和接待设施等的建设

西部大开发以来，交通等基础设施虽然得到较快发展，但与全国平均水平相比，尤其是与东部地区相比仍然有较大差距，客观上限制了旅游者及时、有序的出游活动，旅游交通服务质量不高。因此，要抓住国家深入推进西部大开发战略中加强基础设施建设的契机，切实加强旅游交通、通信、城市配套设施等建设。适度提升旅游景区宾馆、饭店和其他旅游住宿设施的档次，在中心城市和二级城市推动建设一批经济型酒店，有序发展农家乐、牧家乐、乡村客栈等农村旅游接待设施；重点建设一批旅游购物点，提高西部旅游购物在总收入中的比重（中国西部国际博览会组委会办公室等，2009）。

加大财政性资金投入。支持民族地区搞好重点旅游景区的路、电、水、通信等基础设施建设，加强自然环境、文化遗产资源保护，以及开展资源普查、开发规划和特色旅游项目启动等，进一步改善民族地区旅游产业发展条件及投资环境；通过发挥国家投入的基础性和导向性作用，以利吸引更多的社会资金参与旅游开发建设。

尽快出台优惠政策，脚踏实地地搞好各地旅游项目的规划和论证，加强基础设施建设和管理运行机制的改革，将有限的资金和精力投入建立公共服务体系、改善治安环境建设，更多地运用经济规律，为资金进入创造可以信赖的利润空间（刘卫东等，2010）。

（三）把环境保护工作放在更加突出的地位

旅游产业以生态环境为主要资源，在本质上与环境保护有着内在一致性，是资源节约型和可持续性发展的产业，但在我国许多地区旅游产业的发展过程中，盲目追求经济效益，产生了相当多的"旅游公害"，不仅危及自身发展，也产生了极大的负面效应，这种现象在西部地区尤为突出。因此，西部旅游产业的发展中应特别加以注意，无论高端旅游，还是大众旅游，都必须坚持生态保护型开发、健康型开发和特色型开发；针对景区特色和环境容量，采取必要的保护措施，避免资源浪费和过度开发，保持西部的地方特色和天然声韵。

参考文献

曹文虎，蔡嗣经，侯运炳 . 2004. 青海省矿产资源开发与产业发展战略研究 . 北京：地质出版社，54.

曹玉书，田青，邵毅，等 . 2009. 西部地区矿产资源开发利用现状、机遇与挑战 . 中国矿业资本，(1)：48-51.

戴媞 . 2006-02-05. 黄河上游水电站之惑：水电越开发群众越贫困 . 经济参考报 .

党明，李瑞斌，于学义，等 . 2008. 西部煤炭开采损害及防治对策 . 科技创新，(3)：50-52.

杜小武，吴晓鸥，马加传，等 . 2008. 西部石油天然气产业的发展与现状研究 . 西安石油大学学报（社会科学版），(1)：5-9.

杜跃平 . 2010. 陕西省"十二五"新兴产业发展研究 . 见：陕西省发展和改革委员会 . 陕西省"十二五"规划重大问题研究 . 西安：三秦出版社：247-265.

方行明，涂辉，杨成钢 . 2006. 中国高载能产业与西部发展战略 . 成都：西南财经大学出版社：2，237，259.

巩前胜 . 2009. 西部装备制造业十年发展报告 . 见：姚慧琴，任宗哲 . 西部蓝皮书：中国西部经济发展报告（2009）. 北京：社会科学文献出版社：71-84.

郭力方 . 2010-11-16 . "十二五"煤炭发展雏形初现 . http：//www.chinapower.com.cn/newsarticle/1127/new1127461.asp.

国家发展和改革委员会 . 2011. 中华人民共和国国民经济和社会发展第十二个五年规划纲要 . http：//www.ndrc.gov.cn/fzgh/ghwb/gjjh/P020110919592208575015.pdf.

国家发展和改革委员会 . 2012. 煤炭工业发展"十二五"规划 .

国家旅游局.2009.国家旅游局西部大开发10年工作总结.

国务院.2006-02-13.关于加快振兴装备制造业的若干意见,国发[2006]8号.

国务院.2010-10-10.关于加快培育和发展战略性新兴产业的决定,国发[2010]32号.

胡健,等.2007.油气资源开发与西部区域经济协调发展战略研究.北京:科学出版社:89-90,93,110.

科学技术部.2009."西部大开发"十年科技工作情况和今后工作的初步考虑.

黎玉战,徐传会.2004.塔里木盆地塔河油田发现历程及其意义.石油实验地质,(2):180-186.

李廉水.2009.中国制造业发展研究报告(2009).北京:科学出版社:51-63.

李若平.2006.非常规石油资源及开发前景.当代化工,(3):145-148,165.

李树民,饶品祥,马震.2009.西部旅游业十年发展报告.见:姚慧琴,任宗哲.西部蓝皮书:中国西部经济发展报告(2009).北京:社会科学文献出版社:85-100.

厉无畏,王振.2005.21世纪初中国重点产业的发展与前景展望.上海:学林出版社:93-104,140-146,190-192.

刘德谦.2010.中国休闲旅游的发展.见:刘德谦,高舜礼,宋瑞.休闲绿皮书:2010年中国休闲发展报告.北京:社会科学文献出版社:76-93.

刘卫东,刘毅,秦玉才,等.2010.2009中国区域发展报告——西部开发的走向.北京:商务印书馆:120,139,140,145.

吕政.2004.对"十一五"时期我国工业发展若干问题的探讨.中国工业经济,(11):5-10.

牛嘉玉,洪峰.2002.我国非常规油气资源的勘探远景.石油勘探与开发,(5):5-7.

朴光姬,郝吉.2008.中国能源安全保障的选择.见:崔民选.能源蓝皮书:中国能源发展报告(2008).北京:社会科学文献出版社:378-409.

申社芳.2003.以高技术为主导 促进西部工业发展.发展,(9):76-77.

宋斌,郝吉,王敬敬.2010.煤炭整合:在新契机中推进能源大发展.见:崔民选.能源蓝皮书:中国能源发展报告(2010).北京:社会科学文献出版社:31-71.

田震.2010.进一步推动西部地区新能源发展.中国产业,(3):16.

汪春伟.2008.西部地区钢铁规模问题探讨.企业科技与发展,(18):10-14.

王军生,吕瑞贤,徐磊.2010.新能源:全球危机下的机遇.见:崔民选.能源蓝皮书:中国能源发展报告(2010).北京:社会科学文献出版社:208-268.

王文长.2010.西部资源开发与民族利益关系和谐建构研究.北京:中央民族大学出版社:103,125.

王勇.2010.战略性新兴产业简述.北京:世界图书出版公司:25,122,126.

王仲颖,任东明,高虎.2009.中国可再生能源产业发展报告(2008).北京:化学工业出版社:31,32.

吴传钧.1998.中国经济地理.北京:科学出版社:151,152.

夏农.2005.贯彻国家产业政策,促进西部有色金属工业健康发展.中国金属通报,(Z2):2-4.

亚洲开发银行技术援助项目"甘肃发展战略研究"专家咨询组.2009.甘肃省发展战略研究.北京:科学出版社:6.

杨凯.2009-05-05.西部煤炭开发当有长远眼光.http://www.songzao.com/html/news_0_20716.html.

姚红,曾毅.2008.促进新能源和可再生能源加速发展.见:崔民选.能源蓝皮书:中国能源发展报告(2008).北京:社会科学文献出版社:257-314.

姚建华等.2000.西部资源潜力与可持续发展.武汉:湖北科学技术出版社.

于瑞祥,等.2006.中国西部自然资源竞争力评估研究.武汉:中国地质大学出版社:194.

于祥明.2010-02-11.能源局谋"十二五"煤炭规划 煤炭供应格局将变.http://cfi.cn/p20100211000229.html.

余洁.2010.西部地区文化旅游产业发展研究.见:姚慧琴,任宗哲.西部蓝皮书:中国西部经济发展报告(2010).北京:社会科学文献出版社:473-489.

曾培炎.2010.西部大开发决策回顾.北京:中共党史出版社,新华出版社:330,348,360.

曾昭宁,等.2008.振兴西部装备制造业.北京:社会科学文献出版社:72,125-133.

张丽君.2007.西部特色旅游业发展报告.见:姚慧琴,任宗哲.西部蓝皮书:中国西部经济发展报告(2007).北京:社会科学文献出版社:162-173.

章轲.2011-01-28.新能源产业最新数据公布:太阳能有产业没市场.第一财经日报.

振兴西部装备制造业课题组.2008.振兴西部装备制造业研究报告.见:姚慧琴,任宗哲.西部蓝皮书:中国西部经济发展报告(2008).北京:社会科学文献出版社:53-76.

中国社会科学院财政与贸易经济研究所课题组.2010.2009~2010年中国休闲相关产业发展.见:刘德谦,高舜礼,宋瑞.休闲绿皮书:2010年中国休闲发展报告.北京:社会科学文献出版社:1-25.

中国西部国际博览会组委会办公室,等.2009.2009中国西部发展报告.北京:中国统计出版社:157-170.

周天勇,张群.2007.青海黄河河谷发展战略.北京:中国水利水电出版社.

《中国能源发展报告》编辑委员会.2007.2007中国能源发展报告.北京:中国水利水电出版社:14,153.

第十二章 西部优势产业和特色经济的地区布局

坚持"以线串点，以点带面"的原则，重点建设不同规模、各有特色的重点经济区，实施重点地区开发战略，使之成为辐射带动西部地区经济发展的增长极，是增强经济发展竞争能力、提高经济建设效益、加快经济建设步伐的科学抉择。这要求西部地区在国家的指导和帮助下，紧密结合扩大内需、转变经济发展方式的战略任务，加快推进产业发展，优化产业空间配置。在西北、西南两大特色产业区的基础上，重点建设三大国家重点经济区、三大西部重点经济区、三大省会城市圈，以及一批具有规模效应和市场竞争力的特色产业带、工业走廊和特色产业基地，由此带动整个西部地区经济社会的持续快速发展。

第一节 特色优势产业布局的现状与问题

一、现状

（一）特色农业的专业化生产和区域化布局初步形成

西部大开发以来，西部地区根据各自不同的资源优势和市场需求，特色农产品结构不断调整，促进了优势农产品和大宗农产品的生产向优势产区集中；通过培育优势农产品，形成区域优势，提高了农产品的竞争能力。2012年西部地区粮食产量15 495万t、棉花产量370.5万t、油料产量933.5万t，分别占全国的26.3%、54.2%、27.2%。总体而言，西部重要农牧产品基地逐步形成。内蒙古、四川等地的商品粮，新疆的优质棉，广西、云南、新疆的糖料，云南的烟草，四川、贵州的名酒，陕西、新疆的瓜果，内蒙古的畜牧产品等生产加工在全国的独特优势得到进一步发挥（马凯，2007）。

(二) 工业成为我国重要的原材料工业和化学工业基地

在西部大开发政策的推动下，西部地区的工业实现了持续快速增长，工业增加值占全国的比重不断上升。2000年，西部地区工业增加值只有5357.57亿元，占全国的13.9%；2003年降低到13.5%的最低点之后开始回升；2005年达到11 936.76亿元，占全国的比重达到14.0%。"十一五"以来，西部工业开始加速迈上新台阶，2011年工业增加值达到43 116.8亿元，占全国比重提高到18.6%。

2000年以来，西部能源和石化工业重点项目加快建设，装备工业和高新技术产业重点企业竞争能力增强，特高压输变电设备国产化、大型铸锻件加工、核电装备国产化、电子通信等领域重点项目建设步伐加快（马凯，2007）。西部地区各工业行业产值的绝对数不断上升，食品及副食品、能源、机械等行业产值占全国的比重也呈上升趋势。其中，能源行业上升幅度最大。[①] 但电子电器、纺织服装、非金属物资、黑色金属和金属物资的增加值占全国比重呈下降趋势，其中电子电器、纺织服装和金属物资行业占全国比重到2010年均低于3.0%；医药制造、化工及石化和交通运输设备制造业增加值占全国比重则相对稳定。

(三) 经济技术开发区和高新技术产业开发区逐步发展成为新的增长点

截至2010年，国家在西部地区陆续批准了13个国家级经济技术开发区[②]和13个国家级高新技术产业开发区（简称高新区）[③]。西部大开发以来，国家级经济技术开发区经济增长率高于全国和西部地区平均水平，主要经济指标占全国的比重逐渐提升，对西部地区经济增长的贡献率越来越大，有效拉动了经济发展（中国西部国家博览会组委会办公室等，2009），成为西部地区新的经济增长点。2007年，西部13个国家级经济技术开发区共实现GDP942.64亿元，占西部地区的2.0%（表12-1）。这些开发区以工业经济为主导，2007年共实现工业增加值595.58亿元，占开发区GDP的63.2%。

---

① 由2000年的22.9%上升到2010年的25.5%。
② 分别是呼和浩特、南宁、重庆、成都、贵阳、昆明、拉萨、西安、兰州、西宁、银川、乌鲁木齐和石河子经济技术开发区。
③ 分别是包头、南宁、桂林、重庆、成都、绵阳、贵阳、昆明、西安、宝鸡、杨凌、兰州、乌鲁木齐高新技术产业开发区；2011年国家又把西部的渭南、青海、昌吉、白银、柳州、宁夏、自贡升级为国家级高新技术产业开发区。

表 12-1 2006~2007 年西部 13 个国家级经济技术开发区主要经济指标

项 目	2006 年		2007 年	
	西部开发区合计	占西部比例/%	西部开发区合计	占西部比例/%
GDP/亿元	660.94	1.7	942.64	2.0
工业总产值/亿元	1483.71		2110.02	
实际使用外资金额/亿美元	7.70		11.42	
税收收入/亿元	102.18		143.56	
进口总额/亿美元	17.98	5.3	18.96	4.0
出口总额/亿美元	24.39	10.4	31.40	10.0

资料来源：根据中国西部国家博览会组委会办公室等（2009）整理

在某种意义上，主导世界经济的力量正在从工业区向科技工业园区转移，科技工业园区正在成为知识经济时代的增长极和原动力。西部地区已形成了两条高新技术产业带——关中高新技术产业带和成都-绵阳-重庆高新技术产业带，兰州、乌鲁木齐、贵阳、南宁、桂林等综合性技术创新基地和先进制造技术的推广应用基地，以及包头和昆明两个特色高技术产业基地；孕育了 14 个国家级大学科技园和 30 个科技企业孵化器。近年来，这些国家级高新技术产业开发区的发展取得了明显的经济效益和社会效益。2007 年，西部 13 个国家级高新技术产业开发区共有企业 7635 个、从业人员 113.49 万人、总收入 7226.33 亿元、出口创汇 86.90 亿美元、实现工业产值 5924.10 亿元，分别占全国国家级高新技术产业开发区的 15.8%、17.5%、13.2%、5.0%和 13.3%（表12-2）；国家级高新技术产业开发区工业增加值占所在城市 GDP 的比重，绵阳10.9%、西安23.9%、成都12.3%、包头14.0%，有效地促进了当地经济结构的调整。尤其是西安、成都、重庆的高新技术产业具有显著的综合优势，对西部地区未来高新技术产业的发展起着主导作用。

表 12-2 2006~2007 年西部 13 个国家级高新技术产业开发区主要经济指标

项 目	2006 年		2007 年	
	西部国家级高新技术产业开发区绝对数	占全国国家级高新技术产业开发区比例/%	西部国家级高新技术产业开发区绝对数	占全国国家级高新技术产业开发区比例/%
企业个数/个	6770	14.8	7635	15.8
从业人员/万人	101.69	17.7	113.49	17.5
总收入/亿元	5389.18	12.4	7226.33	13.2
出口创汇/亿美元	61.59	4.5	86.90	5.0
工业总产值/亿元	4404.30	12.3	5924.10	13.3
工业增加值/亿元	1270.60	14.9	1730.50	16.1

资料来源：根据中国西部国家博览会组委会办公室等（2009）整理

（四）由南到北形成我国"西电东送"的三大重要电源基地

经过长期开发，我国东部地区能源资源基本已经达到开发极限，进一步开发潜力已经不大。为了满足东部地区日益增长的电力需求，国家决定加大对西部地区能源资源丰富地区的开发力度，实施"西电东送"工程。"西电东送"工程包括三个送电通道：一是建设贵州乌江、云南澜沧江和桂、滇、黔三地交界的南盘江、北盘江、红水河水电站，以及云南和贵州的坑口火电站，向广东送电；二是将金沙江干支流（雅砻江、大渡河）水能资源开发送往华东地区；三是建设黄河上游水电站和晋陕蒙接壤地区的坑口电站，向京津唐地区送电。这三个重要电源基地，除北部的山西外，其余均位于西部地区，由南到北形成我国"西电东送"的三大重要电源基地。

（五）形成了十大特色旅游区

东部地区的旅游资源经过20多年的开发已出现枯竭态势，西部地区旅游资源数量多、品位高，是中国旅游业21世纪大发展的战略后备基地和中国实现世界旅游强国目标的新增长极。经过多年的建设，已经形成了一批精品旅游项目，并成为海内外旅游市场的热点。目前，西部已经基本形成了十大特色旅游区（表12-3），培育出长江三峡、九寨沟、桂林山水、丽江、兵马俑、敦煌莫高窟等一批世界知名的旅游品牌，重庆、四川、云南、西藏等地的旅游和旅游文化产业已经成为当地的支柱产业之一。

表12-3　西部十大特色旅游区

旅游区名称	主要景点
丝绸之路旅游区	西安古城、秦始皇陵、秦始皇兵马俑、宝鸡法门寺、天水麦积山、武威雷台公园、张掖卧佛寺、敦煌莫高窟、吐鲁番古文化遗址、喀什民族风情旅游
香格里拉生态旅游区	茶马古道、康定跑马山、稻城亚丁、海螺沟冰川、丽江玉龙雪山、丽江古城、迪庆香格里拉峡谷、德钦梅里雪山、西藏盐井、八宿然乌湖
长江三峡高峡平湖旅游区	三峡库区、大足石刻、巫山小三峡、丰都名山、奉节白帝城、云阳张飞庙、忠县石宝寨
青藏高原特色旅游区	布达拉宫、珠穆朗玛峰、大昭寺、林芝大峡谷、雅砻河谷、三江源、青海湖、塔尔寺、坎布拉
川黔渝旅游区	三星堆、金沙遗址、乐山大佛、峨眉山、九寨沟、黄龙、都江堰—青城山、自贡恐龙博物馆、宜宾蜀南竹海、泸州佛宝、重庆武隆天生三桥、黄果树瀑布、梵净山
桂东—桂北黄金旅游区	桂林漓江、阳朔遇龙河、兴坪生态田园风光、桂平太平天国金田起义遗址、昭平黄姚古镇历史文化旅游
滇桂民族风情热带风光边境旅游区	大理苍山洱海、西双版纳热带雨林、沧源阿佤山佤文化、建水—石屏历史文化、乐业大石围天坑群、防城港江山半岛—东兴金滩
西北大漠草原旅游区	锡林郭勒盟草原、鄂尔多斯成吉思汗陵、阿拉善贺兰山宗教文化与原始次生林、西夏王陵、沙坡头、喀纳斯、天山天池
黔东南—湘鄂西民族风情与生态旅游区	贵阳、凯里、榕江、从江、黎平苗侗少数民族风情、湘西、恩施土家族、苗族民族风情、湘西凤凰古城
重点红色旅游区	左右江、黔北黔西、滇北、川西雪山高原、陕甘宁、川陕渝、延安、遵义、广安

资料来源：根据中国西部国家博览会组委会办公室等（2009）整理并补充

二、存在的问题

(一) 产业同构化比较严重

西部大开发以来,各省(自治区、直辖市)无一例外地走上了大规模资源开发的道路,由此产生的问题就是产业尤其是工业的同构化明显(表12-4)。

表12-4 西部地区各省(自治区、直辖市)产值居前五位的工业行业

省(自治区、直辖市)	产值居前五位的工业行业
内蒙古	黑色金属冶炼及加工业、电力热力生产及供应业、煤炭开采及洗选业、有色金属冶炼及加工业、农副产品加工业
广西	农副产品加工业、黑色金属冶炼及加工业、交通运输设备及制造业、电力热力生产及供应业、有色金属冶炼及加工业
重庆	交通运输设备制造业、有色金属冶炼及加工业、电力热力生产及供应业、化学原料及化学制品业、黑色金属冶炼及加工业
四川	黑色金属冶炼及加工业、电力热力生产及供应业、农副产品加工业、化学原料及化学制品业、通用设备制造业
贵州	电力热力生产及供应业、黑色金属冶炼及加工业、化学原料及化学制品业、有色金属冶炼及加工业、煤炭开采及洗选业
云南	有色金属冶炼及加工业、烟草制造业、电力热力生产及供应业、黑色金属冶炼及加工业、化学原料及化学制品业
西藏	非金属矿物制品业、有色金属采选业、医药制造业、电力热力生产及供应业、饮料制造业
陕西	石油及天然气开采业、石油加工及炼焦业、交通运输设备制造业、电力热力生产及供应业、煤炭开采及洗选业
甘肃	有色金属冶炼及加工业、石油加工及炼焦业、黑色金属冶炼及加工业、电力热力生产及供应业、仪器仪表及办公设备制造业
青海	有色金属冶炼及加工业、石油及天然气开采业、电力热力生产及供应业、黑色金属冶炼及加工业、化学原料及化学制品业
宁夏	电力热力生产及供应业、有色金属冶炼及加工业、煤炭开采及洗选业、化学原料及化学制品业、石油加工及炼焦业
新疆	石油及天然气开采业、石油加工及炼焦业、黑色金属冶炼及加工业、电力热力生产及供应业、化学原料及化学制品业

资料来源:刘卫东等(2010)

西部地区的高新技术产业开发区定位上存在明显的雷同现象,多数高新技术产业开发区重点发展电子信息、生物医药、新材料等高新技术产业(表12-5)。高新技术产业开发区是我国为了加强高新技术研究及其产业化发展设立的,所享受的政策优惠与经济技术开发区基本相同,但主要是适用于区内经过核准

的高新技术企业，而对区内从事一般和传统的技术、产品开发的企业，则没有优惠（何兴刚，1995）。但是，西部地区的高新技术产业开发区与经济技术开发区缺乏明确分工，二者呈现趋同的趋势，也导致开发区之间的无序竞争，这在全国也是一个普遍现象。

表 12-5 西部地区 13 个国家级高新技术产业开发区的产业发展方向

国家级高新技术产业开发区	微电子和电子信息技术	材料科学和新材料技术	光机电一体化	空间科学与航空航天技术	生物工程与生命科学技术	能源科学与新能源高效节能技术	生态科学与环境保护技术	农业高效利用与节水灌溉技术
西　安	●			●	●			
宝　鸡	●	●	●					
杨　凌					●			●
兰　州	●						●	
乌鲁木齐		●						
包　头		●						
绵　阳	●			●	●			
成　都	●				●			
重　庆	●						●	
昆　明	●	●						
贵　阳	●							
南　宁	●		●					
桂　林	●	●				●		

（二）特色产业盲目仿效和无序竞争严重

在经济利益的驱动下，各地区竞相发展有"比较优势"的特色农业。不少特色农业项目是政府推动的，按行政地区而建，重复建设较为普遍。陕西省 30 余家浓缩果汁加工企业大都集中在关中地区①，有的相距仅十几公里，竞争激烈，规模都很难做大。有的地区确定的主导产业数量太多，无法形成规模优势。在有限的市场需求下，出现了企业之间争原料、争市场的恶性循环，导致销路不畅、产品积压、价格下跌、效益下降。

龙头企业小而分散，集中化程度不高。尽管西部地区形成了一批规模较大

---

① 2008 年咸阳市有 10 家企业、13 个加工厂，渭南市有 6 家企业、6 个加工厂，宝鸡市有 2 家企业、2 个加工厂，延安市有 2 家企业、2 个加工厂，铜川市有 2 家企业、2 个加工厂，西安市有 1 家企业、1 个加工厂。参见：中国农产品加工网．陕西省苹果加工业发展现状及预警指标体系建设构想．www.fjc100.cn/news/print.asp? id=5055. 2009-08-17.

的特色农业龙头企业,但从总体上看,龙头企业数量少而规模小,技术装备落后,科技创新能力低,带动能力不强。优质农产品原料分散,没有形成规模,制约了龙头企业的进一步发展。

西部地区原材料工业企业规模普遍较小。西南地区许多钢铁企业的钢产量均在100万t左右甚至更少,经济效益差,相对于国内外的大型钢铁企业而言竞争力较差;即使是西部地区具有比较优势的有色金属工业规模也比较小,如青海铝业和青铜峡铝厂的铝锭产量分别居全国124家铝厂的第二位和第三位,但也只占全国总产量的6%左右。

(三)旅游业发展地区差异大

长期以来,西部地区各级政府对旅游资源缺乏科学规划,多数地区没有对当地旅游资源进行全面系统的普查和评价,对整个旅游资源的数量、质量、种类、范围、自然环境、开发价值、客源前景等缺乏全面科学的统计和分析,难以为旅游资源的合理开发和科学布局提供可靠依据。因此,西部旅游业的发展仍在走与东部地区旅游业"同构化"的道路,照搬东部的经验,尚未挖掘出西部特色(刘卫东等,2010)。目前旅游资源开发多数是低层次的观光旅游,旅游产品有趋同化趋势,很多景区(点)仅仅是卖门票而已。这与传统的旅游业发展观和资源观密切相关,其根本原因在于西部国有经济改革进程普遍慢于东部沿海地区。加之受行政界限等因素的影响,西部地区"各自为战"的旅游资源开发形式较为普遍,大大降低了旅游资源的整体组合优势。

西部各省级行政区旅游业发展呈不均衡态势。西南片旅游发展水平、基础设施、开发条件优于西北片区。2012年云南和广西两个旅游大省(自治区)接待的国外游客分别为329.8万人次和233.7万人次,分别居全国各省(自治区、直辖市)第8位和第9位;旅游外汇收入分别为19.47亿美元和15.97亿美元,分别居全国各省(自治区、直辖市)第10位和第11位。四川省具有丰富的自然旅游资源,正逐步摆脱汶川地震的影响,2012年接待旅游国外游客达到151.3万人次,旅游外汇收入7.98亿美元。

在西北地区,陕西省的旅游业处于一枝独秀的位置。在接待游客人数、旅游外汇收入和国内旅游接待收入等几十个主要指标中,陕西省均占西北地区的40%左右。甘肃、青海、宁夏的旅游基础条件非常落后,旅游接待设施也非常有限,旅游业发展相对滞后,旅游业发展各项指标列全国后三位。西部区域内旅游业发展不平衡,不利于西部旅游整体竞争力的提高(李树民等,2009)。

第二节　特色优势产业地区布局的总体框架

一、总体思路

西部特色产业的发展，必须坚持"分类指导，区别对待"的原则，要适当集中力量，突出重点领域和重点区域，使其逐步走上专业化、特色化和集群化的道路，要谨防各地搞低水平重复建设。在产业发展的重点领域，当前应重点支持具有优势的特色农业及农产品深加工、能源资源的开发及高载能产业、重要矿产资源开发及加工、装备制造业、高新技术产业和旅游产业。在产业空间布局上，要充分发挥地区优势，加强专业化分工，鼓励各地特色产业向专业化、集群化方向发展，不断延长产业链条，发展产业链经济，提高产业配套能力。要依托主要交通干线和中心城市，以高新技术产业开发区、经济技术开发区和工业园区为重点，实行重点开发，逐步在西部地区建成两大特色产业区、三大国家重点经济区、三大西部重点经济区、三大省会经济区（图12-1），以及一批具有规模效应和市场竞争力的特色产业带、工业走廊和特色产业基地，由此带动整个西部地区经济社会的持续快速发展，推动西部大开发的深入进行。

二、布局原则

（一）统筹区域协调发展

西部地区共有12个省（自治区、直辖市），相互间经济文化的联系相当密切，资源的互补性很强。面对这种现实，特色优势产业的发展和布局要全面贯彻统筹区域协调发展的原则，统筹规划，合理分工，构建一体化的特色优势产业布局框架，在更大范围内实现生产要素的合理流动，优化资源配置，求得经济的协调、稳定和快速发展。

（二）以市场为主导

西部地区特色优势产业的布局是稀缺的生产要素在市场导向下的空间配置，因此，要充分发挥市场调节的基础性作用，将政府作用严格限制在市场不能有

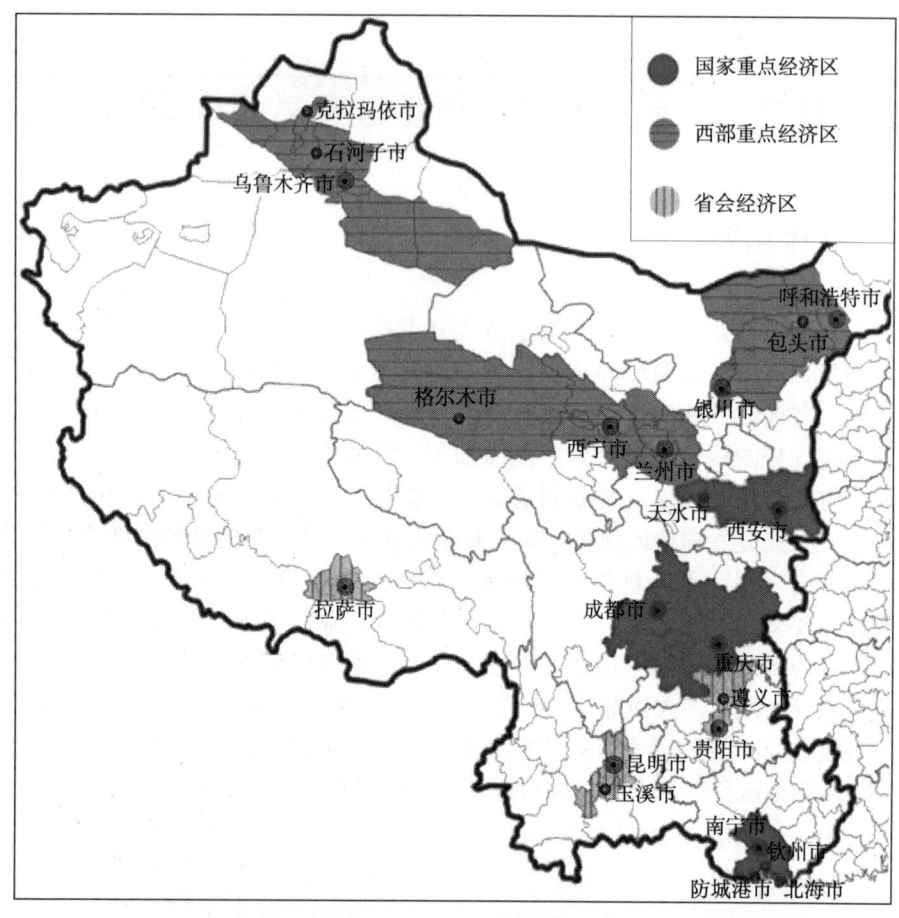

图 12-1　西部地区重点经济区、省会经济区区位及范围示意图

效发挥作用的领域，而对特色优势产业的选择要在市场选择的基础上进行，不能违背市场竞争原则。同时产业布局的调整要尊重历史和现状，对不合理布局的调整要充分利用市场机制的力量，政府的作用主要是创造和提供良好的制度和政策环境，消除或减轻制约产业发展的体制、制度和行政区域性障碍。

（三）要依托主要交通干线和城镇进行布局

在市场经济条件下，一个区域的经济活动总是倾向于集中在特定的位置，即"点"与"轴"上。"点"就是中心城市。西部地区160个不同规模等级城市之间发展的不平衡性，决定了特色优势产业的发展不可能整体平行推进，而必须选择若干经济实力较强、投资环境相对优越的城市，发挥城市在布局中的载体作用，进行重点开发、优先发展，进而由点到线、由线到面、循序渐进，形成具有较高水平的现代化的城市特色经济，带动西部地区特色优势产业的发展。"轴"就是在一定方向上由若干不同级别的中心城市形成的相对密集的人口和经济带，而连接这些中心城市的是线状基础设施，轴线上集中的社会经济要素通过产品流通、信息传播、技术扩散、人员流动等形式对附近区域发生扩散和带动作用。

（四）突出重点和区别对待相结合

西部地区内部发展条件的差异性很大。改革开放以来，西部各省（自治区、直辖市）均采取了"地区非均衡发展"的战略，使发展条件较好的地区得到较快发展。今后，西部特色优势产业的发展和布局也应当遵循突出重点和区别对待相结合的原则，以保证高效使用国家有限的资金，分阶段解决不同时期特色优势产业发展的各种问题。近西部地区应加快资源型产业的发展，促进传统产业的调整和改造，提高重要的农业、能源、原材料基地的经济发展水平，并规划建设一批新的能源、原材料基地；发展农业的规模经营和产业化。远西部地区在加强部分优势资源利用的同时，加快基础设施建设步伐，为未来特色优势产业的发展创造良好条件。

（五）强化区域与企业之间的分工协作

有竞争力的集群是区域长期经济增长和繁荣的源泉。地域上和企业之间的分工协作是现代产业发展的必然要求，"小而全"或者"大而全"的策略不能适应变化多端的市场需求。西部地区特色优势产业要鼓励专业化的中小企业的发展，促进企业在生产和技术上的合作，将具有技术和市场联系的企业在地域上相对集中，有利于节省运输成本和库存成本，共同利用各种公共和辅助生产设施。各层次重点经济区的工业园区应扬长避短、发挥优势、合理分工，形成各具特色的产业集群。

（六）与环境保护相协调

可持续发展、低碳经济、循环经济已成为世界各国的共识，也是我国的一项基本国策。以大量牺牲环境和资源为代价谋取经济增长，已经逐渐成为被摒弃的发展途径。西部地区特色优势产业的发展和布局，必须注意保护和改善生态环境、合理开发利用各种资源，使其协调发展。在不断增强综合经济实力的基础上，促进社会的全面进步，实现自然资源的合理利用、人民生活质量和水平的不断提高以及生态环境的改善。

三、逐步形成两大各具特色的产业区

西部地区地域辽阔,自然条件和社会经济基础差异很大。从发展特色优势产业的角度看,可以形成西南、西北两大特色产业区[①]。

(一) 西南特色产业区

包括重庆、四川、广西、贵州、云南五省(自治区、直辖市)。本区地形复杂、气候多样,特色农业的发展具有良好的基础;贵州的绿色产业,云南的生物资源开发,四川的农产品,广西的甘蔗种植和制糖,云南、贵州两省的烟草业,在全国占有极其重要的地位;水能资源极为丰富,贵州乌江、云南澜沧江和桂、滇、黔三省交界的南盘江、北盘江、红水河,以及金沙江干支流是我国"西电东送"工程的两大电源基地;煤炭也有相当的储量,天然气、有色金属、磷矿资源等均有丰富的储藏;机电工业、高新技术产业、冶金工业、化学工业基础雄厚;成渝、贵州的制造业,成(都)德(阳)绵(阳)的高新技术产业,贵州、云南的磷化工,重庆和攀枝花的钢铁工业,广西、贵州的铝精深加工业等在全国地位突出;鬼斧神工的自然风光、多姿多彩的民族文化、绚丽灿烂的民族风情,是特色旅游业发展的资源基础。

西南重点发展的特色经济区有成渝经济区、广西北部湾经济区、贵阳-遵义地区、昆明—玉溪地区。

(二) 西北特色产业区

包括陕西、甘肃、宁夏、内蒙古、青海和新疆六省(自治区),是我国地广人稀的地区之一。本区地形以高原为主,气候干旱,光照充足,是我国最重要的畜牧业基地;陕西的苹果,新疆的棉花,甘肃的"阳光农业",青海的特色食品和藏药业,宁夏的绿色食品、生物药品和生物工程产业,内蒙古的农畜产品加工均在全国占有重要地位。西北特色产业区是我国能源矿产资源最富集的地区,煤炭、石油、天然气储量占国内相当比重,内蒙古、陕北接壤地区是我国"西电东送"工程重要的电源基地;新疆不仅是我国"西气东输"工程的重要气源地,也是我国未来石油的重要接替地;关中和兰州的高新技术产业、宁夏的新材料产业、内蒙古的能源工业和冶金工业、新疆的石油天然气开采及加工业、青海的大

[①] 由于西藏自然条件的特殊性,没有把西藏划归某一特色产业区。

盐湖产业、能源及高耗能工业等在全国地位突出；悠久的古都文化和丝绸之路、粗犷的大漠风光、独特的民族风情，构成了西北特色旅游业发展的资源基础。

西北重点发展的特色经济区有关中—天水经济区、新疆天山北坡经济区、兰（州）西（宁）格（尔木）经济区、呼（和浩特）包（头）银（川）经济区、陕甘宁经济区。

第三节 重点经济区范围的确定、发展方向和特色优势产业

一、重点经济区的确定

（一）重点经济区范围确定的一般依据

重点经济带（经济区），是沿基础设施通道建设的、具有较强经济实力且具有密切经济和社会联系、具有基本一致的对外经济合作方向、具有一两个能发挥组织功能的一级中心城市的综合地域社会经济体系（刘卫东等，2003）。在规划和重点建设经济带（经济区）方面，中央政府的主要任务是确定具有大区意义的重点经济带（经济区）及其范围，并在主要基础设施和重大项目建设以及协调与全国发展的关系等方面促进经济带（经济区）的形成。综合分析，重点经济区范围的确定应考虑如下因素。

1. 依托重要的交通干线，且地域连片

西部地区已经形成的社会经济基础大部分集中在交通沿线。经过新中国成立后60多年的建设，西部地区已经基本形成了综合运输体系。这种运输体系是未来经济布局和发展的基础，其中铁路干线、高速铁路和高速公路对于西部地区生产力布局具有极为重要的意义。目前已经形成的主要交通通道已经将西部地区的主要城市和各级核心区联系起来，集聚了主要的生产力，包括了主要的城市和工业区。经济区内外交通网络基本建立，有利于形成对内联系紧密、对外开放度高的格局。地域连片，自然条件相似，有利于进行统一规划和发展特色优势产业，也有利于统一进行国土规划和生态环境整治（林凌，2005）。

2. 经济集聚程度较高，分工明显，互补性强

一定的经济发展水平既是过去经济发展的结果，又是未来经济发展的基础。

重点经济区的发展水平在西部地区应该是比较高的，只有这样，才能在未来尽快成长为带动西部优势产业发展的增长极。在此，初步确定的重点经济区人均GDP为西部地区的1.5倍以上，或者经济密度为西部地区的5.0倍以上的城市。

3. 要有核心城市

从区域经济空间开发的角度看，西部地区还处于"点—轴"开发阶段。随着区域工业化进程的加深，以制造业和现代服务业为代表的第二、第三产业，先在少数点（即增长极）得到发展；随着经济发展水平的提高，工业点不断增多，由于经济联系的加强，点与点之间重要交通干线的建立，连接地区的人流和物流迅速增加，生产和运输成本进一步降低，形成了有利的区位条件和投资环境；产业和人口向交通干线聚集，使交通干线连接地区成为经济增长极，沿线即发展成为经济发展轴（聂华林和王成勇，2006）。因此，西部重点经济区必须以一个或数个大型城市为核心，形成一个或数个城市群或城市带。在重点经济区内，对外交通网络基本建立，形成对内联系紧密、对外开放程度较高的格局。

4. 保持行政区域的相对完整性

行政区域，通常是指一个国家的地方行政机关所辖的区域（刘君德等，1999）。一切经济活动都是在特定的行政区域内进行的，必然受行政区域内行政机关的各种行政权力、发展战略和政策的影响。在我国由计划经济向市场经济转轨过程中，大大加强了地方政府的经济权力，因而行政区的经济功能不断强化，政府在区域经济中起着中枢的作用，行政区划对区域经济发展具有特殊的重要作用。保持行政区域的相对完整性，有利于重点经济区相关政府制定统一政策，促进西部优势产业的形成和发展。本书在确定西部重点经济区范围时，一般以地级市作为基本单位。

（二）西部重点经济区的确定

2010年6月，《中共中央、国务院关于深入实施西部大开发的若干意见》指出："坚持以线串点、以点带面，着力培育经济基础好、资源环境承载能力强、发展潜力大的重点经济区，形成西部大开发的战略新高地，辐射和带动周边地区发展。推动成渝、关中—天水和广西北部湾等经济区发展，建成具有全国影响的经济增长极。支持呼（和浩特）包（头）银（川）、新疆天山北坡、兰（州）西（宁）格（尔木）、陕甘宁等经济区发展，形成西部新的经济增长带。培育滇中、黔中、西江上游、宁夏沿黄、西藏'一江三河'等经济区，形成省域经济增长点。"(中共中央和国务院,2010)我们认为,考虑到西部大开发第二个十年的需要,西部重点经济区除成渝、关中—天水、广西北部湾三大经济区之外,还应该包括呼(和浩特)包(头)银(川)、新疆天山北坡、兰(州)西(宁)格(尔木)和陕甘宁经济区。

2008年1月国家公布了《广西北部湾经济区发展规划》,2009年6月公布了《关中—天水经济区发展规划》,2010年12月公布了《成渝经济区发展规划》,对三大经济区的范围做出了明确界定。下文对于这三个重点经济区特色优势产业的发展方向也是简要阐述,而把重点放在经济区发展迫切需要解决的问题上。

陕甘宁经济区是革命老区,2012年3月国家发展和改革委员会公布了《陕甘宁革命老区振兴规划》。考虑到陕甘宁经济区的特殊性,本书对西部重点经济区的论述不涉及该经济区。

二、成渝经济区

(一) 范围确定

《成渝经济区发展规划》划定的范围,包括四川15个市和重庆31个区(县),四川15个市分别为成都、德阳、绵阳、眉山、资阳、遂宁、乐山、雅安、自贡、泸州、内江、南充、宜宾、达州和广安。重庆31个区(县)则包括"一小时经济圈内"的23个区(县)(主城9区、双桥、长寿、合川、涪陵、永川、江津、万盛、璧山、綦江、荣昌、南川、大足、潼南、铜梁)和渝东北的万州、梁平、丰都、开县、垫江、忠县、云阳及渝东南的石柱这8个区(县)(表12-6)。

表12-6 2010年成渝经济区的基本情况

地 区	面积/km²	总人口/万人	GDP/亿元	经济密度/(万元/km²)	人均GDP/元
渝中区	23	57.26	553.03	240 446.48	96 581.7
大渡口区	103	23.69	177.21	17 205.20	74 805.2
江北区	214	54.61	391.39	18 289.47	71 670.9
沙坪坝区	396	79.08	419.54	10 594.46	53 052.7
九龙坡区	432	82.24	589.58	13 647.79	71 690.7
南岸区	261	60.79	351.23	13 457.01	57 777.3
北碚区	755	63.5	232.37	3 077.78	36 594.1
渝北区	1 456	102.47	573.64	3 939.80	55 980.8
巴南区	1 825	88.3	308.72	1 691.61	34 962.4
双桥区	43	5.09	40.03	9 308.42	78 636.9
铜梁县	1 342	83.58	150.18	1 119.11	17 969.0
璧山县	912	63.47	152.76	1 674.97	24 067.7

续表

地 区	面积/km²	总人口/万人	GDP/亿元	经济密度/(万元/km²)	人均GDP/元
江津区	3 200	149.23	303.00	946.87	20 304.0
合川区	2 356	155.26	244.49	1 037.74	15 747.3
永川区	1 576	112.31	300.04	1 903.80	26 715.2
荣昌县	1 079	83.21	159.95	1 482.40	19 222.6
潼南县	1 585	93.52	116.79	736.83	12 488.0
大足县	1 390	96.64	145.01	1 043.21	15 004.8
涪陵区	2 941	115.66	434.49	1 477.34	37 565.8
长寿区	1 424	90.21	228.64	1 605.63	25 345.5
垫江县	1 518	96.37	113.87	750.14	11 816.0
梁平县	1 890	91.11	111.11	587.87	12 194.8
丰都县	2 901	84.29	77.12	265.83	9 149.2
忠 县	2 184	100.41	109.41	500.97	10 896.4
万盛区	566	26.86	49.27	870.58	18 345.0
綦江县	2 182	94.52	167.28	766.63	17 697.7
南川区	2 602	67.27	143.55	551.68	21 338.9
开 县	3 959	163.4	149.28	377.07	9 135.9
云阳县	3 634	133.56	85.76	236.00	6 421.4
石柱县	3 013	53.96	64.81	215.11	12 011.1
万州区	3 457	173.32	500.13	1 446.72	28 856.0
成都市	12 400	1 149.1	5 551.33	4 476.88	48 310.2
自贡市	4 300	326.0	647.73	1 506.35	19 869.0
德阳市	5 900	389.2	921.27	1 561.47	23 670.9
绵阳市	20 200	541.9	960.22	475.36	17 719.5
眉山市	7 100	349.1	552.25	777.82	15 819.2
内江市	5 300	425.5	690.28	1 302.42	16 222.8
遂宁市	5 300	381.4	495.23	934.40	12 984.5
资阳市	7 900	501.1	657.90	832.78	13 129.1
乐山市	12 800	353.4	743.92	581.19	21 050.4
雅安市	14 000	154.9	286.54	204.67	18 498.4
泸州市	12 200	502.3	714.79	585.89	14 230.3
南充市	12 400	751.7	827.82	667.60	11 012.6
宜宾市	13 200	539.0	870.85	659.73	16 156.8
达州市	16 200	685.5	819.20	505.68	11 950.4
广安市	6 300	466.1	537.22	852.73	11 525.9
成渝经济区合计	206 719	10 261.39	22 720.23	1 099.09	22 141.5
四川、重庆合计	567 403	10 927	25 111.06	442.56	22 980.7
(成渝经济区合计/四川、重庆合计)/%	36.4	93.9	90.5	248.3	96.3

注：表中，除经济密度数据由作者计算外，其他数据均引自《中国区域经济统计年鉴（2011）》、《重庆统计年鉴（2011）》。

资料来源：整理自：国家统计局国民经济综合统计司.2011.中国区域经济统计年鉴（2011）.北京：中国统计出版社；重庆市统计局，国家统计局重庆调查总队.2011.重庆统计年鉴（2011）.北京：中国统计出版社

(二) 发展现状

成渝经济区总面积 20.67 万 km², 占四川、重庆的 36.4%。2010 年, 总人口 10 261.39 万人, 占四川、重庆的 93.9%; GDP22 720.23 亿元, 占四川、重庆的 90.5%; 经济密度 1099.09 万元/km², 相当于西部地区的 9.24 倍[①]; 人均 GDP22 141.5 元, 略高于西部地区平均水平[②]。

1. 典型的流域经济区,水资源、水能资源特别丰富

成渝经济区主要分布在长江上游干流及其主要支流嘉陵江、乌江、岷江、沱江的中下游地区, 城市和产业绝大部分是沿长江干流和四大支流的中下游分布, 是一个十分典型的流域经济区。长江黄金水道是成渝经济区的战略大通道, 也是我国西部地区东向最大的出海口, 在内陆地区是独一无二的。成渝经济区是我国水资源、水能资源最丰富的地区之一。处于亚热带季风气候区, 年降水量在 1000mm 以上; 水能资源也很丰富, 这将促进这一地区发展有环境保障的高耗水、高载能工业。

2. 西部最典型的城市密集区

成渝经济区的重点开发地区实际上已经形成以成都、重庆两大城市为核心、各级中心城市相互联系的西部最典型的城市密集区。除重庆、成都两个独立的特大型城市所辐射形成的城市经济区之外, 四川南部的自贡、内江开发历史悠久, 实际上也已构成一个城市群; 成都－德阳－绵阳已经形成了我国西部地区典型的高新技术产业带。区内已经形成了重庆、成都、内江、遂宁四个交通枢纽。在城市产业的定位上, 绵阳科技城、德阳重型装备制造基地、资阳车城等, 均在全国有相当的知名度。

3. 自然资源与资源加工型产业相互依存

成渝经济区矿产、能源、旅游和其他资源十分丰富, 奠定了本经济区较强的资源加工型产业的特点(田代贵, 2006)。围绕资源开发发展起来的产业[③], 已经发展成为成渝经济区重点开发地区的主要产业。如何进一步充分和合理利

---

① 2010 年西部地区经济密度为 119 万元/km²。
② 2010 年西部地区人均 GDP 为 20 839.7 元。
③ 如以水电为主、火电天然气为辅的能源产业, 以铁矿资源和天然气资源开发发展起来的重化工工业, 以农副产品为原料的食品饮料业, 以生物资源开发发展起来的现代中医药产业, 以丰富旅游资源为依托的旅游产业等都得到较快发展。

用这些资源，在资源开发过程中通过资源共享、产业整合，做大做强产业链，提高资源加工的深度和精度，是成渝经济区未来发展面临的主要任务之一。

4. 我国国防工业分布最密集的区域之一

抗战时期、"三线"建设时期的两次内迁，在成渝经济区建成了一大批在当时历史条件下装备精良、人才汇聚的国防工业，使之成为我国国防工业分布最密集的地区之一。依靠国防科技和民用科技的转移和互动，进一步发挥国防工业雄厚的技术、人才优势，促进国防工业和民用工业的协同发展，是成渝经济区的独特优势。

5. 我国重要的装备制造业和高新技术产业基地之一

德阳、成都和乐山的大型发电设备、重型机械、大型工程机械、交通运输设备；重庆、綦江和江津等地的金属制品业、通用设备制造业、专用设备制造业、电气机械及器材制造业、仪器仪表及文化办公机械制造业、武器弹药制造业、电子及通信设备制造业等产品的生产规模和技术处于全国领先水平。

成渝经济区的高新技术产业主要分布在绵阳科技城、成都高新技术产业开发区和经济技术开发区、重庆高新技术产业开发区和经济技术开发区。其中，成都高新技术产业开发区和经济技术开发区创建了国家级集成电路设计专业化基地、国家级软件产业化基地、国家级信息安全产业化基地、国家级西部大学生创业园和国家级中药现代化科技产业园。由于科技研发的大力投入和成果支持，成都、绵阳、重庆等地在数字家电、电子元器件、软件、电子信息、军事电子产品等方面在全国具有较好的竞争优势。

6. 长江流域生态环境安全保护带

成渝经济区地处长江上游和三峡库区，在整个长江流域中承担着生态环境安全保护的重任。

（三）发展方向

从发展现状看，成渝经济区与珠江三角洲、长江三角洲、京津冀等沿海发达地区相比，的确存在较大差距。但是在整个西部地区，又是发展基础最好、发展水平最高的区域。根据前面分析，成渝经济区的发展方向是带动和支撑西部大开发的最重要战略高地。

成渝经济区要重点发展能源及化学工业、装备制造业、高新技术产业、特色农业及加工业、旅游业，着力培育新的支柱产业，努力改变工业支撑比较单一的局面，发展现代产业体系。引导加工业与农业、制造业与生产性服务业、能源工业与矿产资源加工业的紧密联结，形成相互支撑、相互促进的跨领域链条式发展模式，构筑带动和支撑西部大开发的最重要战略高地。绵阳－德阳－成都高新技术产业带的进一步发展，将带动长江上游及我国西南地区的产业升级；装备制造业基地的形成，将推动长江上游及西部工业化的进程；城市功能的进一步增强，将推动长江上游及西部城镇化进程；三峡水利枢纽竣工后，长江黄金水道的作用将大大增强，成渝经济区的西部物流枢纽功能也将大大强化。

（四）优势产业

1. 能源及化学工业

（1）水电。[①] 根据流域滚动开发原则，加大对区内大渡河、雅砻江、金沙江等河流滚动开发力度，形成河流梯级补偿调节能力。作为流域滚动开发的项目，溪洛渡和向家坝电站已经开工建设。作为远景发展规划，位于长江上游可开发的水电站还有白鹤滩、乌东德、半边街、皮厂和虎跳峡，对于这些水电站，可以按照滚动开发的原则，从低到高进行梯度开发。

（2）火电。成渝经济区煤炭储量有限，并且是高硫煤，不适合用于发电。但是，本区有丰富的天然气资源，可以发展燃气电站作为调峰用电。从全国电力工业优化配置的角度看，成渝经济区火电建设首先要逐步淘汰目前的小火电；为配合水电建设，发挥四川省天然气储量丰富的优势，还要增加新的火电电源，这些新增的火电电源以循环流化床机组和燃气机组为主。

（3）天然气。成渝经济区天然气资源丰富[②]，是我国南方地区天然气的主要产地，随着天然气产量的大幅度提高，可望成为我国南方重要的清洁能源生产基地。但其化学工业的发展应得到有效控制，避免污染三峡水体。[③]

2. 装备制造业

成渝经济区装备制造业的技术开发与生产制造能力可与长江三角洲和东北老工业基地相媲美。随着我国进入重化工业时代，基础设施现代化建设的加速，对

[①] 从成渝经济区范围看，这里涉及的水电开发超出了成渝经济区的范围，但考虑到西南地区水能资源开发的实际情况，在此一并阐述。

[②] 主要集中在四川盆地及重庆开县。

[③] 重庆欲将长寿建成天然气化工基地。对于化学工业产生的污染问题，采取的主要办法是关闭市中心的一些老、小企业，将一些发展较好的化工企业搬迁到产业园区，集中进行污染处理，走发展大型企业、减少小型企业，最终达到少污染的道路。但成渝经济区处于三峡上游地区，是长江流域生态环境安全保护带，发展化学工业对于三峡库区的生态环境建设有着至关重要的影响，因此，要慎之又慎。

各类装备制造产品的需求也大大增加。应抓住国家"西电东送"工程、三峡库区环保工程和长江三峡通航能力进一步提高等契机，大力发展重型机械装备制造业。

专栏 12-1

成渝经济区装备制造业发展重点

——大型成套设备。重点是大型输变电成套设备、重型机械成套设备、中小水电发电设备、大型制冷设备、大型钢结构、大型工程机械成套设备、港口装卸作业机械、城市交通车辆、电力机车等重要装备、城市轨道交通设备、大中小型船舶等水上交通机械、环保成套设备等。

——基础机械。重点是机床制造和基础件制造，机床制造以发展高中档数控机床、制齿机床为主，扩大数控齿轮机床和高精密主轴数控车床的规模化生产；基础件制造以提高基础元件的可靠性和技术水平为发展方向，重点发展液压泵、轴承和各类密封件等。

——通用机械。重点是大型离心压缩机、天然气压缩机、螺杆压缩机、风机和分离机械、工业泵、大型重载齿轮减速箱及石油井控设备。努力提高各装备产品的性能价格比。

——仪器仪表制造。重点发展工业自动化仪表及控制系统、分析仪器及成套系统、电工仪器仪表、光学仪器、电子功能材料、微电子器件、试验设备、仪表工艺装备、汽车摩托车仪表等，为装备工业发展和工业自动化提供自动化控制成套设备。

3. 高新技术产业

成渝经济区拥有成都、重庆、绵阳三个国家级高新技术产业开发区，区内已经形成以电子信息、生物制药、新材料、光电仪一体化设备、汽车等为主的产业区（表 12-7）。

表 12-7 2007 年成渝经济区国家级高新技术产业开发区主要指标

国家级高新技术产业开发区	企业数/个	从业人员/万人	总收入/亿元	工业总产值/亿元	工业增加值/亿元	出口创汇/美元	科技活动人员/万人
成 都	1253	19.36	1483.71	1189.22	409.74	22.34	5.33
重 庆	467	13.09	654.29	505.15	151.62	9.19	1.82
绵 阳	118	8.76	435.31	421.27	73.15	6.22	1.31
合 计	1938	41.21	2573.31	2115.64	634.51	37.75	8.46
（合计/西部高新技术产业开发区）/%	25.4	36.3	35.6	35.7	36.6	43.4	48.1

资料来源：根据中国西部国家博览会组委会办公室等（2009）整理

以成都、绵阳国家级高新技术产业开发区为依托，成（都）德（阳）绵（阳）共同构筑了具有全国影响的高新技术产业带，该产业带要依靠高校集中和国防科研优势发展高新技术产业，带动其他产业的升级换代；结合地区特色产业发展优势，用先进适用技术改造传统产业；建成我国西南地区高科技产业化走廊，推进产业结构的优化升级。重庆高新技术产业开发区已初步形成了电子信息、生物、生化制药及医疗器械、新材料、汽车及摩托车配套等高新技术产业，重点培育电子信息、生物工程和新医药、新材料、机电一体化四大主导产业。

4. 特色农业及加工业

成渝经济区农业基础条件良好[①]，以发展农副产品深加工为重点的绿色产业大有可为：一是发展名特饮料生产及加工。依托剑南春、水井坊、五粮液等打造国际知名的白酒酿造业。二是农副产品精深加工。依托本经济区及周边地区丰富的农特资源，重点实施农业产业化经营和高效生态优势农业战略，做大榨菜、柑橘、脐橙、草食畜牧、香料等绿色产业规模，推动绿色经济产业链的形成。

5. 旅游业

旅游线路和景点的开发将围绕特色旅游资源进行，形成多层次的旅游环线和多种旅游品种。以"新三峡"为品牌，塑造"高峡平湖、三峡腹地"主题形象，把三峡库区打造成世界级内河游船观光旅游精品，使之成为集生态效益、文化展示、旅游观光、休闲度假于一体的全国规模最大的首选旅游目的地和国际黄金旅游带。

（五）迫切需要解决的问题

1. 支持成渝经济区建设西南金融中心

批准更多的外资银行在本区内设立分行并允许其经营人民币业务，允许国内外金融机构扩大业务范围；批准在本区内设立跨区域的股权和产权市场；允许区内发行城市和基础设施建设债券，扩大区内企业债券的发行规模；对区内设立的各种投资基金、担保公司，允许其享受西部大开发的税收优惠政策。

2. 建设长江上游的生态屏障

三峡库区地质灾害防治形势严峻。库区地质环境脆弱，是全国地质灾害最

[①] 重庆及周边的宜宾和泸州的酒业、柑橘、茶叶、榨菜等传统农产品特色突出；成都及周边地区以粮食和生猪为核心的传统农业基础尤为雄厚，发展特色蔬菜、优质水稻和中草药种植具有比较优势。

严重的地区之一。已查出崩塌、滑坡 1153 处，总体积 371 247 万 m³。水库两岸崩塌、滑坡 428 处（其中，干流 304 处），总体积 279 543 万 m³（其中，干流 140 092 万 m³）。三峡水库蓄水后将进一步加剧该地区的地质灾害，两岸有泥石流痕迹的沟谷 280 条，近期有活动且有危害的 33 条（国家环境保护总局，2002）。

三峡工程运行后库区环境保护面临着新的形势与问题。由于库区的点源、面源和流动的污染源都没有得到有效治理，水库蓄水后，水库回水影响区水流减缓引起扩散能力减弱，使库周近岸水域及库湾水体纳污能力下降。库区部分支流水华藻类优势种总体上呈现出由河流型向湖泊型演变的趋势（环境保护部，2008）。重庆主城区、长寿、忠县、云阳、奉节、巫山、巴东、涪陵、万州等江段近岸水域出现了明显的岸边污染带（杨桂山等，2007）。

生态环境建设与保护是三峡工程和库区发展的重要保障，必须按照可持续发展的要求，加强生态文明建设，促进人与自然和谐相处。要切实采取有效措施，进一步加强水污染防治，下大力气解决影响水质突出问题；建设水库周边生态保护带，控制水土流失，减少泥沙淤积；推进地质灾害防治工程，完善环境监测体系，把三峡库区建成长江流域生态屏障（安树伟，2010）。

3. 切实加强成渝两地的分工合作

2007 年 4 月，四川省和重庆市共同签署了《关于推进川渝合作共建成渝经济区的协议》。双方将依托良好的资源条件和产业基础，以重庆、成都两个特大城市为龙头，以成都及绵阳等沿高速公路、快速铁路、黄金水道的 14 个市和重庆"一小时经济圈"内 23 个区县为载体，加强区域分工合作，共同将成渝经济区建成国家新的增长极。

成渝两地在遵循区域一体化原则基础上，首先应在交通设施、市场规则、公共服务能力建设等方面的合作取得突破；其次，要建立开放、规范、竞争、有序的商品市场，破除行政壁垒，加强交通、物流合作，降低产品跨区域销售成本；再次，要取消两地的就业户籍限制，建立流动人口"便参保、易转移"的社会保障体系，建立有利于人口流动的劳动力市场；然后，要构建要素无障碍流动机制，促进产业互动、利益共享；最后，要构筑企业合作的绿色通道，进一步放宽民营经济投资领域，消除民营经济进入市场的障碍（邹璇等，2010）。

4. 充分发挥国防科技工业的优势，促进经济建设与国防建设相结合

国防科技工业水平和实力的提升需要处理好两方面的关系：一是国防科技工业振兴与区域经济振兴的依存关系，二是短期政策目标（部分军工企业脱困）

◆ 第十二章
　西部优势产业和特色经济的地区布局

与长期发展目标（国防现代化建设）的战略关系。因此，要在国家投入的基础上，用地方经济的发展来保障本地区国防科技工业所承担任务的实现；依托经济区的国防科技工业，建设高新技术研发基地和先进制造业基地；采取军民结合和现代产权制度的方式，把已经成熟的军民两用技术向商品化、产业化、市场化方向转化；积极探索市场经济条件下国防科技工业发展的新模式（林凌，2005）。

5. 支持成渝经济区发展资源加工型产业

成渝经济区有丰富的水能、天然气、矿产、生物等资源，国家应支持本经济区利用廉价的水能发展有环境保障的高载能产业，推动中石油、中石化与本经济区合作，利用廉价的天然气发展天然气化工业，利用黑色有色稀土等资源，发展钢铁下游产品、铝的冶炼加工、稀土冶炼加工等产业、中药现代化产业、核电设计和设备制造业、飞机设计和设备制造业、重型装备制造业、军用电子、航空航天电子、汽车电子、家用电子等电子产业。对这些产业的发展给予资金和政策支持。对经济区内引进的重大投资项目，由国家给予贴息等支持；在工业用地上实行异地占补平衡。

三、关中—天水经济区

（一）范围确定

《关中—天水经济区发展规划》划定的范围，包括陕西省西安、铜川、宝鸡、咸阳、渭南、杨凌、商洛（部分区、县）[①]和甘肃省天水所辖行政区域（表12-8），直接辐射区域涉及陕西省的汉中、安康、延安、榆林，甘肃省的平凉、庆阳和陇南地区。

表12-8　2011年关中—天水经济区的基本情况

地　区	面积/km²	总人口/万人	GDP/亿元	经济密度/（万元/km²）	人均GDP/元
关中—天水经济区	79 971	2 870	8 305	1 038	28 937
甘肃、陕西合计	660 569	6 307	17 533	265	27 799
（关中—天水经济区/甘肃、陕西合计）/%	12.1	45.5	47.4	391.7	104.1

资料来源：国家统计局国民经济综合统计司，农村社会经济调查司．2012．中国区域经济统计年鉴（2012）．北京：中国统计出版社

---

① 这四个区、县为商州庄、洛南县、丹凤县、柞水县。

(二) 发展现状

2011年,关中—天水经济区总面积为 8.00 万 km^2,占甘肃、陕西两省的 12.1%;总人口 2870 万人,占甘肃、陕西两省的 45.5%;GDP 为 8305 亿元,占甘肃、陕西两省的 47.4%;经济密度 1038 万元/km^2,相当于西部地区的 7.1 倍[1],相当于甘肃、陕西两省的 3.92 倍;人均 GDP28 937 元,相当于西部地区平均水平的 1.29 倍。

1. 发展条件优越

关中—天水经济区不仅是全国著名的粮食与经济作物生长区,而且矿产资源丰富,以黄金、铝、建材、地热、矿泉水等为主,已探明矿藏资源品种共计 30 余种。经济区地处我国腹地,是连接东中西的枢纽,中心城市——西安是亚欧大陆桥的重要支点,是全国交通、信息、航空大通道的重要枢纽和西部地区连通东中部地区的重要门户,与西北其他城市相比区位优势独特且无可替代。

关中—天水经济区基础设施完备,以西安为中心的"米"字形公路主骨架正在全面高等级化,关中 6 市(含商洛市)和天水市已全部实现高速公路贯通;陇海铁路横贯东西,宝(鸡)中(卫)—宝(鸡)成(都)、西(安)包(头)—西(安)(安)康铁路已成为我国西部南北交通的大动脉;郑(州)西(安)客运专线投入运营,西安—宝鸡、西安—成都、西安—大同客运专线正在加紧建设。信息化建设水平基本与全国发达地区保持同步;与陕西省及甘肃省除兰州以外的其他地区相比,关中—天水经济区经济聚集度高,对外开放程度、城镇化水平和经济发展水平均高于甘肃、陕西两省的其他地区。

2. 科研实力雄厚,但科研成果产业化能力较弱

关中—天水经济区拥有多所知名的综合性大学及科研院所,拥有数量充足、高素质的劳动力,具有发展高新技术产业的良好基础。仅关中地区就拥有普通高等院校 42 所[2],国家、省级重点实验室和工程技术研究中心 100 多个,科技人才 100 多万(其中,两院院士 43 人),科技创新能力及其综合实力有较强优势,是全国重要的科技、人才密集区。2007 年研究与发展经费支出占 GDP 比重

---

[1] 2011 年西部地区的经济密度为 146 万元/km^2。
[2] 其中,8 所高校进入国家"211 工程",3 所高校进入国家"985 工程"。

达 2.7%，显著高于全国平均水平，科教综合实力居全国前列（国家发展和改革委员会，2009）。

这既方便了高技术和装备制造业的研究和开发，又有利于相关产业体系的形成、发展和壮大。2003 年科技部先后批准建设国家级关中高新技术产业开发带和国家星火产业开发带。西安高新区是中国首批向亚太经合组织开放的科技工业园区，杨凌示范区是国家唯一的农业高新技术产业示范区，均跻身于国家重点支持的五大高新区之列。区内的 3 个国家级高新区已经发展成为辐射带动关中—天水经济区及陕西省高新技术产业发展的核心层（表 12-9）。

表 12-9　2007 年关中—天水经济区国家级高新技术产业开发区主要指标

高新技术产业开发区	企业数/个	从业人员/万人	总收入/亿元	工业总产值/亿元	工业增加值/亿元	出口创汇/亿美元	科技活动人员/万人
西安	3 500	23.38	1 887.50	1 316.32	422.35	19.27	3.92
宝鸡	307	7.78	422.73	419.95	121.20	3.63	1.34
杨凌	104	1.50	50.36	45.20	18.61	0.49	0.06
合　计	3 911	32.66	2 360.59	1 781.47	562.16	23.39	5.32
（合计/西部高新技术产业开发区）/%	51.2	2.9	32.7	30.1	32.5	26.9	30.2

资料来源：根据中国西部国家博览会组委会办公室等（2009）整理

虽然关中—天水经济区拥有雄厚的科技实力，但科研成果产业化能力较弱。由于缺乏足够的风险投资，产业配套环境差，要素市场不完善，至今未能出现超大型的科技开发型企业。从科技产品开发的产业链分析，关中—天水经济区的科技实力优势主要表现在创新能力环节，包括新技术与新产品研发、小批量生产，而高起点、大批量生产科技产品的综合优势在本区还未形成，科技成果产业化支撑体系有待进一步完善。

3. 工业综合基础优势明显

关中—天水经济区是"一五"、"二五"和"三线"建设时期国家在内地重点建设的工业基地[①]（陕西省政府研究室，2005）。关中—天水经济区拥有 21 个国家级和省级开发区、5 个高新技术产业孵化基地和 3 个大学科技园区（国家发展和改革委员会，2009），工业基础好、门类比较齐全，是国家国防军工基地、综合性高新技术产业基地和重要装备制造业聚集地。

关中—天水经济区内的电子信息产业、机械装备、国防科技、生物医药、

[①] "一五"、"二五"期间，全国 156 项重点建设项目在陕西布局的 24 项都在关中地区，建成了以机械制造、纺织、有色金属、电子为主的一批重大项目。"三线"建设期间，在关中地区投资 186.5 亿元用于国防科技工业、民用机械、能源工业等建设。

有色金属加工、纺织服装和食品工业在全国同行业中具有相当的位置和实力。机械装备产业承担着全国电力建设 1/3 的高压输变电设备制造;具有技术先进的重型汽车变速器和驱动桥等关键零部件及总装生产能力,是我国重要的机床工具加工生产基地;工程机械在推土机、液压挖掘机等方面具有较强的研制能力和竞争优势;西安阎良国家航空产业基地具有全国唯一的集飞机设计研究、生产制造、试飞鉴定、教学为一体的航空产业体系,拥有占全国航空工业 1/3 的人员和 1/2 的总资产,科研生产能力强,产业配套齐全,综合实力在国内航空工业中优势明显,具有国内发展民用飞机最好的研制条件(王金祥和姚中民,2006)。所有这些,能为发展高新技术产业、装备制造业等提供各种配套产品及熟练工人。

4. 文化积淀深厚

关中—天水经济区是华夏文明重要发祥地、著名的丝绸之路源头和羲皇故里,也是 13 个王朝古都所在地,拥有大量珍贵的历史文化遗产和丰富的人文自然资源。其中西安有 3100 多年的建城史和 1100 多年的国都史,与古罗马、雅典、开罗并称世界四大文明古都,其历史内涵、文物遗存、文化影响举世公认,甚至是世界唯一的,具有重要的国际地位和世界影响力(孙清云,2010)。西安周围有 72 座帝王陵墓,有秦阿房宫、汉长安城、唐大明宫等宫殿遗址 20 余处,大小雁塔、钟鼓楼、西安城墙等古建筑 700 余处。但区内的旅游开发却呈现各自为政的局面,旅游线路缺乏合理规划,很多旅游景点市场效益都不能实现(李忠民等,2010)。

5. 关中城市群粗具规模,但城镇体系不完善,发展水平不高

关中—天水经济区的关中城市群作为我国 15 个大城市群之一,集中了陕西省 60% 的城市和近一半的小城镇,成为我国西北地区综合经济实力最强的地区。但在我国 15 个城市群中,关中城市群的综合竞争力指数为 73.1,综合排名居第 13 位(倪鹏飞等,2006)。与珠江三角洲、长江三角洲、京津冀城市群相比,关中城市群有较大差距,即使与成渝城市群、武汉城市群和中原城市群相比,关中城市群的核心城市规模也较小(图 12-2)。2006~2009 年,在中国 56 个重点城市竞争力综合排名中,西安分别居第 40、42、42 和 39 位,提升幅度并不大(倪鹏飞等,2010)。

关中城市群的核心城市是西安,除西安之外,宝鸡、咸阳、渭南、铜川、商洛、天水市区的人口规模均比较小(表 12-10)。此外,城市间产业缺乏合理的分工与协作,城市群内部产业经济一体化进展缓慢,产业结构雷同现象仍比较普遍。

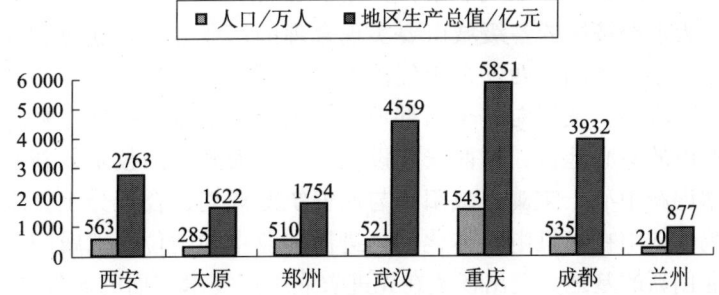

图 12-2 2010 年西安与周边城市群核心城市市辖区人口和经济总量比较

资料来源：国家统计局城市社会经济调查司．2012．中国城市统计年鉴（2011）．北京：中国统计出版社

表 12-10 2008 年关中—天水经济区主要城市人口和建成区规模

城市	市域人口 /万人	市辖区人口 /万人	建成区人口* /万人	建成区面积 /km²	建成区人口 /市域人口/%
西安	772.30	554.73	336.40	273	43.6
宝鸡	377.95	139.15	72.71	118	19.2
咸阳	510.45	89.06	76.40	63	15.0
渭南	551.88	95.79	37.21	39	6.7
铜川	85.06	76.06	41.25	36	48.5
商洛	242.48	54.60	14.00	24	5.8
天水	357.21	125.23	68.54	62	19.2

资料来源：整理自：国家统计局城市社会经济调查司．2010．中国城市统计年鉴（2009）．北京：中国统计出版社；住房和城乡建设部综合财务司．2009．中国城市建设统计年鉴（2008）．北京：中国建筑工业出版社

* 包括常住人口和暂住人口

（三）发展方向

关中—天水经济区是我国西部智力资源最密集、工业基础较好、基础设施完备和城市化程度较高的地区之一。从特色经济和优势产业发展的角度看，发展方向是我国重要的高新技术产业带和先进制造业基地。

1. 我国重要的高新技术产业带

围绕集约化农业技术、电子信息技术、新材料技术、光机电一体化和先进制造技术、生物医药技术等重点领域，建立一批相关的重点实验室和工程技术中心，开发一批技术含量高、附加值高和市场容量大的战略产品，力争建成中国西部的"硅谷"。这对于充分发挥关中—天水经济区的科技优势，加快产业结构调整和技术升级，参与国际分工与合作，提升甘肃、陕西乃至西北地区的经济实力具有重要意义。

关中—天水经济区的各级城市要实现合理的产业分工，通过相互协作，着力构建西安都市经济圈。西安都市经济圈应发挥国家科技研发中心和西部现代制造业中心的职能，发挥对整个西部地区的创新辐射带动职能。强化西安作为一级中心城市的核心地位，把西安建设成为西部大开发的技术创新基地和全国重要的技术创新中心。宝鸡、咸阳要与西安统筹规划、合理分工。未来应进一步强化宝鸡、咸阳在光机电一体化和先进制造业中的地位，把咸阳和宝鸡建设成为制造业创新的基地。突出杨凌在先进农业生产技术方面的研发和应用功能，把杨凌建设成为全国农业高新技术产业发展的基地。

2. 我国先进制造业基地

经过多年的建设和发展，关中—天水经济区基础设施日益完善，技术创新能力不断增强，形成了具有区域性辐射带动作用的高新技术产业带，拥有电子信息、装备制造、有色冶金、医药、纺织、旅游、果业以及畜牧等优势产业，成为陕西省乃至西北经济发展的火车头和发动机。关中—天水先进制造业基地，要以国家级和省级开发区为重点，进一步搞好园区基础设施和外围配套工程建设，强化服务功能，优化投资环境，发展成为国家重要的先进制造业基地。围绕重点领域和优势产业发展，积极引导企业向园区集聚，通过实施名牌战略带动关联产业，培育发展专业分工明确、协作配套紧密、规模效应显著的产业集群。加大招商引资力度，吸引国际大企业、大集团投资重大装备制造和高技术产业项目，促进基地快速发展。

（四）优势产业

概括起来，关中—天水经济区发展的优势产业有高新技术产业、装备制造业、文化旅游业、特色农产品及其加工业等。

1. 高新技术产业

主要以区内3个国家级高新区和西安、咸阳、宝鸡、渭南、天水中心城区为核心，通过建立产业孵化基地、产业园区和重大科技产业化项目等多种形式，选择具有比较优势的信息软件、先进制造与自动化、现代医药与生物工程、新材料、先进环保、航天航空六大领域优先发展。

2. 装备制造业

选择飞机、汽车、高压输变电设备、机床制造四个领域，作为本经济区装备制造业发展的重点，深化各行业内部的协作配套，建成全国重要的装备制造业基地。

飞机制造以建成我国最大的飞机研制和零部件生产基地为目标，依托西安阎良国家航空高技术产业基地，加强与国外大型企业的合作，进一步改善投资环境，重点抓好大型运输机、支线飞机和通用飞机的生产，在飞机部件及关键子系统研制、转包生产及维修改装方面取得突破。汽车制造重点发展重型汽车、微型汽车和汽车零部件三大领域，以重型商用汽车、微型汽车、豪华大客车及大马力柴油发动机、变速器、车桥等产品为重点，扩大与国内外知名企业联合合作的广度和深度，加大资本重组和技术改造步伐。高压输变电设备制造要积极承接工程项目建设，拓展市场，消化吸收先进技术，使产品技术水平接近或达到国际先进水平。机床制造以数控精密机床及其高技术、高附加值的机床功能部件和基础件产品为主攻方向，提高数控机床的比例和技术水平，提高本区机床制造在我国机床行业的地位。

3. 文化旅游业

按照"大文化、大旅游、大市场、大产业"的思路，完善旅游基础设施，促进旅游体制机制创新，提高旅游服务水平。

提升关中旅游业的龙头地位。分阶段、有步骤地建设周、秦、汉、唐四大文化旅游区。① 加快周原遗址博物馆、秦始皇陵遗址公园、秦咸阳宫遗址公园、汉阳陵博物苑、唐华清宫芙蓉园和椒园等人文景观建设；启动陕西历史博物馆唐墓壁画馆、西安碑林博物馆石刻艺术馆、西安半坡遗址保护大厅改造工程，丰富展示内容，提升景观品味。合理开发自然旅游资源，重点建设华山、太白山、终南山等自然景观旅游区。抓好华山国家风景名胜区、太白山国家森林公园、终南山国家森林公园、朱雀国家森林公园、楼观台国家森林公园、天台山国家森林公园，逐步形成关中地区"东有华山、西有太白、南有终南山"的自然景观旅游格局。创建旅游特色品牌，开发观光度假、民俗风情等专项旅游产品和集科普性、趣味性、参与性为一体的现代文明景观旅游区，使杨凌农业科技示范区、西安高新区、西安卫星测控中心、阎良飞机城等尽快形成旅游新热点。

加快关中精品旅游线路的建设提升。建设好以西安为中心向东、西、北辐射的三条旅游线路②；构建旅游营销网络，改进宣传促销方式和服务手段，加快

---

① 以兵马俑和秦始皇陵为中心，建设秦文化旅游区；以茂陵、汉阳陵和汉长安城遗址为重点，建设汉文化旅游区；以乾陵、昭陵和唐长安古城为重点，建设唐文化旅游区；以宝鸡西周遗址、天水先秦文化为支撑，建设周文化旅游区。

② 即东线：西安—半坡博物馆—唐华清宫、秦兵马俑博物馆—华山国家风景名胜区—洽川风景名胜区—韩城历史文化名城；西线：西安—汉阳陵—咸阳博物馆—茂陵—乾陵—杨凌—法门寺—周原遗址—太白国家森林公园；北线：西安—汉阳陵—三原城隍庙—铜川药王山、玉华宫。

与国际旅游业接轨步伐;加强配套服务体系建设,提高综合接待能力,形成"食、住、行、游、购、娱"协调发展的新格局。

积极发展文化产业。集中力量规划建设好西安曲江、宝鸡法门寺等八大文化产业园区（基地），重点发展文艺演出、文化创意、民间艺术等，做强做大广电、影视、报业、出版等集团，提高文化产业整体实力和国际竞争力（张会民等，2010）。

统筹有序开发区内的文化旅游资源。重点开发五大旅游区。分别是华山临潼旅游精品区、天水人文旅游自然精品区（包括伏羲庙、麦积山等历史文化旅游景区，天水关、街亭古战场等三国古迹旅游景区景点）、宝鸡人文旅游精品区（包括炎帝陵、青铜器博物馆、周原遗址、钓鱼台、周公庙、雍城和秦大公遗址等周秦文化旅游景区）、铜川历史文化与自然风光旅游精品区（包括玉华宫遗址、耀州窑遗址、药王山等景区）、商丹人文生态旅游精品区（包括商邑遗址、丹凤红色旅游、柞水溶洞等景区）（李忠民等，2010）。

加快发展商洛生态旅游。以西安为主要客源地,整合生态、人文旅游资源,结合水能开发,重点打造丹江绿色文化旅游长廊,带动提升配套服务产业。沿商於古道，从丹江源头的秦岭到商南县①的白浪镇，建设牧护关游乐避暑度假区、山水园林生态文化古城商洛市区商贸旅游区、龙驹古寨游乐区、金丝峡游览区、商南城周茶园观光区及白浪三省石观光区，形成西连关中人文古迹旅游、东接河南荆紫关、内乡县衙省外旅游线路，展现商於古道历史长卷、民情风俗和田园风光。

促进柞水溶洞景区上档升级，与柞水牛背梁森林公园一起，做大休闲度假旅游业，加快柞水原生态资源优势向经济优势转变。

积极开发天水的旅游资源。抓住交通区位不断改善的机遇，以麦积山风景名胜区为龙头，以古"丝绸之路"为主线，以"羲皇故里"华夏始祖文化根脉为主体形象，培育发展人文旅游，大力开发生态旅游、农业旅游;推进麦积山申遗进程以及申报国家地质公园工作。

4. 特色农产品及其加工业

提升苹果及其加工业。位于关中—天水经济区北部的渭北黄土高原，是中国苹果优势产业带和世界优质苹果生产最集中的产区。② 具有海拔高、昼夜温差大、土层深厚、土质疏松、富含多种微量元素、污染少等特点，已成为全国乃

---

① 商南县并不属于关中—天水经济区，作为一条完整的旅游路线，在此一并阐述。
② 渭北苹果产区包括延安、铜川、宝鸡、咸阳、渭南五市的白水、蒲城、澄城、合阳、富平、宝塔区、富县、洛川、宜川、黄陵、宜君、铜川郊区、耀县、陈仓区、凤翔、岐山、扶风、千阳、礼泉、乾县、永寿、彬县、长武、旬邑、淳化等县（区）。

至世界集中连片最大的优质苹果生产基地。2010年陕西省苹果产量达到856万t，占全国的25.7%。果业生产结构日趋合理，果业收入占农民收入的比重日趋提高，果业收入已经成为果区农民增收的主要途径（陕西省统计局，2010）。作为陕西果业的主要产区，渭北果业基地具有较强的竞争力。

关中—天水经济区苹果及其加工业的发展，一要更新理念，用工业化和商业化的理念经营苹果产业，提高苹果产业的生产效率；二要加强品种换代和革新，不断培育更加适合市场需要的品种，实现资源优势向科技优势转化；三要大力推进苹果的专业化、规模化、绿色化和品牌化水平，建立国家优质苹果基地，创造市场竞争优势；四是拉长苹果产业链条，依托园区培育苹果产业集群，不断提高苹果生产效率和苹果附加值；五要健全苹果产业生产体系，使农户充分享受到产业发展的收益（郭亚军等，2010）。

大力发展绿色食品。充分发挥商洛四区（县）、宝鸡南部山区生态环境优美，水资源和生物资源丰富的优势，以建设绿色产业基地为重点，走产业化、特色化、市场化的发展路径，发展绿色农畜果产品，加快基地规模化、生产标准化、产品无公害化发展步伐，开发富有地方特色的绿色食品基地。以开拓西安及周边大中城市市场为重点，内引外联建立绿色食品营销网络。培育壮大绿色食品加工龙头企业，提高骨干企业的市场竞争力，创绿色食品品牌，扩大具有地方特色的绿色食品生产规模。

(五) 迫切需要解决的问题

1. 建设西安国际化大都市

《关中—天水经济区发展规划》指出要"加快推进西（安）咸（阳）一体化建设，着力打造西安国际化大都市"（国家发展和改革委员会，2009）。西安建设国际化大都市面临的挑战主要有：一是经济发展速度不快，总体经济实力和经济开放度需要进一步提升。西安都市区的经济总量和发展速度在全国同等城市中位置偏后，产业结构、出口创汇能力、高新产业规模、大型企业集团的数量等指标和东部地区相比还有很大差距。二是周边城市的竞争日趋激烈。2007年6月，重庆和成都被国务院批准设立"全国统筹城乡综合配套改革试验区"；国家城乡建设部编制的《全国城镇体系规划》，将重庆提升为五大国家中心城市之一；2010年5月，国务院批准重庆设立两江新区，这是中国的第三个副省级新区。① 三是核心城市的功能需进一步强化。都市区金融、商务、物流等产业刚刚起步，区域核心城市的功能不尽完善；随着西安、咸阳两市建设用地相连接，

---

① 前两个分别是上海浦东新区和天津滨海新区。

城市功能结构和城市空间结构亟待整合（陕西省住房和城乡建设厅，2010）。

对于中国来说，要在国际经济中发挥其应有的作用，就应该有 2~3 个多功能、高层次的现代化综合性国际大都市。从发展趋势看，除了香港外，上海和北京是中国最具有这方面条件和潜力的城市。北京要"强化首都职能，突出首都特色，不断增强城市的综合辐射带动能力，努力将北京建设成为经济繁荣、文化发达、社会和谐、生态良好的现代化国际城市"（国务院，2005）。上海要建设"国际金融中心和国际航运中心"（国务院，2009）。2011 年，西安市 GDP613.3 亿美元，分别相当于首尔的 22.0%、香港的 25.2%、台北的 35.5%。综合各方面分析，西安近期国际化大都市建设的重点是国际旅游中心和国际文化中心。

2. 有效统筹科技资源，促进产业结构升级

关中—天水经济区科技资源丰富，但科技资源与地方经济结合存在不少问题。

(1) 高校院所与地方经济结合不密切。西安地区的科技资源集中于中央和省级部门，集中于科研院所和高等院校（西安 60% 的创新活动在高校），集中于国有大中型企业，集中于国防科技工业部门（西安 70% 的人才设备在军工企业）。由此形成了中央、省级科技单位（主要指科研院所和高等院校）与地方政府两张皮，国有大中型企业与市场机制两张皮，使创新活动游离于经济建设主战场。

(2) 地方产业发展滞后，企业对高新技术吸纳能力不足。目前，西安地区有工业企业 2 万多家，规模以上企业近千家，过亿元企业 100 多家，过百亿元企业 3 家，总量上远远落后于发达地区。西安工业经济主要由中央和省属企业支撑，国有控股和大中型企业是西安工业经济的主体，14.7% 的中央和省属企业创造了全市 52.8% 的工业产值。全市工业企业技术开发费用占企业销售收入的比例不足 0.5%，远远落后于其他同类型城市；许多企业技术中心基本不具备技术开发的功能，大多数企业没有自主知识产权。

关中—天水经济区要成为国家统筹科技资源改革示范基地，为建设创新型国家探索新路径，必须推进科技创新体制改革，加快产学研一体化，统筹军民科技互动发展。一是通过机制创新突破体制障碍。建立信息互通机制，加强与中央和省的沟通，引进落实重大科研项目，以项目带应用，以应用带研发，以研发带开发，以开发带产业。二是促进高校院所为地方经济服务，建立高校院所为地方经济服务的利益机制。积极探索保护知识产权的新机制，帮助高等院校、科研院所解决科技成果转化中的法律难题。支持科研机构、大学与相关企业在重点行业和技术领域建立知识产权战略联盟。创新体制机制，引导支持国家重点实验室、工程中心、公共科技成果向企业开放的网络体系；通过经费补

贴、计划支持，加大技术成果在本地的转化，加快专利的市场化进程。三是加快军工技术民用化步伐。建立军用、民用自主创新信息共享平台，积极促进国家首先对航空和航天领域设立加密制度，引导支持军用、民用技术研究开发需求的互通交流及创新成果的双向转移，促进军民结合的优势产业发展。加强产学研合作，鼓励国防科技中的民用技术、军民两用技术产业化。四是大力促进科技中介组织发展。五是加快地方产业发展，提高企业自主创新能力。

3. 实质性推动西（安）咸（阳）一体化

西安、咸阳相距约 30km，隔渭河相望，其经济发展具有各自的优势又有很强的互补性，西安是西北最大的现代化工业城市，具有较强的高科技开发能力；而咸阳的医药、轻工业发展具有优势；两个城市又都具备文物古迹、旅游等共同的资源优势。2004 年西安市和咸阳市共同签署了《西安·咸阳实施经济一体化战略规划纲要》，这标志着西安咸阳经济一体化进入了一个全面实施、加速推进的新阶段。西咸一体化涉及交通、信息、市场、产业、人才、技术、金融、科技、文化、旅游等领域，覆盖西安和咸阳两市所有县（区），范围大、领域广，在全面推进一体化战略的同时，必须选择重点区域、重点领域，实质性推动西咸一体化。探索西咸一体化重点园区在园区共建、利益分配等核心问题上加强合作的有效途径和模式，创新利益协调分享机制（中共陕西省委和陕西省人民政府，2009）。

4. 搞好以"一山一河"为重点的环境综合治理

秦岭是南水北调工程中线的主要水源地，国家重要生态功能保护区，中国乃至东亚地区亚热带—暖温带生物多样性最丰富的地区之一。近年来，秦岭天然林大面积减少、水土流失严重、洪涝灾害加剧、生物资源遭受严重破坏，生态功能亟待保护与修复（李忠民等，2010）。要坚持"管护结合、统筹规划、协调发展"的原则，加强西安、宝鸡、商洛、天水等秦岭山地生态功能区生态环境建设与保护，提高水源涵养能力。采取有效手段禁止一切破坏秦岭生态功能的活动，坚决关闭各类污染小企业和小型选矿厂，加强旅游开发与管理，合理布局生态建设项目，最大限度地保护秦岭生态系统和生物多样性。

保护秦岭良好生态环境。坚持开发与保护并举，合理有序利用资源，坚决取缔一些乱开乱采、规模较小、污染严重的小企业，严把新上项目市场准入关和环境评价关，杜绝破坏资源与环境的低水平重复建设。积极推广清洁生产，提高"三废"综合利用程度，加大污染治理力度，大力发展循环经济，实现资源有序开发与环境保护有机结合,确保"青山常在,绿水常流"。

渭河是关中—天水经济区的母亲河,但是渭河流域的缺水、水污染以及由泥沙引发的洪涝灾害问题已经发展到十分严重的程度,随着泾渭新区的建设和西(安)咸(阳)一体化的推进,渭河将成为西安市的城中河,对渭河流域进行综合整治十分必要。要坚持经济发展与环境保护并重的方针,以节水、治污和水资源优化配置为重点,按照产业结构调整、城镇环保基础设施建设、重点污染源治理、监控能力提升相结合的原则,鼓励、调动流域相关企业的治污积极性,充分发挥各级政府的组织领导和监督协调作用,从支流、上游治理入手,认真查处和制止各种环境违法违规行为,对渭河流域水环境污染的突出问题进行综合整治,使水环境恶化的局面得到有效遏制。沣河、新河、小韦河、尤河等重点支流污染防治要取得明显成效,以确保渭河干流消灭劣V类水。通过渭河流域水污染防治工作,积极探索运用市场机制进行水污染治理的措施,进一步提高各级政府、相关企业和流域广大人民群众的环保意识,建立水环境保护的长效机制,为本区的可持续发展创造良好的生态环境。

5. 推进资源型城市铜川的产业转型与结构调整工作

铜川是一座以煤炭开采而发展起来的资源型城市,要通过发展能源、旅游、食品、医药等新型产业,大力发展接续产业。同时要按照"下山出沟、整体搬迁、综合整治、统筹规划、分步实施"的原则,尽快完成沉陷区、滑塌区居民整体搬迁和棚户区改造任务。坚持市矿统筹,加强与中央及陕西省驻铜川工矿企业的协调,统一政策、统一方案、统一标准,形成合力推动整体搬迁。

四、广西北部湾经济区

(一)范围确定

《广西北部湾经济区发展规划》划定的范围包括南宁、北海、钦州和防城港四市全部行政范围(表12-11)。广西北部湾经济区沿海沿边,区位优越,是中国与东盟的结合部,泛珠三角经济区与东盟经济区、东亚与东南亚的连接点,也是西南地区加强与东盟和世界市场联系的重要门户,开发潜力巨大。加快本区的开发建设,有利于把我国与东盟国家的互利合作推向新水平,有利于深入实施国家西部大开发战略,有利于推动我国扩大开放、加快发展。广西北部湾经济区大规模开发建设的条件基本具备。

表 12-11 2011 年广西北部湾经济区的基本情况

地 区	面积/km²	总人口/万人	GDP/亿元	经济密度/（万元/km²）	人均 GDP/元
南宁市	22 112	712	2 212	1 000	31 173
北海市	3 337	168	497	1 489	32 103
钦州市	10 879	391	647	595	20 896
防城港市	6 222	91	414	665	47 415
合 计	42 550	1 362	3 770	886	27 669
广 西	237 600	5 199	11 721	493	25 326
(合计/广西) /%	17.9	26.2	32.2	179.5	109.3

注：表中，除经济密度数据由作者计算外，其他数据均引自《中国区域经济统计年鉴（2012）》
资料来源：国家统计局国民经济综合统计司，农村社会经济调查司.2012.中国区域经济统计年鉴（2012）.北京：中国统计出版社

（二）发展优势

广西北部湾经济区总面积 4.25 万 km²，占广西的 18.0%；2011 年总人口 1362 万人，占广西的 26.2%；GDP3769 亿元，占广西的 32.2%；经济密度 886 万元/km²，相当于西部地区的 6.07 倍、广西的 1.80 倍；人均 GDP27 669 元，相当于西部地区的 1.23 倍。

1. 良好的区位优势

本区地处东南沿海经济圈、大西南经济圈及东盟经济圈的接合部，是我国西南地区对外开放、走向东南亚、走向世界的重要门户，也是南贵昆经济区以及整个西南地区的出海口。广西北部湾经济区拥有众多优良海港，这些港口距香港约 500 海里，距越南海防约 150 海里，距胡志明市约 800 海里，是西南地区货物从广西沿海港口到港澳、东南亚及印支半岛海运距离最近的线路（涂妍，2006）。经此路线，西南货物还可直通波斯湾和西欧各个大港口。随着南昆铁路的全线贯通，云南和贵州的货物经广西港口出海到印支半岛、东南亚、南亚、非洲和西欧各个大港口，与现在的路程相比，陆路可减少 380~680km，水路可减少 23%~65%。目前，在广西"背靠大西南、服务大西南"的发展战略指导下，广西北部湾经济区港口已成为大西南经济协作区对外联系最近的出海口。

2. 资源丰富

广西北部湾经济区具有丰富的海洋生物、矿产能源、动植物资源，环境容量大，腹地广阔，开发潜力巨大，可以为经济区的起飞提供强大的能量。

3. 风景秀美

广西北部湾经济区滨海风光旖旎，旅游资源丰富。拥有享有中国"绿城"

美誉的南宁、赢得"中国第一滩"美誉的北海银滩,还有钦州三娘湾、防城港京岛风景名胜区等。本区的旅游资源尤其以北海市最为突出。海水、海滩、海岛、海鲜、海洋珍品、海上森林、海底珊瑚、海洋文化、海滩海洋运动、海上航线,构成了一个"十全十美"的海洋旅游体系。1984 年以来旅游业发展迅速,1988 年被列为中国重点旅游城市,现已成为中国南方重要的滨海旅游城市。

4. 政策优势明显

国家先后批准设立广西钦州保税港区、凭祥综合保税区和南宁保税物流中心以及拓展北海出口加工区保税物流功能。经济区发展势头强劲,2011 年广西北部湾经济区 GDP 达到 3770 亿元,比 2010 年增长 23.9%,对广西壮族自治区经济增长的贡献率达 33.8%。

(三) 发展方向

以南宁为核心的广西北部湾经济区是一个有机整体,其特色经济和优势产业的发展方向是西南地区的主要出海口和出口加工基地,西部大开发的重要支撑点,未来的临海重化工业基地。

1. 西南地区的主要出海口和出口加工基地

以构筑开放型经济为目标,逐步建设"中国—东盟贸易区"的前沿基地。通过沿海港口及贸易通道建设,使广西及贵州、云南与周边国家尽快形成便捷的物流、人流、资金流和信息流网络,创造贸易与投资便利化条件,逐步将广西北部湾经济区建成"中国—东盟贸易区"的前沿基地,面向太平洋与印度洋和东南亚、南亚市场,成为全国对外开放格局中的一个重要组成部分。

2009 年国务院批准设立南宁保税物流园,近年来南宁市与东盟国家的交流与合作日趋频繁,"南宁渠道"作用日益突显,南宁服务广西、服务全国、服务东盟的功能和作用得到全面提升,将打造成面向东盟的区域性加工制造基地、物流基地、商贸基地和交通枢纽中心、信息交流中心、金融中心,努力建设成为中国率先对接东盟、走入东盟的先行区(李银雁,2010)。

2. 西部大开发的重要支撑点

在产业发展方向上,沿海地段的北海、钦州、防城港要发挥区位优势,依托南亚热带农林资源和海洋资源,发展港口经济、海洋产业、现代农业和以生物工程为重点的高新技术产业,以及信息咨询服务、商贸物流等服务业,构筑具有国际竞争力的现代产业体系。北海市是我国西部唯一的沿海开放城市,全国重要的滨海旅游城市,重点发展国际商贸、滨海旅游、高新技术和海洋产业;钦州发展以重化工业为主的临海港口工业;防城港则是完善港口设施和服务功能,大力发展港口运输、中转贸易、边境贸易等产业。

南宁市一方面应充分发挥承前启后的作用,发挥其人居环境优越的优势,调整产业结构,重点发展无污染的都市型工业和现代服务业,并逐步将经济建设向沿海地区转移;另一方面要大力发展高新技术产业,以电子信息技术的推广应用为重点,积极以先进制造技术、新材料技术、现代装备及工艺等新技术,全面推进食品、机械、制糖等传统产业的技术改造;重点扶持具有地方特色和自主知识产权的生物工程及制药业的发展。

3. 未来的临海重化工业基地

依托港口、资源、区位优势,引进国内外大公司、大集团,高起点、大规模地加快沿海石化、林浆纸、能源、铝加工、钢铁、船舶修造等重大工业项目建设,促进临海重化工业发展。重点推进钦州进口原油加工、北海大型乙烯项目工作,发展沿海炼化一体化产业;加快建设沿海林浆纸一体化产业基地,重点建设钦州和北海林浆纸一体化工程;加快建设沿海能源基地,推进钦州和防城港火电厂等项目建设;加快建设沿海钢铁基地,推进防城港企沙千万吨级钢铁项目;建设铝加工基地,形成较为完整的铝工业产业体系。

(四) 优势产业

概括起来,本区的优势产业有资源型加工业、出口加工贸易业、现代服务业、海洋产业等。

1. 资源型加工业

充分利用环北部湾及周边地区资源,加大特色资源开发力度,大力发展铝加工、食品等资源型工业及后续产业。

铝工业要依托桂西铝工业基地,利用本区沿海区位优势、临港工业及物流优势,发展技术含量高、市场竞争力强的铝精深加工业,建设集铝资源开发、铝冶炼、铝加工及相关产业于一体的铝加工产业集群,培育大型铝加工企业集团,提高产品市场竞争力和规模效益。

轻工食品工业要重点发展果蔬深加工、饮料、乳品、粮油食品加工等产业,依靠技术进步,发展深加工产品,延长产业链,提高市场占有率;积极发展甘蔗、茧丝绸、剑麻、八角、金花茶、竹笋、烟草等深加工,提高产业集中度;加快发展以当地盛产的水果、蔬菜及淡海水产品为原料的食品加工业,在旅游休闲食品、绿色食品等领域得到较快发展。

2. 出口加工贸易业

加快发展临海工业。加快港口的规划和建设步伐，完善基础设施，为工业大项目落户创造条件。依托大型深水良港，重点发展石油化工、林浆纸一体化、电力、玻璃等大型基础工业，带动上下游产业的发展。

积极发展出口加工贸易业。以沿海港口出口加工区为主要载体，充分利用沿海港口及现有基础设施条件，着力引进一批加工贸易和出口量大的企业，重点发展电子信息、精密机械、新型材料、海产品精深加工等高附加值、高科技含量和大进大出型项目，做大做强出口加工贸易产业。

大力提高出口加工贸易企业的竞争力。切实加强对出口加工区内企业的引导，不断增强出口贸易加工企业技术开发和创新能力，优化加工产业和产品结构，不断提高出口产品的科技含量和附加值，增强出口产品的市场竞争力，促进出口加工业快速发展。

努力培育出口型的龙头企业。利用出口加工区的政策、通关和环境优势，扩大并完善出口加工区的保税加工和保税物流等功能，积极在园区中培育出口型龙头企业，逐步吸引众多配套厂商在周边设厂，有效促进北海产业结构升级，形成出口加工贸易产业链。

3. 现代服务业

对于广西北部湾经济区而言，现代服务业主要包括旅游业、会展业和物流业。

对于旅游业而言，一是打造南中国滨海休闲度假基地。努力整合滨海旅游资源，初步形成以滨海度假、沙滩运动、生态探秘、避寒养生、跨国旅游、南珠风情、会议展览、美食购物、文物古迹为特色的旅游产品，建成南中国滨海休闲度假基地。二是大力发展南宁山水、历史文化、民族风情等特色旅游。提高旅游规划水平，加快基础设施建设，开发特色资源，丰富旅游产品，发展民族风情游。三是构建北部湾无障碍旅游区。进一步开放北部湾区域各国和地区的旅游市场，优化旅游投资经营环境，共同建立北部湾区域各个国家和地区之间良好合作的互免签证机制，增加落地签证城市，逐步消除各个国家和地区之间游客往来的过境障碍。四是加强旅游管理和资源保护工作。加强旅游队伍建设，加速旅游企业股份制、民营化的改制引导工作，建立现代企业制度，增强活力和竞争力，提高服务质量和经济效益，确保旅游业的持续健康快速发展。

利用中国—东盟博览会永久落户南宁的契机，加快发展会展业。强化会展平台建设，大力培育会展主体，开拓会展市场，发展会展产业。抓好中国—东盟博览会和中国—东盟商务与投资峰会平台和品牌建设,突出办会特色,在国内以及东盟国家吸引更多的参展方,开拓市场领域,带动相关产业的繁荣。继续完善南宁国际会展中心等相关会展配套设施。整合社会各种资源,创新会展管理体制和办展模式,加强国内外会展合作,推进会展业产业化,努力建设成为区域性国际会展城市。进一步加强与东盟各国的各类专业人才和经营管理人才的交流,建立双边或多边的管理和技术培训中心,使中国—东盟博览会成为集政治、经济、商贸、文化于一体,高层次、大规模、综合性的国际博览会。

国务院《物流业调整和振兴规划》将南宁确定为17个全国性物流节点城市之一。要按照全国性物流节点城市建设要求,加强物流园区规划布局,完善物流设施,加快重点物流项目建设,培育物流市场,推进区域性物流基地建设。

4. 海洋产业

优化水产养殖业。以珍珠、对虾、罗非鱼、斑点叉尾鮰、文蛤、大蚝、象鼻螺等为重点,建立优势品种养殖、江河水库大面积养殖、南珠深水吊养、名特优品种养殖、工厂化养殖、深海抗风浪网箱六大标准化养殖示范基地,全面优化水产业养殖结构。

发展海洋捕捞业。配合渔民转产转业,积极推进海洋渔业战略大转移,促进水产业的可持续发展;大力开发南沙和外海渔业;加强与东盟各国的渔业国际合作,积极开发远洋渔业,拓展捕捞生产空间;调整捕捞作业结构,推广应用先进技术,严格控制捕捞强度。

加快发展海洋生物产业。加快海洋科技成果产业化,大力发展海洋生物制药与保健品业,延长产业链,重点生产化妆品、功能食品(防癌食品、运动食品等)、海藻生物液体肥、寡聚糖海洋生物农药等绿色环保产品,形成一批品种齐全、科技含量高、产品附加值高、经济效益好的拳头产品。大力发展水产品加工业,促进水产品初加工向深加工转变,形成一批拳头产品;提高海产品的质量和档次。

此外,要加强北部湾沿海矿产、油气等资源的勘探开发。

(五) 迫切需要解决的问题

1. 加快南北钦防城市群建设,做大中心城市南宁

加强各市基础设施建设、完善城市功能、发展壮大城市经济。清除各种市场障碍,促进生产要素在市场机制基础上自由流动。经过十余年的努力,把本区建设成为以南宁、北海、钦州、防城港为中心城市,以该区域范围内的县城、中心集镇为卫星城镇,分工合理、功能互补,经济、政治、文化协调发展,在

中国西南地区具有重要影响力的城市群。

以南宁为核心的广西北部湾城市群是一个有机整体,南宁市的发展必须与北海、钦州和防城港三市相结合,形成合理的城市职能分工。利用北海、钦州、防城港的出海口和对外窗口,促进南宁市的发展。南宁市要围绕建设西南出海通道枢纽城市的目标,搞好基础设施建设,构建完善的交通网络体系。此外,应在防城港—钦州—北海地区构建协同的、一体化的城市与区域基础设施网络,迅速推进城市化。

2. 加快沿海大型组合港建设

沿海港口是发展现代物流业的重要平台,也是发展临海工业的重要依托。作为出海出边海上国际通道的龙头,防城港、钦州港和北海港的吞吐能力仍然偏小,不能适应国际海运船舶大型化发展的要求;港口集疏运系统建设滞后,集疏通道不畅,能力不足;海上航线,特别是远洋航线较少;沿海港口一体化建设进程滞后,组合港的规模效益未能形成。必须采取有力措施,按照《广西北部湾经济区发展规划》的要求,加快现代化沿海港口群建设,构建完善的出海国际大通道(广西北部湾经济区规划建设管理委员会,2008)。

推进现代沿海港口群建设,主要任务是整合沿海防城、钦州、北海三港资源。北部湾港优化整合,从过去的同质化竞争迈向差异化竞争。防城港定位以大宗散货运输为主,逐步形成多功能、现代化的综合性港口。钦州港则主要依托临港工业开发和港区保税功能拓展,形成以能源、原材料等大宗物资和集装箱运输为主的规模化、集约化港区。北海港重点发展现代物流,形成以商贸和清洁型物资运输为主的集约化程度较高的综合性港口。加快改革港口的开发、建设和管理体制,推动沿海港口资源整合,统筹规划和建设防城港、钦州港、北海港三大港口,加大港口重组力度,形成广西北部湾经济区港口一体化经营机制,提高港口综合竞争力。

抓好大能量专用泊位、集装箱泊位以及深水航道建设,使港口向大型化、深水化、专业化方向发展,提高港口装卸设备技术水平;完善港口与铁路、公路联合运输系统,重点建设通往沿海地区的崇左—钦州、玉林—铁山港、六景—钦州港高速公路。加快港口后方铁路、公路等一系列重大项目建设,大幅度增加铁路、公路通道的集运输能力,使沿海港口从交通线路的末端成为物流运输的枢纽(广西北部湾经济区规划建设管理委员会,2008)。

3. 积极推动泛北部湾的经济合作

中国与越南、柬埔寨、泰国、马来西亚、新加坡、印度尼西亚、文莱、菲律宾等国家建立的泛北部湾经济合作区,在于发挥泛北部湾地缘优势、沿海港口与海运优势、海洋资源优势等,加速泛北部湾地区的经济发展,共同打造太平洋西岸新的经济增长极和经济新高地,促进泛北部湾国家和地区经济的共同繁荣与进步。对于中国而言,推动泛北部湾经济合作是打造国际区域合作区的重要抓手,是推进中国—东盟自由贸易区建设的重要途径,是在中国—东盟战略伙伴关系以及中国—东盟自由贸易区合作框架下,重点构建和推进中国—东盟海上次区域合作(古小松,2007)。作为西部唯一沿海的地区,广西北部湾经济区处于泛珠三角区域合作、中国—东盟自由贸易区、泛北部湾经济合作区、大湄公河次区域、中越"两廊一圈"、泛珠三角经济区、西南6省(自治区、直辖市)协作等多个区域合作交汇点,是中国与东盟合作的枢纽。2010年1月,中国—东盟自由贸易区正式建成,由于地处中国和东盟这两大经济体的接合部,北部湾与东南亚人文关系非常密切,联结东南亚的海陆交通和物流体系初步建立(韩康等,2007),在中国—东盟自由贸易区中将起到桥梁和纽带作用,中国的内地省份可以通过这里走向东南亚,东南亚国家也通过这个"门户"进入中国。

根据泛北部湾区域特征、合作基础、合作目标、合作方向等,要推进重点基础设施领域合作,包括南宁—新加坡经济走廊通道建设、泛北部湾信息高速公路建设,构筑泛北部湾区域基础设施和通信网络;将港口、物流、海关便利化和交通等作为泛北部湾合作的先导领域,共同成立工作组,组织项目的论证、评估等,先行实施一批合作项目;继续在泛北部湾区域内推行交通、贸易投资便利化措施,以实际行动抵制贸易和投资保护主义;建立和完善泛北部湾合作项目库,鼓励各类金融机构为企业参与合作提供融资支持;扩大人力资源交流合作,逐步提高中高层技术和管理人员的能力;考虑在中国—东盟合作框架下建立若干新机制。

4. 科学合理利用海岸线

海岸是由基岩、沙(泥)岸、珊瑚礁、红树林、海草等构成,既是一个生物单元,又是一个地质单元、动力单元。一旦这些单元被破坏,影响海岸最为直接的就是使其丧失防风抗浪的功能,加剧海岸侵蚀,使岸线后退。海湾的开发不能破坏它的完整性。《广西北部湾经济区发展规划》将北部湾的岸线划分为七种类型:港口及工业岸线,228km;城镇建设岸线,147km;旅游观光岸线,53km;休闲休憩岸线,133km;养殖岸线,213km;生态保护岸线,390km;其他岸线(国家发展和改革委员会,2008)。北部湾的海岸魅力不仅是因为它具有引人入胜的亭亭玉立的椰林、千姿百态的珊瑚和珊瑚岸礁、银灰色和金黄色的沙滩以及清澈见底的近岸海域,更重要的是它的地理位置和特殊的自然资源。一些海湾具有天然的水深条件可供发展航运和对外通商的港口,近岸海域有丰富的水产资源及独特的生态系统,沿岸的港湾和泻湖则是人工养殖的场所。沿海地区还蕴藏着丰富的矿产、能源及旅游等资源。随着开发建设的加快,海岸地区的社会活动和经济建设将日益频繁,如港口码头建设、围海造地、开辟海滨旅游设施、沿岸养殖等。

开发之前,应从水文资料、岸线变化、环境评估等方面进行科学论证,研究近岸生态环境与海岸、海湾的改造关系,海岸、海湾围填与陆地营养物质入海的关系,赤潮形成过程和开发环境逆行性演替或退化机制等,对海岸环境进行生态演变分析,建立包括海岸景观生态结构、生态功能、生态效应评价指标等在内的综合指标体系。合理划分各类岸线,对岸线资源分步骤、分阶段、分重点地开发,注重可持续发展。

除了必须安置在临海的产业外,在离海岸线近的地方不宜设立规模产业和建造城市集镇、安置居民区和海景宾馆,宜建防风林、湿地等生态屏障。居住休闲区更多规划建设在山谷平地。杜绝一切可能加速海岸侵蚀的人为开发活动,同时辅以必要的海岸生态恢复工程。杜绝刻意营造所谓"亲水平台"。在保持原有自然植被的基础上进行梳理美化,而不能全部清除更换。因为原本生长在海岸砂坝的原生植被,是经过长期自然选择,适应干旱风沙、恶劣生活环境的结果,它们具有防风浪、抗干旱、固沙和改良土壤的作用。

尽快制定海岸线利用和保护规划。"深水深用,浅水浅用"(王传胜,1999)。在深入调查研究的基础上,根据海洋功能区划和毗邻陆域的土地利用规划,统筹考虑各个岸线的基本情况,科学合理制定海岸线利用和保护规划,指导海岸线利用保护管理工作。岸线的规划要突出公共岸线的作用,防止被少数经营人垄断有限岸线资源或圈占岸线资源,最大限度发挥岸线资源的价值。制定海岸线利用和保护年度计划,结合各地区海岸线条件和社会经济发展需求,合理确定不同地区海岸线利用年度控制数,实行海岸线利用年度总量控制制度(范晓婷,2008)。

严格履行海岸线利用申请审批程序。严格海岸线利用项目的使用论证,制定针对海岸线利用项目的论证大纲,对海岸线开发利用活动的影响及效益评估进行深入分析预测,减少盲目性;项目审批前,必须进行现场踏勘、充分征求有关部门意见。逐步建立对海岸线利用项目的动态监测和后评估制度,及时发现、总结海岸线利用的经验和教训,引导海岸线利用和保护,走健康、可持续发展之路。

确定海岸基线,加强海岸线管理。海岸基线是为了完成海岸动态防护政策确立的技术参照标准,是一条确定的界线。为了加强对海岸线的管理,应确定海岸基线的位置,防止海岸线的进一步后退。海岸基线的位置为不可超越的参照标准,每年对海岸线的位置进行测量并参照海岸基线进行比较评价,以检查海岸基线有没有超越或者是否可能被超越，必要时采取补救性的措施，为海岸线管理提供基础数据。

建立海岸退缩线。为了保护海岸线的安全，应建立海岸退缩线，海岸退缩线向海一侧不允许有任何建筑物，以避免海水侵蚀和破坏、保护生态功能和海岸景观。

加强海防林和红树林的保护和建设。红树林是生长于陆地与海洋交界的海洋森林，它可以有效地防止海岸侵蚀，降低台风灾害损失，是滩涂养殖业的一道生态保护屏障，是地球上生物多样性、生产力最高的海洋自然生态系统之一。统一规划，合理布局，科学管理，使海岸带的开发利用活动依法、规范、有序进行，实现经济效益和生态效益的协调。

五、呼包银经济区

(一) 范围确定

《中国西部开发重点区域规划前期研究》（刘卫东等，2003），在呼包—包兰—兰青线经济带中，呼包鄂（尔多斯）"金三角"地区共涉及20个旗（县、区、市），分别是呼和浩特市市辖区、土默特左旗、托克托县、和林格尔县、武川县、包头市市辖区、土默特右旗、固阳县、东胜区、达拉特旗、伊金霍洛旗、集宁市、丰镇市、卓资县、察哈尔右翼前旗、临河区、五原县、磴口县、乌拉特前旗、杭锦后旗；银川段共涉及13个县（区、市），分别是乌海市市辖区、银川市市辖区、永宁县、贺兰县、石嘴山市市辖区、平罗县、陶乐县、惠农县、中卫市市辖区、中宁县、吴忠市市辖区、灵武市、青铜峡市。国务院发展研究中心发展战略与区域经济研究部、《呼包银—集通线经济带发展战略研究》联合课题组（2003），把呼包银—集通线经济带划分为核心带、延伸带、辐射区三个层次。其中，核心带是以京包—包兰铁路和国道为主轴线，以呼和浩特、包头、银川、鄂尔多斯、榆林等城市为依托，以鄂尔多斯盆地北部地区为核心区，形成呼包银榆（林）菱形核心带。李仙（2005）把呼包银经济带的范围界定为宁夏沿黄地区、内蒙古河套地区、鄂尔多斯高原等。

2010年内蒙古、宁夏的经济密度为107万元/km^2，巴彦淖尔市只有94万元/km^2，但巴彦淖尔市位于包兰铁路沿线，介于包头市与乌海市之间，应该包括在呼包银经济区之内。根据目前我们接触到的新闻报道，宁夏沿黄经济区四市（银川市、石嘴山市、吴忠市、中卫市）已被列入《呼包银重点经济区规划》范围（李军和于婧，2010）。鉴于宁夏沿黄四市面积5.27万 km^2，占宁夏的79.8%，作为一个重点经济区，占本区的比例不宜太大。此外，宁夏的固原、吴忠、中卫，陕北的榆林已划入《陕甘宁革命老区振兴规划》的范围，本着同一个区域不宜同时划入两个经济区的原则，本书没有将宁夏的吴忠和中卫、陕北的榆林划入呼包银经济区。

综合考虑各方面因素，本书把呼包银经济区的范围界定为内蒙古的呼和浩特市、包头市、鄂尔多斯市、巴彦淖尔市、乌海市，宁夏的银川市和石嘴山市（表12-12）。

表12-12　2011年呼包银经济区的基本情况

地　区	面积/km²	总人口/万人	GDP/亿元	经济密度/（万元/km²）	人均GDP/元
呼和浩特市	17 224	232	2 177	1 264	75 266
包头市	27 768	222	3 005	1 082	112 372
鄂尔多斯市	86 882	154	3 219	371	163 012
巴彦淖尔市	64 413	187	718	111	43 109
乌海市	1 754	54	482	2 748	89 521
银川市	7 471	203	987	1 321	48 964
石嘴山市	4 113	73	368	895	50 377
合计	209 625	1 125	10 956	523	97 377
内蒙古、宁夏合计	1 239 854	2 808	16 462	133	58 615
（呼包银经济区合计/内蒙古、宁夏合计）/%	16.9	40.1	66.6	393.6	166.1

注：表中，除经济密度数据由作者计算外，其他数据均引自《中国区域经济统计年鉴（2012）》

资料来源：国家统计局国民经济综合统计司，农村社会经济调查司.2012.中国区域经济统计年鉴（2012）.北京：中国统计出版社

（二）发展基础和条件

呼包银经济区总面积21.28万km²，占内蒙古、宁夏的17.0%；2011年总人口1125万人，占内蒙古、宁夏的40.1%；GDP10 956亿元，占内蒙古、宁夏的66.6%；经济密度523万元/km²，相当于西部地区的3.58倍，相当于内蒙古、宁夏的3.93倍；人均GDP97 377元，相当于西部地区的4.33倍，在西部各重点经济区中居首位。

1. 发展潜力巨大

就农牧业而言，该经济区聚集了我国北方农牧交错地带中地段最好的沿黄河分布的前套、后套、土默川平原以及西辽河平原地区，是该地带著名的粮仓，而且其畜牧业也较为发达，由于农区畜牧业集约化程度高，因此比牧区的畜牧业更发达。许多重要的畜产品基地，如奶、牛羊肉等，都设在农牧交错的平原地带。

就矿业资源而言，最具特色的是能源与稀土矿。我国黄河流域素有"能源

之河"的美誉，而位于呼包银经济区的能源基地是其中的重中之重。这个经济区的能源资源种类多，数量大，质量高。煤炭、天然气、石油以及水能等能源资源均有分布，而且煤炭资源本身的品种也比较齐全，从无烟煤到各种炼焦煤[①]，乃至变质程度较低的褐煤均有分布。煤炭资源储量达5300亿t左右。其中，位于宁夏灵武市、盐池县和同心县境内的宁东能源化工基地，已探明储量达到310亿t，煤质优良，品种齐全，为优质的化工及动力用煤。本经济区天然气储量10.7亿m^3。其中，全国最大的苏格里整装气田储量高达6000亿m^3。稀土矿是本地区最具优势并具有世界意义的金属矿产资源，储量占世界的一半，占全国的90%左右，具有十分广泛的应用前景。此外，本经济区还拥有丰富的黑色和其他有色金属矿、盐碱化工和高岭土等非金属矿产资源（李仙，2005）。

2. 产业基础雄厚

多年来的开发建设使得该地区初步形成了能源、稀土高科技、冶金机械、化学和农牧业及农畜产品加工业等具有一定规模和明显优势的产业基础。经济区的煤炭、电力、石油天然气工业资源富集，生产规模大，技术设备先进，产品质优价廉，已成为国家重要的能源输出基地和战略接续基地。同时，银川平原、河套平原和西辽河平原是我国北方重要的商品粮生产基地，内蒙古大草原位居我国五大草原之首，具有发展绿色农畜产品的巨大潜力。

3. 生态地位重要

该经济区自西向东分布着巴丹吉林、腾格里、乌兰布和、库布其四大沙漠和毛乌素、浑善达克、科尔沁、呼伦贝尔四大沙地，黄土高原位于经济区南部。这里既是沙尘暴的高发区，又是水土流失最严重的地区。我国境内三大主要沙尘暴源区中有两大源区在该区，沙尘暴向京、津及内地移动的三条路径大多数经过这里。每年输入黄河的亿吨泥沙中，有相当多的部分来自这一地带。经济区内的鄂尔多斯市水土流失面积达4.7万km^2，占全市总面积的54.2%，每年向黄河输入泥沙1.6亿t。其中，被称为"地球癌症"的砒砂岩地区，侵蚀模数高达4万t/（km^2·a）。全市沙漠化土地面积4.3万km^2，占全市国土面积的49.5%；沙化、退化草场面积4万km^2，占可利用草场面积的80.0%（安树伟等，2002）。

（三）发展方向

作为国家确定的西部重点经济区之一，从产业发展角度看，呼包银经济区

---

① 乌海是我国建设比较早的重要的焦煤生产基地。

要重点打造西部地区新的经济增长极、国家重要的能源和原材料基地。

1. 西部地区新的经济增长极

西部开发十多年来，呼和浩特市特色产业优势逐步形成，对外开放程度明显提高，农村经济快速发展，城市化进程明显加快，社会事业发展与经济建设相协调，经济增长速度连续多年位列全国 27 个省会（首府）城市前列。呼和浩特依托当地矿产资源和国家重点投入，在改革开放之前就已经建成了我国重要的原材料工业和重型制造业基地。改革开放之后，依托农副产品资源的开发利用形成的特色轻工业体系，成为西部最具影响的一个亮点，也是当前呼包—包兰—兰青经济带上发展程度最高的地段。应发挥对外开放的先导功能和第三产业的服务功能，优先发展第三产业；继续发挥伊利、蒙牛等乳业龙头企业的示范带动作用，在制度创新的同时，加大技术创新力度，不断调整产品结构，扩大生产规模，促进农业产业化进程；在建立主导产业和保持轻工业高速增长来拉动经济快速增长的基础上，加大高新技术产业和产品的研发，以高新技术改造传统产业，增强传统产业的竞争能力，促进特色优势产业的持续发展。

包头应依托国家级高新技术产业开发区和军工企业形成的政策、技术、人才、工业基础等优势，在机械电子、冶金、生物工程、环保产业等领域，加大技术改造力度，提高产品研发能力，形成先进制造与自动化、新材料、生物制药、环保等为重点的高技术产业群。建成以先进适用技术改造传统产业、发展非公有制经济以调整所有制结构的道路，优化产业结构，努力把包头培育成西部的二级中心城市。

银川及周边地区应充分发挥丰富的水能煤炭资源优势，在建设能源基地和高耗能产业密集地区的同时，着力搞好具有鲜明民族特色的农畜产品加工基地、特色农业生产基地和区域性商贸旅游业基地建设，力争在煤炭-电力-冶金联营、石油化工及其深加工业、面向西北市场的建筑材料工业、农副产品加工等领域有长足发展。银川市要着力提升区域性中心城市的服务功能，以高新区为载体，大力发展具有地方特色的高新技术产业，加大生物工程及新药、机电一体化、节能与环保等为主的新型产业群的发展，使银川高新区成为宁夏最具有活力的经济区和高新技术产业基地。

2. 国家重要能源和原材料基地

本区是我国煤炭资源开发地区接替的首选地。[①] 我国东部煤炭调入区带由于

[①] 从地理位置、经济发展水平以及煤炭供求关系等方面综合考虑，我国从东到西可以划分为三个煤炭开发带，即东部煤炭调入区带、中部煤炭供给区带（即晋陕蒙接壤地区）和西部煤炭自给及后备区带。

可供开发建设的新井越来越少，煤炭需求量越来越大，煤炭供求之间的矛盾将进一步加剧（魏同等，1995）。其中相当一部分地区报废矿井增多，衰老速度加快，开采条件日趋困难，资源接替困难。而晋陕蒙接壤地区煤炭储量丰富，后备资源充足，煤种齐全，煤质优良。尤其是神府、东胜、准格尔的优质动力煤，与西部煤炭自给及后备区带相比，地理位置适中，具有明显的区位优势，是支援全国的重要煤炭调出基地，也是全国煤炭开发的重点地区。

随着我国煤炭工业进一步由东部向中西部的转移，全国煤炭资源开发将主要集中于这一地区。本经济区具有十分优越的发展能源原材料工业的资源条件，经过几个时期大规模的能源原材料基地的建设，目前工业已具相当规模，已具备成为全国性的能源原材料工业基地的条件。

我国不仅是一个煤炭资源和生产大国，同时也是一个煤炭消费大国，2011年煤炭在我国能源消费中占68.8%。大量的煤炭消耗不仅使用效率较低，而且对环境造成了很大的污染。但由于我国油气资源的贫乏，较长时期能源消费还应以煤炭消费占主导地位。因此，提高煤炭的利用效率，将煤炭利用所造成污染降低到最低限度是目前煤炭生产主要的发展方向之一。"十二五"时期，我国能源工业的发展重点是"推动能源生产和利用方式变革，构建安全、稳定、经济、清洁的现代能源产业体系。加快新能源开发，推进传统能源清洁高效利用，在保护生态的前提下积极发展水电，在确保安全的基础上高效发展核电，加强电网建设，发展智能电网，完善油气管网，扩大油气战略储备"（国家发展和改革委员会，2011）。

鉴于此，呼包银经济区能源发展的战略方向是以发展清洁能源和能源的深加工利用为主，以经济增长、资源开发利用、生态环境的协调发展为出发点，通过推进以洁净煤技术为主的清洁能源产业化进程，建立多种、多次清洁能源产品结构和高效、节能的清洁能源消费系统，实现能源生产、消费的全过程控制，并通过生产多种、多次清洁能源的产品来适应和满足国内外能源市场的需求，从根本上改变本区能源产品结构单一、技术含量与附加值低、市场竞争力弱、经济效益差的状况，真正将本区建成我国乃至世界上重要的能源重化工业基地。

此外，要大力发展原材料工业，利用高新技术加快对传统产业的改造，有重点地发展高新技术产业，建成我国重要的稀土、冶金、化工、建材、生物制药、绿色食品等生产基地。

（四）优势产业

1. 特色绿色食品加工业

逐步形成乳品加工、羊绒加工、葡萄酒酿造、清真食品、枸杞、发酵产业、优质大米等专业化商品生产基地，建成若干技术含量高、具有规模经济效益的龙头企业，打造出一批名优特新的知名品牌。

> **专栏 12-2**
>
> **呼包银经济区特色绿色食品加工业发展重点**
>
> ——乳品加工。进一步巩固和扩大乳业在全国的竞争优势，以调整产品结构和转变发展方式为重点，大力增强乳产业的综合竞争力。加快实现奶牛种群扩张由外延式向内涵式转变、奶牛饲养管理由粗放向集约转变、乳制品结构由单一向多元转变；重点实施乳品加工龙头企业带动工程、奶源基地建设工程和饲草饲料建设工程；着力完善奶牛良种繁育体系、疫病防治体系、质量监控体系和新技术推广示范体系。
>
> ——羊绒加工。加快品种改良和饲养方式转变，稳定数量，增加单产，提高基地生产水平。加强技术创新和新产品开发，不断提高羊绒产品的科技含量和附加值；瞄准国际市场进行品牌经营，引入国际品牌设计理念，发展境外加工厂、销售企业和专卖店，确立本区羊绒产业在国际上的优势地位。
>
> ——清真食品。主要提高牛羊肉安全质量水平、发展牛羊肉精深加工，引导鲜肉制品向预冷肉、小包装、细分割方向发展；加强熟制品开发，向多品种、系列化、全营养、精包装、易储存、易食用方向发展；同时搞好牛、羊等动物器官副产品的综合利用和药物提取。推行品牌带动战略，建立完善市场体系，重点开发国内大中城市中高档消费市场，积极开发中亚各国和中东阿拉伯市场。
>
> ——枸杞产业。以实施品牌战略为核心，发挥宁夏枸杞品牌、原产地域及品质、技术等优势，完善良种繁育基地、无公害生产基地、果实制干设施、信息服务网络及市场体系建设，不断提高枸杞干果及加工产品的市场占有率。以科技为手段，以加工企业为依托，加强枸杞及其深加工产品开发研究，改进鲜果采后的商品化处理手段。对于枸杞干果、枸杞鲜汁和枸杞籽油等产品，要国际市场与国内市场并重，积极拓展营销渠道。围绕无公害发展要求，进一步提高产品品质和质量，提高基地生产水平，增强产品对外扩张能力。
>
> ——发酵产业。充分发挥宁夏能源成本低、粮食比较丰富、适宜发展发酵产业的优势，抓住我国发酵产业结构调整机遇，积极引资扩大产能，促进规模经营。要加强新品种、新菌种的开发，加快新工艺和新设备的应用，进一步增加谷氨酸、味精的产量，积极发展市场前景看好的赖氨酸、精氨酸等，加快应用领域的拓展和系列产品的延伸。

2. 生物工程和生物药品产业

大力发展生物高技术工程。内蒙古有丰富的地产植物资源，充分发挥这些资源优势，利用生物制药技术，加快开发具有内蒙古优势的中蒙特色生化药品、新兴特效药品和保健药品；利用微生物和酶工程技术，开发高档食品添加剂和新型饲料添加剂。呼包银经济区的胚胎移植和人工授精等技术在全国具有领先优势，要加快推广应用，加速牲畜改良，力争使之成为全国最大的良种牛冷冻精液颗粒生产基地、肉牛胚胎移植基地和羊胚胎移植基地。

生物药品和生物工程产业主要生产高效、无副作用的枸杞、甘草、沙棘、麻黄、苦豆子等精深加工产品，逐步建成中国西部的"药谷"。积极推进中药现代化。广泛应用现代科学技术开发中药新产品、新品种，加快生产工艺和技术设备的改造、更新和升级，加快中药材和中成药的产业化基础和标准化生产；积极推进中药材生产的规范化、产业化和集约化进程，推广GAP规范化种植，鼓励和支持中药提取的标准化、商品化生产。

依托现有基础，进一步大力发展转基因技术、细胞工程技术、微生物技术和酶技术等生物工程产业。重点利用重组DNA技术和原生质融合技术构建新菌种，或改造抗生素、维生素等产品的生产菌种，提高工艺技术水平；开发现有的生物技术产品新剂型；采用基因工程与细胞工程技术和传统生产相结合的方法，生产稀缺的中药材。

3. 能源产业

内蒙古鄂尔多斯地区的能源发展以建设大型煤炭基地和火电基地为重点，向区外输出煤炭和电力，相应发展煤炭转化和深加工产业。能源市场以京津冀的电力和煤炭市场为主，逐渐增加向华东和华中市场的辐射。乌海焦煤基地要依托乌达和桌子山的焦煤资源，在整合资源的基础上建设大型、先进的焦煤生产基地，并利用当地的氯碱资源，建立以焦化生产为基础的循环经济产业链（亚洲开发银行技术援助项目 TA4511-PRC 咨询专家组，2007）。

宁东能源基地在提高煤炭生产能力和发电装机容量的同时，提高煤炭间接液化和煤化工生产能力，建设国家级大型煤炭基地、煤化工产业基地、"西电东送"火电基地和循环经济示范区。

4. 新材料产业

呼包银经济区冶金工业存在的主要问题是技术含量低、高附加值产品比例小，因此冶金工业发展的关键是优化产品结构，提高钢铁比例、边铸比例和板管带比例，同时适当扩大具有比较优势的铝、铜、锌等有色金属冶炼规模。以包钢为核心，加大产品结构调整力度，加强质量管理，以质量为中心实施名牌战略。努力发展60kg/m重轨、热轧带肋钢筋、低碳无扭控冷热轧盘条、电池级混合稀土金属等国内外名牌产品，带动本区冶金工业的发展。

稀土资源是内蒙古中部地区乃至呼包银经济区最大的优势资源，要依托现有资源、科技力量和产业基础，加快创新步伐，强化科研开发及推广应用，使稀土产业成为本区最具优势的战略性产业和高科技龙头产业。稳定稀土初级产品的生产规模，加大稀土深加工产品的开发力度与产业化水平，重点开发稀土高新技术产品和相关产业的最终产品，着力提高稀土产品的技术含量和附加值。充分发挥包头高新区在科技创新方面的优势，利用10～15年的时间，把包头建设成为对全球稀土高新技术产业及相关领域有一定影响的稀土原料、研发、生产与贸易中心，成为中国的"稀土谷"。

专栏12-3

银川周边新材料产业发展的重点领域

——钽铌铍稀有金属材料及加工业。逐步改变大部分产品以原材料出口的现状，延长产业链，重点开发下游产品，使上中下游产品逐步走向协调发展。要加快发展高比容钽粉、细径钽丝、钽电容器，铌粉、铌丝、铌电容器，钽铌氧化物、钽酸锂晶体、铌酸锂晶体，钽铌板带材，铌合金，铍青铜合金、铍青铜管棒带材等。

——镁材料及加工业。继续快速发展原镁和镁合金冶炼，加大高纯镁、高品质镁合金、高性能镁合金坯材生产；根据国内汽车、电子等工业扩大应用镁合金加工产品的进程，积极引进技术，加强自主研发，逐步扩大镁合金变形材系列产品、镁合金压铸件系列产品比重，争取镁行业中下游产品规模经济的先机。

——碳基材料产业。在本区已有较好基础上，提升技术档次，开发高新产品。大力发展活性炭、碳化硅、碳素等产品。

5. 旅游业

围绕呼和浩特及其周边地区历史文化与民俗风情，大力开发历史文化、民俗风情、工业观光等旅游项目，努力开拓北京—集宁—呼和浩特—包头、丰镇—凉城—呼和浩特—四子王旗—二连浩特—集宁—兴和等旅游线路。重点实施辉腾锡勒草原、敕勒川草原风情等一批旅游景区景点建设项目，开发伊利、蒙牛等工业旅游观光项目。围绕蒙古民族文化、辽文化和草原文化三大主题，建设一批文化标志工程,继续建设成吉思汗陵、五当召等重点历史文物景点,适时开拓沙漠旅游新景区,完善旅游景区基础设施建设。以大银川旅游圈①为中心,打造旅游精品,完善配套服务体系,建成中国独具魅力的旅游区。

(五)需要重点解决的问题

1. 加大对资源性产业的支持力度

切实保证矿产资源开发和资源性产业的发展能够带动地区经济发展和使当地人口受益。在体制方面,应解决矿业被条块分割、缺乏全面规划、指导与管理的问题,进行统筹考虑与整体规划;在政策方面,应从资源耗竭规律出发制定相应的资源补偿政策和矿山转产扶持政策,同时建立与国际惯例接轨的矿业投资政策和财务政策等,为国外资本的进入创造条件。对于适合本区生存和发展的一些具有很好的资源条件和成本优势的项目,国家在规模、能力和布局等方面的产业政策,应根据实际情况适当予以放宽。

2. 搞好生态环境建设

呼包银经济区是我国北方巨大的生态屏障。特殊的自然及气候条件决定了该区域生态环境的脆弱性,独特的地理位置又赋予其生态屏障功能的重要地位。近年来,国家在这一地区组织实施了一系列生态治理工程,但生态环境整体恶化的趋势还没有得到根本遏制。土地荒漠化不断扩展,水土流失依然严重。草原退化、沙化明显加剧,由此引发的自然灾害愈演愈烈。尤其是每年冬春季节沙尘暴频繁发生,严重影响我国北方大部分地区的生产和生活,甚至波及长江中下游地区。加强本区生态环境保护和建设,不仅造福于在这块广袤土地上生息繁衍的子孙后代,而且事关全国生态安全和生态环境改善的大局。

能源资源的开发会对生态环境造成不可避免的影响,且随着开发规模的扩大,影响程度将加深。煤炭的露天开采会破坏地表生态系统,井工开采会造成地面塌陷。煤炭开采还会破坏地下含水层和隔水层的构造,破坏地下水系统。矿坑和矿井疏干水外排会污染地表水和地下水,并造成矿区周围较大范围的地下水水位下降,导致河流和水井干涸,地表植被无法生长。东胜矿区在开发过程中破坏了蓄水层和隔水层,地下水渗漏导致矿区周围地下水水位的大幅度下降,严重的地区地下水位已经下降2~3m甚至更多。开发较早的东胜大柳塔矿区,目前基岩中的储水已经不复存在,泉水也已干涸(亚洲开发银行技术援助

---

① 大银川旅游圈包括以沙湖旅游区、西夏王陵旅游区、金水旅游区、青铜峡旅游区、镇北堡西部影城、贺兰山岩画等为一体的旅游地域。

项目 TA4511-PRC 咨询专家组，2007）。

因此，生态环境保护和建设是当前和今后一个时期本经济区最重要的基础建设工程，必须在开发丰富的能源资源与脆弱的生态环境中寻找平衡。要因地制宜，分类实施，保护与建设并举，实现生态环境建设和生态经济开发、生态环境建设和农牧民增收、生态效益和经济效益相结合，实施对生态环境保护和建设的综合治理工程。

六、新疆天山北坡经济区

（一）范围确定

《中国西部开发重点区域规划前期研究》（刘卫东等，2003），在西陇海—兰新线经济带中，涉及的天山北麓段包括 18 个县（区、市），分别是乌鲁木齐市市辖区、乌鲁木齐县、克拉玛依市市辖区、吐鲁番市、鄯善县、托克逊县、哈密市、昌吉市、阜康市、米泉市[①]、呼图壁县、玛纳斯县、奎屯市、沙湾县、石河子市、乌苏市、精河县、博乐市。马海霞等（2007）把天山北坡经济带的范围界定为乌鲁木齐市，克拉玛依市，昌吉回族自治州的昌吉市、米泉市、阜康市、呼图壁县、玛纳斯县，石河子市，塔城地区的沙湾县、乌苏市，伊犁哈萨克自治州的奎屯市，以及新疆生产建设兵团的农六师、农七师、农八师、农十二师等。鉴于天山北坡经济区涉及的地级行政单位较多，我们只好打破地级行政单位的范围界定天山北坡经济区的范围，在此使用刘卫东等（2003）界定的范围（表 12-13）。天山北坡经济区和新疆的面积比为 15.6%，总人口比为 34.7%，GDP 比为 61.5%，经济密度比为 390.9%，人均 GDP 比为 177.9%。

表 12-13 2010 年新疆天山北坡经济区的基本情况

地 区	面积/km²	总人口/万人	GDP/亿元	经济密度/（万元/km²）	人均 GDP/元
乌鲁木齐市	14 876	311	1 339	900	43 039
克拉玛依市	8 654	59	711	822	121 387
石河子市	460	32	135	2 935	42 816
吐鲁番地区	67 563	61	183	27	29 828
哈密市	85 587	45	135	16	30 234
昌吉市	7 505	47	179	239	37 686
阜康市	8 535	16	81	95	49 251
呼图壁县	9 421	22	80	85	36 184
玛纳斯县	9 597	26	102	106	39 316
奎屯市	1 110	15	72	649	47 554
乌苏市	14 300	36	96	67	27 069

① 目前已撤销米泉市，成为乌鲁木齐市米东区。

续表

地 区	面积/km²	总人口/万人	GDP/亿元	经济密度/（万元/km²）	人均GDP/元
沙湾县	12 677	40	109	86	27 486
博乐市	7 877	26	85	108	32 523
精河县	11 175	14	35	31	24 371
合 计	259 337	750	3 342	129	44 573
新疆	1 664 897	2 164	5 437	33	25 057

注：表中，除经济密度数据由作者计算外，其他数据均引自《新疆统计年鉴（2011）》
资料来源：整理自：新疆维吾尔自治区统计局.2011.新疆统计年鉴（2011）.北京：中国统计出版社

（二）发展优势

天山北坡经济区总面积25.93万km²，占新疆的15.6%；2010年总人口749万人，GDP3341亿元，分别占新疆的34.7%和61.5%；经济密度129万元/km²，相当于西部地区的1.08倍、新疆的3.91倍；人均GDP44 573元，相当于新疆的1.78倍、西部地区的2.14倍，居西部各重点经济区第二位。该区域自然资源丰富，基础设施比较发达，城市化及经济发展水平较高，是新疆最有吸引力、最有优势和潜力的地区。

天山北坡经济区是中国连接中亚地区乃至欧洲的陆路交通枢纽，特别是随着亚欧大陆桥的全线贯通，天山北坡经济区作为新亚欧大陆桥中国段的西部重要经济区，在中国西部乃至中亚经济发展中的地位和作用将日益增强。文化独具特色，历史上曾是古丝绸之路的重要通道，是中西文化的融汇之地，呈现出多元文化的特质。经济区拥有乌鲁木齐、石河子两个国家级经济技术开发区，乌鲁木齐国家级高新技术产业开发区，为经济发展提供了良好的基础条件。经济区核心城市乌鲁木齐依托周边国家，建成了近两百个各类商品交易市场，形成了覆盖新疆、辐射中亚地区的多层次、多渠道贸易网络，已成为面向中亚地区最具活力的现代国际化商贸城市之一。

该区域经济发展中存在的主要问题是：区域一体化程度较低，整体协作能力不强；优势资源转化力度、科技含量有待提升；投资软环境有待改善（刘卫东等，2010）。

（三）发展方向

经过多年的快速发展，天山北坡经济区已经具备较为完整的产业结构体系。

在特色农业方面，已出现白、红、绿产业①产业化发展的良好态势。工业发展以油气开采、煤炭采选、石油化工及炼焦业等资源型产业为主，但结构偏重（刘卫东等，2010）。基于全疆所提供的资源基础及经济区核心城市乌鲁木齐的经济功能，应把天山北坡经济区建设成为西陇海—兰新经济带向西开放的前沿产业基地，全球旅游网络上的一个重要节点。

应积极加强天山北坡与周边国家进行以资源互补为主的经济技术合作，建立多元、稳定、可靠的能源和重要矿产资源境外供应与加工基地，使其成为确保国家能源和矿产资源安全的大通道。乌鲁木齐要着力提升中心城市的服务功能，努力推进西部国际商贸中心的建设进程。作为产业依托，在经济技术开发区和高新技术产业开发区建立面向中亚、串联西陇海—兰新线经济带并面向全国的出口商品加工区。同时，工业生产中心逐步向昌吉及卫星城镇转移，在空间结构调整的同时，重视高新技术对优势产业的改造，使石油化工、冶金等工业部门在整体产业结构的调整中，能够协调健康地发展。

（四）优势产业

1. 特色农业

天山北坡地区水土资源相对丰富，发展特色农业的潜力较大，容易形成规模优势。目前，特色农业具有规模优势的是棉花、制糖、番茄、水果（葡萄）和葡萄酒，但是其潜力还远未发挥出来。今后一方面是扩大生产规模，另一方面要建设具有规模优势的农产品产业化经营体系。

大力发展白、红特色农业。利用丰富的水电光热资源，发展有区域特色的种植业、养殖业，发展节水农业、生态农业、效益农业，建设全国重要的优质棉花生产基地，把白色产业和红色产业建设成为乌鲁木齐城市圈经济发展的支柱产业。促进畜牧业的加工转化和增值。

积极支持无公害食品、绿色食品和有机食品工业发展，建设全国乃至国际上都具有竞争力的特色食品加工生产基地。立足于市场、技术、人才和资源条件，加强与国内外大企业、大集团联合与合作，以先进技术装备提升产品档次和质量，大力扶持、提升一批科技含量高、市场前景好、辐射带动力强的农产品加工业，提高产品附加值和市场竞争力，做大做强无公害、绿色农产品和有机食品的精深加工企业，创建品牌，形成产业优势和特色经济优势。大力发展乳、肉制品加工和啤酒花、瓜果、红花、枸杞、大芸等特色产品加工产业，巩

---

① 白色产业包括原棉种植和棉纺织，红色产业包括番茄、葡萄、枸杞、辣椒、胡萝卜、啤酒花、红花等的种植与加工，绿色产业则指林果业。

固提升番茄、制糖、酿造、食用油、芳香植物等产业。

2. 石油天然气开采及加工业

目前新疆石油和天然气保有储量分别位居我国第二位和第一位,因此油气资源的开采与加工既是新疆、也是天山北坡经济区的优势产业。

突出发展"黑色"石油天然气开采及加工业。按照"大力支持上游,积极介入中游,加快发展下游"的原则,进一步提高油气资源在区内加工的数量和深度,最大限度地延伸石油天然气产业链,做大做强下游产品的精深加工。加强油地合作,尽快打破石油产业由中央企业"一统天下"的垄断格局,给地方企业更多的生产经营权和发展自主权,支持地方企业积极参与石油天然气下游产业的开发(马海霞等,2007),共同发展石油天然气下游产品加工业。

以发展大乙烯及其下游产品、大芳烃及其下游产品、大化肥及甲醇为主的天然气化工产品和精细化工系列产品为主线,建设大型石油炼制、大型乙烯、大型芳烃、大型聚氯乙烯、大型氮肥、大型甲醇加工、天然气电力、民用天然气、油气管道及煤液化等工程。充分发挥大型石化项目的聚集和辐射作用,尽快形成有现代规模的石油石化产业集群,全面推动石油天然气化工业的高速度、跨越式发展。

3. 旅游业

充分利用本区独特的自然风光、民族风情和历史文化风貌,抓好旅游景区(点)和线路的规划布局,采取国家扶持、企业为主、多渠道和多形式融资、市场机制运营等措施,加大旅游资源整合和开发力度,强化风景名胜资源的保护。充分发挥乌鲁木齐中心城市的旅游集散功能。

加快旅游基础设施建设,进一步完善景区功能和设施,积极开发高山景观、草原风光、风景名胜等面向大众休闲和具有地域民族风情的特色旅游项目和旅游产品。

(五)加快推进乌(鲁木齐)昌(吉)经济一体化步伐

2004年12月,新疆维吾尔自治区决定,在不涉及乌鲁木齐市和昌吉回族自治州两地行政区划调整的前提下,成立乌昌党委,加快推进乌昌经济一体化(赵红梅,2006)。乌鲁木齐市是新疆的首府、区域经济的中心,从东、西、北三面环抱乌鲁木齐市的昌吉回族自治州经济总量在新疆排名第四,乌昌地区占尽新疆的天时、地利、人和。双方合作更基于两区特殊的地理条件:乌鲁木齐市和昌吉回族自治州近在咫尺,州府昌吉市仅距乌市中心区35km。

今后要在城建、交通、土地、水利、环保等方面加强合作,加快推进乌(鲁木齐)昌(吉)经济一体化的步伐。

七、兰西格经济区

(一) 范围确定

兰西格经济区的连接线路主要是兰州—格尔木的铁路,途经的主要城市有兰州、西宁、德令哈、格尔木。《中国西部开发重点区域规划前期研究》(刘卫东等,2003)在西陇海—兰新线经济带的兰州段中,与兰西格经济区有关的县(区、市)有兰州市市辖区、永登县、皋兰县、榆中县、白银市市辖区、靖远县、景泰县、定西市市辖区、通渭县、渭源县、临洮县、永靖县、东乡县、武威市市辖区、天祝县、古浪县;在呼包—包兰—兰青线经济带的西宁段中,与兰西格经济区有关的县(区、市)有西宁市市辖区、大通县、湟中县、湟源县、平安县、民和县、乐都县、互助县、化隆县。我们依据点—轴开发模式,分别以兰州市、西宁市、德令哈为中心城市[①],计算兰州、西宁、格尔木的辐射带动范围,并考虑到地理上的邻近、区域内部发展面临问题及发展方向的一致性,兰西格经济区的范围共涉及甘肃、青海两省的五个地级市、五个自治州和一个地区。具体范围包括:甘肃省的兰州市、白银市、临夏州的全部,武威市的凉州区、古浪县、天祝县,定西市的安定区、陇西县、渭源县、临洮县、通渭县;青海省的西宁市、海北州、海东地区的全部,海西蒙古族藏族自治州(不含唐古拉山镇),黄南藏族自治州的尖扎县和同仁县,海南藏族自治州的贵德县和共和县(表12-14)。

表12-14 2010年兰西格经济区基本情况

市(州)、县(区)		面积/km²	人口/万人	GDP/亿元	地方一般预算财政收入/亿元
兰州市		13 103	323.50	1 100.39	72.76
白银市		21 164	180.40	311.18	11.84
临夏州		8 117	210.30	106.38	5.55
武威市	凉州区	5 081	101.12	155.91	2.13
	古浪县	5 103	39.99	23.91	0.57
	天祝县	7 147	21.47	21.72	1.03
定西市	安定区	4 432	47.08	34.57	1.38
	通渭县	2 909	44.60	17.41	0.38
	陇西县	2 408	51.10	34.27	1.40

① 由于格尔木周围没有可选取的县(区),故在格尔木区域单独确定格尔木市为中心城市。

续表

市（州）、县（区）		面积/km²	人口/万人	GDP/亿元	地方一般预算财政收入/亿元
	渭源县	2 065	35.46	13.87	0.42
	临洮县	2 851	54.40	29.81	1.15
西宁市		7 690	196.00	628.28	34.52
海东地区		13 496	161.80	173.31	4.76
海北州		33 568	28.30	54.53	2.21
海西蒙古族藏族自治州		253 369	39.10	365.49	34.49
海南藏族自治州	共和	17 209	13.06	24.38	0.64
	贵德	3 504	10.88	17.08	0.75
黄南藏族自治州	同仁	3 275	9.26	11.99	0.23
	尖扎	2 174	5.53	17.90	0.43
兰西格经济区合计		408 665	1 573.4	3 142.4	176.6
（兰西格经济区/甘肃、青海两省）/%		34.5	50.4	57.4	38.1
（兰西格经济区/西部地区）/%		6.0	4.4	3.9	2.2
（兰西格经济区/全国）/%		4.3	1.2	0.7	0.4

资料来源：甘肃发展年鉴编委会．2011．甘肃发展年鉴（2011）．北京：中国统计出版社；青海省统计局，国家统计局青海调查总队．2011．青海统计年鉴（2011）．北京：中国统计出版社；《中国统计年鉴（2011）》；国家统计局国民经济综合统计司，农村社会经济调查司．2011．中国区域经济统计年鉴（2011）．北京：中国统计出版社．其中，海西蒙古族藏族自治州面积＝海西蒙古族藏族自治州总面积－唐古拉山镇面积，安定区面积＝（定西市总面积－通渭县面积－陇西县面积－渭源县面积－临洮县面积－漳县面积－岷县面积）

（二）发展现状

兰西格经济区总面积 40.87 万 km²，2010 年总人口为 1 573.4 万人，GDP 为 3142.4 亿元，人均 GDP19 972 元，地方一般预算财政收入为 176.6 亿元，经济密度为 76.9 万元/km²。经济区的面积、人口、GDP、地方一般预算财政收入分别占甘肃、青海两省的 34.5%、50.4%、57.4%、38.1%，占西部的 6.0%、4.4%、3.9%、2.2%，占全国的 4.3%、1.2%、0.7%、0.4%。2009 年经济区城市化水平 33.8%，城镇居民人均可支配收入 11 969 元[①]，农村居民人均纯收入 3267 元。

1. 产业结构不断优化，初步形成七大特色优势产业

2005~2010 年，经济区第一产业增加值从 153.0 亿元增加到 273.7 亿元，第二产业增加值由 659.7 亿元增加到 1592.4 亿元，第三产业增加值由 639.2 亿元增加到 1275.8 亿元。三次产业结构由 10.5∶45.4∶44.1 调整为 8.7∶50.7∶

---

① 不包括共和县、尖扎县、同仁县和贵德县。

40.6，第一产业比重降低了1.8个百分点，第二产业增加了5.3个百分点，第三产业降低了3.5个百分点（图12-3）。经济区初步形成了农副产品及其加工、有色金属冶炼和加工、盐湖化工、装备制造、石油天然气、太阳能光伏发电、旅游等特色优势产业。

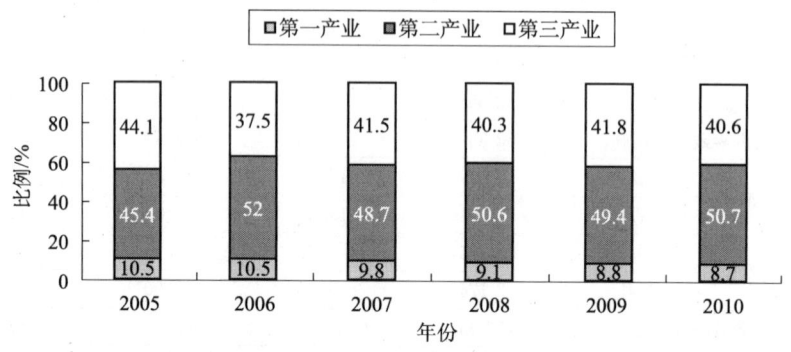

图12-3　2005~2010年兰西格经济区产业结构变化
注：所有数据均按当年价格计算
资料来源：甘肃发展年鉴编委员.2011.甘肃发展年鉴（2011）.北京：中国统计出版社；青海省统计局，国家统计局青海调查总队.2011.青海统计年鉴（2011）.北京：中国统计出版社

2. 兰西格经济区的经济实力还比较弱，加快发展仍然是未来的重点任务

兰西格经济区尚处于工业化初期向中期过渡的阶段，明显落后于全国特别是东部地区，工业的技术装备水平差距更大，落后于全国平均水平10~20年。2010年，经济区人均GDP为19 973元，分别相当于西部的88.5%、全国的61.0%；经济区的核心城市兰州市人均GDP为34 015元，相当于全国平均水平的1.04倍、西部的1.51倍、北京的44.8%、上海的44.7%；第二大城市西宁人均GDP为32 055元，相当于全国平均水平的97.9%、西部的1.42倍、北京的42.2%、上海的42.1%。同时，经济区城镇化滞后于工业化，二元经济结构极为明显，工业化所带来的利益不能被大多数人分享。

3. 基础设施薄弱

截至2010年年底，经济区只有兰州、西宁、格尔木三个民用机场，机场密度为0.75个/10万km^2，相当于全国的44.1%。交通路网化程度低，技术等级低，通达深度和通达质量不高。经济区东西向只有兰青—青藏铁路；2010年经济区公路密度为18.5km/100km^2，虽然高于甘肃和青海两省，但低于西部地区，更低于全国平均水平（表12-15）。经济区青海境内道路等级结构低，高等级公路仅为370km，占公路总里程的1.4%。以地级单位计算，2010年经济区内还有临夏州、海北州、海南藏族自治州、海西蒙古族藏族自治州、黄南藏族自治州没有通高速公路，占经济区地级单位总数的45.5%；以县级单位计算，经济区还有22个县没有通高速公路①，占经济区县级单位总数的56.4%。已建成的公路老化严重，养护成本高。

表12-15 2010年兰西格经济区公路里程和公路密度比较

项目	经济区	甘肃和青海两省	西部地区	东部地区	全国
公路里程/万 km	7.56	18.11	156.84	99.50	401.12
公路密度/（km/100km²）	18.5	15.3	22.8	108.6	41.8

注：甘肃境内为2009年数据，定西市各县用定西市数据，武威市各县用武威市数据

资料来源：甘肃发展年鉴编委会.2011.甘肃发展年鉴（2011）.北京：中国统计出版社；青海省统计局，国家统计局青海调查总队.2011.青海统计年鉴（2011）.北京：中国统计出版社；《中国统计年鉴（2011）》；国家统计局国民经济综合统计司，农村社会经济调查司.2011.中国区域经济统计年鉴（2011）.北京：中国统计出版社

4. 经济区内水、耕地、矿产资源的组合不佳

突出表现为有水的地方耕地少、资源量小，缺水的地方土地广、资源富集。例如，2010年甘肃省定西市总耕地面积5143.9km²，但是缺水比较严重，年均降水量仅350～600mm。2009年年底定西市还有136.6万人饮水不安全。临夏州北临黄河，境内有河流30多条，水资源丰富，但是耕地面积比较少，2010年仅为14.74km²。柴达木地区虽然土地面积广阔，矿产资源丰富，但是气候恶劣，平均年降水量在50mm以下，而年蒸发量达到3000mm。水资源供需矛盾突出，单位面积占有水资源约为2m³/km²，为青海省平均水平的1/4（青海省工程咨询中心，2008）。

（三）发展方向

从兰西格经济区的经济社会发展现状、优势和限制性因素出发，考虑到区位和资源生态条件、发展基础和面临的发展环境等因素，经济社会发展的总体方向是国家循环经济发展示范区、西部地区经济发展的重点集聚区和引领区、全国重要的特色经济带。

1. 国家循环经济发展示范区

兰西格经济区地处西北内陆，既是西部地区重要的增长极，也是我国重要的生态屏障。区内资源丰富、生态脆弱、经济基础薄弱、产业结构偏重、少数

---

① 这22个县是靖远、渭源、和政、广河、康乐、临夏、积石山、永靖、东乡、互助、化隆、循化、门源、祁连、海晏、共和、贵德、同仁、尖扎、乌兰、都兰、天峻。

民族人口比例大、经济社会发展相对滞后,改善人民生活、建设和谐社会的任务较重,促进经济区经济社会又好又快发展、尽快赶上和超过西部地区的平均水平,是经济区未来一段时间的主要任务。兰西格经济区虽然相对于西部和全国平均水平是落后的,但是相对于甘肃和青海的平均水平来说则相对领先,具有一定的经济发展基础,重点开发建设兰西格经济区,发挥其集聚、带动和辐射作用,打造西部地区新的经济增长极,推进区内循环经济的发展,对确保国家生态安全、促进西部地区经济发展具有重要作用。

创建兰西格国家循环经济发展示范区,可以为其他区域发展循环经济提供示范。2009年12月,国务院批复《甘肃省循环经济总体规划》,这是我国第一个由国家批复的区域循环经济发展规划,实现了全国循环经济由理论到实践的重大突破。2010年3月,国务院批复《青海省柴达木循环经济试验区总体规划》,这是国务院批复的第二个区域循环经济发展规划。以甘肃省和柴达木地区为基础,创建兰西格国家循环经济发展示范区,对于资源赋存丰富、生态环境脆弱地区走出一条通过发展循环经济、实现科学发展的可持续发展路子,具有极为重要的示范意义。

把兰西格经济区建设成为全国重要的循环经济示范区,实现经济区的跨越式发展。要以转变经济发展方式为主线,以体制、机制创新和科技进步为动力,按照循环经济的基本原则,综合考虑资源优势、环境承载能力、现有开发强度和发展的潜力,统筹传统产业的改造升级和新兴产业的健康发展。构建各具特色、配置高效、结构合理、资源集约利用的循环经济产业园,推进生产、流通、消费各环节循环经济发展;着力构建循环型工业体系,探索循环型农业模式,推进循环型社会建设;推进资源再生利用产业化;实施重点项目和研发推广支撑技术,加大循环经济支撑技术的研发、推广力度,推广建立国家循环经济示范模式。从而为西部地区乃至全国推动循环经济发展,建设资源节约型和环境友好型社会提供有益借鉴。

2. 西部地区经济发展的重点集聚区和引领区

作为下一阶段西部大开发的重点经济区,兰西格经济区必须把加快经济发展作为重点任务。要紧紧抓住兰青、青藏铁路运能扩大、兰(州)新(疆)客运专线建设及与全国主要城市经济联系更为方便的机遇,以兰州、西宁、格尔木、德令哈等城市为重要节点,以城镇建设、资源开发和特色产业发展为重点,加快发展能源及矿产资源开采加工业、高原特色的农牧产品加工、高新技术、旅游和现代服务业等特色优势产业,不断提升其集聚辐射功能以及在全国的地位,发挥带动东西、辐射南北的重要作用,建设成为西部地区经济发展的重要集聚区和引领区。

调整兰州市及其周边地区产业的空间布局结构。兰州市应当把有限的发展空间留给优势产业,在高耗能产品的研发领域、以有色金属和稀有金属为基础的新材料及其应用领域、石油化工及其延伸的精细化工领域、物流枢纽与信息中心建设等领域有实质性突破。同时,积极促进非重点产业向兰州市周边地区转移,在兰州的卫星城及白银市形成各具特色、具有一定专业功能的产业体系。按照"高起点规划、高标准设计、高质量建设"的原则,加快建设兰州新区,依托兰州主城区的基础设施、科技人才、产业基础和综合实力,着力加强配套基础建设,把兰州新区建设成西北地区重要的先进制造业基地、科技研发转化基地、向西开放战略平台先导区和生态宜居创业新区(兰白经济区发展规划编制组,2010)。依托兰州高校和科研机构的优势,加快形成科技创新中心;建设全国重要的生物制药和中药现代化生产基地,带动湟河谷地藏药材基地和银川平原中药材基地的建设。

大力培育西宁市的特色优势产业。除以水电为依托的高耗能工业外,一方面依托未来格尔木提供的石油与盐化工资源及青藏高原提供的特色农副产品资源,在精细化工、医药、食品等领域培育经济增长点;另一方面瞄准当地和青藏高原的市场需求,以围绕旅游业发展的服务和产品生产基地建设为目标,发展成为青藏高原以服装、商贸等为主的中心城市。努力把西宁建设成为具有综合产业职能的城市,逐步将建筑材料、机械制造、纺织、皮革等行业部门向核心区以外的其他地区转移,带动周围经济低谷地区的整体发展。

着重提升格尔木市的综合经济实力。强化格尔木市在海西蒙古族藏族自治州、兰西格乃至周边的南疆、西藏、甘肃敦煌等地经济发展中的带动、辐射、窗口、载体作用,按照城区现代化、产业集聚化、城乡协调化的发展要求,扩大产业规模,调整经济结构,转变发展方式,优化空间布局,进一步提高综合实力和竞争力;在促进新型工业化进程的同时,提高城市对人口的吸纳能力,促进经济区人口、经济的合理布局;努力把格尔木建成兰西格经济区新的增长极,在建设国家重要资源开发基地、循环经济示范区、推动西部大开发中发挥更大作用。

3. 全国重要的特色经济带

经济区盐湖矿产、有色金属、稀土金属、农副产品资源优势明显,且地域组合较好,有利于发展具有区际专业化意义的新能源、有色冶金、化工等高载能产业。因地制宜加快发展以太阳能光伏发电、风电等为主的新能源,积极完善新能源扶持政策,加大扶持力度,把经济区建设成为我国重要的复合能源基地。

经济区海拔较高,区内相当部分区域地处"世界四大超净区"之一的青藏高原,具有生产绿色畜产品的天然环境条件,是我国发展高原优质、无污染绿色畜产品的理想场所。抓住健康、绿色、营养的消费观念和趋势,利用经济区优越的生态环境,大力发展绿色食品、有机食品及其加工业,打造具有高原特色农牧业生产与加工基地。种植业要立足高原冷凉气候,发挥比较优势,突出特色基地建设,扩大无公害绿色产品生产规模,加快品种更新换代;畜牧业要以设施畜牧业和基地建设为重点,切实转变畜牧业发展方式,加强标准化畜牧业养殖小区建设;以奶业、牛羊肉、藏地毯、马铃薯、油菜等加工为重点,创立和打造名牌产品,培育有市场前景、竞争力和带动力强的龙头企业,以有效提高农副产品的利用率,增加附加值。

强化产业链的延伸与分工。从生产要素互补角度看,经济区在资源开发及其深加工方面,尤其在共同开发风力发电、光伏产业和节能环保等战略性新兴产业方面有着广泛的合作前景;从经济互补角度看,青海在盐湖化工、甘肃在石油化工与新材料等方面都有着比较成熟的技术和经验。只要加强合作,将有利于建立长期、稳定和密切的协作关系,形成互补协作的产业分工、合作格局。

(四) 优势产业

1. 农副产品及其工业

特色种植业。进一步调整种植业结构,按照突出特色、提高效益的原则,推进传统型向特色型转变,数量型向优质高效型转变。大力发展设施农业,建立和完善农产品质量安全检测及农业技术推广服务体系。加快高原绿色食品生产基地及优势特色经济作物生产基地建设,积极创建高原绿色农牧业品牌。

现代畜牧业。按照减畜增草、调整结构、科学饲养的思路,加快发展现代畜牧业。积极推行休牧育草,合理控制载畜量。推进围栏封育和草地补播改良,有条件的地区发展人工种草,建立饲草料基地,发展舍饲半舍饲圈养,加强动物防疫体系建设。积极进行畜种改良,调整畜牧养殖业品种结构。发展良种奶牛、牦牛、羊等的繁殖技术和良种的产业化生产及牛羊胚胎工厂化生产。积极促进畜禽良种化。坚持"牧区繁殖,农区育肥"的路子,积极培育龙头企业,不断发展壮大畜产品市场,提高出栏率和商品率,提升畜产品附加值。

特色农畜产品加工业。把加快发展有机、绿色食品作为发展特色产业的重点,提高农产品深加工和综合利用水平,延长产业链条,提高附加值,培育名牌产品。培育发展一批农畜产品加工、运输、营销龙头企业、产业化经营组织和服务体系。积极推进有机绿色食品、汉藏药材、野生动植物资源种植利用、生物育种等生物产业发展。

2. 优势矿产资源开采及加工

坚持合理布局、综合利用、有序开发的原则,继续加大优势资源勘探与开发力度，积极探索高原地区循环经济模式，提高资源综合利用水平，延伸产业链条，发展盐湖化工、油气化工等产业，积极参与西藏、新疆有色金属等矿产资源加工利用，把经济区建设成为全国重要的优势矿产资源开发的综合加工转换中心。

> **专栏 12-4**
>
> **兰西格经济区优势矿产资源开采及加工的重点**
>
> ——优势矿产资源开采。经济区内盐湖资源、油气资源、有色黑色金属资源及其他非金属资源富集，具有很高的开采价值。继续加大特色、优势资源勘探与开发力度，为经济区工业发展提供资源保障。
>
> ——盐湖化工。推进以盐湖钾、钠、镁、锂、硼等特色优势资源开发为核心的盐湖化工，倾力打造国家重要的盐湖化工、大型钾肥产业基地。根据不同类型的盐湖，确定不同的开发方案和产品，大力发展硫酸钾、硝酸钾、氢氧化钾、碳酸钾、复合肥等下游产品，发展锂盐、金属锂等锂系列产品，硼酸、氧化硼、碳化硼等硼系列产品，进一步提高盐湖资源的综合开发利用效率；加快利用盐湖"老卤"发展无水氯化镁、氢氧化镁、金属镁等产品；利用钾肥生产过程中产生的氯化钠发展纯碱、烧碱、氯酸盐等产品；利用纯碱生产的蒸馏废液发展氯化钙产品。积极推进盐湖化工工业向综合化、规模化、集约化、精细化方向发展。
>
> ——有色冶金。全面提升有色冶金产业。广泛开展国内外合作与招商引资，鼓励重点骨干企业加快发展，重点发展和壮大以铝、铜、铅、锌为主的有色金属产品深加工，积极建设有色金属冶炼生产基地。推进有色金属行业清洁生产，推动企业向产业园区集中，实现集聚生产，集约发展。
>
> ——其他精细化工。依托优势资源与原有技术，以结构调整、产业升级为主线，集聚创新资源；加强与国内外知名企业的合作力度，扶持重点骨干企业，加强中小化工企业创新产业培育，不断延长产业链，围绕氟化工、异氰酸酯、煤化工、硼化工、有机硅等产业链，整合经济区内化工资源，依托工业园区形成循环经济产业链。
>
> ——非金属矿物制品。整合优势资源，围绕建设陶瓷、凹凸棒石、石膏制品、水泥等行业，发展非金属矿物制品产业。
>
> 资料来源：安树伟等（2011）

3. 石化工业

石化工业要以大炼油、大乙烯及天然气综合利用开发为主导，大力发展煤化工、气化工，开发下游产品，延长化工产业链，形成油煤气—合成材料—精细化工产业链；加快建设国家战略性石化工业基地。

> **专栏 12-5**
>
> **兰西格经济区石化工业发展重点**
>
> ——石油储备及制品。加快兰州 180 万 m^3 原油商业储备库和 100 万 m^3 原油生产运行库及 300 万 m^3 原油战略储备库建设,打造西部大型石油、化工原料集散地,建成国家重要的石油储备基地。做好涩(北)(西)宁兰(州)输气管道复线、兰州-郑州-长沙成品油管道等油气管道建设。同时开展高品质汽油、柴油、航空煤油、润滑油脂的加工生产。
>
> ——有机化学原料。重点发展三烯(乙烯、丙烯、丁烯)、三苯(苯、甲苯、二甲苯)和甲醇为主的基础有机原料,以其为基础开发基本有机原料、合成材料和专用化学品。通过石油炼制催化裂解工艺,生产乙烯、丙烯。
>
> ——合成树脂。以甲醇为基础原料,重点发展醋酸、二甲基亚砜、季戊四醇、乌洛托品、丁二醇、酚醛树脂、甲醇蛋白等产品。与盐湖化工副产氯气结合,生产聚乙烯、聚丙烯、三氯丙烷等下游产品。
>
> ——合成橡胶。着重发展丁苯橡胶、聚丁二烯橡胶、氯丁橡胶、丁腈橡胶、乙丙橡胶、丁基橡胶以及 SBS 七大品种。
>
> ——合成纤维原料。积极发展市场需求量大的精对苯二甲酸(PTA)、乙二醇、对二甲苯等合成纤维原料产品。
>
> ——打造石油化工循环产业链。依托石化产业科技研发优势及石化上游产业,发展石化后延加工产业,提高化工与精细化工在石化产业中的比重。按照循环经济发展的要求,以园区为依托,着力构建石油化工下游产业集群,加快石化产业集群建设。
>
> 资料来源:安树伟等(2011)

4. 装备制造业

依托技术进步,提高重大技术装备的系统设计、研发、制造和成套能力。支持发展轿车整车生产及其配套,石油钻采设备、石油炼化成套设备,数字化高效风力发电机、高效节能系列电动机、高效输变电设备、真空设备等,提高数控机床、仪器仪表和基础零部件研发、配套的生产能力。应用数字技术提升成套设备及组合加工设备的自动化水平。形成材料—零部件—装备制造产业链,推进机电一体化。

5. 旅游业

充分发挥本区旅游资源优势,整合资源,积极发展旅游及相关产业。加大旅游业的投入和宣传力度,积极推进区域旅游合作。加快经济区内基础设施和旅游服务体系的建设，培养高素质、多层次的旅游管理人才。坚持"开发与保护"并重的原则，适度开发，合理保护，以实现旅游业的可持续发展。将经济区打造成为颇具影响的感受魅力黄河与异样黄河的首选地、回藏风情的体验区、休闲度假胜地。

科学开发本区丰富的旅游资源，将兰州—西宁—格尔木沿线地区的不同风格、不同形式的旅游资源有机组合起来，开展宗教文化、民族风情、高原风光、沙漠探险旅游，形成旅游产品的有机组合，打造兰州—西宁—青海湖—德令哈—格尔木精品旅游线。结合冬季冰雪资源丰富的优势，大力发展冬季冰雪运动，将淡季变旺，逐步将兰西格经济区旅游业推上新台阶。

（五）构建"五点一线"的空间发展格局

以兰青—青藏铁路为纽带，以兰州—白银、乐都、西宁—平安、德令哈、格尔木为依托，构建兰西格经济区"五点一线"的空间发展格局。

实现兰（州）白（银）经济区率先发展。着力建设兰州新区和白银工业集中区，打造区域合作平台，拓展增长空间；着力完善基础设施网络，提升交通枢纽地位，增强要素集聚能力；着力加强自主创新，促进传统产业改造升级，培育战略性新兴产业（兰白经济区发展规划编制组，2010）。积极推进兰州新区、白银工业集中区发展，做大做强石油化工、有色冶金、装备制造、新材料、生物制药等主导产业，在兰西格经济区发挥"率先、带动、辐射、示范"的中心作用。

推进以西宁为中心的城市群建设。尽快形成环西宁一小时经济圈、物流圈、旅游圈，强化西宁市青藏高原区域性现代化中心城市的地位，加速西宁—平安经济社会发展一体化进程。密切西宁与周边城镇的联系，积极构建"1+5"西宁都市圈。加强综合交通枢纽建设，发挥在连接兰州、拉萨中的关键节点作用和带动沿线乃至全省经济社会发展的龙头作用。大力发展有色金属精深加工业，积极发展油气、盐湖、煤等化工产业，巩固提高铁合金等高载能产业，提升整合装备制造业和新型建材工业，加快发展农畜产品及动植物精深加工业，大力发展以现代物流、旅游、会展为主体的现代服务业，积极提高产业配套能力，大力构建综合服务体系平台。着力建设高原特色农畜产品、盐湖精深加工产品物流中心和配送网络。发挥"夏都"优势，积极加大旅游综合服务体系建设，积极发展会议经济。

把格尔木建设成为连接青藏甘新川的交通枢纽和青藏高原资源加工转换中心。继续加大资源勘探开发力度，积极探索高原地区循环经济模式，提高资源综合利用水平，延伸产业链条，发展盐湖化工、油气化工等产业，积极参与西藏有色金属矿产资源加工利用，不断提升格尔木在承担柴达木地区资源转换中的地位，成为周边地区优势矿产资源开发的综合加工转换中心。

把德令哈建设成为资源加工基地。重点发展盐碱化工、建材和中藏药三大产业，建设成为经济区重要的碱业基地和资源综合加工基地。依托处于柴达木盆地最大绿洲的有利条件，建设新型高原绿洲城市。

把乐都建设成为新兴工业城市。

第四节　省会经济区范围的确定、发展方向和特色优势产业

一、省会城市及其周边地区范围确定的一般依据

与重点经济区范围确定的依据相比，省会城市及其周边地区范围的确定比较简单。①以省会城市为中心，集聚程度较高。初步确定省会城市及其周边地区的人均GDP为全省的1.5倍以上，或者经济密度为全省的2.5倍以上的城市。②保持行政区划的相对完整性，依托重要的交通干线，且地域连片。有利于进行统一规划和发展特色优势产业。本书在确定省会城市及其周边地区的范围时，一般以地级市作为基本单位。

鉴于前面已经对成渝经济区、关中—天水经济区、广西北部湾经济区、呼包银经济区、新疆天山北坡经济区、兰西格经济区的范围和发展方向进行了分析，因此下面只涉及西部其余三个省会及周边地区。

二、贵阳经济区

（一）范围确定

贵阳市土地面积8034km^2，2011年全市总人口376万人，人均GDP31 712元，相当于贵州省的1.93倍，全国的90.1%，是西南地区重要的机械工业中心。根据前面的依据，贵阳经济区的范围包括贵阳和遵义二市[①]（表12-16）。

---

① 如果按照前面省会经济区范围确定的标准，贵阳市及其周边地区只有贵阳符合条件，考虑到贵州省的实际情况，把遵义也划入贵阳经济区的范围。

表 12-16　2011 年贵阳经济区的基本情况

地　区	面积/km²	总人口/万人	GDP/亿元	经济密度/（万元/km²）	人均 GDP/元
贵　阳	8 034	376	1 383	1 722	31 712
遵　义	30 762	772	1 121	365	18 335
合　计	38 796	1 148	2 504	646	21 812
贵　州	176 171	4 238	5 702	324	16 413
（贵阳经济区/贵州）/%	22.0	27.1	43.9	199.5	132.9

注：表中，除经济密度数据由作者计算外，其他数据均引自《中国区域经济统计年鉴（2012）》
资料来源：国家统计局国民经济综合统计司，农村社会经济调查司.2012.中国区域经济统计年鉴（2012）.北京：中国统计出版社

贵阳经济区总面积 3.88 万 km²，占贵州省的 22.0%；2011 年总人口 1148 万人，占贵州省 27.1%；GDP2504 亿元，占贵州省的 43.9%；经济密度 646 万元/km²，相当于西部地区的 4.42 倍、贵州省的 1.99 倍；人均 GDP21 812 元，相当于西部地区的 97.1%，相当于贵州省的 1.33 倍。在整个西部地区属于经济密度较高、但人均水平较低的地区。

（二）发展方向

贵阳及周边地区要立足资源优势和产业基础，构造新型产业结构。首先，要充分发挥该区军事工业的优势，努力建成我国西部地区仅次于关中—天水经济区和成渝经济区的第三大军工基地，在专业产品研制开发领域和相关民用品的制造业领域，形成与关中—天水经济区和成渝经济区有所分工的机电工业体系；其次，在水电开发和铝、磷资源开发的基础上，加大原材料就地加工利用的比重，努力延伸产业链条，依托铝加工和磷化工生产，建设我国西南地区最大的原材料生产与加工工业基地；最后，将名酒、自然风光和民族风情有机结合起来，增强旅游业对相关产业的带动作用，保持传统名牌产品的优势，开拓新的经济增长点。

贵阳市在西部大开发中，要建设成为中国重要的铝、磷工业基地，中华医药业基地和绿色食品产业基地，国家旅游名城，西南地区的主要制造业基地，贵州省实施西部大开发战略的龙头和全省经济和产业的集聚中心。贵阳市特色产业的重点是突出铝工业、磷化工、精密光学仪器三大优势产业，并且充分利用黔中城市群的能源、矿产、生物、旅游资源优势，建立具有竞争优势的特色产业，形成生物制药、绿色食品、电子信息、光机电一体化和旅游业等一批新型产业。遵义市要迅速做大工业规模，提高工业发展水平，构建现代工业体系，把遵义市建设成为全国名酒基地、西部地区重要的新材料基地和特色农产品加工基地、贵州先进的装备制造业基地、循环经济型化工基地、能源基地，使遵义成为贵州新型工

业化示范区、实现经济社会发展历史性跨越的核心增长极和重要战略支撑点(遵义市工业和能源委员会和贵州省政府发展研究中心,2010)。

(三)优势产业

1. 农副产品加工业

依托中药材和苗药资源优势,走科技兴药、品牌立药的发展道路。以发展独具特色、具有自主知识产权的现代医药产品为重点,加强中药、苗药新产品开发。提高产业集中度、知名度和竞争力。加强中药材GAP基地建设;建设符合GSP要求的以经营贵州地道中药材为主的大型中药材专业批发市场。

抓住国家对卷烟行业扶优限劣的机遇,走集约化发展的道路,加快技术进步,调整产品结构,提高产品质量和档次,大力发展名优产品。同时大力发展辅料、包装印刷等卷烟配套产品。

依托贵州丰富的生物资源,重点发展以辣椒制品为代表的特色调味品,以刺梨、猕猴桃、杨梅为代表的特色果汁饮料,以富硒米为代表的特色粮油食品加工及乳制品加工。

遵义拥有国酒茅台、习酒、董酒、珍酒等一批名优品牌,以国酒茅台为龙头的白酒行业已成为遵义市国民经济发展中的特色产业、强势产业和支柱产业。做大做强茅台酒,优化赤水河谷白酒产业聚集区,振兴黔北名优酒。着力加快酒类工业园区建设,提高白酒产业发展的集中度。形成以茅台镇为中心的白酒产业集群,建成具有较强竞争优势的全国名优白酒生产基地(遵义市工业和能源委员会和贵州省政府发展研究中心,2010)。

2. 装备制造业

抓住世界装备制造业向中国转移的有利时机,依托现有产业物质技术基础,用高新技术和先进适用技术加快产业升级。通过进一步合资、合作提升装备制造业的整体水平。重点发展大型数控机床、工程机械、光机电一体化产品、机械基础件。扶优扶强,做大做强一批优势企业,发展一批名牌产品。

抓住我国汽车制造业进入高速发展期的机遇,推动军工、民用结合,整合制造资源,加强技术创新,增强核心竞争力。汽车零部件、轮胎及车用橡胶制品要瞄准国内、国外两个市场和配套、维修两类市场,加快新产品开发,提高产品档次和质量,培育具有自主知识产权的名牌产品。专用汽车要加强新产品开发,形成系列产品,适应不同用户的需求。

遵义市重点发展汽车及汽车零部件、家用电器及零部件、电器元件及风电装备、紧密加工等(遵义市工业和能源委员会和贵州省政府发展研究中心,2010)。

3. 化学及能源工业

依托磷资源、能源和现有产业基础优势，走循环经济、集群化发展的道路。对磷矿开采实行总量控制，抓好矿肥结合、矿化结合，发展深加工，提高资源综合利用率，建成全国重要的磷化工基地。重点发展磷复合肥、精细磷化工和三废综合利用。利用乌江水能资源和周边丰富的煤炭资源，大力发展能源工业，形成西部重要的能源输出基地。

4. 有色冶金工业

贵阳市走电、铝联营和集群化发展的道路。重点发展氧化铝和铝的深加工产品，形成产业集群，初步建成全国重要的铝工业生产基地。遵义市依托优势资源，加大资源开发力度，壮大提升铝工业、钛工业、镁工业和铁合金工业，积极支持锰工业、钼镍工业和汞工业发展（遵义市工业和能源委员会和贵州省政府发展研究中心，2010）。

5. 旅游业

充分发挥贵阳经济区生态、气候资源优势和省会中心城市的区位优势，挖掘历史、民族文化资源，突出红色旅游、民族风情和喀斯特生态特色，重点发展生态文化旅游、红色旅游、休闲度假旅游和观光旅游。

三、昆明经济区

(一) 范围确定

昆明市土地面积 21 012km^2，2011 年全市总人口 649 万人，人均 GDP 38 831元，相当于云南省的 2.01 倍，全国的 1.10 倍，是西南地区重要的产业聚集区。昆明经济区的范围包括昆明和玉溪二市（表 12-17）。

表 12-17 2011 年昆明经济区的基本情况

地 区	面积/km^2	总人口/万人	GDP/亿元	经济密度/（万元/km^2）	人均 GDP/元
昆 明	21 012	649	2 510	1 194	38 831
玉 溪	15 285	232	877	573	37 913
合 计	36 297	880	3 387	933	38 445
云 南	394 000	4 631	8 893	226	19 265
(昆明经济区/云南) /%	9.2	19.0	38.1	413.3	199.6

资料来源：国家统计局国民经济综合统计司，农村社会经济社会经济调查司. 2012. 中国区域经济统计年鉴（2012）. 北京：中国统计出版社

昆明经济区总面积 3.63 万 km², 占云南省的 9.2%; 2011 年总人口 880 万人, 占云南省 19.0%; GDP3387 亿元, 占云南省的 38.1%; 经济密度 933 万元/km², 相当于西部地区的 6.39 倍、云南省的 4.13 倍; 人均 GDP38 445 元, 相当于西部地区的 1.71 倍、云南省的 2.00 倍。

(二) 发展方向

昆明经济区是中国面向东南亚、南亚开放的重要前沿。在特色优势产业发展方面，应以发展与地方优势产业相结合的高新技术产业为先导，在生物资源的加工利用和农业现代化的生产与经营方面，增强研发能力，提高农业产业化程度，改造和提升传统产业；形成我国烟草和生物制品的生产中心，并在生物资源的开发利用领域形成新的产业增长极；继续提升旅游业，带动区域经济的综合发展。

未来昆明要建设成为中国西部重要的旅游、会展服务中心和绿色生态型经济中心，特色产业的发展要重点培育烟草和配套工业、机电工业、商贸旅游业、生物资源开发产业、电子信息产业，形成具有区际意义的特色产业。烟草工业在昆明市工业中具有不可替代的支柱作用，今后在提高烤烟和卷烟质量的基础上，围绕"两烟"①带动相关行业的发展，形成以昆明卷烟厂为核心的烟草产业集团；生物资源开发与创新产业的重点是扶持和发展以天然药物为主的现代医药产业、基因改良、花卉繁殖等生物技术，把昆明建设成为我国重要的"生物谷"和辐射东南亚的生物技术交流中心；磷化工要发展高浓度磷复肥和磷酸，并积极开发精细磷化工系列产品。

玉溪盛产优质烤烟，是亚洲最大的卷烟生产基地，但产业结构单一，因此在突出"两烟"绝对地位的同时，应积极构筑新的产业体系，全面推进"两烟"及配套产业、以生物资源开发创新为重点的现代农业、以高等教育和旅游为重点内容的现代服务业、建筑和建材业四大支柱产业的建设；大力调整和改造磷化工、有色金属、食品等传统优势产业。

(三) 优势产业

1. 花卉产业

2010 年年底，昆明市鲜切花生产基地面积和产量分别为 6000hm² 和 43 亿

---

① "两烟"指烤烟和卷烟。

枝，总产值51亿元（柏斌，2010）。① 为确立昆明鲜切花在亚洲市场的主体地位，打造亚洲花都，昆明花卉产业要大力建设产业园区。② 在加大园区建设的同时，花卉产业要积极推进科技研发能力，对花卉产前、产中、产后全产业链生产关键技术集成示范，完善和提升花卉品种选育条件，引进、培育新优品种及国际市场流行新、奇、特品种，并积极研发种苗繁育等技术。

2. 生物资源加工业

深入挖掘有特色的传统药、民族药，利用高新技术研究开发和生产高附加值新药，形成以天然药物为主体、生物制药和生物化学合成药跟进发展的格局，力争建成全国重要的现代医药产业基地。立足国内和周边国家市场需求，以中高档商品纸浆为重点，发展中高档和特种纸制品，力争建成全国重要的纸浆供应和纸制品生产基地。突出品牌与特色，做强制糖、制茶业，做大饲料、软饮料、果蔬、乳制品、马铃薯、方便食品、食用菌和天然香精香料等产业，形成规模化、功能化、绿色化、多样化的食品产业。

烟草产业在昆明乃至整个云南的经济发展中，是不可动摇的特色优势产业。面对中国加入WTO的形势，必须坚持调整结构、提高质量、立足竞争、开拓市场的发展方针，通过技术创新和国际合作，进行技术、工艺和品牌的创新。

3. 机械电子信息产业

培育具有高增长潜力的电子信息和机械产业。大力开发有特色的电子信息产品，重点支持具有自主知识产权和品牌的软件产品制造。发掘历史文化积淀，强化工艺、质量标准等基础工作，加快发展以"普洱茶"为代表的茶产业。以电力装备制造业为突破口，围绕骨干龙头企业，通过并购重组等方式整合现有企业，形成产业聚集效应，提高装备制造业的整体水平。

4. 旅游业

按照大产业、大文化、大服务、大市场的思路，着力推进旅游业资源整合、

---

① 西部大开发之前，云南省花卉业已经粗具规模，在国内处于领先地位。2002年云南省把花卉业作为特色优势产业，提出用20年时间把花卉业建成云南省的重要新型产业，打造亚洲最大的花卉生产基地、出口基地和市场交易中心。

② 昆明市斗南花卉产业园区将结合鲜切花交易中心市场建设，发挥和利用"斗南花卉"中国驰名商标品牌效应，突出轴心功能地位，建设国际化中国昆明花卉总部；石林花卉产业园区将依托台湾农民创业园区，以石林锦苑花卉产业园区为主，集生产、销售、观光旅游、休闲于一体，开展自有品种研发和外来品种展示，突出创业功能；嵩明花卉产业园区，将依托省花卉产业园区，进一步拓展生产规模，重点发展高档花卉；宜良花卉苗木产业园区则重点发展绿化苗木和地方特色花卉。参见：花木资讯通．昆明"十二五"花卉产业发展规划 打造亚洲花都．http://www.hm123.cn/news/1/769.htm. 2010-12-02.

机制创新、品牌培育和市场拓展，实现旅游产业结构调整、转型升级和提质增效。推进文化与旅游结合，全面提升产业素质和文化内涵。以创建世界级旅游胜地为目标，加大旅游业投入，着力抓好精品开发。优化旅游产品结构，大力发展休闲度假旅游，积极开发民族风情、生态旅游、健身旅游等专题旅游，推出一批特色旅游项目。完善自助旅游服务体系，建立有效机制，加强监督管理，遏制不合理竞争，规范旅游市场秩序。加强国内外区域旅游合作，加快旅游企业整合重组。重点培育一批市场竞争力强的骨干旅游企业集团。尽快把昆明及整个云南建成中国和亚洲地区重要的国际旅游胜地和目的地。

四、拉萨经济区

（一）范围确定

拉萨市土地面积 29 539 km^2，2011 年全市总人口 56.0 万人，人均 GDP 39 118 元，相当于西藏的 1.95 倍、全国的 1.11 倍。鉴于西藏自治区只有拉萨一个地级市，除拉萨外均属于地广人稀的地区，本书将拉萨经济区范围的确定仅限于拉萨市（表 12-18），但其优势产业的发展则可以拓展到"一江两河"地区[①]，共涉及 18 个县（市、区）。

表 12-18　2011 年拉萨经济区的基本情况

地　区	面积/km^2	总人口/万人	GDP/亿元	经济密度/（万元/km^2）	人均 GDP/元
拉　萨	29 539	56	222	75	39 118
西　藏	1 202 369	303	606	5	20 077
（拉萨经济区/西藏）/%	2.5	18.5	36.6	1 500.0	194.8

资料来源：国家统计局国民经济综合统计司，农村社会经济调查司. 2012. 中国区域经济统计年鉴（2012）. 北京：中国统计出版社

注：表中，除经济密度数据由作者计算外，其他数据均引自《中国区均经济统计年鉴（2012）》

2011 年拉萨经济区 GDP222 亿元，占西藏的 36.7%；经济密度 75 万元/km^2，相当于西部地区的 51.4%、相当于西藏的 14.9 倍；人均 GDP39 118 元，相当于西部地区的 1.41 倍。2011 年拉萨市的三次产业结构为 4.5∶33.9∶61.6，说明是以第三产业（尤其是旅游业）为主的城市。

（二）发展方向

西部开发十多年来，拉萨发生了翻天覆地的变化。随着青藏铁路的全线贯

[①] "一江两河"是指西藏自治区雅鲁藏布江和拉萨河、年楚河的中部流域地区。

通等一系列重点工程项目的实施，今日拉萨经济发展日新月异，现代生活与民族特色和谐融合，商业发达，已进入了强盛的经济发展时期。西藏作为我国一个自然条件和社会经济结构比较特殊的区域，在西部大开发中发展特色优势产业的政治意义很大，因此需要在拉萨确定一个特色产业基地。根据西藏的自然条件和社会经济发展水平，以拉萨为中心的西藏"一江两河"地区有条件成为一个特色产业基地。这一区域的特色优势产业已经具有一定基础，5100西藏冰川矿泉水、甘露藏药、奇正藏药、高争水泥、雪域圣毯、拉萨啤酒等主要分布在本区域内。

该区包括西藏的18个县（市、区），地势平坦、人口集中、开发历史悠久，经济社会相对发达，是西藏人口最密集、经济发展最好的区域，其工业在西藏居主导地位。西藏"一江两河"及其毗邻地区已发现的矿产有37种，已探明储量的有铁、铬铁、铜、铅、锌等17个矿种。其中，铬铁矿在全国占有重要地位。①

由于西藏特殊的社会和政治经济条件，今后在特色优势产业方面，应把拉萨建成西藏的综合性工业基地；积极发展高原特色的民族旅游业，带动第三产业的发展。

（三）优势产业

1. 旅游业

拉萨平均海拔3658m，作为西藏政治、经济、文化中心和交通枢纽，也是藏传佛教圣地。在漫长的历史进程中，经历了文明的洗礼和文化的鼎盛与延续，积累和沉淀了丰厚的文明成果和文化遗产，素以风光秀丽、历史悠久、文化灿烂、风俗民情独特、名胜古迹众多、宗教色彩浓厚而闻名于世，是国务院首批公布的24个历史文化名城之一，也是中国优秀旅游城市之一。市内和郊区名胜古迹众多，布达拉宫、大昭寺、哲蚌寺、色拉寺和甘丹寺等早已驰名中外。拉萨无疑是世界上最具特色、最富魅力的城市。青藏铁路通车以来，西藏自治区接待旅游者人数由2001年的68.6万人次快速增加到2010年的682万人次（徐长安，2010）。应以西藏丰富的自然、历史、民族风情、宗教文化等特色旅游资源为基础，以旅游产品的开发为主体，发展大旅游，构建大产业，使旅游产业成为拉萨乃至整个西藏经济的新增长点。

---

① 铬铁矿是我国的劣势矿种，探明储量仅占世界储量的0.49%，而目前西藏已探明铬铁矿储量达506.2万t，占全国的45.4%。

2. 农副产品及其加工业

位于"世界屋脊"的西藏，日照时间长、昼夜温差大、生长期长，使西藏的农作物和蔬菜产量高、质量好，绝大部分为高山雪水灌溉，无污染，是"有机食品"的理想开发地。西藏是我国五大牧区之一，畜牧业的发展有着良好的前景和潜力，是西藏的特色优势产业之一。对于西藏而言，在一定程度上讲，没有畜牧业的现代化，就没有农业的现代化。通过草地资源的开发为西藏提供更多的食品和加工原料，是西藏未来经济发展和产业结构调整的必然选择。今后一方面要搞好农业的产业化经营，大力兴办畜产品加工业，增强畜产品经济效益；另一方面增强饲草、饲料的供给能力，建立健全牲畜良种繁育体系。

就整个西藏而言，农副产品的加工业包括肉品、乳品、毛皮、羊绒、副产综合加工利用、特色工业品加工，这些加工业宜主要布局在拉萨市及其周边。

参考文献

安树伟. 2010. 三峡库区后续发展问题研究. 改革与战略，(11): 112-117.
安树伟，等. 2002. 中国省区交界地带经济发展研究——对蒙晋陕豫交界地带的实证分析. 北京：中国经济出版社.
安树伟，等. 2011. 兰西格经济区发展规划研究. 国家发展和改革委员会西部开发司专项调研课题研究报告.
柏斌. 2010-12-28. 昆明出台"十二五"花卉产业规划. 中国绿色时报.
范晓婷. 2008. 我国海岸线现状及其保护建议. 地质调查与研究，(1): 28-32.
古小松. 2007. 泛北部湾合作发展报告（2007）. 北京：社会科学文献出版社：16-18.
广西北部湾经济区规划建设管理委员会. 2008. 《广西北部湾经济区发展规划》解读. 南宁：广西人民出版社：49-50.
郭亚军，陆迁，姜志德，等. 2010. 陕西省县域经济发展研究. 见：陕西省发展和改革委员会. 陕西省"十二五"规划重大问题研究. 西安：三秦出版社：406-424.
国家发展和改革委员会. 2008. 广西北部湾经济区发展规划.
国家发展和改革委员会. 2009. 关中—天水经济区发展规划.
国家发展和改革委员会. 2011. 中华人民共和国国民经济和社会发展第十二个五年规划纲要. http://www.ndrc.gov.cn/fzgh/ghwb/gjjh/P020110919592208575015.pdf.
国家环境保护总局. 2002. 2001年长江三峡工程生态与环境监测公报.
国务院. 2005-01-27. 关于北京城市总体规划的批复. 国函 [2005] 2号.
国务院. 2009-04-14. 关于推进上海加快发展现代服务业和先进制造业建设国际金融中心和国际航运中心的意见. 国发 [2009] 19号.
国务院发展研究中心发展战略与区域经济研究部，《呼包银-集通线经济带发展战略研究》联合课题组. 2003. 解读呼包银经济三角区. 中国城市经济，(3): 27-30.

韩康,等.2007.北部湾新区:中国经济增长第四极.北京:中国财政经济出版社:195-199.
何兴刚.1995.城市开发区的理论与实践.西安:陕西人民出版社:16-17.
环境保护部.2008.2008年长江三峡工程生态与环境监测公报.
兰白经济区发展规划编制组.2010.兰州-白银经济区发展规划(征求意见稿):6,14-15.
李军,于婧.2010-08-19.沿黄经济区四市列入《呼包银重点经济区发展规划》.宁夏日报.
李树民,饶品祥,马震.2009.西部旅游业十年发展报告.见:任宗哲,姚慧琴.西部蓝皮
　　书:中国西部经济发展报告(2009).北京:社会科学文献出版社:85-100.
李仙.2005.呼包银经济带建成西部一级重点开发区的构想.经济地理,(2):160-164.
李银雁.2010-10-25.南宁:向"区域性国际城市"战略转型.中国经济时报.
李忠民,姚宇,尹英琦.2010.关中—天水经济区发展报告.见:姚慧琴,任宗哲.西部蓝皮
　　书:中国西部经济发展报告(2010).北京:社会科学文献出版社:38-59.
林凌.2005.共建繁荣:成渝经济区发展思路研究报告——面向未来的七点策略和行动计划.
　　北京:经济科学出版社:5-6.
刘君德,靳润成,周克瑜.1999.中国政区地理.北京:科学出版社:3.
刘卫东,樊杰,周成虎,等.2003.中国西部开发重点区域规划前期研究.北京:商务印书
　　馆:4,104-105.
刘卫东,刘毅,秦玉才,等.2010.2009中国区域发展报告——西部开发的走向.北京:商务
　　印书馆:101,133.
马海霞,等.2007.天山南北坡经济协调发展研究.北京:中国经济出版社:29-30,91.
马凯.2007.2007国家西部开发报告.北京:中国水利水电出版社:37.
倪鹏飞,等.2006.中国城市竞争力报告(No.4).北京:社会科学文献出版社:387.
倪鹏飞,等.2010.中国城市竞争力报告(No.8).北京:社会科学文献出版社.
聂华林,王成勇.2006.区域经济学通论.北京:中国社会科学出版社:363.
青海省工程咨询中心.2008.柴达木矿产资源综合利用开发规划.
陕西省统计局.2010.2009年陕西省果业发展统计公报.
陕西省政府研究室.2005.关中、陕南、陕北三大经济区域经济发展支撑条件研究.
陕西省住房和城乡建设厅.2010.西安国际化大都市城市发展战略规划(2009~2020年)说
　　明书.
孙清云.2010-04-20.关于西安市建设区域性专业性国际化大都市的初步思考.http://wen-
　　ku.baidu.com/view/571be33231126edb6f1a1016.html.
田代贵.2006.成渝经济区协调发展研究.重庆:重庆出版社:15.
涂妍.2006.资源区域协调——南贵昆经济区开发研究.北京:中国经济出版社:53.
王传胜.1999.长江中下游岸线资源的保护与利用.资源科学,(6):66-69.
王金祥,姚中民.2006.西部大开发重大问题与重点项目研究(陕西卷).北京:中国计划出
　　版社:11,20.
魏同,张先尘,王玉浚.1995.中国煤炭开发战略研究.太原:山西科技出版社.
徐长安.2010-12-30.西藏全年接待游客突破600万人再创新高.http://news.qq.com/a/
　　20101223/002114.htm.
亚洲开发银行技术援助项目TA4511-PRC咨询专家组.2007.建设内蒙古自治区新型国家战

略能源基地研究.北京:经济科学出版社:41,44.

杨桂山,翁立达,李利锋.2007.长江保护与发展报告(2007).武汉:长江出版社.

张会民,岳亮,蒋录祥,等.2010.促进陕西省区域协调发展研究.见:陕西省发展和改革委员会.陕西省"十二五"规划重大问题研究.西安:三秦出版社:359-374.

赵红梅.2006-12-15.乌昌一体化的标本意义.中国经济时报.

中共陕西省委,陕西省人民政府.2009-11-19.关于切实抓好《关中—天水经济区发展规划》实施的意见.陕发[2009]17号.

中共中央,国务院.2010-06-29.关于深入实施西部大开发战略的若干意见.中发[2010]11号.

中共中央.2010-10-18.关于制定国民经济和社会发展第十二个五年规划的建议.

中国西部国家博览会组委会办公室,等.2009.2009中国西部发展报告.北京:中国统计出版社:125.

邹璇,赵金锁,文传浩,等.成渝经济区发展研究报告.见:姚慧琴,任宗哲.西部蓝皮书:中国西部经济发展报告(2010).北京:社会科学文献出版社:60-81.

遵义市工业和能源委员会,贵州省政府发展研究中心.2010.遵义市"十二五"工业发展规划(征求意见稿):8,10,16.

第十三章 加快西部地区优势产业和特色经济发展的对策

第一节 尽快制定西部地区优势产业和特色经济发展规划

为支持西部地区特色产业发展,把西部开发的战略重点逐步转移到特色产业发展上来,2006年5月,国务院西部地区开发领导小组办公室等下发了《关于促进西部地区特色优势产业发展的意见》。2010年6月,中共中央、国务院《关于深入实施西部大开发战略的若干意见》指出:"发展特色优势产业是增强西部地区发展内生动力的主要途径。要深入实施以市场为导向的优势资源转化战略,坚持走新型工业化道路,建设国家重要战略资源接续区,努力形成传统优势产业、战略性新兴产业和现代服务业协调发展的新格局。"(中共中央和国务院,2010)。为了加快西部优势产业和特色经济的发展,建议由国家发展与改革委员会牵头,联合工业和信息化部、农业部、国土资源部、商务部、科技部、国家旅游局等有关部门,着手共同编制《西部地区优势产业和特色经济发展规划》,明确西部优势产业和特色经济的范围、发展目标、基本思路、战略重点和空间布局,提出国家支持西部优势特色产业发展的重大政策措施。在此基础上,有关部门还应定期发布《西部地区优势产业和特色经济发展目录》,以作为国家相关政策支持的依据。

第二节 引导资源地区可持续发展,建设国家重要的战略资源接续区

总体上,人口和自然资源并不构成我国工业发展的绝对障碍,而且在许多

方面中国的资源条件具有一定优势。① 但是，我国也不具有特别丰富的资源丰度优势，人口众多、人均资源相对不足是基本国情。因此，主要依赖自然资源来推动我国工业的长期增长不是中国工业化的可行道路，经济的高速增长不可能长期建立在大量消耗能源和原材料的基础上。西部地区是我国矿产资源最丰富的地区，应该成为构建我国资源保障与支撑体系的重要基地。

优化能源开发、生产、运输、储备布局，加大勘查、开发力度，统筹利用国内外资源，提升能源保障水平，确保国家能源战略安全。制定西部地区能源、矿产资源勘查开发指导目录，实施国家战略矿产资源勘查储备计划，尽快实现找矿突破；加强有色金属等资源的综合加工利用，延伸产业链，形成一批资源深加工产业基地，把西部建设成为我国重要的资源深加工基地。

一、对资源实行保护性开发

矿产资源是不可再生的稀有资源，尤其是油气资源、贵重金属矿产等，绝不能为了西部的局部经济利益，不顾国家长远利益、整体利益以及环境利益。为此，西部地区首先要对自身资源摸清家底，理出顺序，有计划、有步骤地进行开发利用，在此基础上推动资源的跨区域整合，通过东西部多种形态资源的对流，不断提高资源整合程度和水平。而在制定西部地区相关资源开发规划和对策时，必须立足于矿产资源可持续利用的目标，并与国家资源安全战略以及矿产资源储备体系相适应。

二、大力发展循环经济

循环经济的基本特征是将资源环境纳入经济体系内并作为它的基本要素，采取依靠提高资源环境生产率，通过不断减少生产与消费生命周期全过程的资源能源消耗以及废物产生排放，去实现经济系统的产出增加与效益的提高。转变传统经济发展方式，进行循环经济建设的实质也就是推进新型工业化的过程。以产业结构生态化重组转型为核心内容的生态产业建设，将内在地支撑着西部传统经济发展方式的转变与循环经济体系形态的形成，同时也会有力地促进西部地区新型工业化进程与经济跨越式发展。为此，要采取一系列鼓励措施，在西部优势产业和特色经济发展过程中，大力发展生态型企业和生态型园区；建立循环经济核算制度和激励制度，从税费调节支持资源综合利用企业、限制过

---

① 尤其在总量规模和品种的丰富性上。

度消耗资源行业。

三、加强资源环境保护，控制污染物的排放

妥善处理矿产资源开发与环境保护的关系。环境的破坏和恶化在很大程度上是由于乱挖滥采、无序开发造成的。部分地方政府只顾眼前利益，或一味追求"政绩"，造成滥发采矿证，或干脆明码标价出售采矿证。乱采滥挖，一方面导致资源浪费、环境污染的被动局面；另一方面也造成了大量的探矿、采矿权益纠纷。因此，西部优势产业和特色经济的发展，需特别强调限制小规模的乱挖乱采，鼓励规模开发。引导矿产资源利用方式从主要依靠新建矿、单纯追求矿产品数量，转到以提高经济效益为中心的轨道上来，切实加强矿山生态环境保护，最大限度地减轻矿业活动对生态环境的污染和破坏，实现矿产资源开发与生态环境保护的良性循环。

四、发展具有西部特色的新型工业化模式

作为工业基础薄弱、自然条件相对恶劣、人力资源匮乏的西部地区，在新的历史条件下实现工业化不能沿用传统的方式和途径，必须走出一条具有西部特色的新型工业化道路（魏后凯等，2005）。

（一）以市场化为主导

发达地区经过改革开放 30 多年的发展之后，有了相对发达的市场特别是生产要素市场，各种生产要素能够通过市场进行有序流动。东部地区已经进入了提高和规范市场的阶段，西部地区的市场发育程度仍然比较低，特别是生产要素市场基本上还处于初级阶段。政府面临的主要任务是培育市场，特别是要培育生产要素市场。以市场化为主导，并不排斥政府的作用，相反强化了政府的功能。但是强化的不是政府的指令性的计划和干预功能，而是对市场的调控功能。市场越发育，就越需要加强政府的宏观调控。要由传统计划经济体制下的政府直接干预企业的"政府-企业"模式，转换为市场经济条件下的政府调控市场、市场引导企业的"政府-市场-企业"模式。

（二）以民营资本为主导

西部地区与东部地区经济发展的差距不在于公有制特别是国有制，恰恰在

于非公有制经济。西部地区的生产力水平相对落后，与此相适应的所有制就是民营经济。因此西部地区的工业化道路需要以民营资本为主导。

（三）以资源的深加工和西部特色为主导，突出西部品牌和特色品牌

东部地区在工业化过程中，依靠开放和吸引外资的优势选择了以加工业为主导产业，并带动相关产业的发展。虽然西部地区也必须扩大开放，吸引更多的外部资本和更先进的技术，但是，由于交通条件和地理位置等原因，西部地区的市场和人才等都处于相对劣势，在工业化起步期，要大量地吸引外资是不现实的，现实的选择是把目光放在国内。而西部地区起步的市场环境与东部地区已经有了重大差别，要在激烈竞争的市场夹缝中生长起来，就必须选择特色产业，突出特色品牌。西部地区拥有丰富的矿藏和极具特色的农副产品、旅游资源等方面的优势。所以，西部地区的主导产业重点是矿产资源的合理开发和深加工，特色农产品的培育、深加工，以及旅游产品的开发。

第三节 重点建设三个层次的重点经济区

西部特色产业的发展，必须坚持"分类指导、区别对待"的原则，要适当集中力量，突出重点领域和重点区域，使其逐步走上专业化、特色化和集群化的道路，要谨防各地搞低水平重复建设，逐步形成西南、西北两大特色优势产业区。在产业空间布局上，要充分发挥地区优势，加强专业化分工，鼓励各地特色产业向专业化、集群化方向发展，不断延长产业链条，发展产业链经济，提高产业配套能力。要依托主要交通干线和中心城市，以高新区、开发区和工业园区为重点，实行重点开发，逐步在西北、西南两大特色产业区的基础上，推进成渝、关中—天水、广西北部湾三大国家重点经济区发展，坚持具有全国影响的经济增长极；支持呼包银、新疆天山北坡、兰西格三大西部重点经济区发展，形成西部地区新的经济增长带；培育贵阳、昆明、拉萨三大省会经济区，形成省域经济增长点；建设一批具有规模效应和市场竞争力的特色产业带、工业走廊和特色产业基地，由此带动整个西部地区经济社会的持续快速发展。

◆ 第十三章
加快西部地区优势产业和特色经济发展的对策

一、进一步推进国家级重点经济区的对内对外开放

要依托主要交通干线和中心城市，加强与东部、中部地区间的经济技术合作，实行全方位对外开放，全面提高开放的水平和质量。关中—天水经济区应当进一步利用上海五国合作机制，向发展经贸等务实方向努力。当前，首先需要协商解决亚欧大陆桥几条线路之间的协调、过境通道的规范管理及其收费等问题。同时，要积极发展与中亚国家之间的补偿贸易，采取用轻工产品换取中亚国家的棉花、石油、有色金属等农、矿产品的办法，发展跨国经济技术合作，并带动劳务出口。成渝经济区应当强化与长江中下游地区的经济合作，特别是配合并引导下游地区的产业向上游地区转移，优化地区产业结构，发挥人力资源优势，大力发展能源和劳动密集型产业。广西北部湾经济区应当加强与周边辐射区域的经济合作与联系，充分利用本经济区所具有的战略区位优势，向东推进与珠江三角洲地区以及港澳地区之间有特色的经济技术合作，向南谋求成为中国—东盟自由贸易区的先导地区和优先启动地区，特别是在发展边境贸易、对外工程承包、设备和劳务出口、建设境外木材等原材料基地、交通建设等方面要加大工作力度。此外，应当从战略高度将本经济区的发展纳入中国—东盟自由贸易区进程进行具体设计，有关领域的国际合作可以在此经济区起步和率先探索一些合作的机制性问题。

二、加快西部三大重点经济区的发展步伐

把呼包银经济区建设成为国家重要的能源和原材料基地。以发展清洁能源和能源的深加工利用为主，通过生产多种、多次清洁能源的产品来适应和满足国内外能源市场的需求，将本区建成我国乃至世界上重要的能源重化工业基地；大力发展原材料工业，有重点地发展高新技术产业，建成我国重要的稀土、冶金、化工、建材、生物制药、绿色食品等生产基地。

把天山北坡经济区建设成为西陇海—兰新经济带向西开放的前沿产业基地，全球旅游网络上的一个重要节点。应积极加强天山北坡与周边国家进行以资源互补为主的经济技术合作，建立多元、稳定、可靠的能源和重要矿产资源境外供应与加工基地，使其成为确保国家能源和矿产资源安全的大通道。

把兰西格经济区建设成为国家循环经济发展示范区、西部地区经济发展的重点集聚区和引领区、全国重要的特色经济带。

三、设立西部特色优势产业投资基金

2004年3月,国务院《关于进一步推进西部大开发的若干意见》明确指出:"适时出台产业投资基金管理暂行办法,优先在西部地区组织试点,支持西部地区以股权投资方式吸引内外资。"因此,国家宜尽早设立适合特色优势产业投资基金,并尽快在西部重点经济区试点。

(一)发展西部产业投资基金的初步构想

我国产业投资基金开始于1992年,目前还没有专门针对西部地区的产业投资基金,因此西部特色优势产业投资基金宜先进行试点,在试点基础上探索经验,有步骤、分阶段地逐步推进。考虑到试点阶段的特殊性,根据2006年国家发展和改革委员会发布的《产业投资基金管理暂行办法》,应由专业性投资机构,包括信托投资公司、证券机构和具有产业投资管理经验的企业集团等,共同发起设立公司型的产业投资基金即产业投资公司。

随着西部大开发的逐渐展开,单个项目投资规模相对较大,如果资金规模较小,基金缺乏产业扶持力度,适应不了西部产业发展的需要,也不利于资金的组合投资及分散风险的需要,同时也容易引起二级市场的过度炒作,因此,资金规模应不低于50亿元。

目前,由于西部各项金融制度并不完善,金融市场尤其是资本市场发育也不够成熟,为了防止外来资本的突然涌入或大量流出,而对正在发展的资本市场造成破坏,故西部产业投资基金应采用封闭式,这也是基金在发展初期阶段普遍采用的基金类型。

考虑到试点阶段探索经验和风险控制的需要,且没有现成的、比较规范的专业性管理公司可供委托,委托管理方式不一定适合,因此可以由产业投资公司组建管理团队直接管理运作,以保证基金顺利运营(宋立,2006)。

(二)合理界定政府部门在产业投资基金发展中的作用

行业主管部门要在相应的产业投资基金创建过程中发挥应有的作用,可以作为出资者之一,但不宜成为相应基金的控股者,更不能成为该行业基金的垄断者或代表该行业垄断相应基金的创建权,尽量减少官办、官控色彩,使产业投资基金从一开始就纳入市场化运作之中(宋立,2006)。各级政府应积极支持并加以必要的引导,但不能过度干预,更不宜包办一切。

◆ 第十三章
加快西部地区优势产业和特色经济发展的对策

第四节　切实推进东西共建产业园区

一、鼓励东部产业梯度转移，建立东西部"双赢"机制

东西合作共建产业园区的实质是东部地区产业向西部的转移。东部经济经过改革开放以来30余年的快速发展，目前不仅受到有效需求不足的制约，而且受到的土地、环境等限制越来越严重。相对而言，西部地区市场潜力巨大，土地等资源比较丰富，经济结构与东部地区具有较强的互补性。从产业发展看，东部很多民营企业都具有"原料和市场两头在外"的产业格局和"轻、小、集、加"的产业特点，许多产品需要依靠扩大内需，在与西部地区的合作中优化资源配置，实现产业转移与市场覆盖。西部地区在承接东部产业转移过程中，一定要避免"饥不择食"盲目引进，注意保护生态环境，达到东西部的"双赢"。

二、进一步完善西部地区的投资环境

东西合作共建产业园区是西部优势产业和特色经济发展、促进西部工业化进程的主要载体之一。加快西部优势产业和特色经济发展的目标是提高产业国际竞争力，在西部逐步形成一批具有较强竞争力的优势产业。在社会主义市场经济体制下，共建产业园区应充分发挥市场机制的作用，主要依靠国内外民间资本的进入和积极参与，但各级政府部门应创造良好的外部环境，并制定相应的投资引导政策，把政府引导与充分发挥市场机制作用有机结合起来。

与投资的硬环境相比，投资软环境的优劣通常不易直接观察，改变起来也非易事，这往往使得投资者的预期有较大的不确定性。因而相对来说，一个地区的软环境状况对投资者影响最大。目前制约西部软环境的主要因素有市场化程度、政府效率、社会信用、法律规范几个方面，西部各省级行政区为了改善软环境进行了不懈的努力，如清理了一系列不利于引资和与WTO规则不符的法规文件和审批收费事项，实施"一站式"办公，开展软环境评价考核活动等，今后西部地区不仅要在优惠政策上下工夫，更应注重完善的制度和规范的服务；不仅着眼于国外、境外投资者，也要着力吸引国内投资者及培育本土投资者；要下大力气清除"中梗阻"现象，让投资者放心投资、安心经营；建立公平竞争环境，做到依法经营、有序竞争。

对于中央政府而言，为了促进西部优势产业和特色经济的发展，可以考虑实施制度性援助。如提高西部援助性要素的使用效率及获取市场化要素的能力；加大对西部国有经济改革的支持，着力培育非国有投资主体；适当扩大西部地方政府包括地方税管理、地方融资、自然垄断性项目和外资项目审批、边境贸易管理等的自主调控权。

三、提高产业配套能力

提高产业配套能力，是实现地区经济持续快速发展的重要保障，也是各地区扩大招商引资的重要途径。目前，产业配套能力的高低已成为一个地区的第三投资环境。西部地区产业配套能力低主要表现为缺乏产业链的支撑和企业的集群化水平不高。为此，一要注意产业之间的协调发展。要通过加强西部重点经济区和省会城市圈的快速交通网络建设，将各个分散的地区有机联结起来；通过加强企业间的前向和后向联系，鼓励企业采取多种形式，按照产业链的不同环节进行专业化分工协作，围绕主导产业链培育和完善地方产业配套体系；通过加强产业间的横向联系，注重现代制造业与现代服务业发展之间的协调、融合。二要通过营造良好的区域创业环境，促进中小民营企业的发展。既要创造良好的物质基础（如基础设施），更要致力于营造良好的创业氛围，建立和完善中小企业服务体系，发挥服务中心、行业协会等中介服务机构的整体功能，使中小企业在研究开发、咨询、管理、后勤等方面得到一体化服务（陈耀等，2010）。

四、促进生产要素向产业园区集中

从本质上讲，产业园区是体现产业地理集聚功能的。东西合作共建产业园，必须促进生产要素向产业园区的集中。一是积极完善（新企业的）孵化、生产、技术、资金、信息、市场、咨询、人才培训等服务系统，完善企业间的协作配套，提升园区工业的整体竞争力。如依托重点企业，联合相关高校、科研单位，建立各类产业技术创新与技术开发服务中心，对各产业发展中存在的共性、关键性、前瞻性技术难题和问题，进行联合开发，解决产业园区和主导产业发展中存在的技术难题。二是积极发展并完善各类专业性市场。重点是为各产业的产品、半成品、原料、配件、机器设备、技术交流与转让、人才交流、技术研发、招商引资、科研成果转化等设立交易交流平台，搭建产业发展的支持平台。三是大力发展与产业园区配套的现代物流业。加大投入，促进交通、通信、信

◆第十三章
加快西部地区优势产业和特色经济发展的对策

息网络和电力等基础设施的发展，同时加强基础设施的配套服务，尽可能取消不合理的收费，降低物流成本。四是积极发展第三方机构①。完善社会化的网络组织，建立并健全行业协会，使协会组织在一定程度上按照市场化模式运作，为企业提供市场信息、区域外合作交流、保护企业利益等方面的服务。

五、建立健全中小企业信用担保体系，为园区企业发展融入流动资金

对于西部地区而言，一方面是经济发展的资本形成不足，另一方面是银行有钱而贷不出去，即"企业难贷款，银行贷款难"。经济发展要吸引更多的银行贷款，就必须强化信用观念，建立企业分类分级信用体系，同时健全抵押担保体系，为中小企业贷款提供支持；要完善资产评估制度，降低费用，简化手续，尽可能减少融资成本。这对于西部地区可以起到提升中小企业的信用等级，显著改善中小企业融资的作用。为了保证中小企业信用担保体系的健康发展，必须做到资金筹集的社会化，担保机构运作的市场化，账户管理、准入条件和操作程序的规范化（陈耀等，2010）。

第五节　加大国家对西部特色产业的支持力度

一、鼓励国内外民间资本进入西部发展优势产业和特色经济

一是对国家优先鼓励的西部特色产业项目贷款，由中央财政给予一定年限的贴息，并在土地、供电、铁路运输、人才培训等方面给予相应支持。二是对西部特色产业发展应给予一定税收优惠。比如，对所得税减免的税基计算应采用加速折旧、再投资返还等办法；鉴于税改后西部资源性产业、基础产业税负上升，应考虑给以流转税或其他税收优惠。三是国家对西部特色产业的税收优惠应实行科技进步导向。如对企业用于研究与开发的费用实行税收抵扣甚至加倍抵扣；允许企业税前提取技术开发基金；对采用先进技术设备进行新产品生产的企业实行加速折旧；对中间试验产品予以免税，对技术转让、咨询、服务、

---

① 第三方机构主要包括行业协会、商会、检测、认证、设计、技术中介、公关管理、信息、咨询等机构，它是产业发展中不可缺少的力量。

培训等的收入免征营业税（魏后凯等，2005）。

二、建立西部开发专项资金

为了保证西部开发资金有一个稳定的来源，建议中央政府建立西部开发专项资金，由中央财政预算内拨款、中央西部开发特别国债、中央专项建设基金、发行西部开发彩票、社会各界捐助等渠道构成。这些资金可以带动银行贷款、外资、对口支援等资金参与西部开发，形成较大的资金投入量。专项资金主要用于基础设施建设和生态环境改善等，也要适当拿出一定比例用于优势产业和特色经济发展。

此外，必须建立多元化的投资体系，实行多渠道融资。政府可通过减免税收、财政贴息等方式，支持西部地区的大型企业到资本市场上融资，筹集开发资金。西部地区企业的上市条件可适当放宽。企业以自有资金投入西部地区能源和矿产资源的开发，可考虑适当减免企业所得税，资源税、费也可在一定期限内减免。

第六节　对老工业基地和资源型城市给予特殊的政策支持

一、促使西部老工业基地落后生产力尽快退出

西部有相当一部分城市属于老工业基地，巨大的债务负担和大量的下岗职工是这些老工业基地的巨大包袱，要促进优势产业和特色经济的发展必须使这些老工业基地尽快化解包袱。通过股份制改造、债转股、政府减免银行债务以及建立健全社会保障体系等多种方式，使这些老工业基地丢掉包袱，平等参与竞争。同时，要结合市场经济体制的建立，转变政府职能，放松政府对企业的管制，调动企业自我积累、自我发展的积极性，加快这些企业的战略性再造，培育和形成核心竞争力。

促使西部老工业基地落后生产力的尽快退出。要设法使衰退产业占有的资源能够尽快转移到优势产业与特色经济的培育与成长上来。因此，西部开发不能简单地将自然资源开发出来，要根据国家的产业政策，并通过立法，对于那些技术水平低劣、产品质量差、破坏环境、污染严重、不具备安全生产条件、

产品没有市场的企业,坚决淘汰。要把淘汰落后生产力与工业结构调整结合起来,与扶持小企业的发展结合起来。根据西部实际情况,吸取美国和我国东部地区经济发展的经验,不走先发展再淘汰的老路,新上项目一定要求高起点、高水准。

建立以政府为主导的产业退出援助机制,探索建立中央和地方两级产业调整援助基金,对拟退出企业提供一定的财政援助,重点解决职工安置、优先债权和转岗培训等。监督退出企业在资产清盘时必须优先缴纳企业职工的各项社会保险。在全国率先建立非正常退出企业的责任追偿制度,对于那些借机逃债的不法企业要建立强有力的高效追偿制度(国务院发展研究中心产业经济研究部课题组,2010)。

二、支持资源型城市发展接续产业

西部有相当一部分城市属于资源型城市,长期以来这些城市对国家经济建设做出了巨大贡献,但存在着自我积累、自我发展能力弱,产业层次低、科技含量低、产品附加值低,社会矛盾多、发展任务重等问题。为加快实现西部矿产资源城市的结构调整,国家应给予资源型城市以政策上的大力支持。

(一)加快制定促进西部资源型城市非资源产业发展的扶持政策

解决资源型城市产业结构单一问题,国家应充分利用计划、财政、税务、金融等杠杆,发挥政府和市场的导向作用,大力促进资源型城市发展非资源产业和资源综合利用产业。对资源型城市发展非资源产业和资源综合利用产业,各级财政要给予政策和资金支持,采取贴息、垫息、资本金投入、无偿资助等方式,对非资源产业重点项目进行扶持。

(二)妥善解决资源性企业税赋过重问题

国家要在政策和资金方面,对资源性企业给予相应的扶持,特别是矿山企业增值税、资源税、企业所得税的税赋过重,在本来盈利水平很低的情况下,又与高盈利企业的税赋相当或高于这些企业,这对矿山企业的发展是极为不利的。在财税政策上,应建立对资源型城市的反哺机制,如国家对矿产资源城市的增值税、消费税,可以加大返还比例,力争返还率达到35%~40%;对煤炭城市中央企业所得税,实行中央、地方共享;提高资源税征收比例,并全部用于矿业城市生态建设。

（三）加大对西部矿产资源城市环境污染的治理力度

对矿产资源破坏和环境污染问题，国家和地方都必须高度重视，强化措施，加快治理。由于这是一项任务很重、治理难度很大的工作，只靠地方政府是远远不够的，必须要有国家的大力支持。国家应制定对矿产资源城市治理污染的支持政策，以调动地方加快治理的主动性和积极性。中央财政应适当承担计划经济时矿山开采遗留下来的地质灾害治理、土地复垦和生态环境恢复项目费用，推动西部矿产资源城市环境的根本改善。

（四）建立资源开发储备资金，加快资源型城市产业转型和接续产业培育

目前，我国东部许多矿产资源型城市面临资源枯竭，但由于资金、技术缺乏以及管理体制等原因使产业转型面临很大困难，给当地经济发展和稳定带来了很大的负面效应。西部矿产资源的大规模开发，必然形成数量较多的资源型城市，其中目前部分资源型城市面临着资源枯竭的问题。为此，必须未雨绸缪，加快资源型城市产业转型，提前培育接续产业。建议国家在制定对西部矿产资源开发规划和发展政策时，建立矿产资源开发储备金和"枯竭"补贴政策，也就是在征收资源开发税费的基础上建立资源枯竭储备金，以免将来企业和区域产业转型面临资金不足的尴尬局面。

接续产业的发展必须高起点，以科技创新为支撑。当前重点是要促进接续产业的关键技术研发和科技成果产业化，提供产业转型的技术扶持等。要鼓励国家重大科技项目和高新技术产业项目在西部地区资源型城市率先进行产业化，以为其接续产业发展提供强有力的科技支撑。

根据资源型城市产业转型的目标和任务，积极抓好科技人才、技术和岗位培训，并提供相应的资金支持。特别是要培育一批懂技术会管理的高级复合型人才，强化企业职工尤其是下岗工人的岗位培训。

要把科技支撑贯穿到西部地区资源枯竭型城市产业转型的各个方面，通过加速科技成果转化和实现科技产业化等途径，扶持开发一批高新技术产业，推广一批高新技术成果，培育一批高新技术企业，扶持一批民营科技企业，培养一批复合型人才。要加强与国内外科研院所的交流与合作，加快具有配套的现代管理机制和科学研究体系、科研成果转化基地的建设。要用高新技术和先进适用技术改造传统产业，促进结构优化和产业升级，以信息化带动工业化，走新型工业化道路。具体而言：一是发展资源型高新技术产业，通过高科技作用

于资源开发和多层次加工并获取高附加值;二是用高新技术改造传统产业;三是率先进入高科技产业中劳动力使用比较多的区段。通过上述途径,利用资源型城市与发达国家和地区的技术差距,以引进先进技术为主、自主研发为辅来取得技术创新,使自身快速地积累资本,快速地提高要素禀赋结构、产业结构和技术结构的水平。

此外,要妥善安置企业富余人员,广开就业渠道,如森工企业可以利用资源优势,大力发展旅游业、养殖业,增加收入。在这方面,国家应制定出详细的政策加以鼓励。

三、对国防工业采取"分类指导"的政策

建议将国防工业具体划分为三类:第一类为核心企业。主要包括:涉及国家重大安全需要和高度机密产品生产的企业;技术设备和生产技术高度刚性、平战转换能力较弱的企业;具有较高技术关联度的总装企业。第二类为骨干企业。骨干企业指其技术设备和产品具有一定程度军民兼容性,市场生存能力较强、技术刚性较小和具备较高平战转换效率的企业。第三类为外围企业,即平时不生产军品或产品,可高度军民兼容,并可完全交由市场运作,战时其技术设备和产品可构成战争动员对象的企业。在上述分类的基础上,采取如下方法对国防工业进行改造和提升(陈俨,1998):

第一,依照企业的不同类型划定范围,实行有区别的改造与提升。①国家重点保留第一类企业,并将其规模和数量控制在较小的范围内。国家集中力量经营和管理第一类企业,在财政、金融、税收、价格、计划订货和生产管理等一系列环节上,实行向第一类企业倾斜的特殊政策。②国家采取必要的援助政策,将第二类企业"放回"市场。国家通过建立军事订货制度、军品生产承包制度和军事生产许可制度等与它们构成新型的经济关系。③将第三类企业完全交由市场运行。国家对第三类企业管理的重点是形成它们未来作战的动员能力。把一个个民品单位分开、分立,再同社会资源嫁接、组合,或东西联手,或中外合作,形成新的多种所有制的专业化经营集团,从而适应不同行业、不同门类市场的需求。

第二,在不能实现军民兼容的企业中,通过军民品分线、分厂对国防工业进行改造和提升。

第三,采取破产和兼并等方式收缩国防工业。对已完全不适合军工生产,且又不具备民品转换能力的中小型军工企业,政府应下决心对其实施破产。考虑到社会安定和企业职工的转产问题,可使用国际上常用的"收购破产法"①;也可通过拍卖使国防工业重新获得资金,保证国有资产不流失。

---

① 即国家采用收购企业设备然后予以报废的方式,给破产企业部分资金用于转产。

第七节 妥善解决资源开发与当地人民群众脱贫致富的矛盾

从某种意义上说，西部大开发主要是开发利用西部地区的矿产资源和能源，近年来高速公路等基础设施建设的重要目的也在于此。能否充分开发这些独特的资源，并尽可能深度加工和利用，是西部优势产业和特色经济发展的最重要环节。但石油和天然气资源目前主要由中央企业进行垄断性开发，地方企业只能开发其不愿开发的剩余部分。大型的煤炭企业也主要是中央级和省级企业。这样，主要资源由中央企业开发后，地方只能得到所得税的 25%[①]和一定比例的资源税，后者是开发企业对资源所在地方的补偿。但是，凡是存在中央企业开发资源的地方，都在一定程度上存在着资源税税率过低问题。如按照财政部的规定，陕西省榆林市的煤炭资源税每 t 征收 1.8 元，天然气资源每千立方米征收 10 元，石油资源税每 t 征收 8 元。这一标准在全国同行业中是较低的。这种状况不仅不利于西部地区的经济发展，同时也是地方政府热衷于大上"小煤窑"、"小油井"、"小化工"等小企业的根本原因。

一、正确认识矿产资源在发展地方经济中的作用

解决资源开发与当地人民群众脱贫致富矛盾的核心是正确认识矿产资源在发展地方经济中的作用（王青云和刘通，2007）。矿产资源的开发启动了地方的工业化进程，可以带动围绕资源开发和加工而需要的配套产业的发展，增加了地方财政收入，积累了相关产业发展的资金。尤其是我国进入重化工业阶段以后，能源矿产资源价格不断上涨，矿产资源开发地区通过资源开发积累资金的速度也会越来越快。但能矿资源开发究竟能够给地方经济发展带来多少资金，不仅取决于矿产资源本身的丰度，而且取决于矿产资源开采和加工所取得收益的分配状况。因此，要合理分配调出资源量和留在当地深加工资源量的比例（课题组，2007）。尽可能将一部分资源深加工环节布置在当地，提高加工深度，延长产业链条，带动当地产业发展。要从当地资源开发收益中提取地方产业发展基金和产业转型基金，增加对地方特色产业和接续产业的资金支持。未雨绸

---

① 由省、地、县三级政府分配，各地分配的比例不同。

缪，推动资源型城市接续产业的培育。

二、提高矿产资源补偿费标准

针对我国能源高度短缺的状况，参照国际标准，大幅度提高油气、煤炭等矿产资源补偿费标准，由原来的1‰调整到10‰左右，并将其更名为矿产资源基础补偿费①；将原来的矿产资源税由从量税改为矿产资源级差补偿费②，并把从量征收改为从价征收。这种从价的税费合一，既使之更准确地体现矿产资源所有者与使用者之间的经济关系，又保证了矿产资源使用者之间以及采掘业与其他行业之间平等竞争的经济关系。

按照现行的《矿产资源法》，资源税是地方税种，取消资源税后，为减少地方财政收入的损失，建议在矿产资源补偿费的分配比例中，适当提高地方分成比例。可以考虑绝对补偿费归中央，级差补偿费归地方，特别是要提高民族地区的分成比例。

三、在矿产资源开发中要照顾当地居民利益

尽快建立矿产资源开采企业对开采地环境破坏补偿机制，国家应规定中央企业上缴开采地的税收比例，所有的矿产资源开采企业不论企业所属地在哪里，都应在矿产资源开采地登记注册，就地缴纳所得税。杜绝任意减免企业资源税的行为，特别是减少中央政府直接给资源开采企业以税收优惠政策，杜绝"中央开口子、地方掏腰包"（王健和董小君，2007）。对新增的矿产资源初级产品，多留一部分在当地深加工，延长产业链，走资源工业发展的新型道路，以把资源优势转化为经济优势。

四、妥善解决水电开发中的各种矛盾和问题

重视水电前期工作，做好整体科学规划和市场引导工作。随着水电投资主体逐步多元化，各投资方在利益驱动下容易出现无序竞争现象。为科学有序地开发水电，有关部门应重视和加强水电前期工作，对整个流域的水电开发进行整体规划，在同流域水电开发顺序上加强对水电建设企业的引导。同时应定期

---

① 相当于绝对地租。
② 相当于级差地租。

对电力市场需求状况和发展趋势进行分析，及时统计电站建设和电力供应能力的变动情况，通过准确的信息发布指导电力市场主体的投资行为。

对负有防洪、灌溉任务的水电站减免耕地占用税，鼓励水电开发企业积极参与有综合利用效益的水电项目建设，促进水利、水电事业的共同发展。

建立梯级补偿效益返还机制，鼓励优先投资建设龙头水电站。我国水资源具有不均衡特性。不仅不同季节之间水量相差很大，而且年际变化也很大。[①] 在这种情况下，需要通过政策引导鼓励地方政府和投资者优先建设具有调节作用的水电站。建议允许上游电站分享下游电站因增加枯水期流量而增加的收益，根据不同的流量建立梯级利益返还机制。利益返还机制可采用两种方式：一是全面推行分时电价，对不同季节、不同时段建立不同档次的电价，拉大峰谷电价差距；二是允许上游电站与下游电站分享利益例，如在枯水期，下游电站应向上游电站返还按流量计算的一定比例收益（张承惠和吴振宇，2006）。

第八节　切实转变政府职能，推动优势产业和特色经济发展

一、按照建立社会主义市场经济体制的要求，加快体制创新

按照"有所为、有所不为"的思路，加快调整国有经济布局，建立比较完善的现代企业制度，核心是完善公司法人治理结构。按照专业化分工协作和规模经济原则，加大对现有企业的改组改造力度，以重点骨干企业为核心，以名优产品为龙头，以资本为纽带，依靠市场机制，通过联合、兼并、参股等多种形式，培育一批具有高出口创汇、高经济效益和高市场占有率的企业集团。同时积极扶持中小企业特别是科技型企业，使它们朝"专、精、特、新"方向发展；加快培育中小企业服务体系，为中小企业提供信息咨询、市场开拓、筹措融资、贷款担保、技术支持、人才培训等服务。围绕发展优势产业和特色经济的要求，在社会信用制度和要素市场建设、改革投融资体制、科技教育体制、就业制度等方面进行体制创新，特别要对特色产业的资源、资金、技术等要素进行优化配置，使特色产业产生最大效能。

---

① 如长江丰枯水量相差2~3倍，黄河相差4倍。

二、加快转变政府职能

一是实现从行政干预过多的全能政府向市场充分发挥作用的有限政府转变。目前,西部地区的地方政府触角无所不至,过度干预经济,使得规则让位于"关系",说明市场化程度还远远不够。随着市场化改革的深入推进,政府应该逐步放手,让市场和社会力量充分发育。要把握好政府管理与市场配置资源的关系,既要充分依靠市场来配置经济和社会资源,消除对企业的各种干预,防止政府"越位";也要明确政府在社会公益事业和公共设施建设等方面的责任,提供好服务,创造好投资环境,防止政府"缺位"。为此,必须加强法制建设,依法划清政企之间、政资之间、政事之间、政府与市场中介组织之间的权力界限,隔断政府与企事业单位和市场中介组织的利益脐带,实现政府职权的法定化,用法律的刚性手段规范和约束政府行为。只有这样,才能促使各级政府把不该管的事项转移出去,把更多的时间、精力和财力转移到公共服务上来(薄贵利,2012)。

二是从与民争利的发展型政府向公共利益服务型政府转变。政府要最大限度地缩小自身的经济人角色,扩大公共服务范围和力度。一方面,为作为微观经济主体的企业创造良好的社会经济环境,提供经济发展所需的软件和硬件基础设施;另一方面,通过转移支付和财政手段支持教育、科技、社会保障、公共医疗卫生、环境保护等社会发展项目(田国强,2012)。

三、深化科技体制改革,促进技术创新

一是努力营造科技创新的社会环境和氛围。在加强对国外先进科技学习、引进、消化、吸收的同时,加快培养和提高自主创新能力,改变对引进技术过度依赖和消化不良的状况,为优势产业和特色经济发展造就新技术基础。二是加快科技进步,加强重点领域和关键技术的攻关与开发。三是加快高新技术产业化。坚持自主开发与引进消化吸收相结合的方针,建立健全多元化投入机制和风险投资机制,抓紧建设高新技术园区的创业服务中心,促进高新技术产业化。四是结合政府机构和科研院所改革,尽快建立和完善企业的技术支持与服务体系,支持一批具有一定规模和实力的企业建立技术开发中心。五是加快科研机构改革步伐,建立新的运行机制,鼓励科研人员创办科技实体或以技术入股形式联合开发新技术,创办科技型企业。加快发展各种所有制科技企业,特别要大力扶持发展民营科技型企业。

第九节 支持西部战略性新兴产业的发展

大力发展新能源、新材料、节能环保、生物医药、信息网络、新能源汽车、航空航天等战略性新兴产业,瞄准产业发展新方向,在新能源、新材料、航空航天等重点领域率先实现技术突破。

一、提高自主创新能力,促进产业全面升级

围绕重点领域,选择一批意义重大、任务目标明确、基础较好的关键共性技术,优先研究和突破一批制约产业发展的重点关键技术[①],解决影响行业发展的技术瓶颈问题。把握重点产业技术发展的趋势,重点研究开发满足国民经济发展需求的产业化技术,提高关键技术的自给能力。要完善以企业为主体、市场为导向、产学研相结合的技术创新体系,支持企业加大科技投入,做好新技术、新装备的推广应用与交流。重视产业联盟在技术创新中的作用,大力推动产业联盟建设,力争使技术创新产业联盟建设取得实质性进展(国务院发展研究中心产业经济研究部课题组,2010)。

坚持以自主知识产权的发展模式。以新能源产业为例,我国尤其是西部的新能源产业尚处于发展的初期阶段,对经济的带动主要表现在技术收益上,在大规模产业化方面还不具备市场条件,需要政府政策的扶持。因此,西部新能源产业的发展应立足于自主创新及自主知识产权的产业化方面,把拥有巨大的能源市场优势用于促进具有自主知识产权的能源产业发展(史丹,2010)。

二、发挥财税金融等对战略性新兴产业发展的扶持和引导作用

战略性新兴产业发展需要巨大的资金投入。当前,西部发展战略性新兴产业资金投入严重不足,应在充分发挥企业投入积极性的同时,切实发挥中央财

---

① 如有色冶金资源循环利用,煤炭资源转化综合利用,发电、输变电装备,重型工程机械装备,交通运输装备,环保成套装备,数控机床及数字智能型仪器仪表,重大医疗仪器设备,化工、金属和稀土新材料,航空航天,光机电一体化产品,电子信息、通信、数字视听盒软件等产品,中草药、民族药和生物医药产品等。

政资金的引导作用、国家税收政策的激励作用和多层次资本市场的支撑作用，建立健全政策体系，创新支持方式（苏民，2010）。

在财政支持政策方面，针对当前政府资金使用分散、重点领域投入强度不足、缺乏稳定投入支持机制等问题，切实加大财政投入力度，发挥中央和地方各级财政资金引导和调动社会投资积极性的作用，重点在整合现有政策资源和利用现有资金渠道的基础上，建立稳定的财政投入增长机制，设立战略性新兴产业发展专项资金，大幅度增加财政的资金投入，专项集中支持重大产业创新发展工程、重大应用示范工程、重大创新成果产业化、创新能力建设等，引导创业投资发展。

在税收激励政策方面，针对战略性新兴产业人力资本、研发费用比例较高、产品发展初期进入市场难度较大的特征，切实完善税收激励政策，重点在落实好现行各项促进科技投入、科技成果转化和支持高技术产业发展等税收政策的基础上，结合税制改革方向和税种特征，综合运用各种手段，从激励自主创新、引导消费、鼓励发展新业态等角度，针对产业的具体特征，制定流转税、所得税、消费税、营业税等支持政策，形成普惠性激励社会资源发展战略性新兴产业的政策手段。

在金融政策方面，针对战略性新兴产业发展初期大量创新型中小企业需要创业投资、场外交易、发行债券等多种直接融资支持和政策性融资支持等特点，强化金融服务支撑，重点鼓励金融机构加大信贷支持，积极发挥多层次资本市场的融资功能，大力发展创业投资和股权投资基金。主要包括积极开展知识产权质押融资、产业链融资等信贷方式创新，加大力度支持战略性新兴产业发展；加快完善创业板、场外证券交易在内的资本市场，进一步扩大中小企业集合债券发行规模，积极探索发展高收益类债券等债券品种；扩大政府新兴产业创业投资资金规模，建立政府创业投资引导基金，进一步扶持和引导发展创业投资（苏民，2010）。

三、扶持西部地区的高新科技企业发展

西部地区拥有若干实力较强的高等院校、高科技研究所和高新技术集中的城市，但是，这些城市的科技优势并没有得到有效发挥。其中，资金问题是一个不容忽视的原因。[①] 因为，高新科技企业一般都是中小规模企业，单靠自身的

[①] 以陕西省为例，科技优势难以有效发挥的深层次原因之一便是科技与金融的分离。陕西省目前科技成果转化资金仅能保证前期开发，而中试和产业化开发资金严重匮乏，致使大量科技成果在实验室里"半路夭折"或"流落他乡"，造成很大的资源浪费。

资本积累还远不能满足这一特定产业对资金的巨大需求；另外，高科技产业资金投入巨大，投资回收期长，风险大，一般企业不愿为此下本钱，而且它的这种特点也不符合商业银行追求低风险、稳定回报的要求。因此，商业银行一般不愿意给它投资。传统的做法主要是靠政府投资，但政府财力有限，集中有限的资金，投入基础研究和一些关系国计民生的大项目，已经很勉强，难以包办一般应用性的高新技术项目。在这样的背景下，对高新技术产业的投入就不能指望政府、企业和银行，必须寻求新的投融资方式。发展创业投资基金是一条重要的道路。

创业投资基金是一种向极具发展潜力的新建企业和中小企业提供股权资本的投资行为。创业投资基金以发展前景好，处于种子期和中试阶段并向产业化转化的高新技术为支持目标，通过股权投资，向受资公司提供资金、技术和管理，促进高科技企业新产品的开发、成熟和产业化。在达到一定阶段后，基金通过资本市场退出受资公司，因此获得高收益。某种意义上，经济结构、产业结构调整总是从高新技术成果商品化、产业化开始的。当创业投资基金介入西部高新技术中小企业后，由于企业的资金实力和承担风险能力有所增强，部分对于高新技术企业运作比较熟悉的商业银行也会适度介入，并提供一定的贷款支持，从而有利于高新技术成果的市场化、产业化，促进西部优势产业和特色经济的发展。

第十节 加强西部矿产资源调查评价与勘查

一、建立地质勘探工作新体制

（一）加快改革步伐，逐步形成新的适应社会主义市场经济的地质勘探工作体制和运营机制

加快地质勘探队伍的调整步伐，建设一支高效精干的勘查队伍；改变运营机制，在体现事业性质的基础上，搞好企业化管理；因地制宜，将调整后的队伍构筑成矿勘院或地质矿业公司，重组后的矿勘院或地质矿业公司肩负着稳固地质勘查主业地位、提交找矿成果的重任。因此，要使找矿勘查人员一心一意搞活经济地质，就必须使其成果在利益上的体现按市场机制调整理顺。改变地质勘探工作费用的分配及运营机制，使地质勘探工作费用的投入真正用于地质

找矿，并其同成果挂钩。保护基层地质人员的利益，调动地质找矿人员的积极性。

（二）加强西部公益性、基础性地质调查工作，为西部大开发矿产资源综合开发利用提供基础性和先导性资料

加强关系到国计民生和国家安全的战略资源和国家重大工程建设的前期地质勘查，优先部署西部重要经济区的综合地质调查、战略性矿产资源的勘查评价。重点加强西部矿产资源潜力的调查评价，为制定西部矿产资源勘查规划和社会经济发展规划提供依据，为西部地区经营性矿产开发提供基础信息服务，以降低企业的投资风险。鼓励利用多渠道社会资金开展以市场需求为导向、以经济效益为目标的商业性矿产资源勘查工作。重点鼓励在西部地区勘查石油、天然气、煤层气、环保煤、地热、优质锰、铜、金、镍、钾盐等国内资源供给不足的重要矿产；鼓励在边远及少数民族地区等经济欠发达且具资源潜力的地区进行适应市场需要的矿产资源勘查；鼓励矿山企业在矿区的外围[①]，特别是资源耗竭矿区的周边和深部开展矿产资源勘查，增加后备资源，减缓产量递减。

（三）加大西部矿产调查评价的投入

中央财政和地方财政要加大对公益性地质工作的有效投入，尤其要加大对国家地质工作的投入。进一步加大财政手段对商业性矿产勘查的调控力度，建立矿产勘查风险基金；利用对矿产勘查项目补贴、贴息或低息贷款等方式，吸引更多社会资金投资矿产勘查；建立我国矿产勘查风险资本市场，促进矿产勘查投资多元化；积极利用国外风险资本市场，筹集矿产资源勘查资金。

（四）要通过科技支撑强化对资源的综合开发利用

要加快研究开发综合矿和伴生矿有用组分回收利用的适用技术，以及矿渣和尾矿资源化利用等新技术；加强对主要矿产副产品和废弃物综合利用技术的研究与开发，实现清洁生产。

---

① 如云南个旧锡矿区、老厂铅锌银矿区、滇东北川南铅锌矿区的外围、青海锡铁山铅锌矿区、甘肃白银多金属矿区。

二、建立多元化的矿业投资机制，实行勘查开发一体化

国家加大对西部地区矿产资源的调查评价、勘查与开发利用投入力度。尽快查明西部地区矿产资源潜力，充分发挥国家、地方、部门、集体和个人的积极性，建立勘查开发西部地区矿产资源和生态环境保护与建设的多元投入机制。建立西部地区公益性地质资料和矿业权信息社会化服务体系，引导商业性矿产勘查，初步实现商业性矿产勘查成为地质勘查工作的主体。积极培育西部矿业权市场，保护矿业权人的合法权益。

发挥国家、地方、部门、集体和个人等各方面的积极性，积极引导国内外企业，从多渠道、多层次、多方式投资勘查、开发西部地区矿产资源和强化生态环境建设，促进区域经济发展。

引入竞争机制，建立和完善项目的招投标制度，对重点项目实行动态管理。加强内外部联合，推进地质—地球物理—地球化学—遥感相结合和地质科研—找矿勘查—矿业开发一体化的进程。国家要制定矿产勘查的优惠政策，鼓励境内外资金投入国家急缺矿产资源的勘查和开发。

三、建设一批资源型经济开发区

重点调整资源开发规模和产品结构，改变过去主要输出初级资源产品的方式，积极发展矿产品深加工和精加工，延长产业链，提高附加值。西部地区矿产资源的开发，要按照"因地制宜、突出重点"的原则，选择一批资源条件好、外部环境有利、开发条件比较成熟的地区，建设若干具有比较优势、各具特色、有市场竞争力的资源型经济开发区和重点产区。西南地区要加强发展以钒、钛、硫铁矿综合利用为主的黑色冶金工业等多种联合生产基地，西北地区要依托柴达木盆地盐湖、陕甘川接壤地带及阿尔泰地区有色金属矿产资源等的勘探和开发建设，积极建设以多种有色稀有金属冶炼、盐化工为主的重化工基地。按照西部不同区域经济社会、自然和生态环境特征，结合区域经济发展的总体要求和重点，对这些资源型经济开发区和重点产区给予必要的扶持，有目的引导开展资源综合开发利用试点，为加快促进资源优势转变为经济优势提供经验。

四、加强矿山生态环境的保护与治理

对新建矿山，要严格资质条件审查，严格执行环境影响评价制度和其他制

度。对于生产矿山,应按照"谁开发谁保护、谁污染谁治理、谁破坏谁恢复"的原则,加强监督管理,督促矿山企业依法履行生态环境保护和土地复垦的义务。对已经闭坑的矿山和废弃的矿山,积极借鉴美国、英国、德国等发达国家的经验,建立矿山环境保护和土地复垦履约保证金制度。同时,采取国家投资为主、地方和企业投资为辅的办法,增加中央财政预算内专项资金,加强矿山生态环境恢复治理工作。

解决资源开发与生态环境保护之间矛盾的重要环节是对资源开发活动进行必要的评估,比较资源开发收益与治理生态环境成本之间的大小,并对资源开发活动和生态环境治理进行周密的制度安排,使资源开发的强度和生态环境的承载能力相协调(王青云和刘通,2007)。尽快建立资源开采企业对开采地破坏的补偿机制,应规定中央企业上交开采地的税收比例。要使资源开发企业对开采区域生态环境恢复承担终身责任,从开采之日起就要从开采收益中提取适当的生态环境恢复治理资金。开采企业自己组建生态环境恢复部门或者委托其他有资质的单位进行生态环境恢复治理。要逐步完善按资源占有量征收资源税的制度,实现开采企业对开采矿区的终身开采。

参考文献

薄贵利.2012.服务型政府建设战略:目标与重点.学术前沿,(5):40-46.
陈俨.1998.关于我国国防工业调整的几点政策构想.经济研究参考,(27):10-15.
陈耀,安树伟,石碧华.2010.西部地区承接产业转移的若干问题研究.见:白永秀.区域经济论丛(十).北京:中国经济出版社:75-96.
国务院发展研究中心产业经济研究部课题组.2010.中国产业振兴与转型升级.北京:中国发展出版社:11-12.
课题组.2007.西部资源开发中的生态补偿机制研究.区域经济参考,(21):31-36.
史丹.2010.发达国家新能源产业发展的新态势.红旗文稿,(4).
宋立.2006.优先发展产业投资基金 推动西部经济金融"科学发展".西安金融,(3).
苏民.2010-10-26.财税金融政策如何发挥扶持和引导作用.经济日报,9.
田国强.2012.中国下一步的改革与政府职能转变.学术前沿,(5):34-39,47.
王健,董小君.2007.完善西部地区资源补偿长效机制的政策建议.区域经济参考,(19):17-20.
王青云,刘通.2007.我国西部资源富集地区资源开发面临的三大问题——以陕西榆林市为例.区域经济参考,(5):36-39.
魏后凯,刘楷,安树伟.2005.西部地区经济结构调整和特色优势产业发展研究.国务院西部开发领导小组办公室经济社会组委托研究课题研究报告.
张承惠,吴振宇.2006.加快西部水电开发的若干政策建议.经济要参,(7).
中共中央,国务院.2010-06-29.关于深入实施西部大开发战略的若干意见.中发[2010]11号.

附录　工业行业分类表

行业	门类	大类	名　称
医药制造业	A	01	医药制造业工业企业
电子电器制造业	B	02	仪器仪表及文化办公机械制造业工业企业
		03	通信设备计算机及其他电子设备制造业工业企业
食品及副食品加工业	C	04	饮料制造业工业企业
		05	农副食品加工业工业企业
		06	食品制造业工业企业
能源工业	D	07	电力热力的生产和供应
		08	煤炭开采和洗选工业企业
		09	石油和天然气开采业工业企业
		10	石油及炼焦加工业工业企业
机械制造业	E	11	电器机械及器材制造业
		12	通用设备制造业工业企业
		13	专用设备制造业工业企业
纺织及服装制造业	F	14	纺织服装鞋帽制造业
		15	纺织业工业企业
非金属矿采选业及矿物制品业	G	16	非金属矿采选业工业企业
		17	非金属矿物制品业工业企业
黑色金属采选冶及压延加工业	H	18	黑色金属矿采选业工业企业
		19	黑色金属冶炼及压延加工业工业企业
金属制品业	I	20	金属制品业工业企业
有色金属采选冶及压延加工业	J	21	有色金属矿采选业工业企业
		22	有色金属冶炼及压延加工业工业企业
化工及石化工业	K	23	化学纤维制造业工业企业
		24	化学原料及化学制品制造业工业企业
交通运输设备制造业	L	25	交通运输设备制品业工业企业
烟草及纸制品工业	M	26	烟草制品工业企业
		27	造纸及纸制品工业企业

资料来源：根据《中国工业经济统计年鉴（2012）》整理

后 记

本书是安树伟主持的 2006 年国家社会科学基金项目"西部地区发展优势产业和特色经济研究"（批准号：06BJL072）的最终成果。该课题的研究从 2006 年 8 月开始收集资料，分别深入陕北榆林和延安等资源富集地区、陕南秦巴山区等贫困地区、兰（州）西（宁）格（尔木）地区、贵州铜仁地区、新疆北疆地区、三峡库区、成都、昆明、南宁等地，进行了大量的调研，2010 年 6 月完成了课题研究报告。2011 年 4 月上报全国哲学社会科学规划办公室，申请鉴定。2012 年 5～6 月，根据鉴定专家意见对研究报告进行了修改，2012 年 9 月最终通过鉴定。

本书研究的目标、基本内容和结构框架是安树伟提出和最后修改的，各部分内容按照分工分别执笔完成，最后由安树伟进行统一修改和定稿，当然文责自负。本书数据一般截至 2011 年（个别数据更新到 2012 年），除特别说明之外，数据一般根据相关年份的《中国统计年鉴》和《中国区域经济统计年鉴》计算整理得到；2012 年数据一般根据《中国统计年鉴（2013）》整理得到。本书各章分工如下：第一章，安树伟；第二章，王思薇；第三章，吉新峰；第四章，张晋晋；第五章，任媛；第六章，母爱英、孙乾、李晓静；第七章，孙乾；第八章，郁鹏；第九章，昝国江；第十章，吉新峰；第十一章、第十二章、第十三章，安树伟、闫程莉。

值此本书付梓之际，谨代表所有作者对为本书顺利完成及出版提供支持和帮助的单位和个人表示诚挚的感谢！感谢首都经济贸易大学城市经济与公共管理学院院长段霞教授，以及张强教授、祝尔娟教授和张贵祥教授的鼎力支持！感谢科学出版社科学人文分社社长侯俊琳先生、编辑杨婵娟女士，是他们的关心、支持和耐心使本书得以顺利出版，从而为我们广泛地同有关专家、同仁、读者就西部地区发展特色优势产业进行交流提供了机会。

本书所进行的研究仅仅是我国西部地区发展优势产业和特色经济的初步研究，其中一部分相关成果先后在《当代财经》、《江淮论坛》、《生态经济》、《经济纵横》、《经济问题探索》、《西南大学学报》、《西北大学学报》和《中国经济时报》等刊物上发表，但仍有许多问题有待深入探索，加之水平有限，难免有不少纰漏与不当之处。作为一块引玉之砖，我们诚挚地期盼各位专家、学者、同行的不吝批评、指正。我的联系方式是：answ1969@163.com。

安树伟
2013 年 6 月于北京丽园